교육은 사회를 바꿀수 있을까?

초판 1쇄 발행 2014년 10월 10일
초판 4쇄 발행 2018년 10월 10일

지은이 마이클 애플
옮긴이 강희룡 · 김선우 · 박원순 · 이형빈

펴낸이 김승희
펴낸곳 도서출판 살림터

기획 정광일
편집 조현주
북디자인 꼬리별

인쇄 · 제본 (주)현문
종이 월드페이퍼(주)

주소 서울시 양천구 목동동로 293, 22층 2215-1호
전화 02-3141-6553
팩스 02-3141-6555

출판등록 2008년 3월 18일 제313-1990-12호
이메일 gwang80@hanmail.net
블로그 http://blog.naver.com/dkffk1020

ISBN 978-89-94445-71-7 03370

또 다른 교육 더 나은

교육은
사회를
바꿀수
있을까?

또 다른 교육 더 나은 세상

교육은
사회를
바꿀수
있을까?

마이클 애플 지음
강희룡·김선우·박원순·이형빈 옮김

살림터

　내 경력을 통틀어서, 나는 크게 두 개의 프로젝트에 관여해왔다. 첫째는 학교 안팎에서 진행되는 교육이 사회의 지배-종속 관계의 재생산에 관여하는 복잡한 방식을 이해하는 것이다. 둘째는 사회의 불평등을 막는 데 이용할 수 있는 모순들, 가능성들, 그리고 현실들에 주목함으로써 지배-종속 관계에 도전하는 것이다.

　『교육은 사회를 바꿀 수 있을까?』는 이러한 나의 두 개의 프로젝트의 연장선에 있다. 이 책은 그 이전에 나온 나의 책들과 연결될 때 가장 잘 이해될 수 있다. 이 책은 내가 『공식 지식*Official Knowledge*』2014과 『미국의 교육개혁 옳은 길로 가고 있는가*Educating the "Right" Way*』2006와 같은 책들에서 제기했던 수많은 질문들에 답하기 위한 하나의 시도이다. 이러한 책들에서 나는 경제, 정치, 문화적으로 지배적인 집단이 한 사회를 특정한 방향으로 몰아가기 위해서 어떻게 교육을 이용했는지를 보여주었다. 또한 이 책들을 통해서 지배 집단의 이러한 시도가 민주주의라는 것, 그리고 정의라는 것이 무엇을 의미하는지에 대한 우리의 상식을 바꾸기 위한 더 크고 무척이나 창조적인 이데올로기적 과정의 일부라는 것을 나는 밝힌 바 있다. 이러한 책들을 통해서 내가 의도한 바는 교육자들이 물을 수 있는 가장 중요한 몇 가지 질문들에 답하는 것이었다. "교육은 단지 지배 관계를 반영하는가?"

그리고, "교육이 사회를 변혁하는 것이 가능한가?"

특별히 『미국의 교육개혁 옳은 길로 가고 있는가』에서 나는 두 번째 질문에 대해 "그렇다"라고 강력하게 답을 했다. 그렇지만 내가 고심했던 것은 "누가" 그 변혁을 추진하는가라는 것이었다. 교육을 이용해 사회를 근본적으로 변혁하는 나라들이 너무도 많다. 그 나라들에서 이 변혁을 추진한 사람들은 실제로는 사회를 불평등으로 이끄는 가치와 그를 반영한 정책들에 대한 확고한 신념을 가지고 있었다. 나는 이러한 사실 때문에 몹시 불편했다. 이제 나는 교육이 만약 경제, 정치, 문화 운동과 긴밀하게 연결되어 있기만 하다면, 교육은 사회 변혁에 있어서 강력한 힘이라고 답할 수 있다. 하지만 기본적으로 내가 보여주었던 것은 이 힘이 지배 집단이 형성한 새로운 동맹에 의해서 사용되고 있다는 점이었다. 이러한 사실은 나에게 중요한 질문을 던지게 했다. 만약 지배 집단이 할 수 있다면, 진보 집단도 같은 일을 할 수 있지 않을까?

이 질문은 두 권의 새로운 책을 쓰는 동기가 되었다. 그 첫째는 『지구적 위기, 사회정의, 그리고 교육*Global Crises, Social Justice, and Education*』2010이다. 이 책은 다양한 교육적 환경(도시, 농촌, 국제) 속에서 실천된 사회적으로 비판적인 교육에 대한 분석을 집대성했고, 이러한 사례들을 더 큰 진보적인 사회운동과 투쟁에 연결시켰다.Apple, Au, and Gandin, 2009 and Apple, Ball, and Gandin, 2010 참조 둘째는 여러분이 이제 읽게 될 이 책이다. 『교육은 사회를 바꿀 수 있을까?』는 이론적으로, 역사적으로, 경험적으로 한층 야심 찬 책이다. 이 책에서 던지는 질문에 대해 우리가 어떻게 더 잘 답할 수 있는지를 다루고 있다. 비판적인 성향을 가진 교육이 성공적인 변혁을 이루어낼 수 있는가라는 질문에 대해서 이미 긍정적으로 답한 다양한 사람들의 목소리를 이 책은 담고 있다. 그리고 이러한 변혁을 지도할 수 있는 가치들에 대해서 생각해볼 수 있는 여러 가지 방법들을 이 책은 제시하고 있다. 이 책은 이론적으로서만이 아니라 진보적인 변혁의 중심으로서의 역할도 담당했던 교육들도 함께 조명함으로써 이 과업을 이루어내고 있다.

마지막으로 나는 비판적인 교육자들이 사회적으로 변혁적인 운동에 참여할 때 직면할 수 있는 위험들에 대해서 아주 솔직해지고 싶다. 이러한 위험들은 매우 구체적이다. 실제로, 한국의 현 상황은 교사 및 학생을 위한 사회정의를 요구하는 교육자들에 맞서 지배 집단이 행동하게 될 방식을 보여주는 아주 중요한 예라고 할 수 있다. 이것은 교사들과 전교조와 같은 교사 조직에 대한 정부의 비윤리적인 공격에서 명확하게 드러난다. 한국에서 벌어진 한층 비판적인 민주적 교육을 위한 지속적인 투쟁에 관여했던 내 자신의 경험을 감안할 때, 최근에 가해지는 공격은 나에게 한결 개인적으로 다가온다. 이 때문에 나는 위험이라는 문제를 다루는 데 있어서 익명성 뒤에 숨으려 하지 않는다. 그래서 나는 가능성과 위험에 대한-더 중요하게는 억압적인 제도와 정책들에 맞선 투쟁들이 지속되는 승리로 이어질 수 있다는 사례로서-나 자신의 예화를 이용한다.

운이 좋게도 내가 참여할 수 있었던 한국에서의 투쟁과 더불어 이 책은 서구 세계와 "지구의 남쪽(저개발국으로 통칭되는-역자)"의 이론들, 예화들, 경험들, 그리고 사람들을 다루고 있다. 따라서 여러분은 현명한 독자들이 언제나 하는 일-즉, 여기에 소개된 이론들, 예화들, 그리고 사람들 중 어떤 것들이 여러분의 삶과 한국의 현실에 관련이 있는지를 찾는 것-을 해야만 할 것이다. 내 책 중에서 한국어로 번역된 모든 책과 더불어, 나는 이 책에 있는 논증들과 사례들이 한국의 현실에 중요한 시사점을 제공하기를 바란다.

세월호 "참사"-아마도 "살인들"이라는 단어가 더 적확할 표현일 것이다-는 왜 내가 이 책과 다른 곳에서 제기한 나의 주장들이 한국적 맥락에서 중요한지를 잘 보여주고 있다. 이 참사는 우리가 신자유주의와 우파적인 정책들이 만들어내는 끔직한 결과들에 대해 끊임없이 비판해야 할 필요성을 극명하게 보여준다. 그뿐만 아니라, 이 참사는 우리가 더욱 정의로운 사회를 만들기 위한 반헤게모니 운동들을 조직하고 지키는 일을 반드시 지속해야 할 필요성을 일깨우고 있다. 그러한 사회운동들은 한국에서 오랜 역사를 가지고 있다. 이 운동들은 옛날에 그랬던 것만큼이나 오늘날에도 중요하다. 교육은 그러한 운동을 조직하고 지키는 데 있어서 중요한 역할을 수행하고 있다.

한국이 현재 직면하고 있는 유례없는 인구 구성의 다양성 역시 이 책의 논의를 중요하게 만든다. 문화와 권력의 관계에 대한 논쟁이 벌써 이곳에서도 진행되고 있다. 자국 국민들의 다양한 요구에 민감하게 반응할 수 있는 국가를 건설하려는 사회운동에서, 모든 사람의 목소리가 표출되는 것이 반드시 보장되어야 한다. 이러한 과업은 때로는 긴장되고 힘든 일이 될 것이다. 하지만 나는 레이먼드 윌리엄스 Raymond Williams 가 "기나긴 혁명long revolution "Williams, 1961 – 현실의 공동체에서 현실의 사람들이 지배에 저항하며, 진정으로 민주적인 사회를 만들 수 있는 제도들을 만들어내는 사회운동 – 이라고 멋들어지게 표현한 일을 지속할 수 있는 한국인들의 능력을 믿는다.

나는 이 한국어판 서문을 강희룡과 그의 동료들에 대한 감사로 끝맺고자 한다. 그가 나의 학생으로 위스콘신 대학교에 있는 동안 나는 그를 잘 알게 되었고, 신념을 지닌 학자이자 교육자로 그를 존경했다. 이 책을 번역하는 것은 매우 어려운 일이다. 실제로, 그것은 원저자가 되는 것보다도 어려운 일일 때도 있다. 『교육은 사회를 바꿀 수 있을까?』는 복잡한 책이다. 부분적으로 이 책은 학문적일 뿐 아니라 경우에 따라서는 매우 개인적이고 정치적이기 때문이다. 따라서 강희룡과 그의 동료들의 과업은 훨씬 더 복잡한 것이었다. 왜냐하면, 그 과업은 나의 이론에 대한 이해를 필요로 할 뿐 아니라, 나의 개인사 그리고 나의 교육적·윤리적·정치적 신념에 대한 한층 깊은 이해를 필요로 하기 때문이다. 나는 그들의 노고에 깊이 감사한다.

나는 또한 성열관 교수와 강미옥 교수에게 깊은 감사를 표한다. 그들은 나에게 한국에서의 삶의 복잡성에 대해서 비판적으로 이해하는 것의 중요성을 끊임없이 가르쳐주었다.

Michael W. Apple
John Bascom Professor of
Curriculum and Instruction
and
Educational Policy Studies
University of Wisconsin, Madison

Apple, M. W.(2006), *Educating the "right" way: Markets, standards, God, and inequality*(2nd ed.), New York: Routledge.

Apple, M. W.(Ed.)(2010), *Global crises, social justice, and education*, New York: Routledge.

Apple, M. W.(2013), *Knowledge, power, and education: The selected papers of Michael W. Apple*, New York: Routledge.

Apple, M. W.(2014), *Official knowledge: Democratic education in a conservative age*(3rd ed.), New York: Routledge.

Apple, M. W., Au, W., and Gandin, L. A.(Eds.)(2009), *The Routledge international handbook of critical education*, New York: Routledge.

Apple, M. W., Ball, S., and Gandin, L. A.(Eds.)(2010), *The Routledge international handbook of the sociology of education*, New York: Routledge.

Williams, R.(1961), *The long revolution*, London: Chatto and Windus.

감사의 말

모든 책은 표지에 누구의 이름이 적히든지 간에 집단적 실천의 산물이다. Petter Aasen, Jean Anyon, Alex Apple, Angie Apple, Peter Apple, James Avis, Wayne Au, Stephen Ball, Len Barton, James Beane, Kalwant Bhopal, Barbara Brodhagen, Kristen Buras, Patricia Burch, Cathy Compton-Lilly, Miriam David, Roger Dale, Michael Fielding, Ramon Flecha, Michael Fultz, Luis Armando Gandin, David Gillborn, Fatma Gok, Sara Goldrick-Rab, Carl Grant, Beth Graue, Oscar Grazier, Helen Gunter, Salomao Hage, Ove Haugalaken, Diana Hess, Zhongjing Hwang, Nancy Kendall, Krishna Kumar, Gloria Ladson-Billings, Marie Lall, Andres Larisgoitia, Stacey Lee, Zeus Leonardo, Alan Lockwood, Kathleen Lynch, Felicitas Macgilchrist, Cathryn Magno, Glenabah Martinez, Cameron McCarthy, Julie McLeod, Shyam Menon, Paulino Motter, Adam Nelson, Michael Olneck, Mariana Pacheco, Susan Robertson, Simone Schweber, Steven Selden, Roser Slee, Marta Soler, Amy Stambach, Hugh Starkey, Constance Steinkuehler, 성열관, Michael Thomas, Carlos Alberto Torres, Silvia Vazquez, Lois Weis, Geoff Whitty, Ting-Hong Wong, Johana Wyn, Guangcai Yan, Deborah Youdell, Kenneth

Zeichner 등 많은 분들이 이 책에 수록된 내용에 대해 생산적 사고를 하도록 도움을 주셨다.

새로운 책을 출간할 때마다 거듭 말하거니와, 나의 작업은 대부분 미국 위스콘신 대학교의 금요 세미나 덕분이라고 말하고 싶다. 지금까지 40년이 넘도록 나는 금요일 오후마다 대학원생과 객원 연구원을 비롯한 여러 사람들과 만나 정치적이고 교육적인 중대 쟁점들에 대해 토론을 하며 서로 비판적으로 격려하고, 활동가들의 일을 돕거나 그 일에 관여해왔다. 또한 이 모임을 통해 우리는 지금 대학 사회를 분명히 지배하고 있는 '점수 매기기'나 경쟁적 충동과는 무관하게 상당히 의미 있는 일들을 토론하고 실천하는 공간을 만들어왔다. 이 세미나는 세계 각국에서 다양한 정치적·교육적 실천을 경험해온 사람들로 구성된 진정 국제적인 모임이다. 그럼에도 불구하고 이 모임은 불평등이 언제나 존재하고 있는 세계를 어떻게 이해하고 그 속에서 어떤 행동을 해야 할지에 대해 현재와 과거의 참가자들을 가르치는 세대 통합적 공동체를 유지하는 것이 가능하다는 것을 일관되게 증명하고 있다.

리마 애플Rima Apple은 이 책에서 매우 중요한 역할을 했다. 그녀는 나와 끊임없이 논쟁을 하며 나를 도왔고, 내가 세운 가설에 의문을 제기했으며, 나의 작업과 그녀의 연구 분야의 중요 작업 사이의 관련성을 알아보았으며, 현 사회와 제도가 우리를 냉소주의와 절망으로 몰고 갈 때에도 내가 정신을 차릴 수 있도록 해주었다.

루이스 아르만도 건진Luis Armando Gandin도 이 책에서 중요한 역할을 했다. 그는 이 책 가운데 한 장의 제1저자이며, 여러 해 동안 나의 작업에서 멋진 친구이자 동료, 조언자의 역할을 해주었다. 그는 우리가 브라질의 사례에서 무엇을 배워야 할지 계속해서 알려주었다.

이 책의 일부는 내가 런던 대학교 교육연구소의 세계 석학World

Scholar 자리에 있을 때 집필하였다. 이 교육연구소는 나의 '제2의 고향'이라 할 수 있다. 위스콘신 대학교처럼 비판적 학문을 지원해주는 곳은 전 세계적으로도 흔하지 않다. 하지만 런던 대학교 교육연구소는 세계에서 가장 진보적이고 헌신적인 연구자들 중 몇몇이 있는 곳이다. 그들은 내가 교육에 대해 이해하고 교육과 더 큰 사회의 관계를 이해하는 데에 있어서 의미심장한 학문적·정치적·개인적인 토론을 이어갈 수 있고, 또한 내가 진지한 연구 작업에 참여할 수 있는 환경을 지속적으로 만들어주었다. 연구소에서 스티븐 볼Stephen Ball, 데이비드 길본David Gillborn, 제프 위티Geoff Whitty, 데보라 유델Deborah Youdell – 이들 중 몇 명은 현재 버밍엄 대학교에 근무하고 있다 – 과 나누었던 토론은 매우 중요한 것이었다.

이 책에 나온 주장들은 중국 상하이 화둥 사범대학교에서 처음으로 제기한 것이다. 그곳에서 석좌교수로 임명되면서 서구와는 전혀 다른 경험을 갖고 있는 동료들과 학생들에게 내 주장을 검증받을 수 있는 기회를 얻게 되었다. 특히 Guangcai Yan과 Zhongjing Huang의 제안과 비평에 감사를 드린다.

또한 베이징 사범대학교의 Zhankui Wang과 Zhongying Shi에게 감사를 드린다. Zhankui는 나에 대한 논문을 쓰는 과정에서, 그리고 Shi 교수가 주도하고 있는 베이징 사범대학교 마이클 애플Michael W. Apple 연구 센터를 위한 기록보관소를 설립하는 과정에서, 내가 집필한 내용에 대해 끊임없이 문제를 제기하며 나의 입장을 올바른 방식으로 명확히 할 수 있도록 도와주었다.

여러 해 동안 나와 함께 루틀리지Routledge 시리즈를 편집하고 내 책을 출판해주었던 루틀리지 출판사의 캐서린 버나드Catherine Bernard는 과거에 여러 번 했던 수고를 또다시 해주었다. 그녀는 현명하고 사려 깊으며 필요할 때 인내심을 보일 줄 아는 사람이다. 캐서린은 훌륭한 출판인, 편집자이자 친구가 어떤 사람인지를 보여주는 사람이다.

마지막으로, 역설적이지만, 나는 위스콘신 주의 우파 행정부와 의회 지도자의 역할을 인정하고자 한다. 공공 부문 노동자의 권리에 대한 공격, 교육과 의료, 복지 분야의 대대적인 예산 삭감, 여성들의 자기 신체결정권에 대한 무시, '진정한 선고truth in sentencing'[1] 제도에 대한 인종차별주의적 접근과 반이민주의 입법, 유색인종 및 학생, 빈곤층, 노인들의 선거권을 제한하려는 시도 등을 볼 때, 우파가 무슨 짓까지 할 수 있을지에 대해 우리가 방심한다면 매우 큰 위험이 생긴다는 점을 알게 되었다. 이러한 일들이 지속되는 것을 막으려고 애쓴 모든 사람들께 진심으로 감사를 드린다.

이 책을 나의 손자 알렉산더Alexander Seth Apple와 손녀 앨리사Alyssa Lee Cotton에게 바친다. 알렉스는 학교와 그 밖의 장소에서 삶을 더 힘들게 할 수 있는 고난을 무릅쓰고라도 자신의 신념을 지키는 용기를 보여주었다. 앨리사는 유색인종 소녀로 살면서 학교와 일상에서 많은 장애물을 극복하면서 더 나은 미래를 개척해왔다.

---

1 일명 TIS. 최초에 언도받은 형량을 조금도 감해주지 않거나 가석방 등의 조치로 풀려나지 않게 하는 제도. 미국의 사법 체계 자체가 인종주의적인 성향을 띠고 있다. 특히, 유색인종들이 백인들에 비해 상대적으로 인종주의적인 사법 체계의 피해를 받고 있는데, TIS가 주요 공격 대상으로 삼고 있는 것도 바로 유색인종이다.

차례

한국어판 서문 5
감사의 말 10

제1장 교육은 사회를 바꿀 수 있을까? 17

제2장 파울로 프레이리, 비판적 교육 연구자 및 활동가의 과제 61

제3장 조지 카운츠와 근본적 변혁의 정치학 103

제4장 듀보이스와 우드슨, 변혁의 정치학 153

제5장 이미 이룬 변혁을 유지시키기-"저개발 세계"에서 배우다 195

제6장 미국을 월마트처럼 만들기-사회 변혁과 교육 실천 249

제7장 비판적 교육, 진실을 말하고 반격하기 267

제8장 질문에 답하기-교육과 사회 변혁 291

역자 해제
헤게모니, 유기적 지식인, 그리고 『교육은 사회를 바꿀 수 있을까?』 강희룡 321
참고 문헌 333

교육은 사회를 바꿀 수 있을까?

첫 번째 생각들

공공의 이익에 매우 중요한 주제를 다루는 책들은 현재가 위기 상황이라는 이야기를 남용하곤 한다. 하지만 지금은 오히려 위기라는 진단을 아무리 강조해도 지나치지 않다. 우리 주변에는 실업 문제, 점증하는 경제 불평등, 주택 차압, 빈곤 계층을 위한 정부 프로그램 축소, 기아, 홈리스, 연금의 고갈과 의료 문제, 부활하고 있는 인종주의, 이주민들에 대한 폭력과 반이민 정서 그리고 언급되지 않은 더 많은 문제들에 따른 결과가 어느 때보다도 두드러지게 나타나고 있다. 교육 환경도 사회와 다르지 않아서, 학력 격차, 학교 폭력 문제, 다문화주의 교육 내용에 대한 공격, 학교 재원 삭감, 교사들을 무시하는 정책과 언론 환경 등 일일이 열거할 수 없을 정도로 끝없이 많은 문제들이 학교 현장을 뒤덮고 있다. 이 모든 것은 실망스럽게도 분명한 사실이다. 교육이 그 이름에 값하는 역할을 해야 한다고 굳게 믿고 있는 우리에게 이러한 위기는 아주 뚜렷해 보인다. 이러한 위기로 인해 우리는 다음과 같은 문제에 대해 엄중하게 묻지 않을 수 없다. 지금과 같은 상황을 극복하고 사회적·개인적으로 덜 이기적이고 더 해방적인 가치를 반영할 수 있는 사회를 건설하는 것을 돕는 실질적인 역할을 교육이

하고 있는가? 이 책은 이 질문을 진지하게 다루고자 한다.

『교육은 사회를 바꿀 수 있을까?』는 내가 지금껏 집필해온 책들과는 조금은 다른 책이다. 나는 이 책에서 깊이 있는 이론을 다루려고 하지는 않는다. 나는 이미 오랜 시간 동안 교육이 지배적인 경제적·문화적 관계에 의해서 전적으로 결정되는 것인지 아니면 일정한 독립성을 가지고 있는지를 분석하는 다양한 내용의 이론적인 글들을 써왔기 때문이다._{Apple, 1982; Apple, 1986; Apple, 1996; Apple, 2002; Apple, 2004; Apple, 2010; Apple, 2012 참조} 나는 또한 미국 사회에서 보수주의 운동이 사회적 우선순위를 급진적으로 재설정하는 데에 교육을 이용한 방식을 자세히 소개함으로써 앞서 제기한 질문에 대한 답을 어느 정도는 찾을 수 있었다._{Apple, 2006} 이 책에도 진지한 이론적 작업이 여전히 들어 있는데, 이는 제2장에서 주로 다루게 된다(이론적인 작업에 대해서는 약간의 인내심을 가져주시길 바란다. 여기서 소개되는 이론은 책 전체를 통해서 소개하게 될 중요한 사람들과 프로그램들을 설명하는 데 필요한 중요한 밑거름이 될 것이다). 하지만 이 작업의 목적은 모든 것을 설명하는 새로운 이론을 창출하는 것이 아니다. 또한 이 이론이 '교육은 사회를 바꿀 수 있을까?'에 대한 하나의 궁극적인 해답을 제공하지도 않을 것이다. 실제로 이 책을 쓰면서 이 질문에 대한 하나의 궁극적인 해답이란 존재하지 않는다는 것이 더욱 명확해졌다. 만약, 그러한 해답이 존재한다면 그것은 아마도 "모든 것은 상황에 따라 다르지"라는 답변 정도가 될 것이다. 이를 부연하자면, 모든 것은 많은 사람들에 의해서 이루어지는 끊임없고 힘겨운 노력에 전적으로 달려 있다는 뜻이다. 이런 답은 나뿐만 아니라 여러분에게도 분명히 당황스럽지만 정직한 대답일 것이다. 이런 답변 대신에 이 책은 교육과 사회 변혁 이론, 학자, 그리고 사례에 대한 재조명을 담고 있다. 이 책 초반부의 장들은 앞서 제시한 질문에 대한 답을 찾고자 노력했던 역사적으로 중요한 인물들이 남긴 업적을 재조명하고 있다. 내가 주목하고 있는 것은 지배 집단과 소수 집단 출신을 망라한 적지 않은 수의 공공 지식인들이다. 그리고 나는 그들의 저작이 어떻게 이 질문에 답하고 비판적인 교육자로서의 책임을 감당하는지를 보여주기 위해서 노력할 것이다. 중반부의 장들에서는 사회적 변혁에 교육을 효과적으로 이용한 두 가지 예들을 제시할 것이다. 그중 한 예는 그 목적과 과정 모두 매우 진보적인 것이다. 두 번째 예는 그 목적과 과정 어느 것도 그렇게 진보적인 것은 아니다. 하지만 이 예는 이 책을 읽고 있는 사람들에게 중요한 사실을 상기시켜줄 수 있다. 그 사실은 '교육이 사회를 변화시킬 수 있는가?', 적어도 사회를 특정한 방향으로 몰아가는 데 결정적인 역할을 할 수 있는가라는 질문에 답하는 사람들이 이 책을 읽는 많은 독자들이 좋아할 만한 원칙과 실천을 기반으로 한 사회를 확약하지 못할 수도 있다는 것이다.

첫 번째 예는 브라질의 도시 포르투알레그리에서 무슨 일이 벌어졌는지를 상세하게 다루고 있다. 이곳에서는 사회와 그 핵심 제도를 더 민주적으로 만들고 싶어 하는 사람들이 지속적인 개혁에 대해서 많은 것을 배울 수 있다. 두 번째는 미국의 예다. 이곳 미국에서는 월마트와 같은 거대한 다국적 기업이 경제적·문화적·종교적·정치적 보수주의 세력과 연대하여 강력한 영향력을 행사하고 있다. 이를 통해서 우리는 얼마나 효과적으로 이들의 교육 전략이 민주주의에 대한 전혀 다른 상을 그리고 제한된 개념을 구축하고 정당화하는지 살펴볼 수 있다. 이것은 포르투알레그리에서 이룩된 비판적 민주주의의 성취와는 정반대의 이데올로기적인 스펙트럼에 위치하고 있다.

공공 지식인에 대한 나의 회상은 미국의 안팎(후자는 파울로 프레이리Paulo Freire, 전자는 조지 카운츠George S. Counts, 듀보이스W. E. B Du Bois, 그리고 카터 우드슨Carter G. Woodson)을 두루 망라하고 있고, 나의 예화들은 브라질과 미국에서 취한 것들이다. 하지만 나의 회상이 모든 지역과 시대를 망라할 수는 없다. 독자들은 독서할 때 항상 하는 일을 이 책을 읽을 때도 해야 한다. 즉, 내가 이 책에서 제시하는 회상과 예화들이 여러분의 현실과 사회에도 적용 가능한 것인지를 물어야 하는 것이다. 우리가 교육에 대해 비판적으로 생각할 때 현실적 맥락을 고려하는 것은 매우 중요하다.

　끝으로, 이 책은 나의 다른 책들과는 달리 개인적인 이야기를 담고 있다. 또한 이 책이 개인적인 것은 다음과 같은 이유 때문이다. 우선, 이 이야기들은 정말로 힘든 질문에 답하고자 경주한 나의 노력과 '교육은 사회를 바꿀 수 있을까?'라는 질문에 간결하게 답변하지 못하는 나의 답답함에서 비롯되었다. 또한 이 책이 사람들과 예화들을 상세하게 설명하고 분석하여 앞서 제기된 질문에 대해 더 나은 방식으로 묻고 답할 수 있게 하는 데 특히 유용하기 때문이라는 점에서 역시 개인적이다. 그리고 이 이야기들은 내가 개념적이고 정치적인 영역에서 어떤 여정을 걸어왔는지를 잘 보여준다. 이 개인적인 여정은 사회정의의 실현과 서로 더욱 호의적이고 존중하는 사회를 만들기 위한 끊임없는 투쟁에서 어떤 주제가 중요한지를 이해하고자 하는 나의 노력을 포함하고 있다. 이러한 여정 중의 어떤 것은 첫째 장에서 명확히 드러나게 될 것이다. 마지막으로 이 이야기들이 개인적인 이유는 후반부의 한 장이 내 공적인 실천을 포함하고 있기 때문이다. 그 공적인 실천은 나를 "곤경"에 처하게 했지만, 궁극적으로는 나와 내가 일하는 학교 그리고 나의 학생들을 변하게 하는 데 중요한 역할을 했다. 서론은 이쯤으로 끝내고 이제 본격적으로 이야기를 시작해보자.

집으로 돌아오기

지금 이 글을 쓰고 있는 나는 방금 전 아르헨티나에서 위스콘신으로 돌아왔다. 아르헨티나 방문 동안 나는 매우 생산적인 토론의 자리를 가졌고, 교원 노조의 활동가들과 진보적인 사회의 변혁을 지지하는 사람들 앞에서 강연을 하였다. 어떤 면에서는, 그곳에서의 나의 경험은 마치 다른 세계에서 사는 것과도 같았다. SUTEBA[1]와 다른 교육 관련 노조들은 더 큰 노조 운동과 협력 관계에 있었다. 그들은 최근 중앙 정부와의 협상에서 의미 있는 성과들을 얻어냈다. 교사를 포함한 다양한 수준에서 교육을 위해 일하는 노동자들의 권리에 대한 헌신과 열정은 대단한 것이었다. 교사, 그리고 노동자들은 교육 정책에 대해 강력한 발언권을 가졌다. 미취업 노동자들도 노조로 조직되었으며, 그들의 존엄성을 보장하면서 운영되는 사회적·교육적 프로그램들이 잘 갖추어져 있었다. 이를 위한 교육과 재정적·이데올로기적 지원이 지속적인 사회적-문화적 변혁을 위한 진보적인 어젠다의 핵심을 이루고 있는 것으로 보인다. 실제로 이 나라에서는 GDP 대비 교육 투자 비율이 미국처럼 이른바 "선진국"이라고 불리는 국가들보다 훨씬 높았다.

그렇지만 아르헨티나의 정치적·교육적 상황이 모두 그렇게 장밋빛인 것만은 아니다. 그곳에도 목적과 수단을 둘러싼 첨예한 갈등이 존재하고 좌익과 우익의 분리를 만들어내는 심각한 이데올로기적인 대립도 존재한다. 신자유주의자와 네오콘이 학교와 교육과정, 교사와 노조, 그리고 현 정부가 수행하는 다양한 사회정책에 대해서 대대적인

---

1 부에노스아이레스 교육노동자노조연합El Sindicato Unificado de Trabajadores de la Educación de Buenos Aires

공세를 펼치고 있기도 하다. 현 정부 정책들 중 상당수가 만족할 만한 수준으로 진보적이지 않은 것은 분명하지만, 이러한 정책들이 전반적으로 진보적인 방향으로 움직이고 있는 것만은 부인할 수 없다. 미국에서 수행된 낙오자방지법NCLB이나 "정상을 향한 경주Race to the Top"와 같은 반동적인 정책들은, 감사하게도, 아르헨티나에서는 발붙일 곳을 찾을 수 없을 것처럼 보인다. 참으로 다행스러운 일이라 하지 않을 수 없다.

미국에서는 우파들이 수많은 시민들이 투쟁을 통해서 이끌어낸 성과들을 무력화하기 위해서 만반의 준비를 갖추고 공격에 나서고 있다. 이 공격은 교사, 공공 부문의 노동자, 노조, 학교와 교육과정, 그리고 소수자화된 사람들[2]의 인권, 선거권, 정부의 사회복지 프로그램 등을 목표로 하고 있다. 이런 미국의 현실과 비교할 때, 아르헨티나에서 현재 유지되고 있는 정책과 담론들은 미국이 얼마나 우편향 상태인지를 나에게 끊임없이 환기시켜준다. 단체교섭권은 상당히 약화되었다. 교육은 단순히 시험 점수를 만들어내고 길들여진 노동자를 양산하는 공장으로 여겨진다. 교사와 공공 부문의 노동자들은 마땅히 받아야 할 존중을 받지 못하고 있다. 양질의 의료보험과 연금제도는 위협을 받고 있다. 여성들은 그들의 몸에 대한 통제권을 빼앗기고 있다. 환경보호 조치들은 무력화되고 있다. 경제적인 불평등은 수십 년 이래 최고치를 기록하고 있으며, 그 추세는 더욱 강화되고 있다. 유색인종 젊은이들이 구속되는 비율이 엄청나게 높아 국가로서의 미국이 부끄러울 지경이다. 이 모든 것들이 다음과 같은 사람들의 투표권을 실질적으로 제약하려는 냉소적인 정책들과 그 궤를 같이하고 있다. 그들

---

2 저자는 소수자minority라는 용어 대신에 소수자화된minoritized이라는 용어를 쓰고 있는데, 이는 소수자라는 지위가 자연스러운 것이 아니고 누군가에 의해 그런 지위가 부여되었음을 강조하기 위한 표현이다. 이 책에서 소수자라는 용어는 맥락에 따라 사용되기도 한다.

은 바로 가난한 사람들, 노인들, 유색인종이다. 또한 그들은 "나쁜" 정책에 투표하려는 의도를 가진 모든 사람들이다. 여기서 "나쁜" 정책이란 우파들의 시각에서 나쁜 것인데, 이러한 정책들은 시민들로 하여금 윤리성을 결여한 사회에서 철저하게 소외된 수많은 사람들에 대한 동정심과 존경을 보여줄 것을 요청하는 정책이다.

많은 나라에서, 공적으로 자금 지원을 받는 공립학교와 그곳에서 일하는 사람들이 악마화되고 있다는 것은 도대체 무슨 의미일까? 현재 우리가 경험하고 있는 경제적·정치적 위기가 공교육에서 시작된 것이 아니라는 명백한 사실에도 불구하고 왜 유독 학교교육만이 문제로 특정되고 있는 것일까? 위기를 만들어낸 장본인인 금융 부문과 유력한 경제 엘리트에게는 털끝만큼의 책임도 묻지 않으면서 왜 유독 학교와 공공 부문의 노동자만 다그치는 것일까? 우리는 왜 다른 많은 노동자가 그들이 마땅히 누려야 할 연금과 의료보장 혜택을 박탈당하는 현실에 집중하는 대신, 노동자들이 성취한 기존의 성과를 무력화시킴으로써 "바닥으로의 경주"[3]에 골몰하는 것일까? 물론 이것들은 매우 복잡한 질문이며, 내가 다른 곳에서도 별도로 다룬 내용들이다.Apple, 2006 그래도 한 가지는 아주 명쾌하다. 학교를 바라보는 시각이 매우 대립적이라는 것이다. 즉, 학교가 현재의 문제를 일으키는 주범 중 하나라는 인식이다. 따라서 학교를 송두리째 변혁하는 것이 시대적 요청이라는 것이고, 변혁의 방법으로 제시되고 있는 것은 민영화, 경쟁, 더욱 강력한 중앙 통제라는 매우 이상한 요소들의 조합이다. 이러한 시각에서 인정하는 "좋은" 학교는 오직 기업들의 어젠다와 이미지를 지지하는 학교이다. "나쁜" 학교는 그 외의 모든 학교다. 그리고 그 속에서 일하는 사람들에게는 극심한 경쟁과 통제가 필요하다.

---

3 'race to the top'으로 불리는 오바마 정부의 경쟁 위주의 교육 정책을 냉소적으로 빗댄 표현.

그러나 이 모든 과정에서 집단적으로 책임을 지는 모습이 사라지고 있는 것은 분명한 사실이다. 그것은 마치 집단적인 과정으로서의 학교 교육 그 자체가 적이고, 학교교육이 시장 만능주의적 해결책과 소유적(소유권을 위주로 하는) 개인주의라는 숭고한 가치를 훼손하는 오염원이라고 하는 것과 같다.

그런데 이와 같은 파괴적인 공격의 와중에도 적지 않은 사람들이 다음과 같은 대안적인 서사를 목도하고 있다. 또한 교육은 단지 장사할 거리가 아닐뿐더러 장사 그 자체로 치환될 수도 없다는 변치 않는 믿음이 우리의 삶을 전혀 다르게 만들 수 있음을 목격하고 있다. 여기서 학교가 사람들의 존재 그 자체를 풍성하게 하는 꿈과 희망을 살아 숨 쉬게 만드는 중요한 곳이라는 인식에 대한 아주 흥미진진하고 특별한 예를 들어볼까 한다. 그리고 정반대로, 사회적 약자를 희생하는 방향으로 사회를 바꾸는 데에 학교가 이용되는 사례 또한 들어보고자 한다.

학교 변혁하기, 시장 변혁하기

지금은 슬로베니아가 된 구 유고슬라비아에서 전쟁이 벌어졌을 당시, 나는 그곳의 난민 수용소에서 얼마 동안 머물렀다. 수많은 사람들이 사라예보에 쏟아지는 무자비하고도 끔찍한 포탄을 피해 산맥을 넘어오고 있었다. 사람들은 국경을 넘어 슬로베니아의 난민 캠프에 왔다. 난민 캠프는 실상 다 쓰러져가는 군의 막사였지만, 난민들에게는 몇 달 만에 고단한 몸을 뉠 수 있는 유일한 '집'인 셈이었다. 캠프에 도착하자 그들은 바로 두 가지 일을 시작했다. 하나는 음식을 분배하는 일이고, 다른 하나는 학교를 짓는 일이다. 이 두 가지가 그들과 아이들에게 가장 필요했던 것이다.

 이 책의 제목인 "교육은 사회를 바꿀 수 있을까?"로 표현되는 핵심
적인 질문을 제기하려는 우리와 같은 사람들에게는, 이들이 긴급하게
학교를 설립하려고 한 것이 우리의 생각을 지지하는 확실한 증거로 보
인다. 그들에게는 아이들을 위한 민주적 학교를 갖춘 사회만이 존경받
을 만한 가치가 있는 사회였다. 이와 반대로 생각해볼 수도 있다. 그들
은 교육이라는 허탄한 신화에 사로잡혀서 자신들에게 무슨 일이 벌어
지고 있는지를 분변할 능력을 잃어버렸다고도 볼 수 있는 것이다. 또
다른 해석도 가능하다. 즉, 우리는 그들의 정체성과 더 나은 미래에 대
한 희망이 교육에 대한 깊은 존경과 관심에 밀접하게 연결되어 있다
는 것을 인정해야만 한다. 여기서 말하는 교육이란 비극적인 시대에
위로와 희망을 주는 사회적 비전과 긴밀하게 연결되어 있다. 교육의
목적은 단순히 취업이 아니다. 교육은 한 사람의 존재 자체와 밀접한
관련이 있다. 난민들이 종교를 가지고 있건 그렇지 않건 간에 교육이
란 그들의 정체성의 핵심을 구성하는 중요한 요소이다. 억압받는 사람
들은 그런 상황에 있지 않은 사람들에 비해서 단순한 사실들을 훨씬
더 민감하게 알아차릴 수 있다. 그들은 "단지" 난민이 아니다.

 나는 난민이라는 단어를 사용하고는 있지만, 이 단어의 사용에는
저어되는 점이 많이 있다. 난민과 같은 특정한 말은 그 말이 지칭하
는 사람들과 그들의 현실에 피해를 줄 수도 있기 때문이다. 이들은 국
가가 주도하는 살인과 공식적인 정책에 의해 강제로 쫓겨난 '공화국의
시민들'이다. 그들은 '난민'이라는 한마디로 충분히 설명될 수 없는 사
람들이다. 그들은 교사, 건축업자, 간호사, 상인, 농부 등이며, 누군가
의 자녀, 아버지, 어머니, 조부모이다. 난민이라는 표현은 매우 익명성
을 띤 개념이어서, 이들을 비인간화할 수 있다. 게다가 이 개념에는 언
어의 정치학이 매우 적극적으로 개입되어 있다. 학살과 피란을 유발한

갈등(여기서는 인종 청소)이 난민이라는 용어를 통해서 "청소"된다. 그리고 이 갈등을 '내전'이라는 모순형용[4]으로 묘사함으로써 대중들이 이 갈등을 쉽게 용인하게 된다.

　이러한 사례는 미국 내에서도 얼마든지 목격할 수 있다. 뉴올리언스라는 미국의 대도시에서 대체 무슨 일이 일어났고 또 계속 일어나고 있는지 생각해보자. 그 경험 또한 청소되고 있다. 허리케인 카트리나와 그 여파는 "자연재해"로 묘사되고 있다. 자연재해와 같은 말은 재해를 만들어낸 상황에 대한 지배 계급의 책임을 묻지 못하게 한다.[Apple, 2000] 그곳에서 발생한 일이 전혀 자연적이지 않다는 사실은 너무도 뼈아픈 일이지만 사실이다. 이 재해는 사회적 방치(위험 신호에도 불구하고 적절한 조치를 취하지 않은), 경제적 공격(예산 삭감과 같은), 인종차별적 정책, 그리고 여러 정권이 모든 수준에서 수십 년 동안 만들어낸 결과의 산물이었다. 이 시장 근본주의 정권은 사회적 원인으로 발생한 이 재난을 기회로 삼아서 뉴올리언스를 시장을 종교처럼 떠받드는 곳으로 뜯어고치려 했다.[Buras et al, 2010 참조할 것]

　나는 여기서 시장과 관련한 종교를 언급했다. 왜냐하면 신자유주의에 대한 비판은 교육의 영역에서 특히 별 영향을 발휘하지 못하고 있기 때문이다. 여기서 말하는 신자유주의는 사회의 모든 영역이 상품화, 시장화, 경쟁, 그리고 비용 편익 계산의 논리에 종속되어야 한다고 믿는 세계관을 말한다. 내가 『미국의 교육개혁 옳은 길로 가고 있는가 *Educating the "Right" Way*』[Apple, 2006]에서 밝힌 것처럼, 세계의 거의 모든 나라가 사회 제도와 학교를 시장의 통제로부터 자유롭게 하여 사회를 더욱 평등하게 만드는 데 실패했다.

　종교적인 반열에 오른 신자유주의는 몇 가지를 의문의 여지가 없는

---

4 내전Civil War은 문명을 뜻하는 civil과 야만을 뜻하는 war의 결합이다. 즉, 모순형용이다.

것으로 전제한다. 선택, 경쟁, 시장이 그것이다. 이 모든 것은 마땅히 우리를 효율과 효과가 뛰어난 학교들로 이루어진 약속의 땅으로 인도할 것이라 여겨진다. 그리고 이 학교들이 마땅히 공립학교를 사립학교로 바꾸는 데 핵심적인 역할을 할 것으로 그려진다. 이러한 과정은 마땅히 세계시장에서 미국의 경쟁력을 회복시키는 장밋빛 경제로 우리를 인도할 것이다. 여기서 핵심이 되는 키워드는 "마땅히"다. 이것은 매우 중요한 언어 조작의 기제다. 왜냐하면 우리는 학교 선택제, 특히 시장과 민영화 원리에 따라 수행되는 학교 선택제가 많은 경우 학부모가 학교를 선택하기보다는 학교가 학부모를 선택함을 의미한다는 사실을 알고 있기 때문이다.Apple, 2006 뉴올리언스의 학교 선택제는 현존하는 학교를 없애고 거기서 일하는 교사들을 해고시키는 일을 포함하고 있다. 이전에 존재했던 것은 무엇이든 나쁜 것이고, 그것을 대체하는 그 어떤 것도 좋은 것이 되었다. 이렇게 말한다고 해서 내가 카트리나 이전의 뉴올리언스 학교들에 대한 낭만적인 환상을 가지고 있다는 의미는 아니다. 다만, 나는 이 학교들과 교사들이 그들과 관련된 오랜 역사와 많은 승리의 기억을 가지고 있었음을 말하는 것이다. 이 학교들과 그 공동체의 시민들은 투쟁의 기억을 함께 간직하고 있었다. 그들은 자신들과 자녀들의 현실, 역사, 문화 그리고 꿈을 대변할 학교를 만들기 위해 끊임없이 집단적으로 도전했던 억압받는 자들의 살아 숨쉬는 역사를 제공했다.[i] 이러한 맥락에서의 "선택"은 공동체적 기억을 부분적으로 파괴하는 것을 의미한다.Buras, et al. 2010, Buras, 2011

일부 학교를 없애고 교사를 해고한다고 하여서 학교가 전반적으로 효율적이고 효과적으로 되는 것은 아니다. 우리는 시장 옹호론자들이 그려오던 효율성과 책무성이라는 유토피아적 꿈이 그들이 기대하듯이 무리 없이 현장 정책으로 실현되지는 않는다는 사실을 잘 알고 있다. 실제로 시장은 현존하는 불평등을 그대로 재생산할 뿐 아니라 오히려 더욱 심한 불평등을 만들 수 있다는 사실이 미국에서뿐만 아니라 전 세계적으로도 명확해지고 있다. 이러한 시장중심주의가 다음과 같은 신자유주의적 조치들과 결합하게 되면, 그 결과는 억압받는 사람들에게 진정으로 큰 피해를 줄 수 있다. 여기서 신자유적 조치들이란 점증하는 국내외의 표준화 검사[5]에 대한 강조, 신자유주의적 시장주의와 소위 공통 문화를 학교의 교육과정으로 표준화해서 강제로 부과하려는 움직임, 그리고 그에 대해서 책무성을 의무적으로 부과하려는 시도 등을 말한다.Apple, 2006; Buras, 2008 참조할 것, 이 외에도 Ravitch, 2010; Valenzuela, 2005 참조할 것 그렇게 되면 학교는 사회 변혁에 동참하게 될 것이다. 그런데 그것은 많은 사람들이 변혁의 혜택을 누리지 못하는 방향이 될 것이다. 그런 상태에서의 사회 변혁이란 진보가 아니라 퇴보가 될 수도 있다.

이러한 현상에서 계급과 인종적 요인이 두드러지는 경향이 강화되고 있다. 예를 들어 중산층 부모가 자기 자녀에게 유리한 방향으로 학교 선택을 이용하는 것을 보고하는 수많은 연구가 전 세계적으로 쌓여가고 있다.Ball, 2003; Lauder and Hughes, 1999; Power, Edwards, Whitty, and Wigfall, 200. 이것이 그리 놀랄 만한 일은 아니다. 부르디외Bourdieu가 세밀하게 묘사했듯이, 중산층과 그 이상의 상류 계층은 시장 게임을 더 잘 영위할 수 있는 전략을 구사할 수 있는 "타고난" 아비투스를 가지고 있다. 그들이 쌓아둔 문화적·경제적·사회적 자본은 선택과 관련된 복잡한 수렴 전략convergence strategy에서 유리한 위치를 제공하는 역할을 한다.Bourdieu, 1984 참조할 것 지배 집단으로 하여금 "오염시키는 타자"의 몸과 문화로부터 그들과 자녀를 보호할 수 있게 하는 일련의 전략을 학교 선택 프로그램이 강화시키는 현실을 감안한다면, 계급이라는 요

---

5 한국에서는 일제고사의 모습으로 도입되었다.

소와 마찬가지로 인종 효과도 역시 매우 중요한 요소로 작용하는 것을 알 수 있다.Apple, 2006; Gillborn, 2008; Lauder and Hughes, 1999; Lipman, 2011

그러나 바로 이것이 바로 핵심 아니던가? 뉴올리언스를 중산층에게 멋지고 안전한 도시로 만들고 백인화해서 도시 자체가 돈 있는 관광객을 위한 테마파크로 거듭나게 하는 것, 그것이 그들이 꿈꾸는 합리적 개인 선택과 인종, 그리고 시장의 관계 설정이라는 장구한 역사 속에서의 멋진 예인 것이다.Mills, 1997 [ii] 이렇게 말하면서도 나는 조금은 주의를 기울이고 싶다. 왜냐하면 자유 시장과 선택은 부분적으로는 반헤게모니적인 개념이기 때문이다. 아프리카계[6], 남미계, 그리고 수많은 유색인종을 위험하고 비합리적인 것으로 그려내는 대중매체와 백인 위주로 구성된 상식이 판을 치는 지금과 같은 때에는, 시장 이데올로기 속에 체화되어 있는 합리적인 개인 소비자에 대한 비전은 억압받는 사람들에게 그 이전 시대와는 다른 정체성을 제공한다. 그 이전 시대라 함은 소수 인종이 뭔가 결함이 있는 존재인 반면에 지배 계층은 자신들이 정상이고 인간의 보편이라는 인식이 아무런 거리낌 없이 통용되던 시대를 말한다.Apple and Pedroni, 2005; Pedroni, 2007 하지만 장기적으로 봤을 때, 이렇게 부분적으로 반헤게모니와 관련된 성취들은 어렵지 않게 사라져버린다. 이러한 예들은 다른 많은 나라의 유색인종에게도 일어났던 일이기도 하다.Lauder and Hughes, 1999

이러한 예는 비단 뉴올리언스에서만 나타나는 것은 아니다. 폴린 리프먼Pauline Lipman이 명확하게 제시하고 있듯이, 교육에 있어서 "개혁"과 유사한 담론과 정책들이 시카고와 같은 도시들에서 횡행했다. 뉴

---

6 이 책에서는 흑인black, 아프리카계African American, 니그로Negro라는 용어가 맥락에 따라서 함께 쓰인다. 흑인은 일반적인 경우에 쓰이고, 아프리카계는 이들의 출신이 중요하거나 이들이 벌인 투쟁의 맥락에서 이들의 정체성을 중시할 때 쓰인다. 니그로는 역사적인 맥락에서만 쓰인다.

올리언스에서 나타났던 것과 유사한 인종적 편견과 결과들이 그러한 정책의 배경을 이루었고 또한 그러한 정책들에 의해서 인종적 편견이 재생산되었다.Lipman, 2004; Lipman, 2011 우리는 학교를 기업에 유리한 쪽으로 만들려고 하는 현재의 다양한 시도들 속에서 인종적 편견의 역학과 그 역사, 그리고 유색인종에 대한 편견이 명시적으로든 혹은 묵시적으로든 중요한 역할을 하고 있다는 사실을 과소평가해서는 안 된다.

이 절에서 내가 전개하고 있는 논지의 이면에는 적지 않은 논점이 깔려 있다. 그중에서 나에게 중요하게 다가오는 것이 있다. 그것은 바로 언어가 차이를 만든다는 것이다. 특정한 사람이나 특정한 상황이 어떻게 규정되는지는, 특히 그것이 권력을 유지하고 싶어 하는 세력에 의해서 수행되는 것이라면, 매우 중요한 의미를 지닌다.Lakov, 2004; Lakov, 2008 이는 인종의 정치에서 사용되는 언어가 그 언어를 구성하는 일련의 전제들을 함께 전달하기 때문이다. 그것은 또한 정당한 것으로 여겨지는 행위의 한계를 규정할 뿐만 아니라 유용하지 않은 것, 비효율적인 것, 현실에 적용 가능하지 않은 것, 그리고 때때로 너무 극단적인 것 등을 규정한다.Smith, et al., 2004 신자유주의도 이와 다르지 않다. 신자유주의는 특정한 정체성의 공간을 제공하는 동시에 특정한 정체성의 공간은 부정한다. 신자유주의는 사람들에게 자신들이 누구인가에 대해 한 가지 선택권만을 부여한다. 그것은 소비자로서의 정체성이다. 소비자는 상품에 대한 개인적 선택을 통해서 획득되는 개인적 이익이라는 오직 한 가지 선택 기준에 의해서만 움직인다. 그러한 인식에 따르면 공동체적인 책임감이나 사회적 정의 따위는 소비자가 관여할 일이 아니다.

이것이야말로 사회적인 감수성에 대한 거세다. 자기 자신을 사회적 정의를 위한 오랜 투쟁의 역사를 간직한 억압받는 사람들의 일원으로 생각하지 마라. 자신을 오로지 서비스와 상품의 "선택자"로 생각하라. 비록 당신과 당신의 공동체가 선택이라는 것이 무엇을 의미하는지 정확히 모를지라도 혹은 신자유주의적 개혁이 민중들이 투쟁의 결과로 성취한 사회적 제도들을 망가뜨리는 것을 당신이 적극적으로 거부하려 할지라도, 소비자의 선택이 궁극적으로 모든 것을 해결해줄 것이다. 여기서 던져지는 메시지는 "우리를 믿으라"이다. "우리"는 개혁가들이다. 우리는 당신이 아직 알지 못하는 당신이 원하는 것을 줄 것이다. 우리는 학교를 탈바꿈시킬 것이고 그래서 (이제, 선택받은) 학생들은 더 좋은 교육을 받게 될 것이다. 특정 계층에게만 적용되는 것이 아니라 모든 계층에게 적용 가능하도록 학교 바우처 프로그램을 확대하려는 움직임, 그리고 많은 주에서 시도하고 있는 바우처 사용에서 소득 상한선을 폐지하려는 움직임 등은 빙산의 일각일 뿐이다.

물론 여기서 "우리"는 힘센 사람들, 시장경제에 대한 독실한 믿음을 가지고 있는 사람들, 그리고 때로는 단순히 비상 상황에 필수품을 비싸게 팔아서 터무니없는 이윤을 챙기는 사람들이다.Ball, 2007; Ball, 2012; Burch, 2009 참조 "우리가 아닌 사람들"은 시장과 시장이 가능하게 하는 선택들을 믿도록 강요받는 사람들이다. 어떤 수사법이 사용되든지 간에, 우리 사회에서 타자로 규정되는 무수히 많은 사람들과 마찬가지로, 뉴올리언스의 학생들과 교사들은 명백히 "우리가 아닌 사람들"로 규정된다.Buras et al., 2010; Buras, 2011 이 모든 상황은 오래된 역사를 가진 어떤 것에 대해서 말해준다. 즉, 지배 집단은 사회를 바꾸어야 한다고 얘기하는데, 그 변화는 그들에게 한결 강력한 권력이 주어지는 것으로 귀결된다. 우리 정직해지자. 이것은 단순히 중심부가 주변으로 위장하는 것이다.[7]

---

7 언어가 중요한 것임에도 불구하고 부차적인 것으로 가장하는 것을 일컫는다.

달라질 수 있다

구 유고슬라비아에서 자신과 그 아이들의 목숨을 구한 사람들처럼, 뉴올리언스, 시카고 그리고 다른 곳에서 사람들은 꾸준히 의미 있는 대안들을 만들며 지키고 있다. 예를 들어 뉴올리언스에서는 '중심에 있는 학생들Student at the Center'Buras et al., 2010이라는 비판적인 교육단체가 결성되어서 학생, 교사, 문화운동가 그리고 공동체 구성원들이 자신들에게 벌어지고 있는 일에 대해서 목소리를 낼 수 있는 장을 마련하고 있다. 이러한 움직임은 그 이름에 값할 수 있는 교육을 만들고 지키기 위한 지속적인 투쟁의 대표적 예다. 또한 이러한 움직임은 더 진보적인 정체성을 형성하고 지키기 위한 공간을 제공하는 훌륭한 본보기이다. 미국 전역은 물론 다른 많은 곳에서 보는 것처럼, 뉴올리언스 등과 같은 곳에 강제되었던 "개혁"과는 근본적으로 다른 민주적인 대안은 많이 있다. 비판적 교육자들, 공동체 구성원들, 학생들, 그리고 그 밖의 관련된 사람들이 그러한 프로그램이 존재하는 것을 알고 있다. 왜냐하면 그들은 매일매일 그 프로그램 속에서 살고 있기 때문이다. 그들은 개인적으로 그리고 강력한 방법으로 교육과정과 교수 활동을 구성하는 방법을 제시한다. 그 방법들은 학생과 교사를 상호 협력적인 주체로 상정한다.

실제로 제임스 빈James Beane과 내가 함께 쓴 대중서인『민주적 학교들Democratic Schools』에서 제시되는 교사들, 교육행정가들, 그리고 학생들의 목소리에서 보듯이, 또한 멋진 정기 간행물인『학교 다시 생각하기Rethinking Schools』에서 구할 수 있는 자료들에서 보듯이, 이러한 대안들은 사회의 힘센 사람들이 소외된 사람들에게 알량한 선택만을 허용한 상황에서도 빛을 발한다. 여기서 알량한 선택이란 소외된 사람들에게 더 질 나쁜 학교를 혹은 학교 자체를 제공하지 않는 그런 선택을 강요하는 상황을 말한다.^{Duncan-Andrade and Morrell, 2008; Hill, 2009; Watson,}

Duncan-Andrade and Morrell, 2008; Hill, 2009; Watson, 2012; Soler, 2011 참조

사라예보에서 산맥을 넘어온 사람들의 실례에서 보듯이, 그들은 자기 아이들을 위한 학교를 지어서 자신들의 과거가 살아 있게끔 하며, 동시에 더 나은 미래를 만들어간다. 공동체 구성원, 활동가, 교사, 학생, 그리고 그 밖의 수많은 사람들은 어떠한 악조건에서도 믿을 만한 교육기관을 만들기 위해 결집할 것이고 집단적 차원에서 희생조차도 감내할 것이다. 다시 한 번 강조하자면, 여기서 중요한 키워드는 "집단적"이라는 단어다. 집단적인 정체성과 그 정체성을 유지하고 재생산함으로써 만들어지는 교육 경험들에 대한 신자유주의의 공격은 저항 불가능한 것이 아니다. '중심에 있는 학생들'과 같은 프로그램들, 『민주적 학교들』, 그리고 『학교 다시 생각하기』와 같은 잡지들, 그리고 교사와 지역 활동가들이 협력적인 지역 운동을 형성한 시카고, 로스앤젤레스, 오클랜드, 샌프란시스코, 뉴욕, 필라델피아, 보스턴, 밀워키 및 다른 많은 도시에서 형성된 교사와 지역 활동가의 협력적 운동에서 볼 수 있는 교사와 학생들의 목소리는 왜 "공동체적인"이란 단어가 중요한지를 잘 보여준다.[iii]

이 모든 프로그램과 사회운동은 시민들이 더욱 존중받는 삶을 영위하기 위한 도구와 장소로서 학교의 가능성을 증명하고 있다. 이 모든 운동과 프로그램은 시민을 그들이 구매하는 것에 의해서 규정되는 소비자로 취급하지 않고 현재와 미래를 공동체적으로 함께 만들어가는 협력적인 주체로 대우한다. 이러한 것들이 부분적으로 유토피아적일까? 그럴지도 모르겠다. 교육이 개인적으로 그리고 사회적 변혁을 위해 사용될 수 있는 가능성에 대해 긍정하는 가운데 그들은 꿈과 투쟁의 오랜 전통에 자신을 재접속한다. 그 전통은 이 책에서 내가 하고 싶어 하는 이야기의 일부를 구성하게 될 것이다.

나는 여기서 솔직해질 필요가 있다. 내가 이 책의 서론에서 언급했고, 또한 이 책 전반에서 다루게 될 적지 않은 진보적인 전통과 운동들은 실제로는 더욱더 많은 반동적인 전통을 끊임없이 동반한다. 이러한 이데올로기적 입장의 혼재는 학교를 사회 변혁의 장으로 파악하는 입장에서 극명하게 드러난다. 하지만 현재 뉴올리언스 같은 곳에서 횡행하고 있는 신자유주의와 신보수주의 형태를 띤 일련의 전통은 그것이 교육 외의 세계에서 했던 것을 교육의 세계에서도 행하는 것을 목표로 하고 있다. 우리의 제도와 정체성을 바꾸어서 이윤과 개인주의가 지상의 가치로 군림하는 세상을 만드는 것이다. 이 책에서는 학교 개혁에 대한 진보적인 비전과 반동적인 비전 모두를 다루게 된다.

그러기 위해서는 역사적으로 유의미한 사실을 기억할 필요가 있다. 특별히 억압받는 사람들과 정치적으로 조직된 교육 노동자들의 목소리를 기억해야 한다. 이들은 우리 사회의 지배와 불평등의 관계를 비판하면서 구체적인 대안을 제시했다. 또한 이 모든 것을 다루기 위해서는 더욱 광범위한 정치politics [8]와 이론들, 그리고 폭넓은 스타일이 필요하다. 이 작업은 역사적으로 유의미한 수많은 활동가와 그들의 운동이 담고자 했던 목소리를 되살리는 작업을 포함한다. 그들은 이러한 운동들을 통해서 교육이 사회를 진보적인 방향으로 변화시킬 수 있고 또 그래야만 하는지를 묻고 대답했다. 그들의 목소리를 되살리는 작업은 또한, 교육이 변화를 이끌어낼 수 있는가 아니면 경제적인 힘에 언제나 종속되어 있는가에 대한 상당한 정도의 이론적인 분석을 수행하는 것을 포함한다. 그리고 교육을 전 지구적인 시각에서 생각해볼 수 있도록 교육을 둘러싼 국제적인 운동과 현실을 살펴보아야 한다. 이와 더불어 우리는 비판적 교육자로서 이와 같은 상황에서 무

---

8 정치적 행위들을 의미한다.

슨 역할을 할 수 있고 해야만 하는가에 대한 엄격한 질문을 던질 필요가 있는데, 이것은 매우 중요한 일이다.

개인적인 의미 부여하기와 연대 형성하기

이 책은 공동체의 기억에 대한 의도적인 망각과 관련된 싸움을 다루었지만, 앞에서 언급했듯이, 내 개인적인 것도 다루었다. 책을 이렇게 구성한 것은 이기성과 보수주의가 득세하는 오늘과 같은 상황에서 개인적인 책임에 대한 어려운 질문을 회피하지 않으려는 노력의 일환이다. 미국에서는 기독교인들이 차에 붙여놓은 '예수님이라면 무엇을 했을까?'라는 스티커를 흔하게 볼 수 있다. 이 질문에는 매우 중요한 의미가 게재되어 있다. 만약 예수님이 가난한 자들과 함께 노동하셨다면, 만약 그가 지혜를 구하고 평화를 주장하셨더라면, 만약 그가 기독교인들에게 다른 이들을 대함에 있어서 교만하지 말고 겸손할 것을 요구하셨더라면, 만약 그가 이 모든 것을 요구하셨더라면, 당신은 무엇을 할 것인가? 물론, 다른 종교적·세속적 전통도 윤리적으로 의미 있는 비슷한 질문들을 던지곤 한다.

당신이 종교적이건 아니건 간에 나는 이 질문의 이면에 있는 윤리를 심각하게 받아들이고 싶다. 만약 나 자신을 똑같은 선상에 두는 실천을 하지 않는다면, 나는 이 책의 독자들을 포함한 다른 어떤 사람들에게도 현존하는 지배 관계에 도전하라고 요구할 수 없다. 바로 이런 이유로 이 책의 적지 않은 부분이 이 불공평한 세상에 대한 개인의 책임성을 묻는 질문에 답하고자 노력한 내 이야기들에 할애되었다. 다른 사람들처럼 나 역시도 완벽하지 않고, 타인의 정치적 견해를 존중해야 한다는 매우 어려운 문제에 대해 답을 찾는 과정에 있다. 나는 이 문제에 대해서 정직해지고 싶다. 또한 나는 교육과 사회의 관계를 이해한다는 것이 무엇을 의미하는지에 대해서, 이 연관을 이해하기 위해 사용하는 이론들에 대해서, 그리고 이러한 관계들에 영향을 미칠 수 있도록 만드는 실천들에 대해서 정직해지고 싶다.

앞서 제시한 논점들이 의미하는 바가 무엇인지를 명확히 드러내기 위해 구체적인 예를 들어보자. 이 예화는 내 주제에 있어서 매우 중요한 위치를 차지하는 개인적 이야기이다. 나는 이 이야기를 통해서 이 책의 핵심 부분을 이루고 있는 개인적으로, 이론적으로, 그리고 정치적으로 중요한 논점을 제시할 것이다. 이 이야기는 교육기관이 사회의 다른 기관들과 연합하여 일상적인 삶을 조직하는 지배적인 형태와 전제들에 대해 근본적인 문제 제기를 요구하는 그런 운동과 나를 연결시켜준다. 이 이야기는 비판적 교육계가 예전보다 더 많은 관심을 기울여야 할 사회운동과 관련된 것이다. 내가 이곳에서 말하고자 하는 것은 수십 년 동안 이론과 활동가들의 전략 수립에 큰 영향을 끼친 장애인의 권리 운동이다.Barton, 2001; Barton, 2006; Barton and Meihan, 1979

여기서 제시되는 논점을 이해하기 위해서는, 내 개인적인 예화가 상당한 수준의 이론적·정치적 논점과 결합될 필요가 있다. 이 논점은 사회를 변화시키기 위한 우리의 노력을 서로 지지하기 위해 다양한 진보적인 집단들의 변혁적인 목적을 연결시키는 것에 대해서 우리가 어떻게 더 잘 생각해볼 수 있을 것인가로 표현된다. 더 넓은 진보적인 사회운동의 범위와 일련의 핵심적인 가치들이 뒤따라 나올 나의 이야기에서 중요한 역할을 하게 될 것이다. 여기서 말하는 핵심적인 가치들이란 돌봄, 사랑, 그리고 연대 등이다.

나의 할아버지는 이와 관련해서 다음과 같은 말을 즐겨하셨다. "좌파들은 총을 발사하기 위해 도열할 때, 이들은 원을 그리며 선다."(이 장면을 상상해보라.) 우리는 더 이상 이 역사가 반복되는 것을 용인해서는 안 된다. 특히, 신자유주의자와 신보수주의자가 자신들의 어젠다로 공론의 장을 점령하고 학교를 이용해서 사회와 문화를 그들의 방식으로 변혁시키는 데 적지 않은 성공을 거두고 있는 지금과 같은 시기에는 더욱 그렇다.

이제 이야기를 시작해보자. 나는 관절염을 앓고 있다. 이 질병은 내가 관여하는 활동들을 전체적으로 위축시키는 조건이 되고 있다. 십여 년 전에, 관절염은 더욱 악화되었다. 나는 더 이상 오래 앉아 있거나 서 있지 못하게 되었다. 내가 삼십 년 넘게 글을 써온 책상에서 더이상 일을 할 수 없었으므로 집필은 더욱더 어려운 일이 되었다. 고통이 심해지면서, 나는 대안을 찾아 나섰다. 위스콘신 대학의 행정부처에서는 처음에는 아주 느린 속도로 일을 처리했다. 그러다가 그 당시 장애인들이 앞장선 장애인 인권운동의 결과로 대학 행정부처는 점증하는 압력에 직면하게 되었고, 결국 이들은 매우 빠른 속도로 연방, 주 정부, 그리고 지자체 단위의 장애인 권리에 관한 규정을 준수하게 되었다. 공공 기관과 많은 사설 기관 모두 좀 더 접근성이 높아야 하고 이용자의 요구에 좀 더 민감하게 반응해야 했다. 대학도 예외는 아니었다. 대학에서 이루어졌던 투쟁은 장애인 인권에 대해 사회의 다양한 기관들에서 벌어지고 있던 투쟁을 대표하는 상징성을 띠었다. 물론, 장애인 인권을 위한 투쟁은, 장애인 인권의 의미를 놓고 벌이는 투쟁과 함께 지금도 지속되고 있다.

내가 대학 행정 조직 내에서 책임의 사다리를 올라가면서 일할 때가 있었다. 그때 살펴보니, 재정이 빠듯하고 회계감사가 엄격한 시기에도Apple, 2006: Leys, 2003, 장애인 인권 그룹이 승리한 결과, 대학은 나의 삶을 또한 다른 이들의 삶을 더 쉽게 만들어줄 기구들을 갖추게 해줄 만한 충분한 돈을 분명히 확보하고 있었다. 나에게는 높낮이와 각도가 전자동으로 구동되는 책상이 제공되었다. 그리고 어디가 얼마나

아픈지에 따라서 어떤 방향으로라도 위치를 바꿀 수 있는 의자가 제공되었다. 해결책은 아주 가까이 있었다. 나는 "정상"으로 돌아갈 수 있었다.

이 이야기를 하는 것은 동정을 끌기 위해서가 아니다. 중요한 논점은 바로 다음에 일어난 일이다. 이 일은 좌파의 정치학과 복잡다단한 진보적 정체성의 정치학에 대해 일정한 시사점을 제공하는 예화이다. 이는 그 정치학이 사회 변혁 과정에서 교육기관의 역할과 조응하는 면이 있기 때문이다.

그 기구들을 얻기 위해서, 나는 공식 문서에 서명을 해야만 했다. 공식적으로 내가 장애인임을 선언해야 했다. 솔직히 말하건대, 내가 그 문서에 서명을 하는 데는 며칠씩이나 걸렸다. 여기에는 매우 강력한 현상학이 게재되어 있다. 나는 서류에 적혀 있는 장애인이라는 단어를 글자 그대로 "장애인"으로 보지 않았다. 나는 그 꼬리표를 나를 열등하게 하는 것으로 보았다. 그것은 어떤 식으로든 나를 실제의 나보다 못한 나로 만들었다. 가슴속에서부터 솟아나는 정상/비정상이라는 이분법의 감정이 나를 강하게 관통하고 있었다. "나를 구성하는 외부"가 나의 상식의 정치학에 의해서 생성되고 있었다.Butler, 1999: Youdell, 2006: Youdell, 2011 참조 여기서 작동하는 미세한 것의 정치학과 정체성의 형성을 이해하기 위해서 푸코의 열렬한 독자가 될 필요는 없다. 나에게는 이데올로기적으로도, 개인적으로도 상당한 노력이 필요했다. 이는 단지 내가 문서에 서명을 하는 문제일 뿐 아니라 내가 인정하지 않았던 정체성으로 주 정부의 리스트에 등록되는 행위였기 때문이다. 이 사건은 내가 이미 비판적 교육학 내에서 치열하게 고민하고 있던 환원주의적 유혹[9]으로부터 거리를 둘 것을 나에게 요구했다.Slee, 2009 이 책의 후반부에서도 언급하겠지만, 교육계의 비판적인 학자/활동가들에게 요구되는 중요한 임무 중에는 지속적으로 그리고 공개적으로 이러한 어려운 이데올로기적이고 개인적인 작업의 중요성을 인정하는 것 그리고 복합적인 비판적 전통으로부터 배움에 대해 훨씬 더 개방하는 것이 있다. 우리가 이중 삼중으로 억압당하는 사람들의 입장에서 사회를 바라볼 수 없다면, '교육은 사회를 변혁시킬 수 있는가'라는 질문에 적절히 답할 수 없을 것이다.

내가 교수 생활을 시작한 초창기에도 나는 계급관계와 정치경제학의 강력한 옹호자였음에도 불구하고, 계급만을 유일한 변수로 보는 이론과 경제적 환원주의의 위험성에 대해서 폭넓은 저작 활동을 해 왔다.Apple, 1986; Apple, 2004; Apple, 2012 그 저작들을 통해서 나는 성차별과 인종차별의 구조와 그 역학이 가지는 상대적인 힘과 일상의 정치학의 중요성을 강조했다.Apple and Weis, 1983; Bourdieu, 1984 참조 비록 나는 "포스트"주의적 접근의 지지자는 아니었지만, 나는 포스트모더니즘과 포스트구조주의 그리고 낸시 프레이저Fraser, 1997가 말하는 인정 투쟁의 정치학과 재분배 투쟁의 정치학에 의해서 발전된 초기의 논의들에 영향을 받았다. 하지만, 나의 저작들이Apple, 2004 이름 붙이기에 수반되는 정치성에 대해서 주목하고 있었고, 내 스스로가 학생들에게 "특수(아동)"라는 이름표를 붙이는 프로세스가 매우 인종차별적인 과정임을 인식하고 있었음에도 불구하고, 장애인이라는 쟁점을 둘러싸고 형성되는 구조, 역학, 관계, 운동에 대해서 나는 적극적 의식을 가지지 않았다. 이러한 사실이 몹시 부끄럽지만, 나만의 문제는 아닐 것이라고 생각한다.

많은 진보적인 학자들과 활동가들이, 사회를 움직이는 근본 동력으로서 계급과 자본주의와 관련되지 않은 것들을 부차적인 것으로 취

---

9 사물을 부수적인 것과 핵심적인 것으로 나누고 부수적인 것은 제외하고 핵심적인 것만으로 사물을 설명하려는 관점.

급하는 경향이 적지 않다.[iv] 그러므로 이러한 사람들에게 있어서 교육이 사회를 변혁시킬 수 있는가에 대한 답은 교육이 계급과 자본주의 질서에 도전할 수 있는 한에서만 그렇다가 된다. 그 이외의 도전은 자동적으로 덜 중요한 것이 되든지 아니면 중요한 도전을 지원하는 가치로서만 의미가 부여된다. 나는 물론 계급관계와 경제적 구조의 역학관계를 이해하는 것이 우리 사회가 작동하는 방식을 이해하는 데 필수적이라는 사실을 여러 지면을 통해 설파한 바 있다.Apple, 1982; Apple, 2012 참조 오늘날과 같은 상황에서, 특히 계급관계와 경제적 구조와 역학이 발휘하는 힘을 보지 않으려는 사람은 현실과 완전히 동떨어진 삶을 살아가는 것이라고 할 수 있다. 자본주의가 참으로 전 지구적으로 영향력을 행사하고 있다는 사실과 그것이 매우 파괴적인 방법으로 많은 사람들의 삶에 강력한 영향력을 미치고 있다는 사실을 무시하는 것은 이 책이 던지고 있는 질문에 대해서 성실히 임하는 것이 아닐 뿐 아니라, 수십억의 인구가 직면하고 있는 현실에도 등을 돌리는 것이다.Davis, 2006; Apple, 2010 참조

그런데 어떤 이들은 경제환원론적 분석의 영역으로 너무 깊숙이 들어가버렸다. 많은 경우 중요한 모든 것들은 경제적 구조와 역학으로 환원될 수 있다고 그들은 가정하고 있다. 그리고 그들은 경제적 억압을 포함한 모든 종류의 억압이 경제적 권력 관계에서 비롯된다고 파악하면서 사물이 가지고 있는 복잡성을 무시하는 도식화된 접근법으로 일관한다. 그 과정에서 그들은 불행히도 연대를 맺을 가능성이 있는 세력들을 밀쳐내기도 한다. 나는 경제환원주의가 사회운동과 사회변혁에 대한 적절한 이해라거나 개인의 권리 운동의 힘에 대한 적절한 인식이라고는 생각하지 않는다.Apple and Buras, 2006 비록 이러한 경제환원주의가 사실에 더 부합하는 것이라고 할지라도, 이러한 입장은 여전히 진보적인 프로젝트에 필수적인 연대를 형성하는 데 있어서 장애물

이 된다고 생각한다. 왜냐하면 이러한 입장은 사회라는 것이 복잡다단한 권력관계를 가지고 있어서 사람들이 상호 간에 영향을 주고받는다는 사실을 간과하기 때문이다. 또한 사회는 모순적인 구조와 역학에 따라서 성격이 결정된다. 예를 들면, 장애인 쟁점에 대해서 실제로는 잘 알지 못하면서 잘 안다고 착각하는 것보다 그들과 연대를 맺을 수 있는 길을 찾는 것이 더 중요하다. 내가 앞서 든 예에서 이것은 "몸의 정치학"과 이 사회가 "능력"을 다루는 방식에 관한 관심을 포함한다. 감성적 평등affective equality이 경제적인 쟁점과 함께 중요한 것으로 취급될 수 있다면, 몸의 정치학과 능력과 같은 주제들을 연결시키는 것은 서로에게 이익이 되는 일이다.

많은 사람들이 알고 있듯이, 나는 탈중심 연합decentered unities[10]이라고 부르는 것을 우리 모두가 추구해야 할 필요가 있다고 설파해왔다. 탈중심 연합은 교육적으로 또는 사회적으로 변혁을 일으키는 데 중요한 공간이다. 이 연합에서 진보적인 운동 그룹들은 공통의 기반을 찾을 수 있다. 또한 이 연합은 각각의 그룹으로 하여금 일상에서 착취와 지배가 어떻게 작동하는지를 이해하는 오직 한 가지 방식의 리더십 아래 복종하지 않고서도 공동 투쟁을 가능하게 한다.Apple, 2006

인정 투쟁의 정치와 재분배 투쟁의 정치가 상호 교차해서 차이가 있는 집단들 간의 연대를 형성하는 예를 들어보자. 이 예는 아주 간단한 것이지만, 수렴의 지점을 명확히 하는 데 도움이 될 것이다.

장애인 인권운동은 자본이 노동을 조직하고 통제하는 방식과 관련한 이데올로기에 균열을 일으킬 수 있는 강력한 가능성을 제시한다. 이러한 가능성을 제시할 수 있었던 것은 이 운동이 자본주의 경제체

---

10 이 용어의 번역과 관련해서 "탈중심"이라는 말이 포스트주의의 인상을 준다는 지적이 있었지만, 보다 적절한 용어를 찾지 못했음을 밝힌다.

제 그리고 교육기관 안팎의 삶의 기저를 형성하는 지극히 중요한 전제들에 대해 맞섰기 때문이다. 임금노동과 임금노동자들이 대우받는 방식에 대해 강하게 저항함으로써 자본과 노동의 새로운 관계 형성이 가능해진 것이다.

예를 들어, 임금노동과 그 노동이 수행되는 작업 환경이 장애인들의 "차이"를 고려해서 변화되어야 한다는 요구는 부차적인 문제가 아니다. 그 요구는 최저 비용으로 가능한 생산성에 따라 노동자의 가치가 매겨지는 "보편적인 노동자"라는 생각에 저항할 수 있는 공간을 만들어낸다. 물리적인 작업 환경이 다양한 범위의 "능력들"에 맞춰져야 한다는 요구는 노동자의 인권이 이윤의 창출만큼이나 중요하다는 새로운 인식의 지평을 열어주었고, 실제로 실천에 옮기도록 하는 매우 혁신적인 시사점을 제공했다. 국가가 이 과정에 끼어들게 되었다는 것도 간과할 수 없는 사실이다. 이는 계급투쟁의 현장으로서의 국가가 – 나와 같은 교육자들에게 이 국가는 교육적 국가기구이다 – 막대한 반대 압력이 예상될 수 있음에도 불구하고 노동계급에게 (부분적으로) 유리하게 이용될 수도 있다는 가능성 때문이다.[Apple, et al. 2003] 나는 또한 이러한 요구가 린치Lynch, 베이커Baker, 그리고 라이언스Lyons가 말한 감성적 평등의 공간을 열 수 있는 잠재력을 지니고 있다고 믿는다. 감성적 평등은 돌봄과 연대가 더 쉽게 경제적 평등이라는 쟁점과 어깨를 나란히 할 수 있도록 해주는 윤리에 호소한다.[Arnot and Dillabough, 2001: David, 2003: David, 2009: Lynch, Baker, and Lyons, 2009: Noddings, 2003]

나는 여기서 우리 모두가 낭만적이 되자고 요구하는 것은 아니다. 또한, 교육기관 안팎에서 벌어지는 반헤게모니적 사회운동들이 명시적으로 자본주의적 관계들에 도전할 수 있는 경우만이 유일하거나 으뜸가는 가치를 가지는 것으로 판단하자는 것도 아니다. 물론 그렇게 할 수만 있다면 그것도 분명히 좋은 일이긴 하지만. 오히려 나는 이전에도 수차례 언급했던 착취와 지배에 도전하는 탈중심 연합^{Apple, 1996;} Apple, 2006; Apple, et al., 2003이라는 형태가 진보적인 사회운동들 중에서 부분적으로 수렴의 지점point of convergence에 의존하고 있음Kumashiro, 2009 참조을 제안한다. (여기서 착취와 지배는 수사적으로 사용된 것이 아니라 분석적으로 사용되는데, 이는 재분배와 인정이라는 개념과 부분적으로 조응하는 개념이다). 수렴의 지점 중 하나는 노동(임노동과 무임노동을 포함하는) 과정 통제에 맞선 공동 투쟁과, 노동을 수행하는 현장의 작업 환경에 관련된 공동 투쟁이 어떻게 복수의 어젠다와 연결되는가에 대한 것이다.

나는 여기서 낸시 프레이저Nancy Fraser의 분석에 기대고자 한다. 그녀는 재분배와 인정의 획득을 위한 투쟁이 상호 존중에 의거해야 하고 상호 모순적이지 않아야 함을 강조한 바 있다.Fraser, 1997 나는 또한 비판적 인종 이론에서 일고 있는 다중정체성intersectionality 분석에 기대고자 한다. 이 분석은 서로 다른 종류의 권력들 사이의 관계를 관계적으로 볼 것을 강조하고 있다.Bhopal and Preston, 2012; Gillborn, 2008 그러므로 이 관계들의 역학은 서로가 동의할 수 있는 조건들의 범위 안에서라면 가능한 한 상관적이고 호혜적인 일련의 프로젝트들로 인식되어야만 한다.^v 그러한 것들이 레이먼드 윌리엄스가 적절하게 이름 붙인 "기나긴 혁명"Williams, 1961의 핵심적인 국면이 된다. 기나긴 혁명은 우리 사회의 모든 제도들에서 지배에 도전했던 모든 다양한 민중운동들이 오랜 시간 동안 축적된 결과들로 정의할 수 있다.

감성적 평등

최근의 많은 연구들은 노동 현장에서 나타나는 노동자 간의 서로 다른 능력의 차이에 주목하고 있다. 위에서 다룬 논의들이 최근에 이루어진 연구의 성과들과 결합한다면 그 논의는 보다 더 큰 힘을 얻게 될 것이다. 이 지점이 바로 교육과 교육을 둘러싼 더 큰 사회를, 사회를 변혁시킬 우리의 노력을 지도해야 할 핵심적인 가치들에 대한 더 큰 토론이 한층 더 긴요한 지점이다.

이쯤에서 내 논의를 더 진전시키기 위해서 린치, 베이커, 그리고 라이언스가 그들의 책 『감성적[11] 평등Affective Equality』2009에서 사용한 분석을 활용해보자. 신자유주의가 설파하는 학교의 모습은 다음과 같다. 학교는 이윤이 발생하는 기관들을 모방해야 한다. 그리고 학교의 궁극적인 가치는 높은 시험 점수를 생산하는 데 있다. 『감성적 평등』에서 사용된 분석은 신자유주의자들이 설파하는 이러한 주장들에 대해서 매우 중요한 반격을 수행하는 데 활용될 수 있다. 이 책은 『평등: 이론에서 실천으로Equality: From Theory to Action』라는 최근에 유명해진 책을 기반으로 그 내용을 발전시킨 것이다.Baker, Lynch, Cantillon, and Walsh, 2004 이 책에서 저자들은 "감성적 평등의 결핍"이 평등과 불평등이 만들어지게 되는 사회적 시스템을 구성하는 네 가지 요소 중 하나임을 비판적으로 검증하고 있다. 감성적 평등은 온전히 감성 체계affective system에 호소하고 있다. 이것은 또한 사랑, 돌봄, 그리고 연대를 제공하고 유지하게 하는(혹은 그렇지 못하게 하는) 사회정치적, 이데올로기적, 그리고 개인적인 관계들에 대한 사려 깊은 고찰에 호소하고 있다.p. 3 이 과정에서 저자들은 그러한 관계들을 구성하는 요소를 자세하게 드러내고 있으며, 그것들과 관련된 감정적, 지성적, 그리고 물리적인 노동의 역할이 무엇인지 파헤친다. 그리고 저자들은 이러한 과정을

---

11 정서, 감정 등으로 번역할 수 있으나, 이 말들이 이미 다른 용례로 쓰이는 맥락을 고려하여 감성이라는 말을 사용한다.

이와 변증법적으로 상호 연관되어 있는 경제적, 정치적, 문화적 구조 및 현실들과 연결시킨다.[vi]

페미니스트 정신분석학 전통에 많은 것을 기대고 있는 학자들 Britzman, 2009이 대개 그렇듯이 이 저작 역시 수많은 요소들을 무시하거나 최소화하는 오늘날의 이론들에 비한다면 상당한 정도의 진전을 보여주고 있다. 오늘날의 이론들이 무시하거나 최소화하는 요소들은 다음과 같다. 일상을 구성하는 감성적 요소들의 중요성, 감정 자본이라 불리는 것들의 중요성, 성과 계급이 다양한 층위에서 상호 영향을 주고받으면서 혼재하는 방식들이 그것이다. 그들은 신자유주의가 "합리성"이라고 부르는 것의 정체를 백일하에 드러냈는데, 이는 그 합리성이 아주 깊은 수준에서의 오인과 개념의 선택적 배제를 통해서 이루어진 신자유주의적 전제Frosh, 2009; Lutrell, 2009에 기반하고 있음을 밝힘으로써 가능했다.

나는 다른 저서에서 교육 및 그 외의 장에서 활동하는 학자와 활동가들에게 심각한 불평등으로 점철된 사회 속에서 매일매일 현실의 삶을 대면해야 하는 이들의 목소리와 투쟁을 비판적으로 기록하고 관리하는 비서critical secretaries 역할을 맡아줄 것을 꾸준히 요청해왔다.Apple, Au, and Gandin, 2009; Apple, 2010 그리고 나는 이 책의 다음 장에서 다시 한 번 똑같은 요청을 할 생각이다. 『감성적 평등』의 대부분은 바로 그러한 비서 역할과 정확하게 일치한다. 이 책은 사랑, 돌봄, 그리고 연대의 노동과 관련된 실천들과 긴밀하게 연결되어 있는 사람들의 목소리, 기쁨, 고통, 그리고 그들의 지난한 삶의 현실을 풍부하고 통찰력 있게 조명하고 분석하고 있다. 이 작업은 "장애"인들과 협력한 것의 일화를 그들의 주장의 중요한 예증으로 사용하기도 했다. 이것은 두말할 것도 없이 가장 좋은 교육적인 작업으로 규정되어야 마땅하다. 『감성적 평등』에서 제시한 것과 같은 가치들을 그 목적 중의 하나로 소중히 여기지 않는 교육은 단순한 훈련과 구별되지 않는다.

비록 감성적 체계는 인정의 정치와 많은 관련을 가지고 있는 것이 사실이지만, 감성적 체계가 "오직" 인정의 정치와만 관련을 맺고 있는 것은 아니다.[vii] 오히려 그 이상을 넘어선다. 감성적 체계는 사회를 구성하는 기초적인 요소로서 이는 사회를 구성하는 역할을 하면서 반대로 그 구성된 사회에 다시 영향을 받는다. 실제로 사랑, 돌봄, 그리고 연대라는 기준과 합리성을 중심으로 스스로를 재조직하지도 못하고, 그러한 것들을 쟁취하기 위한 성공적인 투쟁을 수행하지도 못하는 사회는 평등에 대해 진지한 사회라고 할 수 없다. 물론 이 책 후반부에서는, 돌봄과 연대를 지나치게 강조하느라 교육과정 및 수업 영역에서의 다른 노력들을 상대적으로 저평가하는 점에 대해서 약간의 문제 제기를 할 것이지만, 이러한 기준과 준거를 결여하고 있는 교육은 교육이 아니라 훈련이라고 부르는 것이 낫다는 것을 이해해야 한다. 이와 같이 감성적인 가치들을 체화하고 있는 교육을 만들어내는 것은 사회의 불평등 구조에 도전하는 일이다.

이것은 현재 교육계에서 일어나고 있는 일들을 감안할 때 더욱 중요하다. 신자유주의 이데올로기의 영향력이 점점 커짐에 따라 교육은 상품화되고 있다. 교육기관들은 시장 논리의 지배를 받아 마땅한 상품으로 바뀌고 있는데, 이것은 뉴올리언스에서만 일어나는 일이 아니다. 각계의 교육기관에서 일하는 사람들은 심화되는 경제적 불평등에 공헌하는 정도에 따라 가치가 매겨지고 있다. 국내외적인 경쟁력의 잣대로 여겨지는 시험 점수는 그 가치를 매기는 근거가 되고 있다. 이러한 무도덕적immoral인 일련의 가정들은 교육을 교육답지 못하게 만드는 파괴적인 것일 뿐 아니라, 정규 교육기관 안팎에서 수행되고 있는 교육적인 활동들의 기저를 이루고 있는 사랑, 돌봄, 그리고 연대라는 노동에 대해서 가치를 폄훼하고 무시하는 일이다. 실제로, 이러한 가치들은 신자유주의라는 현 시대Apple, 2006; Olssen, 1996의 지배적인 삶의 방식인 기업 마인드로 행동하는 것과 이윤을 창출하는 원천으로서의 개인이 가치가 있는지를 끊임없이 시험하는 문화에 직접적인 대안이 될 수 있다. 시험성적 하나에 의해서 교사의 가르침을 평가하겠다는 엄청난 압력은 이러한 경향의 오직 하나의 예(하지만 강력한)일 뿐이다.

이것이 전부는 아니다. 『감성적 평등』이 다루는 주제들은 장애인 인권과 관련된 문제들과 여성주의가 수행해온 재분배 투쟁과 인정 투쟁을 긴밀하게 연결할 수 있는 여지를 제공한다. 따라서 이것은 내가 앞서 지적한 탈중심 연합의 가능성을 한층 강화시키는 것이다. '돌봄 노동자(여기서 돌봄이 중요하다)'라는 개념과 돌봄의 대상이 되는 차별적인 능력을 가진 사람이라는 개념 자체가 많은 여성주의자들이 이해하고 있는 돌봄, 공동체, 그리고 인성personhood 구조의 중요성에 대해서 직접적으로 조응하고 있다.Arnot and Dillabough, 2001; David, 2003; David, 2009; Lynch, Baker, and Lyons, 2009 참조viii 여기서 이 구조는 교육 안팎에서 이루어진 여성들의 개인적/집단적 운동의 조직화에 핵심적인 요소를 제공했다.

앞서 언급한 유색인종의 자녀가 특별 학급에 배치가 될 필요가 있는 "정신적으로 장애를 가지고 있는having a mental disability" 학생으로 이름 붙여질 가능성이 훨씬 많다는 사실은 연대의 공간을 제공하는 것이기도 하다. 비록 그동안 "임상적clinical"이나 "도움helping"과 같은 어휘로 바뀌어왔지만Apple, 2004, 이름을 붙이는 과정과 그 이름과 관련된 정체성은 인종차별의 역학에 영향을 받아왔다. 그리고 이 인종차별의 역학은 불행히도 여전히 교육계에 존재하는 우생학의 역사에 조응하고 있다.Selden, 1999 이곳에서도 역시 운동들은 함께 공유한 고민과 투쟁을 중심으로 조직될 수 있다.

비록 실제로 여러 나라와 교육기관들에서 그러한 연대가 이루어지고 있기는 하지만Apple, Au, Gandin, 2009 참조, 이러한 논의는 더욱더 심화될 필요가 있다. 나 자신을 포함한 많은 사람들이 이와 관련한 일련의 쟁점들과 그 쟁점들이 서로 다른 형태의 억압, 저항, 그리고 반헤게모니적인 노력과 운동들과 만나는 지점에 대해서 배울 것이 아직도 많이 있다. 그러나 한 가지는 분명하다. 그것이 나와 비판적으로 민주적인 교육에 헌신하고 있는 다른 많은 사람들로 하여금 현실을 변혁하기 위한 개입의 정치에 대해 더 넓게 생각해보도록 하는 원동력이 되었다. 또한 교육과 관련해 전개한 투쟁들이 교육을 넘어선 사회에 영향을 줄 수 있는지를 묻는 질문에 답하려는 다양한 공동체가 있음을 인식하게끔 해주었다. 그리고 그것은 나와 많은 사람들이 그러한 운동을 이해하는 것에서 그치는 것이 아니라 더 넓은 운동의 환경 속에서 행동하게끔 하고 있다. 이 과정에서 우리는 "구조화하는 구조structuring structure"의 심장부로서 경제가 가지는 엄청난 힘을 기억해야 한다. 하지만 이와 동시에 이 힘이 그대로 반영되는 것이 사회라고 하는 제한된 이해에 머물러서는 안 된다. 대신에 우리는 사회 현상이 전개되는 다양한 층위와 중첩성에 대해서 열린 자세로 접근해야 한다. 이러한 신중한 접근이야말로 이 과정의 핵심이다.

질문에 대해 더 강력하게 생각하기

나는 이 책이 제시하고 있는 핵심적인 질문에 응답하기 위해 필요로 했던 나의 개인적, 정치적, 그리고 이론적인 여정과 논증을 함께 살펴볼 수 있도록 허락해준 여러분의 인내심에 감사를 드린다. 이러한 여정과 논증을 공식화함에 있어서, 나는 이 장 앞부분에서 대학을 포함한 수많은 교육기관들에서 수행되었던 투쟁을 예시한 바 있다. 이러한 예들은 이 책에서 반복해서 제시될 것이다. 장애인의 인권을 둘러싸고 벌어진 운동은 노동과 노동자에 대한 상식과 (불)평등에 대한 우리의 근본적인 인식에 심각한 도전을 제기했다. 이러한 문제 제기들은 이데올로기적인 차원에서 그리고 임금노동이 실제로 어떻게 조직되어야 하는지에 대한 측면에서 둘 다 부분적인 성과를 거두고 있다. 노동에 대한 기존의 상식과 노동을 조직하는 구조에 대한 문제 제기는 새로운 정체성과 새로운 요구를 창출할 수 있다. 또한 이에 못지않게 중요한 것은 이러한 문제 제기가 교육의 안팎에서 벌어지고 있는 집단적인 움직임을 위한 공간을 열 수 있는 가능성을 지니고 있다는 점이다. 이러한 가능성은 다양한 수준의 진보적인 어젠다를 가진 많은 사회 집단들이 공동으로 보조를 취할 수 있는 길을 모색하도록 할 수 있다. 평등의 토대로서 기능하는 두 가지가 있는데, 그것은 돌봄의 윤리와 돌봄 노동의 중요성에 대한 인정이다. 이는 노동이 학교 및 다른 많은 기관들에서 구조적으로 천대받고 통제되는 방식에 대해서 근본적인 문제를 제기할 수 있게 하는 매개 고리가 될 수 있다.

그런데 이것은 다양한 그룹들이 어떻게 차이를 넘어서서 연대를 형성할 수 있는 길을 찾을 것인지에 대한 하나의 예일 뿐이다. 이것은 더욱 폭넓은 집단들 사이에서 다양한 방식으로 사회의 지배적인 제도들을 재생산하는 일에 있어서 교육의 역할과 관련된 가능성을 환기시킨다. 그래도 우리가 이 장을 시작하면서 던진 더 큰 질문은 여전히 남아 있다. 그렇다. 세상에는 훨씬 더 다양한 그룹들이 존재하고 있다. 그렇다. 경쟁, 사유화, 그리고 소유권을 바탕으로 하는 개인주의라는 사회적 기준들은 사랑, 돌봄, 그리고 연대의 윤리에 의해서 극복되어야 한다. 하지만 교육이 정말로 진보적인 방향으로 아주 강력하게 변혁적인 어떤 일을 할 수 있을까? 또는 교육이 정말로 내가 "보수주의 근대화conservative modernization"Apple, 2006라고 부른 어젠다에 밀접한 관계를 형성한 나머지 진보적인 변혁이란 것이 단지 유토피아적 몽상으로 전락해버린 것일까? 우리가 학교를 사회 변혁의 중요한 지점으로 만들어가기 위해 경주하고 있는 노력이 정말로 가치가 있는 것일까?

이러한 질문을 던지는 것은 우리만이 아니다. 지금 냉소적이 되는 것은 너무도 쉬운 일이다. 그렇지만 우리의 역사를 기억하자. 브라질의 위대한 교육자 파울로 프레이리 그리고 비판적인 교육-문화적 작업의 역사에 뿌리를 둔 미국의 다른 많은 이들, 이를테면, 조지 카운츠George Counts, 해롤드 러그Harold Rugg, 마일스 호턴Miles Horton, 애나 줄리아 쿠퍼Anna Julia Cooper, 듀보이스W. E. B. Du Bois, 카터 우드슨Carter Woodson 등등이 이러한 질문을 제기했다. 그들은 자기 삶의 많은 부분을 앞서 언급한 질문에 긍정적으로 답하기 위해 바쳤다. 그들은 교육의 역할이 단지 지배 관계를 재생산할 뿐만 아니라 지배 관계에 도전할 수 있다고 생각했다. 그들은 아마도 유토피아에 대한 꿈을 불평등한 권력관계가 교육과 사회에 작동하는지에 대한 현실주의적 인식과 적절히 조화시켰을 것이다. 그럼에도 불구하고 그들은 결코 냉소주의에 빠지지 않았다.

이들처럼, 우리가 여기서 수행하고 있는 이론적인 작업들을 끝마친 다음에는 우리도 역시 가장 중요한 질문으로 되돌아와야 한다. 질문은 간단하게 할 수 있지만 그에 답하는 것은 결코 간단치 않다. 이 책의 제목인 "교육은 사회를 바꿀 수 있을까?"가 바로 그런 것이다. 이 책의 첫 장을 쓰고 있는 지금, 나는 우리 모두가 냉소적으로 되지 않기를 거듭 당부한다.

학교는 무엇을 하는가?

이 질문(교육은 사회를 변혁시킬 수 있는가)이 구성된 방식은 매우 진지하면서도 개념적, 경험적 그리고 정치적인 문제를 담고 있다. 첫째, 교육은 사회의 일부분이라는 사실을 인식하는 것은 매우 중요하다. 교육은 사회와 동떨어져 있거나 사회 밖에 서 있는 존재가 아니다. 실제로 교육은 사회제도 중에서 핵심이 되는 제도일뿐더러 사회적·개인적 관계의 핵심적인 부분이다. 상점들, 소규모 사업체들, 패스트푸드점과 프랜차이즈 매장들, 공장들, 농장들, 건강보험 공단이나 회사들, 로펌들, 보험 회사들, 은행들, 그리고 가정에서 이루어지는 무임 가사노동들이 그리고 사람과 권력이 상호작용하는 많은 곳들이 사회에서 핵심이 되는 것처럼 교육도 사회의 핵심적인 역할을 한다.

하지만 교육이 결정적으로 사회적 제도나 실천의 외부자가 되지 못하게 하는 요소들이 있다. 학교를 예로 들어보자. 앞서 장애인의 권리에 대한 논의에서 언급했던 것처럼 오직 경제적 제도들만이 사회의 핵심이기 때문에 학교를 변혁하기 위해서 우리가 먼저 해야 할 일은 경제를 변혁시키는 것이라고 굳게 믿는 사람들이 있다. 그러한 믿음을 가지고 있는 사람들조차도 학교는 사람들이 일하는 장소라는 사실을 부인할 수는 없다. 학교 건물을 유지하는 일을 맡은 사람들, 교사, 학교 행정실 직원, 간호사(양호교사), 사회복지사, 행정 실무사, 상담 교사, 심리상담사, 조리사, 횡단보도 지킴이, 교사 보조원-이 모든 그룹의 사람들이 우리가 학교라고 부르는 임노동의 현장에 관여하고 있다. 각각의 직분은 일련의 노동관계를 맺고 있으며, 이와 연계된 계급적 변별점들을 포함하고 있다. 그리고 각각의 직분은 계급에 의해서뿐만 아니라 인종과 젠더[12]에 의해서도 서열화되어 있다.

그러므로 교직은 흔히 여성들의 임금노동으로 얘기된다. 그것은 양

---

12 이 책에서 젠더는 남녀의 성 역할에 관한 차이를 표현할 때 사용하고, 성sexuality은 성 정체성을 표현할 때 사용한다.

호 교사와 학교 식당에서 음식을 만드는 일에 종사하는 사람에게도 마찬가지로 통용된다. 음식을 만드는 일에 종사하는 여성은 교사 보조원이 그러하듯이 대개는 유색인종이다. 학교 건물을 유지하는 노동은 대개는 남성이 맡는다. 학교의 행정직은 대개 여성들이다. 노동의 과정이 각각 다를 뿐 아니라(비록 교사가 하는 일이 임금 수준에서 열악해지고 노동의 강도는 높아지는 대신에 노동의 성격이 단순해지는 경향성이 증가하고 있는 현실Apple, 1986, Apple, 2012에도 불구하고. 이제껏 들은 이야기 중에서 교사의 노동을 가장 적나라하게 묘사하고 있는 표현은 이웃에 사는 초등학교 2학년 교사가 내게 한 말이다. "오늘도 하루 종일 화장실 갈 시간도 없는 하루였어!"), 임금 수준과 노동에 부여되어 있는 사회적 인정에도 현격한 차이가 존재한다. 그러므로 학교를 "사회"와 다른 것으로 보는 것은 아주 그릇된 일이다.

임노동의 현장으로서, 학교는 경제를 "구성하는 한 부분"이다. 차별화된 노동 공간으로서, 학교는 계급, 젠더, 인종 그리고 능력의 서열을 재구성한다(때로는 도전하기도 한다). 그리고 역사적으로 유색인종과 같이 "별 가치 없는" 혹은 "경멸받는 타자" 출신들이 대학 졸업장을 얻게 되는 방식의 계급 이동의 원동력으로 복무해온 사회제도가 바로 학교이다. 이에 따라 학교는 계급적, 젠더적, 인종적 경제의 발전을 놓고 벌이는 투쟁에서 매우 큰 역할을 해왔다. 내 개인사는 이러한 투쟁의 작은 예이다. 나는 가난한 집에서 태어나 교사가 되기 위해서 열악한 학교에서 야간 학교로 진학했지만, 결국에는 컬럼비아 대학에서 대학원을 마칠 수 있었다. 이러한 예는 성공적인 투쟁의 결과일 뿐만 아니라 개량의 결과이기도 하다. 여기서 개량이란 가난한 계급의 자녀들 약간 명에게 개인적으로 성공할 수 있는 기회를 주긴 하지만 그 가난을 만들어낸 원인이 되는 사회 구조를 근본적으로 변화시키지 못하는 그런 상황을 가리킨다.

그런데 학교가 노동의 현장으로서만 경제의 일부를 구성하는 것은 아니다. 우리가 앞서 보았듯이, 학교 바우처 플랜 등을 통해 학교는 점점 더 시장화되고 있다. 학교는 점점 더 그 자체로 이윤을 위한 공간이 되고 있다.Ball, 2007; Ball, 2012; Burch, 2009 학교의 울타리 안에 있는 학생들은 점점 더 채널 1과 같은 "혁신"으로부터 "강제로 광고를 시청해야 하는 청중"으로 사고팔 수 있는 대상이 되고 있다. 채널 1은 영리 목적의 방송사로서, 미국의 많은 학교에서 자신들이 송출하는 광고를 학생들이 의무적으로 보게끔 하고 있다. 지속적으로 이윤이 늘고 있는 교육기관인 영리 목적의 사이버 학교들은 학생들의 성장을 보여주지 못해왔을지도 모른다. 그러나 이와 같은 질 낮은 교육 수준이 이 학교들의 성장이나 대규모의 투자 유치를 가로막지는 못한다.Saul, 2011 학교와 학생들의 판매에 제동을 거는 것은 경제에 도전하는 행동이 된다. 이러한 이유로 우리들 중 많은 사람들이 미국 전역에서 지역 활동가들과 연대하여 채널 1과 같은 이윤 추구 기업들을 학교 밖으로 몰아내는 운동을 수행한 것이다.Apple, 2000; Apple, 2006; Molnar, 1996

지금껏 나는 교육기관들이 경제에서 동떨어져 있는 것이 아니라 경제의 중요한 부분임을 강조했다. 하지만 앞서 말한 것처럼, 경제만을 집중적으로 언급하는 것은 문화적 투쟁의 중요성을 무시하는 일이다. 문화적 투쟁은 경제와 깊이 연결되어 있으되 그것을 경제적인 문제로 단순화해서 환원시킬 수는 없는 성격을 띠고 있다. 이것을 경제로 환원시키는 순간 우리는 현실의 삶이 가지는 복잡성에 손상을 줄 수밖에 없다.Apple, et al., 2003; Apple and Buras, 2006

인종주의가 뿌리 깊이 박혀 있던 사회에 저항해서 미국 흑인들이 벌인 투쟁의 역사를 예로 들어보자. 학교는 일반적으로 정의를 위한 운동을 조직하는 데 중요한 역할을 했지만, 유색인종의 공동체에서는 더 큰 규모의 사회운동을 조직하는 핵심이었다. 결국 학교가 무엇을 가르쳐야 하는지, 학교와 지역 공동체의 관계는 어떠해야 하는지, 학교의 존재 목적과 존재 방식은 어떤 것이어야 하는지에 대해 벌인 투쟁은 평등을 향한 더 큰 규모의 사회운동을 조직하는 용광로가 되었다.Anderson, 1988; Anyon, 2005; Apple, et al., 2003; Bell, 2005; Binder, 2002; Brown-Nagin, 2011; Douglas, 2005; Hogan, 1982; Hornsby, 2009; Krouse, 2003; Ladson-Billings, 2009; Lipman, 2011; Moss, 2009; Murch, 2010 이러한 집단적인 운동들은 권리에 대한 개념과 누가 그것을 가지고 있어야 하는가, 그리고 그것을 보장하기 위한 정부의 역할은 무엇인가에 대한 우리의 생각을 바꾸어놓았다. 공동체 단위의 조직화된 운동들이 없었다면 이러한 변혁은 일어날 수 조차 없었을 것이다.Fraser, 1997; Giugni, McAdam, and Tilly, 1999 이와 같은 경우에서 교육은 연합전선과 사회운동을 조직하는 매우 강력한 기구이며, 그 사회적인 영향력은 전 사회적으로 전파될 수 있다. 결국 교육은 돌봄, 사랑, 그리고 특히 상호 연대에 기초하여, 경제에 제동을 걸 수 있는 기술과 태도를 강화시키는 데 그리고 지속가능한 사회운동을 창출하는 데 핵심적인 역할을 한다.

이것이 전부는 아니다. 교육은 사회적 정체성의 형성에 분명하게 작용한다.Apple and Buras, 2006; Youdell, 2006; Youdell, 2011 교육이 사회적 정체성을 형성한다는 명제는 학생들이 어떻게 학교에서 교도소로 대량으로 옮아가게 되는가를 연구한 논문들과 특별교육에서 어떻게 유색인종이 과대 대표되는지를 다루는 논문들을 통해서 명백하게 논증된다.Alexsander, 2012 즉, 학생들은 우리가 학교라고 부르는 건물 안에서 그들 인생의 많은 부분을 보내고 있다. 그들은 그곳에서 자신의 존재를 드러내고 다른 사람들과 함께 생활하는 감정 노동을 수행하면서 권위의 관계를 체화한다. 이러한 핵심적인 조직(학교)의 내용과 구조를 변혁하는 것은 우리 행동의 준거에, 우리가 스스로를 누구라고 생각하는 것에, 그리고 우리가 무엇이 될 수 있는지에 관련된 태도와 가치에 지속적인 영향을 미친다. 돌봄, 사랑, 연대 혹은 이러한 것들의 부재는 우리의 주체성을 형성하는 필수 요소이다. 이러한 것들은 한편으로는 교육기관과 그 교육과정이 흑인 청소년들을 잘못 교육하는 방식에 도전하는 데, 다른 한편으로는 더 강력하고 변혁적인 집단적 주체성을 형성할 수 있는 교육기관과 지식을 생산하는 데, 자신들의 삶을 바쳤던 흑인 학자/활동가들을 이 책에서 논의할 때 중요한 역할을 하게 될 것이다.

이상의 이야기는 단지 나의 지적인, 정치적인 입장만을 표현하는 것이 아니다. 오히려 이것은 매우 강력한 내 개인적인 경험에 근거한 것이다. 예를 들어 나는 학창 시절 내내 내 아들 폴이 단지 흑인이라는 이유만으로 겪어야 했던 일들에 대해 너무도 많은 기억이 있다. 그 기억은 폴에게 자아상과 자신이 무엇이 될 수 있는지에 대한 이해에 아주 나쁜 영향을 주었다.

어떻게 학교를 다시 조직해서 이러한 나쁜 영향을 극복할 수 있는지는 뒤에서 살펴볼 포르투알레그리에 대한 논의에서 다루기로 한다. 그 장에서, 건진Luis Armando Gandin과 나는 사회적으로 정의롭지 못한 정체성을 극복하고 학생, 교사, 그리고 공동체의 정체성을 바꾼 경제적으로나 문화적으로 비판적인 교육에 대해서 논의한다. 계급, 인종, 장애―이 모든 것과 다른 것들에 대해 진지하게 논의한다. 그곳의 정책들은 돌봄, 사랑, 연대라는 개념에 입각해서 추진되고 있고, 그 정책들은 학교를 이용해 도시를 변혁하는 것을 목적으로 하고 있다.

학교와 다른 교육적인 구조들은 정체성(부정적이든 긍정적이든)을 형성하는 것 이외에도 사회를 구성하는 문화적 기구의 일부이다. 학교는 무엇이 "타당한 지식"으로서 사회에서 존중될 것인지, 무엇이 단순히 "대중적인" 것인지를 결정하는 핵심적인 메커니즘이다. 무엇이 타당한 지식으로 여겨질 것인지를 대부분 규정하는 학교의 역할 가운데, 학교는 어떤 그룹에는 지위를 부여하고 어떤 그룹에는 사회적인 인정을 부여하지 않거나 인정을 최소화하는 과정에 참여하기도 한다.Apple, 2000; Apple, 2004 그러므로 학교는 인종/종족성, 계급, 젠더, 성 정체성, 능력, 종교, 그리고 권력 등이 벌이는 다양한 역학의 인정 투쟁의 중심에 위치한다.Binder, 2002; Fraser, 1997 소수 인종 연구에 대한 공격이 자행되고 있는 애리조나 주처럼, 우파 운동의 영향력이 점증하는 상황에서 학교와 교육과정은 집단 기억과 집단 망각을 놓고 벌이는 격렬한 투쟁의 장이 되고 있다. 집단 기억과 집단 망각은 또한 정치적이고 교육적인 행위를 위한 공간이기도 하다.

위험 감수하기

앞에서 나는 학교를 실천을 위한 공간으로 인식하는 것의 중요성에 대해서 강조했다. 그러나 내 주장을 제기하는 것과 아울러 이러한 주장의 몇 가지 함의에 대해서도 가감 없이 언급하고 싶다. 학교나 다른 교육기관을 통해서 정치적/교육적으로 유의미한 실천에 깊이 관여하는 것은 위험한 일이다. 내가 위험하다고 말하는 의미는 두 가지이다.

첫째, 이러한 실천은 사람을 오만으로 이끈다. 나는 윤리적으로나 정치적으로 올바른 정답을 가지고 있다. 그래서 당신의 말에 귀 기울일 필요가 없다. 이러한 오만은 매우 위험한데, 이것은 이미 비판적 교육학계에서 역사적으로 수차례 부상했던 위험이다. 정치적인 신념은 반드시 비판을 경청하고자 하는 겸손함과 동등한 헌신에 의해서 견제되어야 한다.

둘째, 가슴속에서 우러나는 윤리적·정치적·교육적 신념에 따라서 실천을 하는 것은 기득권층에게 위협이 된다는 사실이다. 이러한 실천은 우리 모두의 요구를 반영하는 교육을 건설하는 것을 목표로 한다. 즉, 이러한 실천은 끊임없는 비판과 수정이 요구되는 공공선에 대한 상을 담고 있다. 실제로, 이 책에서는 이러한 위험들과 관련된 내 경험이 하나의 장으로 정리되어 있다. 따라서 나는 보수파의 공세기에 교육자들에게 일어날 수 있는 위험을 과소평가하고 싶지 않다. 또한 나의 경험이 아닌 다른 이들이 겪었던 어려움을 대신 말하고 싶지도 않다. 자, 우리 위험을 직시하자. 내가 정치적으로 진보적인 미국 유수 대학의 석좌교수직을 가지고 있으면서 이러한 실천에 대해서 얘기하는 것은 훨씬 쉬운 일이다. 사람들은 각자 자신의 생계를 꾸려야만 하고 그들이 얼마의 위험을 감수할 수 있는지를 바탕으로 실천 여부 및 정도를 스스로 판단해야 한다.

동시에 이제 우리 다른 일에 대해서도 정직해보자. 우리는 매일 수많은 사람들이 마땅히 존중받아야 할 그들의 권리를 부정당하는 사회에 살고 있다. 즉, 그들은 인간으로서의 존엄을 누리며 일하기에 적절한 임금, 의료 체계, 주택을 제공받지 못하고 있다. 또한 그들은 교육 재정을 충분히 확보하고 학생과 교사를 존중하는 학교와 거짓말하지 않는 정부를 갖지 못하고 있으며, 그들의 역사와 문화가 존중받지 못하는 사회에 살고 있다. 이쯤에서 부정당하는 권리의 목록을 나열하는 것을 멈추고자 한다. 이 목록은 점점 더 늘어날 것이고 이에 따라 나의 분노도 커질 것이기 때문이다. 미국에 살고 있는 수많은 사람들이 생존을 위해서 감수해야 하는 위험들, 즉 그들 자신과 자녀가 겪어야 하는 억압적인 환경에 맞서 투쟁할 때 직면하게 되는 위험들, 이것은 실제적인 것이어서 말로써 간단히 처리될 수 있는 문제가 아니다.

다음 장에서는 비판적인 교육학자들이 수사학적인 정치학을 피하기 위해서 필요로 하는 것들에 대해서 다룬다. 파울로 프레이리는 교육이 왜 재분배 투쟁과 인정 투쟁을 결합한 정치적 투쟁의 중심에 있는지를 간단없이 보여주었다. 그의 저작들을 원용해서 이 책은 교육과 사회 변혁의 가능성과 한계에 대한 우리의 이해를 증진시키는 데 도움을 준 수많은 정치적·이론적 성취들을 조명할 것이다. 이 과정에서 나는 우리가 이 책에서 던진 질문을 진지하게 고민하기 위해서 "공공 지식인"(나는 교육 영역에서 비판적 학자/활동가라고 부른다)이 관여해야 할 영역을 제안할 것이다. 이어서 이러한 일련의 책임들을 체화한 역사적으로 중요한 학자/활동가들의 예를 제시할 것이다. 조지 카운츠, 듀보이스, 우드슨이 그들이다.

다음으로 이 책은 교육을 사회 변혁을 위해 사용한 성공적인 예를 미국 안팎에서 살펴볼 것이다. 앞서 언급한 바와 같이, 이러한 예 가운데 하나는 비판적으로 민주적인 개혁을 이루었다고 평가받는, 세계사회포럼World Social Forum과 세계교육포럼World Education Forum의 최초 개최지인 브라질의 포르투알레그리이다. 두 번째 예는 덜 알려졌지만, 불행스럽게도 매우 강력하고도 성공적으로 기업들에 의해서 교육이 암묵적으로 이용된 예이다. 그 핵심은 교육을 통해서 이 사회를 더 신자유주의적이고, 더 신보수주의적이며, 더 권위주의적인 기독교 우파의 방향으로 몰아가려는 시도다. 마지막 장들은 사회 변혁에 참가하는 비판적으로 민주적인 학교를 구현하기 위해서 현재 무엇을 할 수 있고, 하고 있는지, 또한 이를 위한 개인적인 책임은 어떤 것인지에 대해서도 논하게 된다.

i 공공 부문의 고용이 아프리카계를 중간 계층으로 만드는 가장 중요한 엔진이기 때문에, 공공 부문에서 일하고 있는 교사의 대량 해고는 흑인 중간 계층에 대한 공격으로 직결된다. 그런 까닭에 '티치 포 아메리카Teach for America(TFA)'와 같은 프로그램은 아프리카계의 수십 년간의 투쟁에 대한 공동체의 기억 소실과 이 투쟁을 통해서 쟁취한 계층 이동 통로의 파괴라는 더 큰 맥락에서 이해되어야 한다.

ii 뉴올리언스에서 사회적 원인으로 발생한 재난 이후에 무슨 일이 발생했는지를 더 큰 역사 속에 위치시켜 보는 것은 중요한 일이다. 역사적으로 이러한 일들은 또 하나의 철거 정도로 비쳐졌는데, 불행히도 미국은 그러한 강제 철거의 길고도 깊은 역사를 가지고 있다. 이러한 역사는 미국의 원주민들을 그들의 조상들이 물려준 땅에서 몰아내는 것에서부터 시작해서 허리케인 카트리나로 폐허가 된 뉴올리언스에서 수많은 아프리카계를 몰아내는 것에까지 이르고 있다.

iii 이러한 교사 활동가 그룹과 그들의 다양한 프로그램에 대한 상세한 정보는 다음 웹사이트를 참조하기 바란다. http://www.teacheractivistgroups.org/

iv 사회에 대한 비판적인 이해를 온전하게 이해하는 것은 본격적인 계급 분석이 없이는 가능하지 않다는 입장을 나는 오랫동안 견지해왔다. 그러한 분석이 필수적인 것은 사실이지만, 그것들만으로 충분하지는 않다.

v 다양한 비판적인 접근과 관련된 복잡성과 각각의 접근법이 권력의 역학 관계에 대해서 설명하는 방식은 Apple, Au, and Gandin(2009)과 Apple, Ball, and Gandin(2010)에서 찾아볼 수 있다. 이 책에서 나 역시도 일군의 연구자들이 "인종"을 계급으로 환원하려는 이론적이고 정치적인 시도에 대해서 상당한 우려를 표명하고 있음을 분명히 밝힌다. 물론 인종의 어떤 측면은 계급으로 설명될 수 있다. 하지만 인종화의 근본적인 과정을 인종을 구성하는 핵심 요소와 인종이 가지는 상대적 독립성을 제거한 시각에서 이해하려는 것은 명백한 오류이다. 이러한 시도는 여러 가지 면에서 고려했을 때 이데올로기적인 차원에서 "백인주의" 행사로 기능하는 것이다. Cole(2009a)과 Cole(2009b), Hill, D.(2009), Gillborn(2009a), Gillborn(2009b)을 참조할 것.

vi 물론, 여기서 돌봄에 관한 넬 노딩스(Nell Noddings)의 연구(Noddings, 2003)는 중요하다. 그러나 린치, 베이커, 레이온스는 돌봄, 사랑, 그리고 연대를 사회의 구조적인 문제들과 연결시키는 방식으로 노딩스의 연구를 훨씬 뛰어넘는다.

vii 어떤 면에서 감성적 평등에 관한 연구는, 만약 린치, 베이커, 레이온스가 다루고 있는 광범위한 논의에 일정한 제한을 가한다면, 내가 앞서 언급했던 재분배 정치와 인정 정치(Fraser, 1997)의 논쟁에 중요한 기여를 하는 것으로 간주될 수 있다.

viii 내가 언급했듯이, 이와 관련된 가장 사려 깊은 연구는 비판적 정신분석학 전통에 그 뿌리를 두고 있다. 이 부분에 대해서 비판적인 코멘트를 준 미리엄 데이비드Miriam David에게 감사를 표한다.

제2장
파울로 프레이리,
비판적 교육 연구자 및
활동가의 과제

프레이리, 대화와 실천

우리가 책임을 진지하게 받아들인다는 것은 무엇을 의미하는 것일까? 내가 이 책의 서두에서 제기한 쟁점에 대해 우리는 어떤 태도를 취해야 할까? 우리는 사회 변혁의 핵심이 되는 다양한 종류의 경제적·정치적·문화적 투쟁에 관해서 어떻게 배워야 할까? 우리가 살아가고 있는 이 세상, 그리고 그 안에서 교육운동이 일어나고 있는 곳을 다른 각도에서 바라보는 방법에 대해서 어떻게 배워야 할까? 그러한 배움은 어떻게 가능해지는 것일까? 이러한 것들이 가능하려면 우리에게 필요한 것은 어떤 관점이고, 누구에게 그것을 배울 수 있을까? 이러한 질문들은 지식의 정치학과 밀접하게 얽혀 있으며, 누구를 공인된 지식의 소유자라고 인정할 수 있는가와 관련되어 있는 문제이다. 이번 장은 어떤 지식이 의미 있는 지식인지, 어떤 사람을 공인된 지식인이라고 부를 수 있는지를 중점적으로 다룬다. 그뿐만 아니라, 지식과 지식인에 관한 정치학을 이해하는 다양한 교육학적 접근법, 즉 탈식민주의적 관점, 글로벌적 관점, 비판적 관점의 중요성에 대한 우리 이해가 점점 더 깊어지고 있음을 중점적으로 다루며 이 장을 시작하고자 한다. 이러한 논점을 다루기 위해서 나는 비판적 교육의 역사상 가장 유명한 인물 중 한 사람인 파울로 프레이리를 논의의 중심에 두고자 한다. 그다음에 프레이리의 예를 두 가지에 적용해볼 것이다. 하나는 프레이리의 업적을 새롭게 대두하고 있는 탈식민주의, 세계화, 그리고 비판적 교육학 연구들과 연결하는 것이고, 다른 하나는 비판적 교육가들이 참여해야 하는 수많은 중요한 과제를 제시하는 것이다.

세계의 모든 국가에는 이 책의 중심을 이루는 질문에 답하고 행동하는 것에 자신의 인생을 바친 사람들이 있다. 세상에는 교육이 중립적인 것이 아니고 착취, 지배, 복종과 긴밀히 연결되어 있다고 생각하는 사람들이 많이 있다. 이들은 또한 교육이 이러한 관계들을 해체하거나 재구조화하기 위한 투쟁들과 연결된 행위라고 생각한다. 세계의 모든 국가에는 교육적 가능성의 새로운 비전을 창조하고 또한 그것을 실천하는 데 자신의 인생을 바친 사람들이 있다. 더욱이 어떤 특별한 사람들은 아주 강력하고, 도전적인, 그리고 설득력이 있는 통찰을 제시하여 자기가 태어난 나라뿐만 아니라 전 세계적으로 수많은 사람들의 스승이 되기도 한다.

이런 측면에서 나는 파울로 프레이리보다 더 영향력이 있는 사람을 알지 못한다. 여기서 "안다"는 현재 시제를 사용하는 것은 내가 그를 과거의 인물로 떠올리는 것이 여전히 얼마나 어려운 일인지를 보여준다. 그는 그만큼 보기 드문 "선생님이자 친구"였다. 그는 우리의 임무가 다음과 같은 것임을 인식하고 있는 세계의 모든 사람들에게 중요한 사람이었다. 그 임무는 지배 계급에 의해서 제시되는 상식을 받아들이는 것이 아니라 스스로 "세상에 이름을 부여하는 것"이다. 또한 그 임무는 반헤게모니적인 교육을 집단적으로 건설하는 것이다. 그리고 그 임무는 문해literacy를 구성하는 것이 무엇인지, 누가 그것을 통제할 것인지, 그리고 어떻게 비판적 문해(그가 "의식화"라고 명명한)가 실제 공동체에서 실제 관계를 맺고 있는 실제 국민들에 의한 실제 투쟁과 연결되어 있는지를 놓고 벌이는 더 넓은 영역에서의 투쟁의 일부로서 교육을 집단적으로 건설하는 것이다. 그에게 있어서 해방을 지향하고 착취에 반대하는 투쟁과 관련 없는 교육은 "교육"이란 이름을 붙일 가치가 없는 것이었다.^{Freire 1970} 많은 측면에서, 내가 앞 장에서 매우 중요하다고 강조한 가치들, 즉 관심, 사랑 그리고 연대의 가치를 그 역시 몸으로 깊이 체현하고 있었던 것이다.^{Darder 2002 참조}

그러나 그가 서거한 지 오랜 시간이 흐른 지금에도 이 모든 것은 여전히 나에게는 너무 추상적이다. 파울로[1]는 포르투갈의 리스본 대학에서 명예학위를 받기로 되어 있었다. 나는 그의 학위 수여에 헌사를 바치기 위해 강연을 준비하고 있었다. 바로 그때 그의 사망 소식을 들었다. 그의 죽음으로 인해 내가 무슨 말을 해야 할지, 내가 강연을 헌정하기로 했던 사람에게 그리고 더 이상 강연을 듣거나 원고를 읽을 수 없는 사람에게 무슨 말을 해야 할지, 이렇게 헌사를 바칠 수 있을지 나는 여전히 알지 못한다. 이러한 공허함은 절대 채워지지 않을 것이다. 이것은 그가 떠난 지 10년을 훨씬 넘어선 지금까지도 내가 견지하고 있는 파울로와 그가 옹호하려고 했던 것에 대한 나의 존경의 표시이다. 나는 계속해서 그가 역사적·사회적 운동에서 차지했던 자리를 기억할 것이며, 그의 설득력 있는 목소리를 그리워할 것이다.

파울로와의 개인적인 관계에도 불구하고, 나는 파울로 그 자신이나 나와 그 사이의 복합적인 관계가 그렇게 단순한 것만은 아니었음을 밝히고 싶다. 여러분도 아는 것처럼, 그는 여러 세대에 걸쳐 비판적 교육학에 핵심적인 이론을 제공해준 수많은 저서의 저자임에 틀림없

---

1 저자는 파울로와의 개인적 친분을 표시하기 위해 프레이리라는 성_{last name}을 사용하지 않고 파울로라는 이름_{first name}을 사용하고 있다. 본 장에서는 번역의 필요에 의해서 프레이리를 명시적으로 지칭해야 할 필요가 있을 때를 제외하고는 원작자의 의도를 살려 파울로라는 이름을 사용한다.

다. 실제로 그는 죽기 몇 달 전에 출판된 『자율성의 교육*The Pedagogy of Autonomy*』[1997]을 완성하고, 그 시기에 다른 책을 집필하고 있었다. 물론 여러분도 알다시피, 그는 끔찍한 탄압 시기에, 브라질 및 칠레 등의 많은 사람들이 그랬던 것처럼, 엄청난 고통을 감수해야 했다. 인생의 황혼기에 그는 적지 않은 위험을 무릅쓰고 상파울루 시의 교육감직을 수행함으로써 자신의 생각을 실천에 옮기고자 했다. 그에게 모든 비난이 몰리는 사이 파울로가 시의 교육청으로 영입했던 사회·교육 분야 활동가들은 그들이 하고자 했던 일, 즉 사회적으로 더욱 평등한 교육을 만드는 일에 더욱 집중할 수 있었다.

그가 맡았던 이 같은 역할은 인정되어야만 하며, 이 모든 일에 대해서 그는 최고의 존경을 받을 만한 자격이 있다. 내가 왜 그렇게도 그를 존경하는지를 말해줄 더욱 개인적인 이야기가 있다. 그의 저작을 읽으면서 때로 동의하지 않는 부분들(어떤 때는 그의 주장 전체)이 있었다(실제로, 브라질을 포함한 여러 곳에 이와 비슷한 걱정을 하는 진보주의적 사회 활동가와 교육 활동가들이 있었다). 나는 운이 좋게도 그와 많은 대화를 나눌 수 있었다. 어떤 대화는 많은 청중 앞에서 이루어졌고, 사적으로 집이나 연구실에서 이야기하기도 했는데, 이에 대해서는 이 장의 말미에 자세히 소개하겠다. 파울로는 토론하는 것을 좋아했다. 그는 대화를 일종의 예술로 만들었다. 실제로 그는 죽음의 순간을 맞이했을 때도 다른 이들과 토론을 하지 못하는 것을 견딜 수 없어 병원에 가는 것을 몇 주 동안이나 미루기도 했다. 그가 생각할 수 있는 가장 최악의 상황은 (죽음이 아니라) 말을 하지 못하는 상태로 살아 있는 것이었다.

그렇다고 해서 그가 토론을 주도하기만을 원했던 것은 아니다. 그는 '항상' 내 주장에 귀를 기울였다. 그는 동의하기도 했고, 반대하기도 했다. 그는 나와의 동질성을 억지로 가장하지 않았다. 그는 곤란한 질문들에 마주하고 '싶어 했다.' 그는 곤란한 문제들과 마주하지 않는 것은 당신을 통해 힘이 있는 자들의 목소리가 작용하는 것을 용인하는 것이라는 사실을 충분히 이해하고 있었다. 그는 다른 사람들도 그렇게 하기를 원했다(요구했다는 말이 더 적절할 것이다). 그와 대화(그것이 많은 청중들 앞에서 이루어진 것일 때조차도)를 하다 보면 몇 시간이 훌쩍 지나갔고, 그 시간이 빨리 끝나기를 원했던 적이 없다. 많은 청중들 앞에서 이루어진 대화의 시간은 너무나도 빨리 흘러갔고, 우리는 많은 것들을 다 나누지 못한 채 남겨두어야 했다. 심지어 청자들도 그렇게 생각했으리라고 나는 확신한다. 공적·사적 대화를 하는 과정에서 나도, 그도 변했다는 것은 의심의 여지가 없다.

아주 거대한 위험이 도사리고 있는 시기, 모든 것들이 그를 파멸시킬 음모를 진행시키고 있는 시기임에도 불구하고 그는 기꺼이 급진적인 지직, 징치적 입장을 고수하고자 했다. 그와 동시에 자신에게 잘못된 점이 있는지 성찰을 게을리하지 않았다. 이렇게 행동할 수 있는 인격을 갖춘 사람은 많지 않다.

그는 자신의 관심을 인정의 정치(성과 인종, 계급)와 관련된 광범위한 역학 관계라든가 점차 부각되는 세계화 시대의 정치적 현실과 같이 새로운 영역의 투쟁에 관한 쟁점까지 계속해서 확대해왔다. 이렇게 프레이리는 나에게 급진적 실천가의 모델로, 더 나은 주장을 수용하는 모델로, 이론과 실제를 교육적/정치적 실천으로 결합시키는 모델로, 완전한 인간의 모델로 남아 있다.

그에게 경의를 표하는 방법은 결코 한가한 구호로 축소될 수 없는 현실을 살리는 것이다. 그의 죽음을 애통해하지 말자. 가르치고 조직하자. 파울로가 요청했을 법한 일도 바로 그것이다. 불가능한 것이라 할지라도 적어도 시도는 해보자. 그가 이루려고 했으나 이루지 못하고 남겨둔 빈자리를 계속해서 채워가자. 우리에게는 근본적으로 묻고 해결해야 할 어려운 질문들과 교육적 과업이 남아 있다. 그의 삶이 끝났을지언정, 그가 남긴 업적은 정의를 원하는 우리 모두에게 살아 있다.

계급 이동 전략의 정치학

그렇다면 우리는 어떻게 그가 남긴 업적을 기릴 수 있을까? 나는 다른 사람들이 이미 한 일을 또 하지는 않을 것이다. 나는 프레이리의 사상을 다시 살핀다든지 그의 견해에서 모순점을 찾지는 않을 것이다.Taylor 1993; Weiler 1997 이는 내가 프레이리에 대한 저술을 남긴 다른 사람보다 그를 존경하지 않기 때문은 아니다. 실제로 내가 프레이리만큼 존경하는 저자도 없다. 그의 견해에 대해 이미 저술을 남겼거나 남길 사람이 많기 때문에 나는 초점을 다른 곳에 두고자 한다. 많은 사람들이 이미 그의 핵심 견해를 잘 알고 있다고 생각하기 때문에, 나는 그의 주장에 담긴 시사점을 확장하여 우리가 앞으로 나아가야 할 방향을 제시하고자 한다. 그렇게 하는 것이 우리가 그의 삶과 업적을 더욱 진지하게 여기는 길이다. 지금의 역사적 국면에서 그의 주장과 신념은 이전에 비해 훨씬 더 중요해졌다. 그것은 제1장에서 내가 주된 예시로 들었던 뉴올리언스뿐 아니라 뉴욕, 시카고, 로스앤젤레스, 런던, 마드리드, 케이프타운, 상파울루, 멕시코시티, 라고스, 서울 등 다른 많은 곳에서도 그러하다.

그러면서도 나는 "프레이리파"와는 거리를 두고자 한다. 교육계에는 오랫동안 프레이리 "산업"이라고 부를 만한 것이 존재해왔다. 많은 책들이 그의 업적과 영향력을 다루었다. 앞다투어 발표된 수많은 논문들이 예전에 다루어진 것을 다시금 언급했다. 이것이 반드시 나쁘다는 것은 아니다. 저자들의 입장에서는 프레이리의 업적을 연구의 기초로 인용한 것 자체가 정치적 행위의 표시였다. 더욱이 비록 저자가 쓴 것이 이전에 이미 언급된 내용이라 할지라도, 각각의 새로운 세대의 비판적 교육자들 입장에서는 지배와 착취에 대항하는 교육적 투쟁의 역사와 프레이리를 연결하기 위해 그의 업적을 재조명해야 할 필요가 있다.

하지만 파울로 자신이 진실을 말하는 것을 강조했기 때문에, 여기서 나는 좀 더 솔직해지고자 한다. 나는 이러한 "프레이리 산업"에 대해 염려하고 있다. 너무나 많은 사람들이 학술 분야에서 프레이리를 자신들의 계층 이동의 수단으로 이용해왔다. 나중에 다시 언급하겠지만, 부르디외Bourdieu, 1984는 이와 같은 일군의 학자들의 행태를 계층 이동 전략으로 부른다. 즉, 신중산 계층 내부에서 그 위로의 신분 상승을 꾀하는 일군의 학자들은 언어적 행위, 즉 진보적인 실천가들에게 친근하게 들리고 친구로 여겨질 수 있게끔 하는 진보적인 언어들로 한층 실제적인 정치적 행위를 대체했다. 그렇게 함으로써 그들은 특정한 문화 자본과 사회 자본의 집합체와 깊은 관계를 맺게 된다. 이는 그들이 이 자본의 집합체가 언젠가는 학계에서의 지위 상승과 명성이라는 형태의 경제적 자본으로 전환될 것으로 기대하기 때문에 가능한 일이다. 그러므로 어떤 사람에게는 그의 저서와 언어를 사용해서 프레이리와 가깝게 다가가는 것이 비판적 교육학계에서 그들의 위상을 높이기 위한 전략이 된다.

물론 이런 주장을 과장할 위험이 있을 수도 있다는 걸 알고 있다. 그러나 이 경우에 나는 부르디외의 분석이 아주 유용하다고 믿는다. 지위는 학계 내부에 형성된 사회적·문화적 자본의 시장과 복합적으로 관련되어 있다.Bourdieu, 1984; Bourdieu, 1988 그리고 너무도 자주 학계의 신중산 계층 구성원들은 정교하고 추상적인 방식으로, 하지만 '정치적인' 것으로 보이게끔 표현하는 방식으로, 그리고 그렇게 하여 자신을

'비판적' 연구자 공동체의 일원이자 프레이리 연구자 집단의 일원으로 보이게 함으로써 그들의 계급적 모순을 해결하고자 한다. 그러나 그들의 정치적 작업은 정치적으로 보이는 단어를 몇 글자 적는 것으로 한정된다.

프레이리에게 정통성을 부여하는 중요한 이유는 그가 단지 특정한 종류의 교육적/정치적 주체에 주목하여 저서를 집필했기 때문만이 아니라 그가 스스로 이론과 실천을 통합하는 어렵고도 위험한 일에 직접 관여했기 때문이다. 그는 실제로 미사여구로 끝나지 않는 프로그램 만드는 일을 도왔다. 그에게 교육은 사회를 바꾸는 '것이어야만' 했다. 그런데 안타깝게도 프레이리 "산업"의 특정 분파는 그의 업적을 학계의 안전한 도피처로 삼았다. "학문을 정치화"하는 과정에서, 그 예기치 않았던 결과 중 하나는 그 의도가 반대로 나타나는 것이었다. 그들은 너무 자주 "정치를 학문화"했다. 그 과정에서 프레이리의 업적이 지닌 많은 의미가 퇴색되었는데, 프레이리의 업적은 "빈민가"에서 그리고 시골 지역에서 억압받고 착취당하는 사람들 사이에서 일어났던 투쟁과의 구체적인 연관성에서만 그 진정한 의미가 파악될 수 있다. 이들의 작업은 자신들이 관여한 사회운동과 연결성을 맺지 못했는데, 그것은 그들이 어떤 유의미하고 조직적인 방식으로 대규모의 사회운동과 연결되지 못했기 때문이다. 그들의 작업은 오직 글로만 만날 수 있고 공부해야만 하는 대상으로 전락한 것이다.

여기서 나는 프레이리의 언어와 이름을 전유하면서도, 그러한 작업을 구체적인 실천까지 연결시키는 일에는 충분히 참여하지 않는 사람들을 미심쩍어한다는 점을 분명히 밝힌다.

그렇다고 하여 오해하지는 말기를 바란다. 나는 진지한 학술 연구에도 충분히 정치적이고 지적인 가치가 있다는 것을 부인하지 않는다. 또한 저속한 실용주의적 입장을 취하려는 것도 아니다. 나는 프레이리와 마찬가지로 반지성주의적인 입장을 매우 비판적으로 보아야 한다는 입장이다. 그리고 나는 프레이리와 마찬가지로 "이론과 실천 사이의 긴장에서 구축되고 생성된 합당한 지식을 선호한다."Freire, 1996, p. 85 오히려 나는 우리가 살고 있는 역사적 국면을 진지하게 생각하기를 바란다. 대학이 소유를 중시하는 개인possessive individuals처럼 행동하라고 강한 압력을 가하고 있는 이 시기에, 그리고 사회적 연대의 가치가 대학 사회 내부에서는 물론 현실 세계의 다른 투쟁의 장에서도 물질적으로나 이데올로기적으로 파편화된 이 시기에, 시민들 사이에서 프레이리나 급진적 학자/활동가들을 이용하는 이들이 범하는 오류의 하나가 정치적 헌신에 대한 환상을 만들어내는 것은 아닌지 살펴보아야 한다고 나는 믿는다. 여기서 환상이라고 한 이유는 이러한 정치적 헌신은 개인적인 출세와 명예라는 목표를 위해서 어떤 희생도 감수하지 않으려 하기 때문이다. 나는 학교나 지역사회에서, 그리고 노동조합이나 억압받는 사람들 사이에서 프레이리의 업적을 실천적으로 옮기려는 투쟁과 학문적 집필에만 몰두하는 사람들 사이의 단절이 이러한 전략을 용이하게 만들었다고 본다.

프레이리라면 이러한 단절을 결코 원하지 않았을 것이다. 그는 문해력, 문화, 경제, 권력과 관련된 투쟁에 걸려 있는 것이 무엇인지 지적인 면에서는 물론 실천적인 면에서도 누구보다도 잘 알고 있었다. 그리고 '언어와 세계에 이름을 붙이기'가 추상적인 약속들만으로는 충족될 수 없는 끝없이 지속되는 투쟁의 일부라는 점을 내가 아는 어느 누구보다도 잘 알고 있었다. 이 투쟁들은 현실에 부응해야 하고, 삶 속에 녹아들어야 하며, 살아 있어야 했다. 이것들이 신중산 계층의 계층 이동 전략의 일환으로 포섭되거나, 많은 나라에서 지배적인 형식의 주체성으로 부각되고 있는 소유권 위주의 개인주의와 부합되어서는 안 된다.

주체성의 변형과 학교교육이 이에 적응하는 방식들, 이것이 바로 내가 우려하는 것이다. 제1장에서 강조했던 것처럼, 우리 사회에는 매우 강력한 이데올로기적 변형이 일어나고 있다. 이 변화들은 실제로 상식을 급진적으로 바꾸는 대규모의 '교육적 프로젝트'의 일부인데, 이 프로젝트는 역설적으로 프레이리가 요구했던 것과 매우 유사하다. 그러나 이 경우, 이러한 이념적 변화는 프레이리가 옹호했던 방향과는 정확히 반대 방향에서 일어나고 있다. 프레이리의 목표는 억압된 사람들, 그리고 권력의 자리를 '무의식적으로' 차지했던 사람들의 개인적이고 집단적인 감수성을 비판적 문해력을 통해 '다시 일깨우는 것'인 반면에, 오늘날 새롭게 매우 강력한 움직임이 일어나고 있다. 착취와 지배의 구조로서의 세상에 대해 "언어와 세계에 이름을 붙이기"와 이러한 세상을 바꾸려는 자의식적인 투쟁보다는, (이 새로운 움직임의 주장에 따르면) 우리에게 필요한 것은 새로운 세상을 받아들이는 것이다. 진보적인 사회 비판과 그러한 비판에 기초한 문해 실천은 그람시가 '자발적 동의'라고 불렀던 것으로 대체되고 있다. 이러한 사회적 교육적 프로젝트 속에서, 우리는 겉으로 보기에 그렇게 광범위하게 유포되어 있는 신자유주의와 신보수주의와 같은 지배적 질서를 대체할 만한 현실적인 대안이 없다는 논리에 설득당하게 된다. 보수주의의 논리 속에서 사용되는 '자발적 동의'라는 개념은 프레이리에 의해서 규정되었던 해방적 교육의 프로젝트들을 수행하는 것을 더욱 힘들게 만든다. 억압받는 이들에게 이 개념은 전혀 사리에 맞지 않게 받아들여질 것이다. 전 세계가 뉴올리언스가 된다.[2]

---

2 뉴올리언스는 허리케인 카트리나에 의해서 파괴되었다. 이곳에서 새로운 도시 계획 및 건설이 진행되고 있는데, 이 방식에는 철저히 자본가 등 지배 계급의 논리가 관철되고 있다. 그런데 억압받는 사람들임에도 불구하고 이러한 재건을 지지하는 이들이 있는데, 이들은 보수주의의 논리에 포섭된 사람들이다.

프레이리는 신자유주의적인 믿음과 실천이 발전되고 널리 수용되는 것의 위험성을 분명히 인식하고 있었다. 『크리스티나에게 보내는 편지들*Letters to Christina*』[1996]에서 그는 자신의 주변에서 일어나고 있는 것에 대해 언급했다. 그는 자신의 원본 '편지들'에서 적었던 다음 내용을 인용하였다.

> 세계에 대한 비판적 독해의 필요성에 대해 귀 막은 지배 계급은 노동자 계급에 대한 교육이란 순전히 기술적 훈련과 자기 계급을 재생산할 수 있도록 하는 훈련이라고 주장한다. 하지만 진보적 이념의 입장에서는, 책을 읽는 것과 세상을 읽는 것을 분리시킬 수 없는 것과 마찬가지로 기술적 훈련과 정치적 준비를 분리시킬 수 없다.[p. 83]

그는 1990년대에 벌어진 일, 그가 '반동적 포스트모더니즘'이라 불렀던 상황을 바탕으로 위 글에 대해 다음과 같은 주석을 덧붙였다.

> 지금처럼 지배 계급이 의미를 조작하는 행위를 하기에 자유로운 적이 없었을 것이다. 반동적인 포스터모더니티는 이데올로기의 종말과 계급적 적대 관계가 없는 새로운 역사의 도래를 선언하는 데 성공을 거두었다. 그들은 더 이상 꿈, 유토피아, 사회적 정의에 대해 말할 필요가 없다고 설교한다. …… 포스트모더니즘을 신봉하는 반동주의자들은 …… 자신들의 실용주의적 담론 속에서 평등한 행위자들의 생산에 기반을 둔 특별한 윤리를 만들어내는 것이 이제는 자본주의의 임무라고 설파한다. 거대한 질문은 이제 더 이상 정치적이거나 종교적 혹은 이념적이지 않다. 이러한 질문은 '건강한' 자본주의의 윤리적 감각에 의하면 윤리적인 문제일 따름이다.[p. 84]

프레이리는 "우리는 모두 소비자일 따름이다"라는 담론이 약속한 평등, 그리고 이에 따른 비정치화, 소유권적 개인의 출현을 거부해야 할 필요가 있다고 보았다. "우리가 무엇을 생산하는가, 누가 이익을 얻고 누가 불이익을 받는가에 대한 숙고 없이" 생산과 소비에만 주목하는 교육학은 분명 비판적 교육학이 아니다.Freire, 1996, p. 84 하지만 이 말을 통해 그가 과거에 대해 변명하는 것은 아니다. 그가 생각하는 과제는 명확했다. 우리는 과거 진보 세력이 범했을지도 모르는 실수에 대해서 인정해야 한다. 나는 제1장에서 내가 예전에는 미처 생각지도 못했던 집단들이 제기한 우파적 주장이 가진 힘에 대해서 시간이 지남에 따라 점점 더 확연히 깨닫게 되었음을 언급한 바 있다. 그와 똑같은 방법으로 프레이리에게 있어 실수를 인정한다는 것은 다음과 같은 모든 것들을 비판적으로, 근본적으로 점검해야 함을 의미했다. 여기서 모든 것에는 교조적이고 지나치게 공격적인 담론, 기계적인 제안과 분석, 역사적 특수성과 인간 행위자를 무시한 경직되고 목적론적 역사관, 소외된 계급의 세계관과 오랫동안 비정치적으로 치부되어온 것들에 대한 그들의 지적인 호기심에 일정한 한계를 긋는 교육적 접근법 등이 포함된다. 그러면서도 우리는 그동안 너무나 당연하게 여겼던 것에 의문을 제기하는 동시에, 현재의 신자유주의 이데올로기, 즉 "노동자계급이 감당해야 할 손실에 대해서는 전혀 언급하지 않는 사유화의 이데올로기"Freire, 1996, pp. 84-85에 사로잡히지 않아야 한다.

이러한 프레이리의 입장은 비판적 교육학의 과제에 중요한 문제를 제기한다. 어떻게 하면 우리가 상식에 대해 문제 제기를 할 수 있을까? 어떻게 하면 창조적으로 교육을 지배 및 착취에 연결시킬 수 있을지를 우파들이 이미 이해하고 있는 이 시대에, 우리는 어떻게 억압받는 사람들의 일상의 현실을 충분히 반영하는 교육을 만들 수 있을까? 여기서 "우리"는 도대체 누구란 말인가? 어떻게 하면 "우리"는 해방으로 가는 유일하고 최선인 길을 알고 있고 우리가 그것을 "당신들"에게 가져다줄 것이라고 가정하는 오만한 자의 자리에 서지 않을 수 있을 까?Luke and Gore, 1992; Weiler, 1997 [i]

　이러한 질문들은 어렵다. 그리고 이에 대한 우리의 답변은 아마도 부분적이거나, 오류가 있거나, 모순적이거나 임시변통일 것이다. 그럼에도 불구하고 파울로가 했듯이, 이러한 어려운 질문과 마주해야만 우리는 레이먼드 윌리엄스(그의 이론은 프레이리와는 전혀 관계없이 발전되었지만 중요한 많은 부분에서 유사점을 가지고 있다)가 '기나긴 혁명'이라고 시적으로 비유한 끝없는 투쟁을 이어갈 수 있을 것이다.Williams, 1961; Smith, 2008 [ii] 비록 이러한 질문들이 어렵긴 하지만, 커다란 이론적·실천적 의미를 갖는다. 프레이리가 우리 시대에 이 질문들의 답변에 가장 가까이 다가갈 수 있는 사람임에는 분명하지만, 그 답변을 한 사람만이 제시할 수 있다고 과장해서는 안 될 것이다. 실제로 우리는 이 질문들에 담겨 있는 여러 가지 쟁점들에 대해서 부분적이긴 하지만 중요한 답변을 만들 수 있는 여러 개의 길들을 알고 있다. 그리고 그중 많은 것들은 프레이리가 강조했던 것과 유사성이 있기도 하다. 이러한 답변들은 비판적 교육과정 연구 영역과 비판적 교육학 영역에서 활동한 "학자/활동가"의 저작에서 찾을 수 있다.Apple, Au, and Gandin, 2009; Au, 2011 이와 같은 "학자/활동가"들은 교육 분야에서 빠른 속도로 각광받고 있는 세계화 연구, 탈식민주의 연구 등에서도 찾을 수 있다. 자, 이제 이러한 분야에 대해서 논해보자.

교육과 권력

　지난 30여 년 동안 나를 포함한 많은 사람들이 '간단한' 질문들과 씨름했다. 그 질문들은 제1장에서 제기되었고 이 장 앞부분에서 프레이리를 언급하며 소개했던 것들이다. 우리는 문화와 권력의 관계에 대해 그리고 경제적·정치적·문화적 영역들의 상호관계에 대해 많은 관심을 가져왔다.Apple and Weis, 1983 우리는 교육을 첨예한 갈등과 투쟁의 장으로 이끈 권력과 사회운동의 다양하고 모순적인 역동성에 관하여, 반헤게모니적 지식의 생산과 정체성 형성의 장으로서 기능할 수 있는 학교에 관하여, 그리고 이것들이 교육적 활동에서 어떤 의미를 갖는지에 대해서도 깊은 관심을 표명해왔다. 요약하자면, 우리는 이 책의 제목으로 채택된 "교육은 사회를 바꿀 수 있을까?"라는 질문과 미국의 급진적 교육자 카운츠Counts, 1932가 자신의 책에서 "감히 학교가 새로운 사회질서를 세울 수 있는가?"라는 말로 명쾌하게 제시한 질문에 대한 답을 찾기 위해 오랫동안 노력을 기울여왔다.

제3장에서 다루겠지만, 카운츠는 그가 살던 시대라는 한계에 갇혀 있었으며, 그가 이 질문에 대해 묻고 답했던 방식은 다소 안이했다. 그러나 다음과 같은 전통들은 나를 비롯한 수많은 사람들을 통해서 오늘날에도 이어지고 있다. 이러한 전통들은 학교 및 이와 유사한 교육적 장면들에 대해 급진적인 문제 제기를 하는 것, 지배적인 형식의 교육과정, 교수 활동, 평가 그리고 교육 정책들이 누구의 이해를 대변하는지 묻는 것, 그들이라면 어떻게 다르게 했을 것인지에 대해서 주장하는 것, 그리고 이러한 모든 일들이 일어나도록 하려면 무엇을 바꾸어야 하는지 묻는 것을 포함한다. 우리는 이러한 쟁점에 대해 진지하게 생각했던 프레이리를 비롯한 많은 사람들의 어깨 위에 서 있다. 공동체의 기억 손상을 추구하는 신자유주의의 공격이 거세지는 시기에, 우리는 이러한 전통에 대한 집단적 기억이 회복되는 데 기여하기를 희망한다. 뿐만 아니라 전통을 개념적·역사적·경험적으로, 그리고 실천적으로 발전시키기를 바란다. 이 과정에서 나는 공식적 학교 제도와

이에 영향을 미치는 사회운동에 더욱 많은 관심을 기울여왔다.

물론 어느 학자도 이를 혼자서 다 해낼 수는 없다. 프레이리도 인정했다시피, 이는 집단적인 과제이다. 이러한 질문들을 진지하게 생각하는 사람이라면 그 누구도 그 답변을 충분히, 모순 없이 해낸다거나 아니면 실수 없이 해낼 수 있다고 말할 수는 없을 것이다. 집단적인 프로젝트로서, 이 과제의 성공적인 수행을 위해서는 우리가 주요하게 인용하는 사람들의 어깨 위에서 이 작업을 수행해야 할 뿐 아니라 우리 자신의 작업에 대해서 사려 깊은 비판이 요구되는 작업이기도 하다. 우리 주장의 강점과 한계에 대해 다른 사람들의 통찰력 있는 분석 없이는 강력한 논지가 성립될 수 없다. 여기서 나는 자기 성찰적인 분석을 하고자 한다. 그렇게 함으로써, 이 장에서 이어지는 나의 논지가 이 책의 독자들뿐 아니라 나에게도 강력한 환기제가 되기를 기대한다.

교육학 분야에서 중요한 질문은 의외로 간단하다. 무엇이 가장 가치 있는 지식인가? 지난 40여 년 동안 이 질문은 광범위하게 재구성되었다. "'무엇이' 가장 가치 있는 지식인가?"라는 질문은 프레이리가 변혁적인 교육을 위해서 핵심이라고 생각한 방식으로 재구성되었다. "'누구의' 지식이 가장 가치 있는가?"Apple, 1996; Apple, 2000; Apple, 2004 물론 이러한 질문으로의 변화는, 내가 제1장에서 언급한 환원주의나 본질주의 등으로 흐를 위험이 있다. 위험은 이른바 '합법적' 혹은 '공식적'인 것으로 통용되는 지식과 지배 집단의 세계관을 일대일 대응관계로 파악할 때 나타난다. 이러한 관점은 지나친 단순화의 산물이다. 공식적 지식이라는 것은 지배 집단과 피지배 집단 사이의 투쟁과 타협의 결과로 형성되며, 피지배 집단이 패배할 수도 있지만 때로는 결정적인 승리를 거둘 수도 있기 때문이다.Apple and Buras, 2006; Apple, 2000 이 점은 역사적 배경을 다룬 다음 두 장에서 다룰 것이다. 하지만 위와 같은 질문의 재구성은 교육의 문화정치학적 전반에 대한 이해와 교육 정책,

교육과정, 수업, 평가, 그리고 차별적 권력 사이의 관계에 대한 이해에 많은 기여를 했다. 실제로, 문화와 권력의 내밀한 연결 관계에 대한 가장 중요한 연구들 가운데 일부는 학교 지식의 사회학과 비판적 교육학 일반에서 나왔다.

이러한 움직임과 관련된 개념적·역사적·경험적 성취를 만들어가는 과정에서 새로운 이론들이 발전했다. 그런 연유로 내가 제1장에서 언급했던 장애인 인권운동은 비판적 교육학을 형성하는 데에서뿐만 아니라 교육과 권력의 관계에 대해 생각하고 행동하는 데에서도 탈중심 연대를 형성해가는 새로운 방식을 제시하였다. 이와 동시에 다른 접근법들도 중요한 통찰력을 지속적으로 창출하는 영역이 되었다. 일례로 브라질과 그 밖의 지역에서 프레이리의 업적을 기반으로 교육을 실행하게 될 때에는 그와 관련된 문제들이 국제화되는 결과가 나타난다. 그 결과 과거와 현재의 제국주의와 관련된 한 사회의 문화적 구성의 문제가 더 분명해진다.

예를 들어, 비판적 교육학이 지식과 권력 사이에, 국가와 교육 사이에, 시민사회와 정치적 상상력political imaginary 사이에 존재하는, 통시적으로나 공시적으로나 복합적이면서도 모순적인 관계를 파악하기 위해서는 전 지구적 차원에서 벌어지는 식민지적 상상력의 문제들로, 그리고 탈식민주의적 접근법으로 관심을 돌려야 한다는 인식이 점점 늘고 있다.

또한 문해력의 역사와 대중문화의 정치학(레이먼드 윌리엄스의 업적이 역사적으로 중요하다.)Williams, 1961; Williams, 1977; Apple, 2004에 대한 다양한 비평 작업의 영향 속에서, 다른 영역과 마찬가지로 교육 분야에 있는 우리들에게도 "공식적 지식"의 정전canon이라는 바로 그 개념이 노동계급뿐 아니라 확장된 제국의 "원주민"들을 "문명화"하고자 한 의식적인 노력의 역사적 산물임이 명확해졌다. 물론 "타자"를 가르친다는 관넘은 매우 중요한 변화였다. 예를 들어, 유럽과 라틴아메리카에서는 오랫동안 노동자계급과 농민이 문해력을 획득하는 것에 대한 두려움이 분명 존재했다. 억압받는 사람들 사이에 비판적 문해력이 형성되는 것이 지배 엘리트에게 얼마나 위협적인지를 밝혀낸 것은 분명히 프레이리의 업적이다.

책과 문해력, 그리고 민중운동의 관계의 역사에 관심이 있는 사람들에게 이러한 사실은 아주 친근하게 다가올 것이다. 책 그 자체와 책을 읽을 수 있는 인간의 능력은 본질적으로 문화정치학이 발견한 것이다. 귀족사회의 구성원이 되기를 원했던 계몽주의의 지도자 볼테르의 사례를 들어보자. 그는 계몽이 "귀족grands"들로부터 시작되어야 한다고 보았다. 계몽주의가 사회 지배 계층의 마음과 생각을 사로잡을 때만이 대중들 역시 계몽에 관심을 갖게 된다고 보았다. 하지만 볼테르와 그의 수많은 추종자들에게는 한 가지 특별한 주의를 요하는 것이 있었다. 그것은 대중들이 글 읽기를 배우는 것을 막아야 한다는 것이다.Darnton, 1982, p. 130 물론 이러한 생각은 노예로 전락한 사람들에게 글 읽기를 가르치는 것을 잔인한 방법을 동원해서라도 금지시켰던 역사에 오롯이 새겨져 있다(새로 발굴된 역사적 증거들은 노예로 전락해서 미국으로 끌려온 사람들 중 많은 이들이 무슬림이었고, 그 때문에 그들이 이미 아랍어를 읽고 쓸 줄 알았을 수 있다고 보고 있다).

교육과 문해력에 관한 인식의 변화는 단지 우연히 일어난 것이 아니다. 이는 인정 투쟁의 결과였고, 누가 사람으로 불릴 수 있는 권리가 있는지에 대한 투쟁의 결과였고, 교육을 받는다는 것이 무슨 의미인지에 대한 투쟁의 결과였고, 무엇이 공식적이고 합법적인 지식으로 인정받는가에 대한 투쟁의 결과였으며, 동시에 공식 지식에 관해서 누가 말할 권위를 가지는가에 대한 투쟁의 결과였다.Apple, 2000; Mills, 1997 파울로 프레이리가 그의 저서와 생애를 통해 보여준 것처럼Darder, 2002;

Freire, 1970, 전 세계 수백 명의 사람들의 경제적·정치적·문화적 삶에 대한 신자유주의와 신보수주의의 공격이 이루어지고 있는 이 시점에서 이러한 투쟁들은 지속되고 확장되어야만 하는 근본적인 투쟁이다. 문해력 일반에 대한 이러한 신념뿐 아니라 세상을 인간화하려는 방식으로서 비판적 형태의 문해력에 대한 신념은 프레이리가 나이 들어서도 결코 약화되지 않았다.Freire, 1996 이는 내가 미국과 브라질에서 프레이리와 교류하며 직접 목격하였다.

이러한 투쟁들은 다양한 비판적 도구들을 이용해야 한다는 것을 고려해야 한다. 그 도구들 중에는 국가 이론, 세계화 이론, 탈식민주의 이론 등에 기반을 둔 분석이 있다. 이것들 중 어떤 것도 쉬운 것은 없다. 사실 우리의 작업은 모순으로 가득 차게 될지도 모른다. 비판적 교육 분야에서 세계화와 탈식민지주의에 대해서 쏟아지는 최근의 관심을 예로 들어보자. 이 부분에 대해서는 다음 절에서 다룬다.

세계화, 탈식민주의 그리고 교육

일단 솔직하게 얘기하겠다. 내가 개인적으로 세계화와 사회적·교육적 변혁의 관계에 대해 많은 논의를 해왔고Apple, 2010, 새로운 이론과 접근법에 의해 많은 성과를 얻은 것도 사실이지만, 나는 이제 '세계화'라는 말과 '탈식민주의'라는 단어가 무엇을 의미하는지 도무지 알지 못한다. 이 개념은 실제로 사용되는 맥락에 따라 실질적인 의미가 복합적으로 결정되는 "미끄러지는 기표"라 할 수 있다. 비트겐슈타인Wittgenstein, 1963과 많은 사람들이 언급한 것처럼, 언어는 굉장히 다양한 일을 하는 데 사용될 수 있다. 언어는 다양한 대상을 묘사하고, 설명하고, 통제하고, 정당화하고, 동원하는 등의 일에 사용된다. 예를 들어, 탈식민주의(들)(복수형으로 표현하는 것이 중요하다)라는 말은 다양한 용례를 지니고 있다. 하지만 이 말은 너무도 자주 의례적인 슬로건이 되곤 한다. 즉, 이 용어는 공적인 자리에서 언급이 됨으로써 그 말을 사용하는 사람(저자)이 가장 최근의 언어적 유행을 잘 알고 있다는 것을 독자들이 알게 해준다. 저자의 이 용어 사용은 내가 앞에서 다루었던 중요한 부분 중 하나인데, 그것은 부르디외의 『구별 짓기 *Distinction*』[1984]나 『호모 아카데미쿠스*Homo Academicus*』[1988]에서 그 의미가 명확하게 드러나 있는 계급 이동 전략이다. 학계에서 지위 상승을 획득하기 위해 언어적·문화적 자본이 공식적으로 사용된다. 나는 주로 백인 학자들 사이에서 너무도 많이 이러한 일들이 일어나는 것에 대해서 우려를 금치 못한다. 실제로 이런 현상은 참으로 아이러니한 일이 아닐 수 없다.

물론 탈식민적 경험(들)(복수형이 중요하다는 것을 다시금 강조한다)과 변증법적으로 연결된 세계화의 이론들은 제국의 정치학과 문화, 경제 그리고 정치의 모든 것이 세계적으로나 지역적으로 복합적이면서 중층 결정 방식으로 상호작용하는 방식에 비판적으로 관여하게 하는 매우 강력한 방법이다. 실제로 탈식민주의와 세계화라는 개념은 "중앙/주변의 관계와 조건들을, 우리가 그것들을 어느 곳에서 찾아내든지, 우리가 아주 상세히 검토할 수 있게 해주는 대화적 만남의 장이라고 생각될 수 있다."[Dimitriadis and McCarthy, 2001, p. 10] 탈식민주의적 상상력과 프레이리의 업적 사이의 연결 고리를 만들어내는 것은 바로 이러한 "대화적 만남"이다.[Torres, 2009]

탈식민주의(들)이 비판적 교육학에 영향력을 행사하고 있는 가운데, 디미트리아디스와 매카시[Dimitriadis and McCarthy, 2001]는 탈식민주의의 정치학의 핵심을 다음과 같이 정리하였다. "탈식민주의적 상상력은 기존의 권력 관계를 전복시켰고, 권위에 대해 의문을 제기하였으며, 정

체성에 대한 전통을 뒤흔들었다."p. 10; Bhabha, 1994; Spivak, 1988

　세계화와 신자유주의의 약탈, 그리고 탈식민주의에 관심을 가지고 있는 교육자들은 현재를 재구조화하는, 즉 "세계를 전복하는" 의식적인 과정이라는 취지에서Young, 2003, p. 2 이러한 개념들을 받아들였다. 이것은 세상을 관계적으로 파악해야 한다는 것을 의미한다. 이는 지배와 종속의 관계, 그리고 이러한 관계를 끊어내기 위한 운동, 문화, 정체성의 관계들이 형성되는 것을 의미한다. 이는 또한, 만약 당신이 '서구의' 지배적 목소리에 의해 지리적·경제적·정치적, 그리고 문화적으로 배제되어 있다면, 또는 당신이 서구에 있지만 실질적으로 그 구성원이 되지 못하고 있다면, "탈식민주의는 당신이 사물을 다르게 보는 법, 즉 당신의 이해관계가 다른 것에 우선하는 정치학과 언어들을 제공한다."Young, 2003, p. 2 교육 영역에서 가장 중요한 일군의 저서들은 탈식민주의와 이에 수반하는 지구적 감수성에 대한 로버트 영Robert Young의 주장을 반영하고 있다. 그의 주장은 "실천의 철학"과 정치학이 불일치를 이루고 있다는 점을 지적하고 있다. 이러한 관점은 오랜 역사를 지닌 반식민주의 투쟁의 연장선으로 해석할 수 있다. 또한 세계를 해석하는 '서구적' 방식에 이의를 제기하는 방식들을 제시하는 것이기도 하다.p. 4 영2003은 이러한 관점을 다음과 같이 잘 표현하고 있다.

　무엇보다도 탈식민주의는 서구 사회뿐만 아니라 비서구 사회의 권력 구조에 대해 문제를 제기하고 대안적 지식을 강제한다. 탈식민주의는 사람들이 생각하고 행동하는 방식에서의 변화를 추구한다. 또한 탈식민주의는 세계의 다양한 사람들 사이에서 더욱 정의롭고 평등한 관계의 형성을 추구한다.Young, 2003, p. 7

탈식민주의는 …… 억눌리고 빼앗긴 사람들로부터 비롯된 저항적 지식을 일반적으로 일컫는 이름이다. 그리고 탈식민주의는 우리가 살아가야 할 조건들에서의 변화를 추구한다.Young, 2003, p. 20

아래로부터의 지식에 대한 투쟁은 명백히 '사회 변혁'을 의미한다. 물론 여기서 영이 언급한 것은 프레이리의 신념과 조응하는 것이다. 그리고 영이 탈식민주의에 대해서 말한 것은 세계화 이론과 비판적 교육학 및 행동주의의 전통에 대해서도 마찬가지로 적용 가능하다. 이러한 저항적 지식에 대한 언급은 저항적 지식 이외의 외부적 요인들과도 관계적으로 연결될 필요가 있다.

아래로부터의 지식

만약 비판적 교육학과 점증하는 추세의 세계화 이론, 그리고 탈식민주의적 관점이 제공하는 가장 강력한 통찰이 아래로부터 형성되는 지식에 대해 가치를 부여하는 것이라면, 이것으로 충분한 것인가? 중요한 것은 단지 "억압된 사람들이 말하고 있는지" 여부가 아니라, 그들의 이야기가 들리고 있는지의 문제이다.Apple & Buras, 2006; Spivak, 1988 하지만 수많은 하층민들의 매일매일 삶의 현실에 직접 발을 딛지 않는다면, '억압된 사람들의 이야기가 들려야 한다'는 것은 단지 수사적인 주장에 지나지 않을 수 있다.

비판적 학자들 그룹 내에서 "아래로부터의 지식과 목소리"를 강조하는 것은 때로 위티Whitty가 말한 '낭만적 가능주의romantic possibilitarianism'와 맞닿아 있다.Whitty, 1974 이 관점은 너무도 문화적이어서 자칫 일상생활과 경제적 관계의 너무도 구체적인 물질적인 성격을 간과해버릴 위험이 있다. 그러나 수백만, 수십억 명의 주변부 사람들이 살아가는 (그저 '존재한다'는 말이 더 적합한) 비참한 삶의 실제 모습이란 어떤 것인지를 적나라하게 표현하고 있는 마이크 데이비스의 책 『빈민가의 행성Planet of Slums』2006은 다음을 명확히 하고 있다. 데이비스는 초국적 자본의 영향으로 만들어지는 구체적인 현실의 모습에 주목한다. 그는 이 구체적인 현실의 모습들이 우리가 추상적으로만 이론화하곤 하는 삶의 현장을 근본적으로 변화시키는 방식을 깊이 있게 이해하지 못하고서는 사람들이 왜 그러한 상황에서 그렇게 행동하는지를 이해할 수 없다고 설명한다. 데이비스의 저서와 같은 연구들은 교육 등의 분야에서 일부 탈식민주의와 비판적 교육학 연구를 너무나도 잠식했던 담론적인 것에 관한 과도한 강조를 교정하는 데 크게 기여했다. 그리고 우리의 연구가 억압받는 사람들이 매일의 일상에서 대면해야만 하는 현실에 대한 철저한 이해에 기반을 두어야 한다는 것을 우리는 끊임없이 되새겨야 할 것이다.[iii] 프레이리가 명백하게 인식하고 있었던 것처럼, 교육에 있어서 현실에 기반을 두지 않는 연구라면 그 어떤 연구도 또 하나의 식민지화의 행동으로 귀결될 수도 있다. 다음 장에서 건진Luis Armando Gandin과 나는 브라질의 포르투알레그리에서의 변혁적 교육 정책과 실천을 분석하고 '북반구global north'가 '남반구global south'로부터 무엇을 배워야 하는지를 분석한다. 거기서 우리는 어떻게 하면 진보적인 사회적·교육적 정책들과 실천들이 지속가능한 방법으로 억압받는 사람들의 구체적 현실에 기반을 둘 수 있는지를 제시할 것이다. 포르투알레그리에서 일어난 일들의 많은 부분이 파울로 프레이리의 이론에 기반을 두고 있다는 사실 그 자체가 그의 지적·정치적인 노력의 지속적인 효과를 말해주고 있는 것이다.

역사와 접속하기

남미대륙이나 다른 지역의 교육 분야에서 이른바 탈식민주의로부터 영향받은 사람들이 있음은 실로 새삼스러운 일이 아니라는 사실을 기억하는 것은 중요하다. 프레이리의 인상적이고 영향력 있는 저작들이 발표되기 훨씬 이전에도 피지배 집단은 교육 분야 및 문화 전반에 걸친 투쟁에 있어서 반헤게모니적인 관점과 식민지 지배에 저항하는 광범위한 방법을 발전시켜왔다. 이러한 사실을 인정한다고 해서 그것이 프레이리의 업적에 누를 끼치는 일은 결코 아니다.Jules, 1991; Lewis, 1993; Lewis, 2000; Livingston, 2003; Wong, 2002 이런 사정에도 불구하고 세계화 이론과 탈식민주의 이론이 비판적 교육학에서 오늘날 더욱더 유행하고 있는 이유는 부분적으로는 비판적 교육학의 판 자체가, 미국과 라틴아메리카의 경우를 예로 들자면, 헤게모니적인 문화의 형태와 내용을 분석하는 것과 저항적인 교육운동, 정책, 실천을 발전시키는 것을 오랜 전통으로 하고 있기 때문이다.Apple, 2006; Apple, Au & Gandin, 2009; Apple & Buras, 2006 그렇지만 잘 알고 있다시피, 프레이리처럼 이러한 운동의 실천가이자 이론가로 활동했던 유례는 찾기 힘들다.

프레이리에 대해 생각하는 것은 단지 과거를 회상하는 것 이상이다. 이런 방식으로 생각할 때만이 프레이리의 업적과 그 영향을 받은 저작들에 중요성을 끊임없이 부여할 수 있다. 이는 세계 도처에서 교육이 사회를 바꿀 수 있는지, 그리고 어떻게 바꿀 수 있는지에 대한 질문에 나름의 방식으로 해답을 찾으려는 수많은 사람들에게 필요한 관점이다. 어떤 사람들은 프레이리의 전통에 대해 정당하게 혹은 부당하게 이의를 제기하고 이 전통이 가지고 있는 경향성에 반대하는 주장을 전개하지만Au & Apple, 2007, 프레이리가 이룩한 전통, 즉 그가 그의 삶을 통해 발전시킨 전통, 그리고 현재에도 진화 중인 그 전통은 대단히 생명력 있고 강력하다. 프레이리의 영향력은 현재형이지만, 이에 대해 생각하는 것은 강력한 회상을 불러일으킨다. 앞서 언급했듯이, 나역시 프레이리와 교류했던 역사가 있다. 여기에 내 개인적인 예화 하나를 더 추가하면서 독자들에게 양해를 구한다. 이것은 프레이리와 그의 사상에 대해서 수많은 사람들이 가지고 있는 존경심을 더해줄 이야기인 동시에 내가 이 장의 마지막에서 언급하게 될 비판적인 학자/활동가의 필수적인 품성을 드러내고 있다. 이 이야기는 돌봄, 사랑, 그리고 연대에 기반을 둔 삶이 교육과 사회 일반에서 차지하는 진보적 정치학의 핵심적 위치에 대한 내 주장과 연결된다.

프레이리와 비판적 교육학: 개인적인 기억

나는 오랜 비행을 마치고 상파울루에 도착했다. '지쳤다'는 말로도 내 느낌을 다 설명할 수 없었지만 샤워나 약간의 휴식도 할 겨를이 없었다. 우리는 얼마 동안 서로를 보지도 못했고, 파울로는 그가 교육감으로 일하는 상파울루에서 무슨 일이 일어나고 있었는지에 대해 우리의 지속적 논의를 이어가고자 나를 기다리고 있었다.

어떤 사람들은 내가 적어도 처음에는 프레이리로부터 크게 영향을 받지 않았다는 사실을 알고 놀랐을지도 모른다. 나는 지배에 저항하기 위해 나름대로 비판적 교육학의 방법을 발전시켜왔던 미국의 급진적 노동자주의와 반인종주의 전통에 영향을 받아왔다. 하지만 나는 1980년대 중반 브라질 교원노조와 노동자당PT과 함께 일하기 위해 브라질을 방문하기 전부터 프레이리에 대해 엄청난 존경심을 갖고 있었다. 비록 뿌리는 다르지만 유사한 급진적 전통이 있었기 때문에 우리의 대화는 더욱 활기차고 흥미로웠을 것이다.

프레이리와 나는 어떤 부분에서는 의견을 달리했다. 실제로 우리가 대화를 하는 도중에 우호적이긴 하지만 비판적으로 내가 그의 입장에 몇 가지 문제를 제기했을 때, 이를 바라보던 사람들의 놀란 표정이 지금도 기억난다. 또한 그와 함께 연착한 비행기에서 내려 많은 사람들이 기다리고 있던 공동 세미나에 서둘러 갔을 때를 생생하게 기억한다. 청중들은 프레이리가 상파울루 교육청에서 함께 일하기 위해 데리고 온 전투적 사회운동을 하는 교육자들과 진보적 교육자들이었다. 공동 세미나를 진행하는 동안, 나는 교사들이 교육청의 정책 중 일부를 따르도록 납득시키기 위해 사용하는 전략에 대해 우려를 표명했다. 나는 프레이리의 거의 초인적인 노력에 대한 열렬한 지지자이며 교육청이 시행하는 정책에도 동의했지만, 교원노조의 대표를 역임했던 사람으로서 그리고 브라질 교사들과 수년 동안 함께 일을 해보았던 사람으로서 나는 교육청이 사용하는 전략이 역효과를 부를 우려가 있음을 지적했다. 어떤 이들에게는 이 전략이 교사들을 그리고 그들이 일상적으로 부딪히는 거대한 어려움에 대해 존중하지 않는 것으로 해석될 여지가 있었다. 프레이리는 나를 똑바로 쳐다보면서 이 점에 대해서는 나와 분명히 의견을 달리한다고 말했다.

청중들은 무언가를 기다리며 침묵했다. 그들이 기다렸던 것은 우리가 스트레스를 받는 것, 토론에서 "점수를 따는 것", 혹은 우리의 우정에 금이 가는 것이었을까? 그러나 그다음에 실제로 일어난 일은 내 인생에서 가장 상세하고 광범위한 토론이었다. 약 세 시간 동안 우리는 거의 전 영역을 다루었다. 지식에 관한 이론들, 교사의 삶의 현실, 빈민 지역의 현실, 계급 문제와 함께 진지하게 다루어야 할 인종과 성의 정치, 국제 경제와 브라질 경제, 브라질의 비판적 교육학과 프레이리 개인에 대한 우파 언론의 공격, 사회와 학교의 일상생활에서 지배를 중단시키기 위해 필요한 전략들, 학교가 지역사회의 이동과 변혁을 위한 중심이 될 수 있는 방법, 아래로부터의 지식과 경험의 중심지, 그들의 전략에 대한 나의 비판과 그에 따른 프레이리의 반론, 더 나은 전술을 위한 나의 제언들 등 토론의 주제는 끝이 없었다.

우리의 토론은 다른 많은 토론들이 일상적으로 범하는 것과 같은 남성성의 경연이 아니었다. 오히려 이 토론을 통해 내가 그를 왜 존경하는지를 다시금 확인할 수 있었다. 이 토론에서 '이기고 지는 것'은 아무 의미가 없었다. 공적으로 생각하기를 바라면서 그리고 우리가 알고 믿었던 모든 것을 대화의 장으로 끌어들여 대화의 풍요로움을 즐기면서 파울로와 나는 토론에 깊숙이 빠져들었다. 나와 그에게 있어서 교육은 우리가 가진 가장 큰 지적·감성적 자산을 필요로 하는 것이다. 진정한 교육이라면 돌봄, 사랑, 연대 등과 같은 개념들은 하찮은 것이 아니라 핵심 요소이다. 우리가 결국 의견 차이를 해결했는지는 확실하지 않다. 하지만 여러 나라에서 정치적/교육적 변동과 관련된 나의 경험에 기반을 둔 우려를 경청하려는 그의 열정과 열린 자세만큼은 분명히 알 수 있었다.

나는 그가 이러한 쟁점을 진지하게 받아들였다는 것 역시 알고 있다.Apple, 1999 이는 우리의 토론으로 인해서 늦추어진 또 다른 회의를 위해 자리를 떠나면서, 그가 청중들에게 계속 자리에 남아 있어달라고 요청했던 사실에서 확인할 수 있었다. 그리고 그는 내게 그 자리에 남아서 청중들과 함께 더욱 실천적인 수준에서 토론을 지속해줄 것을 요청했다. 내가 지니고 있었던 우려(교육청의 정책에 대한)를 해소하기 위해 어떤 일이 필요할까? 청중들 중에 교육청에서 온 사람들과 지역 공동체에서 온 사람들이 교사들이나 일군의 지역사회 구성원들을 소외시키는 위험을 감소시킬 방법이 있을까? 우리는 서로에게 무엇을 배울 수 있을까? 비판적 교육학은 어떻게 하면 가르침과 배움이 동시에 일어나는 실천을 구현할 수 있을까? 구체적인 전술이나 정책에서는 차이가 있더라도 더 큰 쟁점에 대해서 연대하기 위해서는 어떤 전략을 사용해야 하는가? 내가 '탈중심 연합'이라 불렀던 것을 창출할 가능성은 무엇인가?

또다시 두 시간이 흘렀고, 나와 청중들은 진정으로 솔직하고 진지한 대화를 나누었다. 청중들은 빈민 지역에서의 경험과 교육청에서의 경험을 반추하면서 수많은 문제들을 제기했다. 우리는 두 시간 동안의 대화를 통해서 제기된 문제들에 대한 창조적인 해결책을 찾을 수 있었다. 이것이 가능했다는 사실은 프레이리의 지도자로서의 능력과 비평적 대화가 지향해야 할 모델을 보여주는 것이었다. 이와 같은 일은 나에게는 진정으로 위대한 교사를 구별하는 지표이다. 그가 세미나 장소를 떠난 후에도, 그가 강조했던 것들, 즉 우리가 처한 현실에 정직하게 직면하는 것, 주의 깊게 경청하는 것, 온전한 인간성이란 무엇인지를 기억하는 것, 생생한 경험을 통하여 현실을 비판적으로 이해하고 이를 어떻게 바꿀 수 있을지 생각하는 것은 여전히 강력하게 남아 있었다. 그는 프락시스[3]에 깊이 관여했기 때문에, 그 자신이 이론화 작업을 할 수 있었고, 이와 동시에 다른 사람들도 같은 일을 하도록 도울 수 있었다. 이 장의 후반부에서는 구체적 현실 참여가 갖는 중요성에 대해 더 많은 이야기를 하겠다.

파울로와 내가 공적으로 서로 교류를 나누었던 것은 이때가 전부는 아니었다. 우리는 대규모 청중 앞에서 수많은 토론회를 열었다. 사실 나는 이 장의 집필을 준비하면서 프레이리와 나의 공식적 대화를 담은 녹음테이프를 꺼냈다. 이 녹음테이프는 내가 여기서 이야기한 것만으로는 프레이리가 지닌 인간성과 겸손함을 모두 전달할 수 없다는 것을 다시 상기시켜 주었다. 또한 그가 어떻게 나와 다른 사람들이 최

---

3 프락시스praxis란 이론과 결부된 실천을 의미한다.

고의 능력을 발휘하도록 도왔는지 전달하기 어렵다는 것도 알게 해주었다.

그가 상파울루 교육감으로 재직했던 시절과 그 이후에도, 프레이리와 나는 공적으로나 사적으로 대화를 나눌 기회가 여러 번 있었다. 우리는 이론적 개입의 중요성뿐만 아니라 프락시스의 중요성, 문화적이고 교육적인 현실의 일상에 개입하는 것의 중요성, 그리고 이러한 개입을 통해 사람들의 정치적·이론적 작업에 대해 응답하는 것의 중요성에 대해 논의하였다. 불행하게도 교육계의 너무도 많은 "비판적 이론가"들은 이러한 행동의 중요성을 망각하고 있다.[Apple, 1999; Apple, 2006] 실질적인 현실과 투쟁으로부터 동떨어진 이론이 '지배'하고 있다. 이들에게 현실은 억압받는 사람들과 이루어야 하는 연대적 실천의 공간이 아니라, 해체의 대상인 '텍스트'가 되었다. 파울로는 비록 그 자신이 우리가 당연하게 받아들이는 지식의 인식론적·정치적·윤리적 기반을 무너뜨리는 일에 헌신하면서도, 현실적 실천과 유리된 이론가들에 대해서 깊은 우려를 표명했다.

우리가 함께 시간을 보낸 쟁점 중 하나는 인종 문제였다. 브라질 동북부 지역에서 경험한 사실을 통해, 그는 '피부색에 따른' 억압이 존재한다는 것을 인식했다. 그는 브라질과 전 세계의 토착민에게 가해진 잔혹한 역사를 언급하면서 이를 분명히 밝혔다. 우리는 브라질의 '인종적 민주주의'의 허상과 아프리계 브라질인들 사이에서 벌어지고 있는 인종적 정체성의 정치학에 대해 논의했다. 그에게는 이것이 브라질에서 가장 중요한 운동 중 하나였으며, 이 운동의 의미를 억압받는 자들을 위한 교육학에 대한 논의에 반영했다. 그가 사용한 정확한 용어는 기억할 수 없지만, 핵심 요지는 『피억압자의 교육학*Pedagogy of the Oppressed*』[1982]에 나오는 다음 구절과 유사하다.

피억압자의 교육학은 …… 그들의 인간성을 회복하기 위한 지속적인 투쟁의 과정 속에서 억압받는 사람들을 '위해서'가 아니라 그들과 '함께' 확립되어야 한다. 이 교육학은 억압과 억압의 원인들을 피억압자가 성찰하도록 만들고 있으며, 그러한 성찰로부터 해방은 도래할 것이다.Freire, 1982, p. 25

파울로는 굴종에 저항하는 아프리카계 브라질인의 투쟁이 추상적이라고 보지 않았다. 그는 이를 지배에 대항하는 필수적인 투쟁의 일부로 보았다.Apple, 1999

물론 계급 문제는 파울로에게는 매우 중요한 현실이었다. 하지만 그는 젠더 문제를 중시했던 것처럼 인종의 정치를 변혁의 중요한 의제로 인식했으며, 인종 문제가 계급 문제와 무관하지는 않지만 계급 문제로 단순히 환원될 수 없다는 것도 잘 알고 있었다. 그의 후기 저작에서는 이 문제를 본격적으로 다루지 않았지만—비록 이 문제가 그의 저작 전체에서 막 시작되고 있었고,『과정으로서의 교육학: 기니비사우에서 온 편지Pedagogy in Process: The Letter from Guinea-Bissau』1978에서 그가 '다시 아프리카인 되기re-Africanization'라는 용어를 통해 인종 문제에 대한 관심을 보이긴 했지만—이 문제에 대한 그의 관심은 다른 이들의 투쟁을 지지하는 데 사용되곤 했다. 인종차별의 중요한 특성과 이에 저항하는 교육학의 역할에 대해서는 제4장에서 다시 다루기로 한다.

파울로와 나는 이러한 문제들에 대해서 항상 의견이 같지는 않았다. 그러나 의견이 같아야만 그를 존경할 수 있는 것은 아니다. 자기와 다른 의견을 어떻게 다루느냐 하는 것도 한 인물의 위대함을 나타내는 증거이다. 여기서 다시금 파울로는 그가 얼마나 위대한지, 사람들이 왜 그를 친구이자 스승, 동료로 그리워하는지를 스스로를 입증해

보였다. 내가 이제 언급할 많은 임무들과 책임들의 예는 파울로가 어떤 삶을 살았는지를 통해서 잘 알 수 있다.

비판적 학자/활동가의 임무

파울로에게 배울 것이 여전히 많지만, 우리의 임무는 단순히 프레이리 혹은 다른 어느 누구의 추종자가 되는 것이 아니다. 다음 장에서 다룰 미국 교육계의 반헤게모니 운동에서 중요한 역할을 맡았던 진보적인 인물들이 보여주고 있는 것처럼, 비판적 민주주의의 거대한 강을 지키기 위해 오래도록 헌신했던 교육계 인물들의 범위를 확장하는 것이 중요한 것이다.^{Horton and Freire, 1990} 우리는 그 인물들과 그들이 제기한 질문에 터할 필요가 있으며, 때에 따라서는 그들을 넘어서야 한다.

여기서 나는 급진적 사회주의자인 마이클 부라보이_{Michael Burawoy}의 비판적 사회학에 대한 주장을 떠올려본다. 그가 말했듯이 비판적 사회학은 두 가지 핵심적 질문에 기반을 둔다. 첫째, 누구를 위한 사회학인가? 둘째, 무엇을 위한 사회학인가?^{Burawoy, 2005} 첫 번째 질문은 우리 자신의 위치를 재정립해서 빼앗긴 사람들의 눈으로 세상을 바라볼 것을 요청한다. 두 번째 질문은 우리 일을 사회의 도덕적 기준, 그것의 수단과 목적에 관련된 복합적 쟁점들과 연관시킬 것을 요청한다.

많은 이들에게 있어, 교육 영역에서 그들이 비판적인 이론과 정치적인 활동을 해내고자 한 근원적인 동력은 사회적 정의, 경제적 평등, 인권, 지속가능한 환경, 그리고 교육다운 교육, 한마디로 더 좋은 세상을 향한 열정에서 비롯되었다. 하지만 제1장에서 논의했듯이, 우리들 중 많은 이들이 경험하고 있는 지금 상황에서 이러한 입장을 유지하기는 점점 더 어려워지고 있다. 이념적·정치적으로 많은 것이 바뀌었다.

21세기 초에는 시장 독재와 세계적 규모의 거대한 불평등을 부채질하는 고삐 풀린 자본주의가 우리 앞에 나타났다.Davis, 2006 "민주주의"가 이에 반격을 가하기는 했지만, 그것은 대부분 세계적으로나 지역적으로나 강력해진 이해관계, 시민권 박탈, 허위, 국가적이면서도 국제적인 폭력을 막아내기에는 너무나 허약하다.Burawoy, 2005, p. 260 자유와 평등이라는 미사여구는 강화되었지만, 지배와 착취, 불평등이 유례없이 심화되었고, 교육, 경제적 안전망, 시민권 등에서 기존에 쟁취한 성과들이 사라져버리거나 심각한 위협 앞에 놓여 있다는 것은 부인할 수 없는 사실이다.[iv] 비록 역사상의 수많은 종교들 속에서 발생했던 지배와 종속의 관계를 하나의 개념으로 묶어내는 것이 사실상 불가능하다는 것은 주지의 사실이지만, 시장이라는 종교(내가 언급한 바 있듯이 이것은 마치 종교와 같다. 왜냐하면 이것은 실제적 증거를 결코 받아들이는 법이 없기 때문이다)가 국가가 무엇을 할 수 있고 해야만 하는지에 대한 특정한 비전과 짝을 이루게 되면 이를 한 단어로 신자유주의라고 요약할 수 있다.Burawoy, 2003

또한 나름의 위계질서와 규율 방식, 학문적 성취 요건, 행정적-제도적 서열, 종신 요건 등 온갖 일반화normalizing의 압력이 작용하는 학계라 불리는 사회적 권력의 장은 우리가 '올바르게' 말하고 행동하는 방식을 규정한다. 그럼에도 불구하고 학문의 본래적 원동력이 완전히 사라지는 것은 아니다.Burawoy, 2005 비판적 작업에 활력을 불어넣는 정신은 합리성의 논리와 과정에 완전히 종속될 수는 없다. 아무리 강력한 세력이 존재하더라도 이를 완전히 없앨 수는 없으며 비판적 교육학에 분명히 상당 부분 남아 있다.

이렇게 말하긴 했지만, 나는 여기서 솔직해질 필요가 있다. 나에게 있어서, '비판적 교육학'의 적지 않은 저작들은, 비록 파울로 프레이리 같은 사람들에 기반을 두고 있고, 원래 이 책이 제기하는 질문에 응답하고자 발전시켜온 것이긴 하지만, 그리 간단치 않게 다가온다. 세계화나 탈식민주의의 개념에서 보는 것과 마찬가지로 비판적 교육학도 의미의 과잉에 시달리고 있다. 비판적 교육학이라는 개념은 학교 현장의 학생들의 요구에 대한 응답이라는 것부터 현존하는 착취와 지배 관계에 대해 급진적으로 도전하는 회고적인 내용과 과정이라는 것까지 다양한 의미를 포괄하고 있다. 그리고 탈식민주의 연구가 그랬던 것과 똑같이, 비판적 교육학 분야의 최고의 저작은 우리가 일반적으로 교육을 수용하는 방식에 대해 중요한 문제 제기를 하고 있다.

그럼에도 불구하고, 비판적 교육학 연구물들 중에는 학계에서 새로운 이동 경로를 개척하고자 하는 신중산 계층 주체들의 계급 이동 전략의 요소가 나타나기도 한다. 이러한 글의 기능은 자기 자신은 경제적으로는 중산계층임에도 불구하고 정치적으로는 피지배 계층을 대변하고 싶어 하는 '모순적인 계급적 입장'^{Wright, 1985}에 의해서 발생하는 중산계층의 개인적인 위기를 해소하는 것이다. 하지만 그들이 정치에 관여하는 것은 오직 수사적 차원에 국한된다. 따라서 프레이리와 달리 그들의 이론은 불필요할 정도로 난해하고, 실제로 제도권 교육과 관련된 난해한 질문들-우리가 무엇을 가르쳐야 하고, 어떻게 가르쳐야 하며, 이를 어떻게 평가해야 하는지-은 순수한 학문을 '오염'시키는, 학문으로 다루기에는 너무도 저속한 것으로 여겨진다. 이러한 입장에 서 있는 비판적 교육학은 진보의 이론으로 가장한 채 실제로는 엘리트주의로 퇴보할 수 있는 가능성을 가지고 있다. 프레이리와 같은 사람들이 반복해서 언급했듯이, 교육과정과 교수법, 그리고 학교 안팎의 교육에 관한 진지한 이론은 그것의 실질적 대상과 관련될 필요가 있다. 이것은 정치적으로뿐 아니라 인식론적으로도 반드시 지켜야 할 과제이다. 비판적 이론의 자원들을 개발하는 것은 현실 운동 및 투쟁과 긴밀하게 그리고 변증법적으로 연결되어 있을 때 가장 성공적으로

수행될 수 있다.^{Apple, 2006; Apple, 2003}

마이클 부라보이가 '유기적·공공적 사회학'이라 불렸던 것은 우리가 이 문제를 어떤 방식으로 다루어야 하는지에 관한 핵심 요소를 제시한다. 그의 개념은 부분적으로는 그람시와 조응하는데, 그에 따르면 비판적 사회학자는,

> …… 가시적이고 두터우며 활동적이고 지역적이고 때로는 반대중적인 것과 긴밀하게 관련된 작업을 한다. 그는 노동운동, 지역 공동체, 신앙 공동체, 이민자 권리 단체, 인권 단체와 함께 일한다. 공공적 사회학자와 대중들 사이에는 대화와 상호적 교육이 존재한다. …… 이러한 유기적인 공공 사회학의 프로젝트는 눈에 보이지 않는 것을 보이게 만들고, 사적인 것을 공공적인 것으로 만들며, 이러한 유기적 관계를 사회학적 삶의 부분으로 가치 부여하는 일이다.^{Burawoy, 2005, p. 265}

비판적인 학자/활동가로 되어가는 이 행동은 (이것은 하나의 '프로젝트'인데, 이는 '결코' 마무리되지 않고 '항상' 무언가가 되어가는 것이기 때문이다) 복합적인 것이다. 이런 이유로, 나는 내가 앞서 교육 분야에서 비판적 연구의 역할에 대해 언급했던 것을 좀 더 확장시켜보고자 한다. 여기서 나의 논점들은 잠정적인 것이지 결코 확정적인 것은 아니다. 다만, 이 논점들로 '우리'가 무엇을 해야 하는지에 대한 대화를 시작하고자 할 따름이다. 이렇게 함으로써 파울로 프레이리에 대한 기억은 나의 마음에 다시 살아난다.

일반적으로, 교육학에서 비판적 분석(가)이 수행해야 하는 과제는 다음과 같은 아홉 가지가 있다.^{Apple, 2010}

1. "부정적인 현실을 증언"해야 한다.^V 즉, 비판적 분석의 일차적인 기능

중 하나는 교육 정책과 실천이 사회의 착취와 지배 구조 그리고 그 구조에 저항하는 투쟁과 연결되는 방식을 드러내는 것이다.[vi]

2. 비판적 분석은, 이러한 비판적 분석에 참여할 때, 모순과 실천적 가능성의 공간을 짚어내야 한다. 따라서 비판적 분석이 지향해야 하는 바는 더욱 진보적이고 반헤게모니적인 실천이 진행될 수 있는 공간을 강조하는 개념적·정치적 틀을 제시하며 지금의 현실을 비판적으로 조사하는 것이다. 이미 존재하고 있는 이러한 공간들과 변혁 주체의 가능성 및 실천들에 대한 기록은 반드시 개인적 차원과 제도적 차원에서 공히 이루어져야 한다.Dillabough & Kennelly, 2010 이렇게 기록하는 것은 매우 중요한 절차인데, 그렇게 하지 않으면 우리의 연구가 단순히 냉소주의 또는 비관주의로 전락할 수 있기 때문이다.

3. 때때로 비판적 분석은 '연구'로 분류되는 영역을 확장할 필요가 있다. 이는 현존하는 불평등한 권력 관계에 도전하거나, 비판적 사회학과 비판적 교육학에서 오랜 역사를 가지고 있는 개념인 "개혁주의에 매몰되지 않는 개혁non-reformist reform"Apple, 2012이라고 이름 붙여진 활동에 관여하고 있는 집단들이나 사회운동을 위한 비판적인 "비서"로서 행동하라는 것이다. 비서 역할이 바로 프레이리가 브라질에서 억압받는 사람들과 함께 수행했던 교육적 작업을 통해 담당했던 임무이며,『민주적 학교들Democratic Schools』Apple & Bean, 2007; Gutstein, 2006; Watson, 2012이 진보적으로 민주적인 학교의 실천을 생생하게 묘사함으로써 담당한 역할이다. 그리고 내가 나중에 이 책에서 다룰 브라질 포르투알레그리의 시민 학교와 주민참여예산제와 같은 변혁적 개혁에 대한 우호적인 기록을 통해서 담당한 역할이다.Apple & AU and Gandin, 2009; Apple & Ball and Gandin, 2010; Apple et al. 2003 이러한 비서 역할이 성공적인 프로그램과 제도, 그리고

대안들을 만들어가고 있는 개인과 집단과 함께할 때, 현장에 대한 기록의 가치는 더욱 커진다.

4. 그람시Gramsci, 1971가 진정한 반헤게모니적 교육의 핵심적인 임무 중 하나는 '엘리트 지식'을 제거하는 것이 아니라 그 형태와 내용을 재구조화하여 진보적인 사회의 요구에 부합하도록 하는 것이라고 주장할 때, 그는 '유기적'이고 '공공적인' 지식인이 담당하게 될 역할에 대해 중요한 단서를 제시했다. 따라서 우리는 '지식인적 자살'이라고 불리는 과정에 매몰되어서는 안 된다. 즉, 무엇이 가장 중요한 지식이고, 무엇이 효과적이면서 정당한 교육인지를 정당화하는 인식론적·정치적·교육적 쟁점과 관련된 역사와 논쟁을 다루는 지적·교육적 기술이 엄연히 존재한다. 이는 간단하지도 않고 하찮게 여길 수도 없는 쟁점들이며, 이러한 쟁점들을 다루기 위한 실천적, 지적/정치적 기술들이 아주 잘 개발되었다. 그러나 우리가 그런 기술을 사용하지 않는다면 이 기술들은 쇠퇴하게 된다. 우리는 공동체가 이것을 생각하는 것을 돕기 위해 이 기술들을 활용하며, 그들로부터 배우며, 또한 빼앗긴 사람들의 장·단기적 이익과 관련된 결정을 내리는 상호적 대화에 참여함으로써 이 기술을 다시 복원할 수 있다.Borg & Mayo, 2007; Burawoy, 2005; Freire, 1970; Smith, 1999

5. 이 과정에서 비판적 연구들은 수많은 급진적이고 진보적인 연구의 전통이 명맥을 이어가게끔 하는 임무를 담당하고 있다.Apple & Au, and Gandin, 2009; Apple & Ball, and Gandin 2010 차이의 '집단적 기억'에 대해, 그리고 비판적 사회운동에 대한 조직된 공격에 직면하고 있는 이 국면에서, 그리고 이러한 공격이 지배 이데올로기와 지배적 관계에 저항하는 데 매우 효과적이라고 입증된 수많은 비판적 접근법들의 학문적이고 사회적인 정당성의 근거를 점점 더 훼손하는 이 국면에서, 진보적 연구의 전

통을 유지하고, 갱신하며, 필요하다면 그것의 개념적·경험적·역사적·정치적 침묵과 한계를 비판하는 것은 매우 중요하다. 여기에는 환원주의와 본질주의에 대해 신중한 태도를 취하는 것이 필요하다. 그리고 이것은 우리가 프레이저가 말한 재분배의 정치 및 인정의 정치에 주목하도록 한다.Fraser, 1997; Anyon, et al., 2009; Lynch & Baker and Lyons, 2009 이는 단지 이론적·경험적·역사적·정치적 전통의 명맥을 이어가는 것뿐만 아니라 무엇보다도 이를 확장하고 지지하면서도 비판하는 것을 포함한다. 그리고 이는 꿈, 유토피아적 비전, 그리고 이러한 급진적 전통 속의 '개혁주의에 매몰되지 않는 개혁'을 지키는 것을 포함한다.Apple, 2012; Jacoby, 2005; Teitelbaum, 1993 우리의 목적은 단지 '순수성'을 지키는 것이 아니다. 대신 우리는 우리 사회를 파괴하는 다양한 역학 관계에 대해 더욱 완전히 대처하기 위해 비판적 이해의 폭을 넓히는 것에 유연해야만 한다. 만약 우파가 많은 부분 중요한 차이를 넘나드는 연합을 기꺼이 구축했기 때문에 성공을 거두었다면Apple, 2006, 좌파도 그렇게 해야만 한다.

6. 전통의 명맥을 이어가는 것, 그리고 그 전통들이 지금의 현실에 적절히 대처하지 못할 때 우호적으로 비판을 하는 것은 우리가 "누구를 위해 이러한 전통을 이어가는가?", "어떻게 그리고 어떠한 형식으로 이 전통을 활용할 수 있을까?"와 같은 질문을 할 때만이 완수될 수 있다. 내가 위에서 언급한 이런 분류 체계의 과업들은 다양한 집단 속에서 여러 단계에 작용하는 다양한 기술을 다시 배우고 발전시키며 사용하는 것을 필요로 한다. 따라서 언론과 대중매체의 기술, 학문적이고 대중적인 기술, 다양한 청중들에게 말할 수 있는 능력이 점점 더 중요해진다.Apple, 2006; Boler, 2008 이것은 우리에게 다양한 방식으로 말하는 법을 배울 것, 청중이나 독자에게 중요한 요점을 말함으로써 그들이 모든 일을 다 감당하지 않도록 하는 방식을 배울 것을 요구한다. 이러한 기술과 가치들

이 우리의 교육 속에 깊게 배어 있어야 함은 재론의 여지가 없다.

7. 비판적 교육자들은 자신들의 연구가 지지하는 진보적인 사회운동에 동참하거나 자신들이 비판하는 우파의 이론과 정책에 대항하는 운동에 참여해야 한다. 이는 곧 비판적 교육학자가 된다는 것이 '유기적'이고 '공공적'인 지식인이 되어야 한다는 의미이다. 우리는 재분배의 정치와 인정의 정치 모두를 변혁하는 데 참여하여 전문적 역량을 쏟아야 한다. 이는 우리가 이러한 사회운동으로부터 배워야 한다는 것을 의미한다.Anyon, 2005 이는 '발코니에서 살고 있는'Mannheim, 1936 '현실과 유리된 지식인'의 역할은 우리가 지향해야 할 모델이 아님을 의미한다. 부르디외Bourdied, 2003, p. 11가 지적했듯이, 우리의 지적 노력은 중요하지만, 그것이 "세계의 운명이 걸려 있는 투쟁으로부터 비켜서서, 중립적이고 무관심한 태도를 취할 수는 없다."

8. 앞서 열거한 임무에 한 가지 덧붙이자면, 비판적 학자/활동가에게는 감당해야 할 또 다른 역할이 있다. 이들은 헌신적인 멘토로서 행동해야 한다. 여기서 멘토란 훌륭한 연구자로서 살아간다는 것이, 그리고 지속적인 불평등으로부터 상처 입은 사회에 책임을 지는 구성원으로 살아가는 것이 무엇인지를 자신의 인생을 통해 보여주는 사람이다. 이들은 이 두 가지 역할이 서로 긴장 관계를 이루더라도, 탁월하면서도 사회적 책임을 다하는 저술과 연구를 진행하면서도 지배 세력에 대항하는 운동에 참여함으로써 두 가지 모두를 감당한다.

9. 마지막으로, 참여는 학자/활동가의 특권을 사용한다는 의미이기도 하다. 자신의 목소리를 낼 수 없는 사람들을 대신해서, 우리는 대학 혹은 전문직 일터에서 우리의 특권을 활용해 대학을 비롯한 곳에 새로

운 공간을 확보할 필요가 있다. 위스콘신 대학의 헤븐스 센터University of Wisconsin Havens Center for Social Structure and Social Change가 진행한 '주민 활동가activist-in-residence' 프로그램을 예로 들어보자. 이 프로그램에서는 다양한 분야(환경, 토착민 인권, 주거, 노동, 인종 차별, 교육 등)에서 헌신적으로 활동하는 활동가들이 초청되어서 가르쳤으며, 우리의 학문적 연구와 지배 세력에 저항하는 조직 운동을 연결시켰다. 이러한 활동은 수많은 여성학 프로그램들과 토착민[4] 연구 프로그램들에서도 찾을 수 있다. 이 프로그램들은 역사적으로 그것이 속한 대학의 거버넌스 및 교육 프로그램에 적극적으로 참여했던 활동가들을 배출했다.

아홉 가지 과제들은 어려운 일이지만, 우리는 이 책에서 계속해서 이 과제를 다룰 것이다. 프레이리가 이 아홉 가지 과제를 동시에 다 잘해낼 이상적인 사람에 가장 근접했다고 할 수도 있겠지만, 누구도 이 모든 것을 동시에 잘해낼 수는 없다. 그도 인정했듯이, 매우 불평등하고 때로는 무관심한 사회에서 교육 현실에 맞서 이 책의 질문에 공동체적으로 대응하는 것은 절대 쉬운 일이 아니다. 우리가 할 수 있는 것은 우리에게 요구되는 역할에 부응하는 지적으로, 개인적으로, 정치적으로 복합적인 긴장과 활동들을 이해하려는 노력을 정직하게 지속하는 것이다. 이따금 문제가 될 수도 있겠지만, "정체성"은 여기서 더 유용한 개념일 것이다. 정체성은 이러한 긴장과 태도 사이의 다양한 작용들을 개념화하기에 더 좋은 방식이다. 왜냐하면 정체성이란 개념은 사람들이 취할 수 있는 여러 가지 가능한 태도 정하기와, 한 사람 내에서 그리고 어떤 특정한 상황 속에서 작동하게 될 모순적인 이데올로기의 형식들을 잘 설명하기 때문이다.Youdell, 2011 그리고 정체성

---

4 원어에는 Indigenous, Aboriginal, and First Nation으로 표현되어 있다.

이란 개념은 일단 그 복잡성과 모순점들이 충분히 고려되기만 한다면, 사회 구조 속의 자기 위치에 대해서, 자신의 명시적 혹은 묵시적인 정치적 신념에 대해서, 그리고 자신의 몸에 배어 있는 행위에 대해서 비판적인 고찰을 요구한다.

정체성은 내가 이전에 언급한 바 있고, 영Young[2003], 바바Bhabha[1994], 스피박Spivak[1988] 등과 같은 탈식민주의 학자들이 지적한 바 있는 지식, 안다는 것, 그리고 사람들의 정치학에 대한 더 큰 문제들과 관련된다. '비판적 교육학', '혼종성hybridity', '소외', '하위계층subaltern', '문화정치학', '세계화'와 같은 개념들은 물론 탈식민지적, 비판적 교육학 용어들도 다양한 방식으로 사용될 수 있다. 그러한 개념들은 복잡하고 모순적인 역사적·지리학적·경제적·문화적 관계와 경험 그리고 현실을 표현하기 위해서 사용되었다. 하지만 그것들을 활용하는 과정에서 잃어버리지 말아야 할 점은 그 개념들이 본질적으로 가지고 있는 고유한 역사와 이해관계의 정치적인 성격이다. 이 개념들이 잘 사용된다면, 이것들을 동원하는 데 '안전'하거나 '중립적'인 방식은 존재하지 않는다. 이 개념들은 급진적, 반헤게모니적일 수밖에 없다. 이 개념들은 심지어 우리가 반헤게모니적 운동에 대해 어떻게 생각해야 하고 참여해야 하는지에 관하여 문제 제기를 하게끔 되어 있다. 만일 우리 스스로가 이러한 운동에 참여하지 않는다면, 이 개념들이 가지고 있는 이러한 특성을 어떻게 이해할 수 있을까? 프레이리는 분명 그렇게 행동했다. 톰슨E. P. Thompson, 윌리엄스Raymond Williams, 제임스C. L. R. James, 듀보이스W. E. B. Du Bois, 쿠퍼Anna Julia Cooper, 데이비스Angela Davis, 벨 훅스bell hooks를 비롯한 많은 사람들도 마찬가지였다. 우리가 이들만 못할 이유가 있는가?

여기서 "우리"는 누구인가? 누구의 목소리가 들리는가? 교육학의 비판적 연구 중에서 우상이 될 만한 인물들이 있다. 미국을 예로 들어보자면, 많은 경우 주류라고 간주되는 영역에서는 진보적인 백인 교육자들이 바로 그 우상이 될 만한 인물로 선정된다. 다음 장에서는 이들 중 하나로 꼽히는 카운츠George S. Counts에 대하여 비판적으로 논의할 것이다. 그 이후의 장에서는 백인으로 한정된 선택의 범위를 넓혀서 진보적 사상과 행동이 유기적으로 나타나는 인물들에 대해서 살펴볼 것이다.

이 책의 심장부에 놓인 질문에 대한 답을 구하면서, 나는 사회 변혁 속에서 교육의 역할에 대해 깊은 관심을 가졌던 소수자화된 여러 활동가들, 정치에 관여한 인사들이 실제로 어떤 일을 했는지 더욱 자세히 살펴보겠다. 이것은 중요한 일이다. 그렇지만 앞으로 확인하겠지만, 우리의 연구를 단순히 주요 인사에 국한시키는 것은 아무리 내용을 분명히 전달한다 할지라도 틀림없이 제한적일 수밖에 없다. 이를 더욱 역동성 있게 살펴보기 위해서, 다음 두 장에서는 이미 명성을 획득한 인물들에 덧붙여서 이름 없이 현장에서 활동했던 교육적 활동가들에게로 우리의 관심을 확장시킬 필요가 있다. 아래로부터의 지식, 정체성의 정치, 그리고 돌봄, 사랑, 결속의 윤리에 기반을 둔 비판적 공동체를 만드는 것, 이 모든 것에 대한 한층 더 깊은 이해를 둘러싼 쟁점들은 다음 두 장에서, 특히 소수자화된 활동가들에 대한 논의 부분에서 더욱더 중요하게 다루어질 것이다.

• ────

i 　나는 프레이리와 '비판적 교육학' 일반이 제기하는 모든 비판에 동의를 하는 것은 아니다. 이 비판들은 대체로 정확하고 진지하게 받아들일 필요가 있지만, 그중 일부는 프레이리의 저서에 대한 면밀한 독해에 기반을 두지 않은 것도 있고, 학생들이 스스로 '자기-담론'에 대한 '정확한' 기술을 산출할 자원을 지니고 있다는 낭만적 교육관에 기반을 둔 것도 있다. 그러한 주장을 하는 사람들은 대부분 학교에서 상당한 시간을 보낸 적이 없는 사람들임에도 불구하고, 그들은 쉽게 학교에서의 교육을 줄이고 새로운 상황(예를 들어 성인들과 함께 작업하기)에서 교육을 구축할 수 있다고 가정한다. 이는 오만하고 낭만적인 관점일 뿐만 아니라, 초등학교와 중등학교 교사들의 기술을 경멸하는 관점이기도 하다.

ii 　윌리엄스와 프레이리의 유사성을 분석하는 것은 매우 흥미롭다. 윌리엄스에 대해서는 Dworkin and Roman(1993)을 참고하라.

iii 　데이비스(Davis, 2006)가 알려주었듯이, 우리가 음식, 주택, 일, 교육과 같은 명사로 표현하는 단어들은 동사로 표현될 때 가장 잘 이해될 수 있다. 이를 위해서는 끊임없는 노력과 투쟁이 필요하다. 이런 방식으로 현실을 생각하는 것은 착취와 지배 권력에 직면하여 자신을 수동적인 존재로 인식하는 사람들에게 살아갈 힘을 회복시켜준다.

iv 　에릭 포너Eric Foner의 저서 『미국 자유의 역사The Story of American Freedom』(1998)에서는 민주주의와 같은 용어에 부여된 의미에 대한 긴장과 투쟁을 기록하고 있으며, 이러한 성과가 지배 권력에 의해 끊임없이 위협을 받아왔고 이를 유지하기 위해서는 개인들과 사회운동의 방어가 필요하다는 점을 보여주었다.

v 　'증언하다'라는 용어는 종교적인 함축적 의미를 지니고 있다. 이는 서양에서 매우 영향력이 큰 것이지만, 다른 종교적 전통의 입장에서는 이 용어가 종교적 제국주의의 형태로 보일 것이다. 그럼에도 불구하고 나는 이것이 윤리적 담론을 강력하게 불러일으키기 때문에 이 용어를 사용하고자 한다. 그러나 나는 또한 이와 유사한 반응을 불러일으킬 만한 대안적 용어를 찾고자 하는 무슬림의 비판적 교육자와 연구자들의 제안을 환영한다. 이 점에 대해 나는 스탬박Amy Stambach에게 감사를 드린다.

vi 　여기서 '착취'와 '지배'라는 말은 수사적 용어가 아니라 전문적 용어이다. '착취'는 경제적 관계, 불평등 구조, 노동 통제, 자원의 분배 문제와 관련된다. '지배'는 대표와 존중의 과정, 사람들이 자신의 정체성을 부여하는 방식과 관련된다. 이 용어는 분석적인 범주이고 추상적인 유형이다. 대부분의 억압적 상황은 두 가지 범주가 부분적으로 결합되어 있다. 이러한 결합은 프레이저(Fraser, 1997)가 '재분배 및 인정의 정치학'이라 불렀던 것이다.

제3장
조지 카운츠와 근본적 변혁의 정치학

감히 학교들이……

비록 파울로 프레이리가 비판적 학자/활동가의 전형paradigm으로 불리고 있지만, 내가 제2장의 말미에서 언급했듯이 대부분의 국가는 학교교육과 그 교육이 관여하는 지식의 정치학에 대해서 비판적인 질문을 던져온 시민들의 역사를 가지고 있다.예를 들어 다음의 글들을 참조하라, Ball, J., 2004; Beese, 2004; Boris, 1993; Christian-Smith & Kellor, 1999; Gonzalez, 2000; Gustafson, 2009; MacDonald, 2001; Nabokov, 1991; Simpson, 2004; Tamura, 2003; Valle & Torres, 2000; Weiler & Middleton, 1999; Willis, 1987; Wilson, 2004 교육은 단지 지배 집단의 이데올로기적인 목적과 문화의 형식 및 내용을 재생산하고 있는가? 학교교육은 현존하는 사회의 중요한 쟁점들에 대한 문제 제기를 하는 데 사용될 수는 없는가? 그보다 진일보해서, 학교교육은 사회를 재조직함으로써 사회를 재구조화하는 데 적극 참여할 수는 없는가?

앞서 말했듯이, 이러한 질문을 던질 수 있었던 미국 주류의 인물들 가운데 가장 눈에 띄는 사람은 조지 카운츠이다. 그는 교육자들로 하여금 현실에 안주하지 말고 사회 변혁이라는 주제를 가지고 전진할 수 있도록 격려했던 핵심적인 인물들 가운데 하나이다. 그는 또한 내가 제2장에서 열거했던 과제들을 완수한 인물이기도 하다. 카운츠의 소책자인 『학교가 감히 새로운 사회질서를 수립할 수 있을까?*Dare the School Build a New Social Order?*』[Counts, 1932b]는 교육자들이 그들 자신과 본인이 일하고 있는 기관들이 자본주의의 주요한 전제와 과정들을 극복함이라는 분명한 목적에 복무하도록 요구하는 고전적인 선언문으로 우뚝 서 있다.[i]

이것에 대해서는 뒤에서 좀 더 다루기는 하겠지만, 내가 위에서 사용한 단어인 주류라는 단어를 눈여겨볼 필요가 있다. 피억압자 집단 내에서는 착취와 지배에 맞서 싸우는 데 있어서 학교가 하는 역할에 관한 근본적인 질문들은 카운츠가 그 소책자를 쓰던 당대는 물론 그 이전 시대에도 끊임없이 고민을 해왔다. 실제로 다양한 유색인종 공동체들, 여성운동가 그룹들, 그리고 도시와 농촌의 빈민운동, 노동운동은 이 일련의 주제에 관해서 의미 있는 방식으로 말하고, 쓰고, 행동해왔다. 이와 같은 사실은 카운츠가 그리고 이 책이 제기한 문제들과 함께 또 다른 질문이 제기되어야 함을 뜻한다. '누구의 관점에서 우리는 이 질문에 답을 하고 있는가?' 이 주제는 제4장에서 더 상세히 다룰 것이다.

그렇다고 해서 이 질문이 카운츠의 공헌을 깎아내리는 것은 아니다. 카운츠의 문제 제기, 그리고 그 질문들을 제기한 그의 책은 수많은 이유들로 인해서 오늘날에도 여전히 유의미하다. 카운츠는 대공황이라는 어려운 시기를 겪었는데, 우리도 그와 마찬가지로 고통스러운 경제 위기를 겪고 있다. 우리도 역시 반동적인 운동, 정치, 정책의 급격한 성장을 경험하고 있다. 많은 사람들이 다시금 이와 같은 위기, 그리고 보수적 이데올로기의 공격이 만연한 상황에 대처하는 데 학교가 무엇을 할 수 있을지를 진지하게 묻고 있다.

나는 '이데올로기와 교육과정' 수업을 할 때마다 카운츠의 언어들이 80년이 지난 지금에도 여전히 강력한 반향을 일으키고 있다는 것을 분명하게 느낀다. 나는 그 수업을 『학교가 감히 새로운 사회질서를 수립할 수 있을까?』로 시작한다. 프레이리의 저작들에 대해서 논의할 때처럼, 카운츠의 책에 대한 논의도 토론을 활기차고 열정적으로 만든다. 카운츠의 저작은 독자들에게 개인적인 것과 정치적인 것을 연결시킬 것을 요구하는데, 그러한 점이 강의에 참여하는 학생들에게 설득력 있게 다가간다. 카운츠의 저작은 모든 독자들에게 핵심적인 이슈들을 진지하게 받아들일 것을 요구한다. 교육은 무엇을 위한 것인가? 누가 현재의 사회체제로부터 이득을 보는가? 나는 어떤 종류의 사회를 원하는가? 더 나은 사회를 가꾸고 지켜가기 위한 내 역할은 무엇인가? 그리고 더욱 강력한 질문이 하나 더 있다. 나는 이 질문에 답하기 위해 누구와 함께할 것인가?

카운츠의 책은 일정 부분 『미국에서의 고등교육Higher Learning in America』을 쓴 소스타인 베블런Thorstein Veblen, 1918에 기대고 있다. 더욱이 업튼 싱클레어Upton Sinclair의 『거위걸음the goosestep』Sinclair, 1923이나 『새끼 거위들the Goslings』Sinclair, 1925, 그리고 해럴드 스턴Harold Stearn의 "풍자집"『미국에서의 문명Civilization in the United States』Stearn, 1922처럼 유명한 책들은 산업자본주의의 대량생산 이론과 실천에 점점 더 많이 기대고 있는 교육 시스템 전반을 비판하고 있다. 이 작품들이 전하는 메시지는 분명했다. "학교에 대한 사업가들의 속박이 거둬들여지지 않는 한, 그리고 교육의 통제권이 교육에 종사하고 있는 교사들의 손에 들어오지 않는 한, 인간의 지성을 해방시키거나 교육과정을 변혁한다는 말은 바보 같은 소리에 지나지 않는다."Cremin, 1961, p. 125

비록 카운츠의 초기 저작들이 놀랄 만큼 실증주의적이긴 하지만 (그는 시카고 대학에서 알비온 스몰Albion Small과 찰스 주드Charles Judd에게서 박사학위를 받았다), 그는 재빨리 사회적 재생산에서 학교가 담당하는 역할에 대한 날카로운 비판자로서 자신을 세워나갔다.Cremin, 1961;

^{Sinclair, 1923} 그는 1920년대의 고등학교들이 극심한 사회적 불평등을 재생산하는 방식을 분석했다.^{Counts, 1927} 교육위원회school board를 구성하는 이들의 계급적 구성을 연구한 그의 후기 저작에서 카운츠는 두 가지 모순적 성향을 하나로 묶어냈다. 즉, "하나는 대표성을 잘 갖춘 교육위원회로 반영되는 더 효과적인 민중주의, 다른 하나는 잘 조직되고, 과학적으로 훈련된 교사집단으로 반영되는 더 효율적인 직업주의"Cremin, 1961, p. 226에 대한 몰두였다. 이 과정에서 카운츠는 교육위원회 위원들의 계급적 편견에 대해 신랄한 비판을 수행하는 동시에 교육 정책을 입안하고 수정하는 과정에서 발생하는 사회정치적 갈등의 중요한 역할에 대해 더욱 많은 주의를 기울일 것을 요청하고 있다.Cremin, 1961, p. 226

카운츠는 교육을 정치적 투쟁과 운동에서 동떨어진 것으로 보기보다 '명시적으로' 정치적인 것으로 보았다. 그는 또한 교육을 정치보다 우위에 놓으려고 애쓰기보다는, 교육을 이해하고 교육을 실천할 수 있는 유일한 길은 정치 운동과 보조를 같이하며 직접 그것에 관여하는 것이라고 보았다. 이 주제에 관해서 카운츠의 생각은 다음과 같이 정리할 수 있다. "만약 진보적인 교육운동이 튼튼한 기반을 갖춘 사회운동이나 추세와 직접 연결되어 있지 못하다면, 그것은 사기의 도구가 될 수밖에 없다."Counts, 1932a; Counts, 1932b 참조

카운츠는 당시의 패러다임을 뒤흔들 정도의 문제적인 저작 『미 헌법에 대한 경제적인 해석An Economic Interpretation of the Constitution of the United States』Beard, 1929의 저자인 찰스 비어드Charles Beard에게서 영향을 받았다. 비어드는 그 당시에 폭넓게 받아들여지던 일련의 가정들, 보편적 역사법칙들이 역사의 경로를 결정하는 것이 아니라고 보았다. 그보다는 강력한 경제적·사회적·정치적 힘들이 특정한 시기에 특정한 것들에 작용하는 역사의 엔진이라고 보았다. 이러한 힘들과 그때그때

다른 구체성을 마치 현장이 아닌 발코니에서 바라보는 것처럼 이데올로기적으로 "객관적"인 관점에서 이해하는 것은 가능하지도 않거니와 반드시 바람직한 것도 아니라고 보았다. "과거는 현재의 문제점들과 미래의 가능성이라는 조건에서 쓰여 해석된다."Gutek, 2006, p. 7 만약 우리가 직면하고 있는 현재의 문제가 과거 우리의 정치적이고 사회적인 구조를 지배했고 또한 현재도 계속 지배하고 있는 경제적 이해관계에 의해 가장 강력하게 영향을 받고 있다면, 우리는 마땅히 이러한 지난한 사회적 문제의 근원에 대해서, 그리고 그것들을 극복하는 데 무엇이 필요한지에 대해서 정직할 필요가 있다.Gutek, 2006, p. 7

카운츠에게 있어서 다른 모든 중요한 사회 제도가 그렇듯이 학교교육은 특정한 지리적 배경에서 특정하게 주어진 시공간 안에서 살아가는 특정한 문화와 사회의 표현이라는 것을 의미한다.Gutek, 2006, p. 7 보편 법칙이 아니라 사회경제적 지배 관계, 그리고 이 관계와 관련되어 있는 제도들과 역학이 지금 무엇을 하고 있으며, 미래에는 무엇을 할 수 있고, 해야만 하는지를 바로 이해할 수 있게 해주는 핵심 요소들이다.

비록 그가 사용한 용어와 개념들은 약간 낡은 것이긴 하지만, 카운츠는 말을 잘 다루는 법을 알고 있었다. 그는 수많은 사람들이 매일 대면하는 경제적 실상을 다음과 같이 묘사하고 있다.

여기에 자연의 힘 위에 군림하는 사회가 있다. 그 사회는 고대 사회가 꿈에 그려 마지않던 것보다도 훨씬 더 많은 것을 성취했다. 그런데 그 사회는 극심한 물질적인 불안정을 동반한다. 극심한 가난이 인류가 일찍이 알지 못했던 엄청나게 사치스러운 삶과 동시에 존재하고 있다. 그곳에서는 아침을 굶은 아이들이 세계의 맞은편에서부터 모아온 양질의 음식들로 가득 찬 파산한 가게들을 지나서 등교한다. 그곳에서는 희망을 죄다 소진한 채로 가망 없는 일자리를 찾아 나선 수백만의 건장한 사람들이 패배자의 반열에 들어간다.Counts, 1932a, pp. 259-260

위기는 이 거대한 경제 속에서 일자리를 찾아 나서는 사람들에게 만 나타나는 것은 아니었다. 학교에서도 똑같이 가시적인 위기가 동시에 진행되었다. 배고프고 집이 없는 어린이들, 파산한 가게들, 망가진 금융 시스템, 엄청난 불평등. 이 모든 것은 다른 많은 것들과 연결되어 있었다. 그리고 거기에는 교육이 포함되어 있었다. 카운츠가 교육 환경에 대해서 조사할 때, 그가 살펴보았던 것은 이데올로기적으로 지배 계급과 그들의 세계에 대한 이해(오해), 실질적인 민주주의를 고사시키는 것으로 귀결되었던 이해(오해)에 뿌리박고 있던 커리큘럼과 그와 관련된 일련의 결정들만은 아니었다. 그는 다음과 같은 더욱 구체적인 결과들을 목격했다. 수많은 교사들이 해고당했고, 학교들은 폐쇄되거나 예산상으로 끔찍한 어려움에 직면했고, 공공 기관의 노동자들은 임금을 받지 못하고 있었으며, 그 밖에 미국의 민주주의라는 이름에 값하지 못하는 심각한 일들이 벌어졌다.Gutek, 1984, p. 19 그가 보기에 교육은 마치 교육이 그것을 둘러싸고 있는 사회와 단절되어 있다는 듯이, 이러한 모든 일들이 벌어지고 있지 않다는 듯이 제 갈 길을 가고 있는 것 같았다. 그렇지만 교육을 사회와의 연결성 속에서 파악할 수 있게 된다면 교육이 지배 계급의 이해관계와 직결되어 있다는 것은 자명해진다.

교육에서 무엇이 잘못되었는지 그리고 그에 대해서 교육은 무엇을 할 수 있는지에 대한 카운츠의 입장을 가장 명쾌하게 정리한 것으로 카운츠의 전기 작가인 제럴드 구텍Gerald Gutek은 다음과 같은 표현을 꼽았다.

『학교가 감히 새로운 사회질서를 수립할 수 있을까?』에서 카운츠는 교육을 근본적인 것으로 그리고 보편적인 상수로 파악하려는 시도가 학교를 정치·경제·사회적 삶에서 고립시킬 것이라고 경고했다. 카운츠는 교육은 사회의 변화하는 목표들과 조건들에 부응했고, 각 사회와 시대에 걸맞은 어떤 특정한 패턴을 전제로 하고 있다고 생각했다. 1930년대에 카운츠는 미국의 교육자들로 하여금 경제적 귀족정의 강제성에서 벗어나 민주주의와 평등주의적 가치들을 받아들이고, 새롭게 등장하는 산업화된 기술사회의 현실과 화합할 수 있는 삶을 조직할 것을 요청하였다.Gutek, 1970, p. 5

산업화된 기술문명 사회와 교육의 "화합"에 대한 이러한 헌신은 단지 학교가 현실에 적당히 맞춰야 한다고 요구하는 수준이 아니었다. 오히려 그와는 반대다. 카운츠에게 있어서 이것은 끊임없는 경쟁이 아니라 협력적 가치를 요구하는 일이었다. 끊임없는 경쟁은 자본주의를 추동하는 동력이며 사회의 여러 측면을 관통하는 극심한 빈부 격차를 양산하는 주범이다. 이것은 학교교육이 전반적으로 경제적으로 지배적인 집단의 이익에 복무하는 방식에 대한 깊이 있는 비판을 요구한다. 또한 이러한 상황을 바꾸는 데 도움이 될 정치적으로 각성된 일군의 교사 활동가들을 필요로 한다. 그런 후에야 교사들은 깊이 헌신하게 된다. 그 헌신은 중립적인 것이 아니고 학교가, 국가가, 세계가 처하고 있는 가장 심각한 쟁점들과 사회적 투쟁에 대해서 당파성을 견지한 형태로 이루어진다.Gutek, 2006, p. 7

지배 계급의 이익에 반하는 투쟁은 사회운동을 조직하는 원리가 되는데, 이 원리는 좌파 민중주의, 농민동맹, 전투적 노동운동 등에서 공통으로 발견되는 세력들 간의 연합이라는 방식에 의해 고무된 것이다.Mitchell, 1987; Apple, 2000 참조 이러한 운동들이 더욱 직접적인 민주주의를 위해서 그리고 동시에 독점주의적 경향에 반대해 벌인 투쟁이었던 것처럼, 학교와 그 속에서 일하는 교사들도 강력한 독점자본의 힘과 그에 수반되는 이데올로기 집합체에 맞서 싸우는 지속적인 전투에서 일종의 반헤게모니 연합과 운동에 참여해야만 한다.

독점자본의 힘에 맞서서 우리가 무엇을 할 수 있는지가 카운츠가 수행한 비판의 중심을 이룬다. 만약 미국 정부가 집단적인 경제 계획이 감당해야만 하는 역할을 수행하지 못한다면, 경제적인 무정부 상태와 위기 및 불평등의 심화가 뒤따랐을 것이다. 카운츠는 학교 체제가 전반적으로 반동적인 운동과 그 힘에 의한 통제에 굴복했다고 보았다. 그들은 경제적 개인주의라는 시대에 뒤떨어진 신념에 의해 뒷받침되었다.Gutek, 1970, p. 23 학교들은 사회로부터 고립되었다. 학교들은 사적 이익을 위해서 대중의 요구를 희생시키는 논리가 작동하는 사회를 살아가는 너무도 많은 사람들이 경험하고 있는 현실과는 거의 관계없는 가공적인 세계에 존재했다. 개인주의와 경쟁 본위의 가치가 사회생활과 그 사회의 주요한 제도들을 지배하고 있는 곳일수록, 공교육은 더욱 협력적인 사회성을 추구해야만 한다.Gutek, 1970, p. 24 [ii]

한 번 더 언급하거니와 카운츠는 이러한 상황의 심각한 한계를 알고 있었다. 미국 학교들은 전통적으로 오랫동안 지역적 통제와 사업가들의 이해관계에 영향을 받아왔는데, 이러한 것들이 학교를 보수적으로 만들었다. 게다가 이것이 전부는 아니다. 교육 자체가 경제적·사회적 자본에 지배당했다. 지배 계급이 학교교육을 통제했다. 일상을 점증적으로 가득 채우고 있는 이데올로기와 짝을 이루어서 학교교육은 특정한 정체성이 행사되는 상황을 만들어냈다. 이러한 상황은 카운츠의 초기 저작에서 뚜렷이 나타나고 있는데, 학교운영위원회에 대한 그의 평가와 연구 같은 것이 바로 그런 것이다. "다른 계급의 이익까지 챙길 수 있는 사람은 흔치 않다."Gutek, 1927, p. 90

자유방임주의 경제학에 대한 비판을 수행하는 데 있어서 카운츠는 사회계획이나 "사회공학"을 사용하는 것을 두려워하지 않았다.Gutek, 1970, p. 6 존 듀이의 실험주의와 찰스 비어드와 매리 비어드Mary Beard 부부의 역사적 상대주의Beard & Beard, 1914를 이용해서 그는 자본주의적 관계에 의해서 지탱되는 소유권 중심의 개인주의를 극복하고자 했다. 또한 그는 당시에 등장하고 있었던 새로운 사회에 절대적으로 필요한 것이라고 믿었던 집단적·협력적 가치를 반영할 의제를 밀어붙이고자 했다. 이 과정과 관련하여 학교가 수행해야 할 역할에 대해 카운츠가 제시한 비전은 교육자들이 경제적 개인주의의 철학에 입각한 세력들과 연합하기보다는 노동대중과 뜻을 같이해야 한다는 것이었다.Gutek, 1970, p. 12 1930년대 대공황의 한복판에서 이 두 가지 가치 체계 중에서 무엇을 선택해야 하는지는 자명한 문제였다. 교육자들과 그들이 일하는 학교의 역할 역시 분명했다.

한 무리의 경제 귀족들이 미국의 생산 기구들을 통제하고 있었다. 그들은 대다수의 사람들 위에서 군림하였는데, 그 방식은 근본적으로 비민주적이었다. 이러한 현상에 대한 유일한 해법은 국가, 경제, 시민 사회를 특정한 방향으로 재건하기 위해 학교 및 사회 제도들의 노력을 잘 조율하는 것이다. 카운츠 같은 사람들에게 있어 이 같은 해법은 여러 가지 일들을 포괄하는 것이었다. 카운츠의 전기를 쓴 제럴드 구텍은 이를 다음과 같이 적고 있다.

지배 계급을 몰아내고 사회적 기구들과 학교를 시민들에게 돌려주기 위해서는 공동체주의적인 경제의 도입, 일반 시민들의 정치적 감수성의 강화, 그리고 평등주의적이고 민주적인 유산의 재활성화를 필요로 한다. 이렇게 필수적인 변혁들을 확보한 후에, 새로운 기술적 환경에 대한 충분한 적응력을 확보한 후에야 카운츠는 사회적·교육적으로 새로운 지평

이 가능할 것으로 생각했다. 결국 이러한 사회의 개조는 미국 민주주의의 완벽한 재건을 통해서 가장 잘 구현될 것이었다.Gutek, 1970, p. 12

카운츠의 입장은 의심할 여지 없이 위티Whitty가 "낭만적인 가능성주의romantic possibilitarianism"라 부른 것으로 경도되어 있었지만, 그는 당시 미국 사회에서 무엇이 그토록 잘못되었는지를 정확하게 파악하였다. 다음은 경제와 그 바탕에 깔려 있는 이데올로기에 대한 카운츠의 언급이다.

공공선은 각 개인이 자신의 이익을 추구할 수 있도록 보장될 때 가장 잘 확보될 수 있다는 익숙한 교조적 가르침은 우리의 사회제도와 관습에 발붙여서는 안 될 것이다. 이는 이윤 동기에 의존하는 사적 자본주의, 즉 자연자원에 대한 개인 소유권과 생산도구에 의존하는 체제는 전면적으로 폐지하든지 그 본성이 상실될 만큼 근본적으로 뜯어고쳐야만 함을 의미한다. 대신 그 자리에 고도로 사회화되고, 조율되고, 계획된 경제가 들어와야 한다. 이러한 경제는 과학과 기계가 민중에 복무하는 경제다.Counts, 1932c, p. 519

카운츠는 분명 기계 문명 혐오자는 아니었다. 해럴드 러그Harold Rugg 등 사회 재건 운동에 연관되어 있던 많은 사람들과 마찬가지로, 기술에 대한 카운츠의 입장은 과학의 힘을 지적 도구로서 이해하는 쪽이었다. 이러한 방법이 사회계획에 대한 긍정적인 태도와 결합될 때, 기술은 현실 세계에서 실용적인 행동을 가능하게 해주는 역동적인 자원이 될 수 있었다.Gutek, 2006 현재의 착취와 예속 관계에 대한 비판과 사회를 더욱 평등한 방향으로 움직이도록 계획하고자 하는 신념이 결합될 때, 과학은 정말로 요긴한 도구가 된다. 그에게 있어서 과학과 기술의 발전은 우리를 새로운 시대로 이끌어가는 것이다. 그 새로운 시대란 지식이 무지의 자리를 대신하고, 협력이 경쟁을, 세심하게 기획된 사회계획이 수요공급 법칙에 대한 신뢰를, 사회화된 경제라는 어떤 형태가 사적 자본주의를 대체하는 세상이다.^{Counts, 1934, p. 48}

여기서 어떤 형태란 말에 주의를 기울일 필요가 있다. 이렇게 의미가 모호한 표현은 망설임을 드러낸다. 이는 그와 같은 계획이 중요하긴 하지만, 이 계획과 관련해서는 다양한 모델이 존재한다는 의미를 담고 있다. 이러한 망설임은 미래를 이미 본, 그래서 무엇이 다음에 이루어져만 하는지를 정확히 알고 있는, 그리하여 어떤 비판도 허용치 않는 이념가의 목소리가 아니다.

이 저작이 쓰인 시기는 물론 과학기술에 대한 확고한 믿음과 그것을 가능하게 한 이성에 대한 믿음이 존재하던 시기다. 그 시대에도 경향성에 대한 비판들은 존재했지만, 카운츠가 참여했던 운동들과 관련된 거의 모든 이들은 이 믿음을 공유하고 있었다. 카운츠를 비롯한 일군의 사람들은 집단주의를 향한 역사의 움직임을 거스를 수 없는 것으로 생각했다. 그 믿음은 당시에 국제적으로 폭 넓은 지지를 받았다. 문제는 어떤 집단주의냐 하는 것이었다. 카운츠는 집단주의를 전체주의적인가, 민주주의적인가 두 가지로 구분했다. 민주적 집단주의는 협력주의와 상호 의존 및 혁신이라는 미국적 전통에 깊이 뿌리내리고 있는 것이다. 이와 같은 이해를 바탕으로 한다면 그가 가졌던 입장은 공산주의 국가 중심 모델이나 국가 관료주의적 사회주의와 같은 급진적 좌파의 입장이라기보다는 영국의 페이비어니즘과 같은 사회민주주의적 입장에 가깝다고 할 수 있다.^{Gutek, 1984, pp. 81-89} 이런 시각에서 본다면, 카운츠의 생각은 미국의 역사를 만들어온 중요한 운동 속에서 면면히 흘러온 중요한 사상적 전통과 그 궤를 같이한다.^{Foner, 1998}

카운츠가 미국의 전통 위에 서 있었다는 것은 의심의 여지 없는 사실이다. 하지만 카운츠는 경제 엘리트와 미디어뿐만 아니라 개인적 자유와 "규율이 갖추어진 사회"를 상실할 것을 두려워한 자유주의자들로부터도 점증하는 비판에 직면해야 했다. 카운츠는 자신에게 쏟아지는 이러한 비판들에 대해서 『사회적 선구자*Social Frontier*』에 기고한 글을 통해 다음과 같이 반박하고 있다.

> (『사회적 선구자』지는) 몇몇 사람들의 손에 부와 권력이 집중되는 작금의 현상을 그것이 계급 지배에 관하여 시사하는 바에 비추어, 미국의 소년 소녀들의 개인적 성장에 장애 요인이자 대중의 자유를 항구적으로 위협하는 요인이라고 파악한다. 집단주의를 사회의 규율화regimentation로 이해하는 사람들에게는 다음과 같은 답변이 예비되어 있다. 집단주의는 우리에게 달려 있고 자유를 향한 유일한 희망은 풍요로운 삶을 보장할 물적 기반에 대한 민주적 통제라는 방향으로만 열려 있다.Counts, 1934a, p. 48

그런데 다시 한 번 강조하지만, 집단주의라는 용어가 전술적인 그리고 분석적인 이유에서 선택되었을지라도 그 의미에 오해가 있어서는 안 된다. 많은 민중주의 역사가 그 전제들을 지지하고 있다. 카운츠가 성장한 전통과 그의 친구들의 서클 안에는 과거에 존재했던 미국의 작은 마을 공동체의 친숙함에 대한 향수가 분명히 존재한다. 카운츠의 생각을 이끌었던 것은 국가 소유의 대규모의 협동농장(혹은 더 근대적인 자본주의적 공장형 농장)이 아니었다. 그것은 가족 농장의 형태이고, 근대적인 정신이 일어났을 법한 역사적인 연원으로 보이는 친밀감과 상호 유대가 있는 삶이었다.Gutek, 1984, p. 96 이러한 친밀감과 협력이야말로 더 큰 단위의 사회에서 그리고 학교에서 카운츠가 다시 살리고 싶어 한 것들이었다.

이 점만은 분명히 짚고 넘어가자. 비록 카운츠가 미국 사회의 상식을 완전히 바꾸는 데 있어서, 특히 현존 지배 집단에 분명히 비판적인 가치들을 특별히 선정하는 데 있어서 학교가 근본적인 역할을 맡아야 함을 강력히 지지하긴 했지만, 그는 학교의 힘으로 주요 사회 문제를 자체적으로 해결할 수 있을 것이라는 근거 없는 신념에 대한 신랄한 비판자이기도 했다. 미디어, 가족, 지역사회와 학교를 연계시키고자 하는 잘 조직된 노력 없이는 학교의 역할은 "무색할 뿐 아니라 비현실적인" 것이다.Gutek, 1984, p. 133 그와 동료들은 다양한 청중에게는 다양한 방법으로 전달해야 한다는 점을 중요하게 생각했다.

그의 마음속에는 막 생겨나기 시작했던 직관이 있었는데, 그것은 많은 부분 그람시가 주장한 바와 닮아 있었다. 우리는 기동전만을 수행하는 것이 아니라 진지전도 수행한다. 즉, 이 사회에서 사회적이고 문화적인 변혁을 추구하는 사람이라면 반드시 경제, 미디어, 학교 및 다른 문화 기구 등 많은 전장의 여러 전선에서, 그리고 아주 직접적인 지역사회로부터 커다란 사회까지의 다양한 수준들에서 투쟁을 전개해야 한다. 또한 이 모든 투쟁은 의식적인 협조체계를 가지고 동시 다발적으로 이루어져야 한다.Gramsci, 1971 교육자들은 그러한 규모의 사회 변혁을 혼자서 감당하려고 해서는 안 된다. 교육자로서 그들은 일정한 리더십(물론 제한적이기는 하지만)을 발휘해야 한다. 하지만 다른 이들과 함께한다는 것만으로도 더 큰 규모의 사회운동이 추진력을 받을 수 있을 것이다.Gutek, 1984, p. 134

그러므로 카운츠는 교육 자체가 지닌 힘에 대해서 완전히 낭만적인 견해를 가졌던 것은 아닌 셈이다. 그가 보기에 너무도 많은 교육자들이, 특히 스스로를 진보적이라고 자처하는 인물일수록 학교교육이 사회를 변혁할 수 있는 강력한 담지자라고 하는 근거 없는 확신을 하고 있었다. 다른 많은 사회적 제도들도 교육의 기능을 담당한다. 그리고 학교 그 자체도 다른 제도들과 긴밀한 관계를 맺고 있다. 이러한 관계들을 인식하지 못하는 것과 학교가 가진 독립적인 힘을 과신하는 것은 상상력이 부족한 것일 뿐 아니라 비겁한 것이기도 하다.Gutek, 1970, p. 19

그렇다고 해서 학교가 아무런 힘도 없는 것은 아니다. 학교는 더욱 민주적인 "습관들과 헌신"을 바탕으로 재정비될 수도 있다. 학교는 정치경제적 삶에 한결 현명하게 참여하는 데 필요한 교육과정을 가르칠 수도 있다. 이것은 단지 지나치게 낭만적이고 개인주의적인 진보주의자들이 말하는 도식적인 학생 중심 교육을 일컫는 것이 아니다. 그렇다고 이것이 "공식 지식"으로 무엇을 선택해야 할지에 대한 논쟁을 주도하곤 하는 한층 전통적인 문화적 보수주의자들이 지극히 사랑하는 "특정" 과거의 지식에 기초를 둔 것이라는 의미도 아니다.Apple, 2000 교육자들은 근본적으로 도덕적이고 정치적인 선택을 해야만 하는데, 그 선택은 학교 현장의 경험을 반영하고 있는 지식과 가치에서 유리될 수 없다. 카운츠가 보기에 선택을 하지 않는 것도 하나의 선택인 셈이다. "민주적인 집단주의"에 대한 더욱 분명한 비전과 신념에 바탕을 둔 선택을 할 때에만 교육자들은 사회를 위한 리더십을 발휘할 수 있다.Gutek, 1984, pp. 135-136

학교는 결코 중립적이었던 적이 없고 또 앞으로도 그럴 수 없기 때문에, 다양한 지식들과 가치들 중에서 선택은 불가피한 일이며, 그 선택은 반드시 분명한 명분에 따라 지도되어야 한다.Lagemann, 1992, p. 145 그러므로 학교와 교육자들은 검열자로서, 비판자로서, 사회와 그 사회기구에 대한 판단자로서 아주 중요한 일련의 책임을 지고 있는 것이다.Counts, 1926, pp. 311-312 학교가 일반적으로 지배 집단에 의해서 통제된다는 사실을 감안할 때, 그런 이유로 현존하는 지배적 사회질서를 재생산하는 일에 학교들이 일차적으로 동원된다는 점을 감안할 때 이와 같은 책임은 더욱 중요하다.

카운츠는 교육이 그 자체로 항상 "선하고, 진보적이며, 민주적인" 것은 아니라는 점을 인정한다. 교육은 인종적 적개심, 폭력, 대외적으로는 물론 대내적으로도 매우 위험할 수 있는 형태의 민족주의들을 고양시키는 데 이용될 수도 있다.Gutek, 1970 이런 종류의 교육에 맞서 벌이는 싸움은 학교 안팎에서 공히 이루어져야만 한다.

이 모든 것에도 불구하고 카운츠는 교사들이 일반적으로 "생산 대중에 자연적으로 우호적"이라고 전제하였다. 그렇기 때문에 교사들은 지배 계급에 의해 만들어진 경제 제도와 결정들 때문에 고통당하는 이들과 연대를 형성할 수 있다.Gutek, 1970, p. 220 누가 이 대중에 포함되는지는 물론 중요한 문제다. 카운츠는 미국 사회에서 인종이라는 변인이 사회 구성원을 규정하는 힘과 미국 사회에서 진행되고 있는 인종화[1]의 전개 과정에 대해서는 충분히 비판적 인식을 갖고 있지 않았다. 불행히도 그는 그 당시의 많은 진보적인 사람들과 마찬가지로 사회를 구성하는 인종화의 역학은 물론, 그들이 무의식중에 그 과정에 참여하고 있다는 사실을 인지할 수 없었다. 그럼에도 불구하고 카운츠는 다른 이들과 다르게 인종 문제에 대해 침묵하지 않았다. 실제로 그는 남부에서 벌어지는 인종차별에 매우 비판적이었다. 비록 비슷한 배제의 과정이 북부에서도 지속되고 있다는 사실에 대해서는 그만큼 신랄하지 않았지만 말이다.[iii]

그가 다른 많은 백인 진보적 인사들보다 훨씬 더 인종문제에 민감했던 것은 사실이지만, 그를 특별하게 만든 것은 이것이 전부가 아니다. 그가 보기에 아동 중심을 핵심으로 하는 진보 교육은 많은 문제

---

1 racialization을 번역한 말이다. 이 말은 소수자화된minoritized이라는 용례에서 보는 것과 마찬가지로 인종 개념이 자연적이거나 중립적인 것이 아니라, 누군가에 의해서 인종(정상이 아닌)으로 규정된다는 의미를 가지고 있다.

점들을 안고 있었다. 그 문제점들 중에는 진지하고 중요한 사회적 프로그램이 존재하지 않는다는 것이 포함된다. 즉, 당시의 진보적 교육은 대공황 시기의 경제, 정치, 문화/교육적 위기와 그러한 위기가 중산층의 이데올로기에 미치는 영향을 간과하고 있었다. 이러한 "낭만적 감성주의자"들이 진보 교육운동을 주도하였다. 그러한 감성주의가 운동의 중심에 있는 한, 사회적으로 비판적인 교육 창조를 향한 어떠한 진지한 진전도 이루어질 수 없었다.Counts, 1932a

여기서 우리가 잊지 말아야 할 것은 진보교육회Progressive Educational Society와 사회재건운동Social Reconstructionist movement은 그 자체로는 일정한 한계가 있었다는 사실이다. 이 둘은 그 구성과 운동을 추진한 형태에서 계급적인 특성을 보였다. 예를 들어 PEA는 대학의 실험학교들, 부유한 지역의 학교들, 사립학교들의 목소리를 대변하였다.Nelson, 2006, p. xviii PEA가 가지고 있던 조직적 성격은 버질 번스타인Basil Bernstein이 약한 분류화와 약한 프레이밍이라고 부른 것에 경도되어 있었는데, 이는 미국 사회 중산층의 점증하는 힘에 뿌리를 둔 것이었다.

비판적 교육과 주입

그러한 낭만주의 문제는 더욱 확장되었다. 교육계의 진보 인사들은 사회 변혁이라는 수사를 구사하지만, 그들은 특정한 생각을 아이들에게 주입하는 것을 두려워한다. 그리고 그들은 사회를 재조직하기 위해 학교가 다른 교육적인 제도들과 어떠한 협력적인 관계를 맺어야만 하는지를 이해하지 못하고 있다. 이러한 두려움과 몰이해는 그들을 지배 권력 앞에서 거의 아무런 힘도 발휘할 수 없도록 만든다.Counts, 1932b

아동 중심주의와 명시적인 정치적 헌신 사이의 긴장은 인위적인 경계들을 만들었을 수도 있을 것으로 보인다. 왜냐하면 적지 않은 진보적 인사들이 두 가지를 다 심각하게 여기려고 노력하였기 때문이다. 그러나 주요한 인물들이 어느 한 가지에 강조점을 두었다는 것은 부인할 수 없는 사실이다. 존 듀이는 이러한 양자택일의 상황을 회피하고자 지속적으로 노력한 대표적인 인물이다.Kliebard, 2004 하지만 듀이의 "해결책"은 카운츠와 듀이 사이의 완벽한 합의의 결과물은 아니다.Westbrook, 1991

그 핵심적인 쟁점은 "주입"이다. 카운츠와 같은 이들이 제창한 것처럼 교육의 목적이 사회를 재조직하는 것이라면, 그것은 가치를 주입하는 것이 되지 않겠는가? 그것은 단순히 주입의 과정이 아닐까? 이것은 교육에 있어서 진보주의자들을 갈라놓는 중요한 이슈 가운데 하나이다. 이 주제와 관련된 논쟁은 오랫동안 지속되었다. 어떤 이들은 열린 자세로 수행하는 질문법open-minded inquiry이 최상의 해결책이라고 말한다. 다른 이들은 지배 계급의 가치들이 이미 교육을 통해서 매일 명시적으로 혹은 암묵적으로 주입되고 있다고 말한다. 따라서 이들에 따르면 교사들과 교육과정 개발자들은 학생들로 하여금 현존하는 지배 계급의 가치와 지식들을 비교 검토하게 해야 하고, 그런 연후에 교육자들은 거리낄 것 없이 "더 적절한 가치를 강조"해야 한다고 주장한다.Kriedel, 2006, p. 75

물론 듀이가 사회의 변혁을 위해 교육을 재구성해야 할 필요에 대해서 침묵한 것은 아니었다. 1928년 진보교육협회Progressive Education Association에서 행한 강연에서 이와 관련해 그가 전달한 메시지는 명확했다.

만약 우리가 질적인 면에서 그리고 지향성에서 현재와 다른 사회질서가 바람직하다고 생각한다면, 그리고 기존의 것에 만족하지 않는 개인을

길러낸다는 관점에서 사회의 변화를 도모하기 위해 학교들이 전력을 다
해야 한다고 생각한다면, 그리고 그들에게 사회의 변혁을 도울 수 있는
능력과 갈망을 갖추게 하려 한다면, 교육학에는 지금과는 매우 다른 방
법이 필요할 것이다.Dewey, 1928, p. 7

그런데 가장 근본적인 의견의 불일치가 심각하게 대두된 것은 바로
"방법"에 관한 것이었다. 카운츠와 같은 이들에게 듀이의 입장은 옳은
것이기는 했지만, 정치적으로 너무 중립적인 것으로 보였다. 정치적인
과정은 정치적인 내용물을 잠식한다. "지성의 방법"에 대한 듀이의 확
신은 그로 하여금 "학생에게 주입의 방법을 사용해서 특정한 사회복
지 이론을 고무시키는 것"에 대해서 무척이나 강한 우려를 갖게끔 만
들었다. 듀이가 보기에는 그러한 체계를 부과하는 것은 민주적인 합
리성과 "실용적인 지성"에 대한 신뢰를 저버리는 일이었다.Stanley, 2006,
p. 95 분명히 듀이는 학교가 특정한 사회적·정치적 가치를 가르칠 수밖
에 없다는 사실을 외면한 것은 아니었다. 실제로 그도 특정한 정치적
견해를 견지하였다.Stanley, 2006, p. 95 하지만 주입imposition은 필연적으로
민주적인 형태, 그가 생각하기에 참여적 민주주의를 구현하는 데 필
수적인 과정과 가치를 훼손하는 일이다. 그가 보기에는 "실용적 지성"
의 계발만이 유일한 대안이었다.

그가 『사회의 경계선』에서 주장한 것처럼, 비판과 사회정의를 성취
하기 위해서 주입을 주장하는 사람들은 다음과 같은 논리에 그 근거
를 두고 있었다.

…… 한편으로는 현재 학교에서 이미 적지 않은 주입이 진행되고 있다.
특별히 애국주의라는 미명하에 협의의 물질주의와 관련된 주입이 이루
어지고 있고, 지배적인 정치체제와 관련된 주입이 진행 중인데, 불행히

도 이것은 부인할 수 없는 사실이다. 하지만 그것이 곧바로 주입이라는 방법을 써서 그 반대로 행하는 것이 옳다는 것을 입증하는 것은 아니다.Dewey, 1937, p. 236

인용된 첫 문장에서 듀이가 전달하고자 한 메시지는 오늘날에도 충분히 의미 있는 것일 수 있다. 듀이가 여기서 주입에 대해 걱정하는 것은 사실이지만, 그 자신도 보수주의자들로부터 주입을 찬성한다고 비판받았다. 그것은 보수주의자들이 카운츠와 같은 사람들에게서 발견될 수 있는 것과 똑같은 이데올로기적인 경향성을 듀이가 가지고 있다고 보았기 때문이다.Westbrook, 1991 카운츠 그리고 그와 정치적인 성향을 같이했던 교육가들은 그들이 의도했던 바를 반헤게모니 교육과정과 내용 등과 같은 세련된 용어로 표현하는 것에는 서툴렀을지도 모른다. 하지만 그에 대해서 두려움과 비판의 불꽃이 거셌던 것만은 의심의 여지가 없다.

주입에 대한 우려, 진보적인 교육운동 진영의 영향력 있는 리더들의 지지 부족, 진보적 운동 참여자들의 계급적 지위, 반공산주의 정서에 대한 두려움, '대중'을 거스르는 것에 대한 두려움, 지속되는 경제적 위기의 결과로 인해서 학교가 이미 정신없는 때에 또 추가적인 부담을 떠안아야 한다는 매우 현실적 걱정들. 이러한 모든 것들은 궁극적으로는 카운츠가 제기한 문제들에 대해 그가 원했을 법한 것보다는 무척 미적지근한 반응으로 귀결되었다.Cremin, 1961; Curti, 1959; Gutek, 1970 카운츠와 동료들은 "공산주의자"로 몰렸으며 "비애국적"이라는 공격을 당했는데, 이것은 오늘날에도 채택되는 우파 운동의 핵심 전략 중 하나다.Apple, 2004; Horowitz, 2006 이러한 공격은 시간이 지나면서 카운츠가 제시한 것과 같은 진보 운동의 더욱 급진적인 부분에 대한 지지 및 정당성 획득을 실패하게 만드는 데 적지 않은 역할을 했다.

여기에서 정치적으로 진보적이면서 유력한 인사였던 해럴드 러그와 카운츠를 비교해보는 것은 유용하다. 러그는 지적인 면에서, 정치적인 경향성 면에서, 그리고 우파들이 가한 공격의 성격에 있어서도 카운츠와 매우 가까웠다. 그런데 러그는 카운츠보다도 더욱 지독하게 미국군단American Legion과 같은 "애국적" 단체로부터 공격을 받았다.Riley, 2006 이러한 공격은 예상이 가능했다. 그가 쓴 교과용 도서가 학교 현장에서 사용되었기 때문이다. 이것은 정치적으로 진보적인 다른 많은 이들과 러그가 구별되는 지점이었다. 그는 내가 제2장에서 상술한 임무들을 진지하게 다루었고, 수업 단위에서 정작 무엇을 가르쳐야 하는지를 정할 때 현장 교사들과 함께하는 것에 대해 깊은 신뢰를 가지고 있었다. 오늘날의 기준으로 본다면 러그의 교과서가 다루고 있는 비판적인 내용들은 비교적 온건하고 보수적인 것으로까지 보일 수 있다. 하지만 우파 기업가와 우파 보수주의자들에게는 러그가 만들어내는 위협이 수사적인 것 이상이었다. 왜냐하면 러그가 하려고 했던 것은, 특히 학교에서는, 우파에게는 말해서는 안 되고, 생각조차 할 수 없는 것들에 젊은이들의 마음을 열게 하려는 것이었다.

카운츠와 마찬가지로 러그도 경제와 그에 수반되는 논리 및 관계 둘 다를 변혁하려는 신념을 가지고 있었다. 이는 정부가 국가의 기반 시설을 개발하고 상품 생산에 관여하는 계획경제를 포함하는 것이었다. 계획경제를 이룩하는 것은 "자본주의의 변덕으로부터 사람들을 해방시키는 것이다." 그리고 그렇게 하는 것은 "미국인들로 하여금 그들의 집단적 정신을 해방시켜" 사회정의의 영역을 축소시켜왔던 어려운 사회 문제를 해결하는 데 합력해서 일할 수 있도록 하는 것이다.Evans, 2006, pp45-68

그런데 카운츠, 러그 등을 공격한 것은 우파들만이 아니었다. 앞서 잠깐 언급한 것처럼 교육계 내부의 비판도 만만치 않았다. 카운츠가 과연 사회과학을 오용하고 "잘못 도출된 결론"으로 나아갔던 것일 까?Lagemann, 1992, p. 155 후자의 주장을 프랭클린 보비트Franklin Bobbit가 제기하였는데, 그는 "과학적 교육과정 만들기scientific curriculum making" 의 설립자들 가운데 한 명이었으며, 통속적 우생학 운동의 회원이기 도 했다.Seldon, 1999

심지어는 교육 분야에 있어서 "과학"과 테스트의 옹호자였던 찰스 저드Charles Judd 전 시카고 대학 교수조차도 카운츠에게 "교사들은 새 시대로 가는 길에 앞장설 책임이 있다"는 자신의 믿음을 입증할 것을 요구했다.Lagemann, 1992, p. 155 저드는 경멸하듯이, "교사들은 자본주의 와 산업주의의 악을 바로잡는 것"보다 더 중요한 역할이 있다고 말했 다.Lagemann, 1992, p. 156 그는 또한 "어떤 극단주의자들은…… 교사가 지 도자의 역할을 맡아서 경제적 시스템과 정치적인 시스템을 재조직하 는 것을 지도해야 한다고 옹호하고 있는데", 그것은 오도된 길을 가고 있는 것이다. 오히려 교사들은 그들의 에너지를 "선명성과 독립성을 가지고 작동될 수 있도록 마음을 훈련하는 일"에 집중해야 한다고 보 았다.Judd, 다음에서 인용, Lagemann, 1992, p. 156 이것은 극단주의화와 정치화된 행동이 아니라 과학의 개발과 응용과 연계된 전문화를 통해서만 성 취될 수 있다. 저드에게 있어서 교육 과학과 관련된 기술적인 역량은 우리의 구체적이고 궁극적인 목표였다. 이러한 목표에 포함되지 말아 야 할 것은 "교육을 이용해서 사회를 변혁한다는 터무니없는 목표"였 다.Lagemann, 1992, p. 156 [iv]

유명한 "과학적" 교육가들로부터 나온 이러한 비판은 카운츠에게는 뼈아픈 것이었다. 특히, 카운츠가 상당한 우호관계를 맺고 있던 저드 와 같은 이의 비판은 더욱 그러했다. 그러나 공적으로 가장 강력한 결 과를 가져왔던 것은 한층 더 정치적인 공격이었다. 지배 권력에 대한 사회적 비판에 헌신했던 다른 많은 이들이 당했던 것처럼 카운츠도

"공산주의자"라는 공격을 받았다. 실제로 그는 교육의 문제를 지구적 차원에서 살펴볼 생각으로 1929년 소련을 방문했다. 미국에 돌아올 때는 트로츠키처럼 염소수염 모양의 턱수염을 기른 상태였다.Lagemann, 1992, p. 147 자유방임주의 경제와 쿨리지Coolidge, 후버Hoover 정부의 정책을 비판하는 사람들이 그랬던 것과 마찬가지로, 소련에서 보고 온 것은 그에게 많은 영향을 끼쳤다. 그가 본 사회는 인민들이 자발적으로 결집하였고, 자기 주도적 계획에 대한 신념이 있었으며, 더욱 평등한 사회를 만들기 위한 여러 가지 요소들이 갖추어진 사회였다. 소련 사회가 가진 이러한 요소들이 카운츠와 다른 많은 이들의 호응을 이끌어냈다.

"공산주의자Reds"란 이름표는 카운츠의 생애에서 반복적으로 붙곤 했다. 이러한 이름표 붙이기는 국민의 보건, 교육, 사회복지, 그리고 국민에 대한 존중보다는 이윤을 더 중시하는 자본주의 사회의 부도덕성에 대해서 정당한 문제 제기를 한 이들을 통제하는 데 두고두고 큰 성과를 보였던 전술이다.ᵛ 그렇지만 앞에서 이야기했듯이, 카운츠는 다음과 같은 낭만적 신조와 믿음을 겸비했던 사람들에 비하면 훨씬 덜 "공산주의자"인 것처럼 보였다. 그 첫 번째는 그가 생각하기에는 이미 사라진 것처럼 보이는 가치, 즉 미국의 우수성을 특징짓는 것으로 여겨졌던 자조自助와 상대적인 평등성에 대한 신조이었다. 두 번째는 사회학이라는 학문과 그것의 합리성에 대한 믿음이었는데, 이는 믿음의 대상이 된 사회학과 합리성이 특정한 사회적인 목적과 가치들을 중심으로 재구성된다는 것을 전제로 했다.Lagemann, 1992, p. 151

더 정확하게 표현하자면, 카운츠는 좌파 성향을 가지고는 있었으나 정치적으로 그는 보편주의적인 입장을 취했다. 적어도 초기의 그는 자유주의자, 사회주의자, 공산주의자들이 함께하는 연합전선을 지지했다. 수많은 노동운동가들의 사상에 대해서 카운츠가 보여주었던 확신은 미국노동당American Labor Party을 결성하고자 했던 그의 노력, 그리고 교사들에게 전문가 협의회가 아닌 노동조합을 만들도록 촉구한 것을 통해서 알 수 있다. 그는 교사들이 노조를 통해서 경제적 영역에서의 정의, 안정, 그리고 존경을 위해 끊임없는 전투를 벌이고 있는 다른 노조들과 연대하기를 바랐다. 노동운동과 노조의 영향력이 훨씬 더 강력하고 영향력이 있었던 당시의 급진적 사조를 감안한다면, 그의 제안은 보기보다는 훨씬 덜 급진적인 것이었다. 하지만 1939년부터 1942년 사이에 미국교사연합American Federation of Teachers: AFT의 위원장으로 활동하며 보여준 그의 활동을 포함하는 교사 노조에 관한 그의 노력들은 그의 진면목을 잘 보여준다. 당시의 많은 교육자들은 한결 순화된 정치성과 덜 적대적인 노사관계를 유지하는 교사 단체에 만족하는 분위기였다. 이에 반해 카운츠는 교사 단체가 좀 더 정치화되고 더 노조다운 조직이어야 한다는 입장이었다.Gutek, 2006, p. 9 교사와 거의 모든 공공 부문 노동자들이 정교하게 조율된 우파들의 공격에 직면하고 있는 오늘, 또 공공 부문 전체가 그들이 만들어내지 않은 거의 모든 사회 문제에 대해 대가를 치르기를 강요당하고 있는 지금, 우리는 카운츠가 왜 강력한 노동조합의 중요성에 대한 신념을 굽히지 않았는지를 직접 목도하고 있다.

시간이 흐르면서, 처음에는 좌파 원칙의 강력한 지지자였던 사람들이 그랬던 것처럼, 1930년대에 접어들면서 카운츠는 여전히 좌파의 입장을 견지하기는 했지만 강력한 반공산주의자가 되었으며, 미국교사연합에서 공산주의자들을 반대하는 싸움을 이끌었다.Lagmann, 1992, pp. 158-159 불행히도 반공산주의 투쟁은 적지 않은 교사들에게 공산주의자라는 낙인을 남기는 심각한 부정적인 결과를 초래했다.

카운츠는 그의 정치적인 성향에 대해서 논할 때 날카롭게 비판적이기도 하고 역설적일 수도 있었다. 비록 카운츠는 그가 수행한 계급 갈등에 대한 분석과 경제적 엘리트주의에 대한 비판으로 인해서 공산주의에 우호적인 입장이라고 끊임없이 공격을 당했지만, 그는 공산주의에 대해서 한때 보였던 우호적인 입장에서는 이미 멀리 떠나 있었다. 그의 경력의 막바지 어림에서는 그에게 마르크스주의자냐고 묻는 질문에 이렇게 대답했다. "아니오, 나는 감리교도입니다."Gutek, 2006, p. 10

그는 결코 네오콘(신보수주의자)[2]인 적은 없었지만, 왕년의 트로츠키주의자들과 공산주의자들을 우파로 만든 어떤 특정한 요소가 카운츠에게도 영향을 미쳤다.Buras, 2008 이렇게 말한다고 해서 나를 오해하지 않았으면 한다. 너무나 자주 주류 비평가들과 작가들은 공산주의자, 사회주의자, 그리고 다른 좌파 운동과 활동가들을 악마화했다. 이 주류들은 범좌파 운동과 그 실천가들이 견지했던 반인종주의 입장, 운동을 주도하는 실천가들과 그 속에 참여하는 "일반인"들 사이의 평등성에 대한 깊은 헌신, 그리고 이러한 사람들의 입장에 근거를 제공해 주었던 이론적·정치적·도덕적 통찰력에 대한 집단적인 기억을 망각하게 하는 데 크게 기여했다. 그 과정에서 이들은 우리가 더 나은 미래를 향한 희망을 살아 숨 쉬게 만들었던 작가들, 예술가들, 음악가 등 많은 사람들을 잊어버리도록 아주 몹쓸 짓을 했다. 비록 미래에 대한 전망이 때때로 유토피아적이고 또한 순진했을지라도, 그리고 많은 사람들이 희망했던 것보다도 정당 내부의 정치가 훨씬 더 비민주적이었을지라도, 그 희망은 실질적인 것이었다.Buhle, 1981; Duberman, 1989; Kazin, 2011; Kessler-Harris, 2001; Lewis, 2000; Montgomery, 1979; Naison, 1983; Nichols, 2011; Rabinowitz, 1996; Roberts, 1984; Roediger, 1989; Serrin, 1993; Zinn, 1997

이제부터는 개인적인 이야기를 해야겠다. 나는 공산주의자 어머니

---

2 Buras(2008)는 1990년대 후반 이후를 풍미했던 네오콘의 연원을 1930년대 뉴욕을 중심으로 활동했던 젊은 트로츠키주의자들로 보았다(역자 주).

와 사회주의자 아버지가 있었다. 내가 살던 집 아래층에는 공산주의자이자 직조공장의 노동자였던 할아버지가 살았다(매일 식탁에서 어떤 논쟁들이 오고 갔을지 상상해볼 수 있을 것이다). 나와 같은 사람을 역사적으로는 "붉은 기저귀를 찬 아기"라고 불렀다. 나는 가난하게 자라서, 미국에서 가장 급진적인 산업도시 가운데 하나인 뉴저지 주 패터슨의 빈민 지구에서 가난한 흑인 이민자 이웃과 함께 살았다. 나는 우리의 일상을 조직하고, 우리가 갖는 감정들과 우리 이웃들의 감성적 경제를 구조화하는 요소들인 많은 이들의 헌신, 노동운동, 반인종주의 실천들과 간인종적 연대, 공동체적 부조, 윤리들, 그리고 인간성들에 대해 직접적으로 경험하였다. 돌봄, 사랑, 그리고 연대는 사회적 정의를 요구하는 정치학과 맞닿아 있다. 그러한 것들은 우리의 일상 속에서 삶으로 살아지게 되는 것들이다. 우리는 모두 좌파였다. 오늘날의 이러한 단체들과 그를 구성했던 사람들에 대한 "공식적인" 기억들은 단지 옳지 않은 차원의 문제가 아니라 매우 폭력적이고 혐오스러운 것이다.

오늘 우리에게 카운츠는 어떤 의미가 있나

지금 우리는 카운츠에 대해서 어떻게 생각해야 할까? 그가 가지고 있던 진보, 기술, 과학, 그리고 합리성에 대한 별다른 의심 없는 믿음에 대해서 그를 비판하는 것은 쉬운 일일 것이다. 또한 미국민의 다양성을 대중이라는 이름으로 동질적으로 표현한 것에 대해서 문제로 삼는 것도 어렵지 않을 것이다. 그러나 그의 주장과 요구가 우리에게 던지는 가볍지 않은 시사점이 있다. 그가 수행했던 경제(와 그를 책임지고 있는 사람들)에 대한 정교한 비판은 우리에게 여전히 설득력 있게 다가

온다. 그가 비판했던 경제는 그때나 지금이나 명백하게 착취와 지배에 근거하고 있어서 구조적으로 공공선을 공급할 의지와 능력을 결여한 것으로 보인다.

카운츠는 많은 사안들에 대해서 설득력이 있는 입장과 순진한 입장을 동시에 가지고 있었다. 그의 입장은 일반적인 행위자들의 "감정의 구조"를 옹호하고 있으며, "보통" 사람들의 본성이 이 나라(와 다른 나라들)를 떠받쳐주도록 하는 민중주의적 비전을 어느 정도 지니고 있다.[Smith, 2008] 그것은 평등주의적 가치, 상호 부조, 새로운 사회의 요구에 적응할 수 있는 능력을 불러일으켰을 것이다. 그러한 지지는 수사적으로 강력한 것이며 미국의 역사에 부분적으로 응답한 전례가 있다.

그런데 이것은 분명하게도 당시의 시대적 산물이다. 기술에 대한 맹신에 근거한 세계관과 과학적·이성적 계획에 대한 전적인 신뢰는 하버마스가 적절하게 갈파한 바 있는[Habermas, 1971], 통제와 확실성에 인식적인 관심을 기울이고 있는 목적주의적/이성적 논리 속에 체화되어 있다. 이것이야말로 지속적인 변화의 필요성과 지배 구조의 중단에 관한 카운츠의 직관을 관통하는 논리이다.[Apple, 2004]

카운츠의 입장은 그 당시에는 쉽게 파악하기 어려웠던 미국 제국이 국제적으로 수행했던 역할, 즉 해방뿐 아니라 지배, 충돌, 부패의 주요 원천으로서 기능하고 있는 방식에 대한 이해에 충분히 근거하지 못하였다.[Chomsky, 2003] 그것은 자유적 민주주의라고 불리는 곳의 중심부에 서조차도 인종과 인종화의 역학이 가지는 매우 중요한 역할을 사소한 것으로 치부하는 것과 같은 방식[Mills, 1997]으로 노동대중을 동질화하는 실수로 나타났다. 또한 그의 입장은 여성들의 삶의 현실, 가사노동과 성적 지향의 정치학에 대해서도 대체로 침묵으로 일관했다.[Buhle, 1981; Kessler-Harris, 2001]

마지막으로, 카운츠의 입장은 급진적인 변혁의 엔진으로서의 학교

(교육)의 힘과 교사들과 교육자 일반의 이데올로기에 대한 헌신에 대해서 너무도 낙관적이었다. 교육자들은 우리 모두처럼, 다양하고 상호 모순적인 정치적·윤리적 믿음과 신념을 가지고 있을 수 있다. 이를테면, 그들은 남녀의 성 역할에 대한 쟁점에서 진보적일 수 있는 동시에 인종과 성적 취향에서 매우 보수적인 관점을 가졌을 수도 있다. 그들은 자신이 속한 지역사회에서 교사들이 임금과 근로조건을 놓고 벌이는 단체 협상을 지지할 수도 있다. 그런데 이와 동시에 노동조합이라는 것이 일반적으로는 막강한 힘을 가진 이익단체들 가운데 하나라고 믿을 수도 있다. 그들은 정부가 어떤 영역에서는 가난한 이들을 도와야 한다고 생각할지도 모른다. 그러나 이와 동시에 이들은 그 가난한 사람들 중에는 도와줄 만한 이들과 도와줄 가치가 없는 이들이 존재한다고 생각할 수도 있으며, 따라서 신자유주의 정책이 기대했던 것보다 더욱 매력적이라고 생각할 수도 있다.

그들은 가난한 학생들과 유색인종 학생들의 창의적인 배움을 위한 기회를 제공하기 위해서 열심히 노력할 수도 있다. 이와 동시에 그들은 소수자 인권, 사회 약자 배려 정책, 그리고 반인종적 정책에 대한 강조가 사회적으로 이미 너무 많이 이루어지고 있다고 느낄 수도 있다. 그들은 여성학 이론, 연구, 정책, 그리고 실행이 더 이상 필요 없다고 생각할 수도 있다. 왜냐하면 이제 문제는 '그럼 남자 아이들은 어떻게 할 건데?'라고 생각할 수 있기 때문이다.Weaver-Hightower, 2008 교사들은 우파들이 수십 년 동안 수행해온 매우 지능적인 사회적/정치적 교수법 프로젝트에 저항할 힘이 없을 수도 있다.

이러한 지적이 허구가 아니라는 것은 교사 노조 내부나 학교 현장에서 이중 언어 교육, 이민, 비판적 다문화 교육 등과 같은 쟁점을 둘러싼 갈등 상황을 통해서 확인할 수 있다. 이러한 갈등이 바로 없어질 것이 아니고 더욱 악화될 것이라고 하는 것은, 내가 속해 있는 기관인 위스콘신 대학의 데이터를 통해서도 확인할 수 있다. 초등 교사 양성 과정에 들어오는 학생들 가족의 평균 연간 수입은 몇 년 전에 비해 3~4만 달러 정도 더 높다. 최근의 자료를 보면 이 과정에 한 해에 들어오는 약 100여 명의 학생 중에서 오직 3명만이 유색인종이다. 계급화되고 인종화된 이 학생들의 현실에 맞서 이를 바꾸기 위한 시도를 하는 것은 쉽지 않은 일일 것이다.

그렇지만 그와 동시에 교사들, 공공 부문 노동자들, 학생들, 실업자들, 이민자 단체들을 비롯한 수많은 사람들이 교사들, 빈민들, 교육재정과 의료 체계에 대한 우파들의 공격에 맞서 조직했던 대규모 동원의 예들은 앞서 언급한 상호 모순적인 정치와 정체성들을 뛰어넘어서 연대를 구축할 수 있는 가능성이 있다는 것을 보여주었다.Nicholas, 2012 얼마나 오랫동안 이 "탈중심 연합"이 지속될지는 중요한 문제다. 이를 위해서는 지속적이고 창조적인 노력이 요구되는데, 이에 대해서는 이 책의 마지막 장에서 다시 다룰 것이다.

카운츠는 당시의 많은 사람들이 그러했던 것처럼 이러한 복잡성들을 고려하지 못했다. 하지만, 그의 말에는 힘이 있다. 카운츠는 학교에는 사회적·정치적으로 깨어 있을 것을, 그리고 교육자들에게는 도덕적·정치적·경제적으로 확고한 신념을 갖추고 있을 것을 요청했다. 이 같은 그의 요청은 오늘날에도 깊은 울림을 만들어낸다. 카운츠는 교육자들 자신을 의식적으로 "사회 재건주의자들"과 동일시하고 교육자들이 그들과 연대해야 할 것과, 엄청난 빈부 격차의 모순에 직접적으로 그리고 정직하게 교육자들이 대항할 것을 요구했다. 이러한 요구를 통해서 카운츠는 미국을 불안한 사회에서 안전한 사회로, 혼란에서 계획으로, 사적 이윤에서 집단적인 안전망으로, 사치로부터 공유된 풍성한 삶으로라는 전사회적 규모의 급진적인 사회 변혁에서 학교가 맡는 역할의 중요성을 자리매김했다.Gutek, 1970, p. 14에서 재인용;

우리가 무엇을 할 수 있을까? 우리는 주입에 관심이 있는 또 하나의 집단이 되는 것을 피하면서도 학교 안팎에서 정치적으로 현명하고 강력한 실천들을 수행할 수 있을까? 예를 들어, 우리는 이 논쟁을 촉발시킨 이분법에서 벗어나서 주입의 문제를 더 현명하게 다룰 수 있을까? 만약 그렇다면 우리는 누구로부터 이것을 배워야 하는가?

여기서 우리 정직해지기로 하자. 이러한 질문들은 쉽게 해결될 수 있는 것이 아니고 딜레마를 형성하는 문제이며, 우리가 윤리적·정치적·교육적으로 끊임없이 치열하게 고민해야 하는 문제다. 이것은 우리가 수행해야 할 사회 변혁과 서로가 서로를 존경과 돌봄과 연대를 받아 마땅한 자로 동등하게 대우하는 그러한 투쟁의 핵심에 깊숙이 뿌리박고 있다. 이것은 더욱 민주적인 일련의 제도적인 형태와 실천이 기초하고 있는 긴장들에 대한 지속적인 토론 속에 위치하고 있다. 레이먼드 윌리엄스Raymond Williams, 1961라면 이것을 아마도 다음과 같이 표현했을 것이다. 오직 현재 그들의 목소리가 주변화되어 있는 사람들(학생들을 포함해서)을 포함하는 모든 이를 이 논쟁 속에 포함시킴으로써만 "기나긴 혁명"을 향한 진전이 이루어질 수 있다.

제5장에서는 브라질의 포르투알레그리의 교육 정책과 실천에서 발견되고 있는, 살아 있는 민주주의를 다루고 있다. 이에 대한 논의는 어떻게 이 긴장들이 더 참여적인 방법으로 다루어질 수 있는지에 대한 한결 명확한 그림을 보여줄 것이다. 그런데 그 이전에 이 딜레마(주입을 피하면서도 의미 있는 변혁을 추진하는 것)에 대한 실질적인 교육적 해결책을 돌아볼 수 있는 장소들이 있다. 다이애나 헤스Diana Hess는 극심하게 대립적일 수 있는 쟁점이 학교에서 사려 깊은 실천의 원칙을 통해 중재될 수 있는 방식에 대해 분석한 바 있는데, 이 분석은 우리에게 매우 중요하다.Hess, 2009 헤스의 분석은 듀이/카운츠 쟁점을 교육

적으로 사려 깊고 전략적으로 현명한 방법으로 다룰 수 있는 준거를 제공한다. 이 방법이 모든 문제의 해결책이 아닌 것은 분명하지만, 우리에게 이 딜레마에 접근할 수 있는 하나의 길을 제시해준다. 이러한 딜레마가 완전히 해소될 수는 없다. 그것들은 "문제"들이 아니고, 내가 말한 것처럼 학교교육과 관련된 정치의 일부를 구성하는 딜레마이다. 헤스가 제안하는 방법에서부터 시작하는 것은 분명히 대화와 실천을 위한 공간을 여는 교육적 과정에서 분명히 우리에게 도움이 될 수 있다. 그 대화와 실천은 만일 우리가 우리의 아이들과 사회적으로 유의미한 주제들을 심도 깊게 다루는 기회를 만들려는 시도를 하지 않았다면 가능하지 않았을지도 모른다. 이와 같은 것은 주입에 대한 비판과 지지가 만들어내는 긴장이 하루 종일 발생하고 있는 밀워키의 프래트니 스트리트 학교Fratney Street School와 다른 많은 교육 현장에서도 역시 적용된다.Apple & Bean, 2007 참조

그런데 주입에 관한 문제만이 교육과정, 학생들이 교육과정을 건설적으로 다루는 방식, 그리고 학생들이 더 개인적으로 그리고 정치적으로 그들 자신에 대해서 성찰적으로 되도록 하는 것에 있어서 핵심적인 사안인 것은 아니다. 그것은 교육과정의 형태, 교수법, 평가, 교육목표, 그리고 더 큰 사회의 기관들과의 관계 등과 같은 아주 근본적인 차원에서 학교교육이 이루어지는 모든 과정을 재구성하는 문제와 관련되어 있다. 그리고 우리는 이러한 논쟁 속에서 두 가지의 긴장들을 실천적으로 통합하는 방법을 개발한 학교들로부터 많은 것들을 배울 수 있다.

제임스 빈James Beane과 내가 『민주적 학교들Democratic Schools』2007에서 소개한 예들은 어떻게 비판적이고 민주적인 학교교육 절차들이 미국 전역의 학교 현장과 지역 공동체에서 가능했는지를 보여주고 있다. 이러한 학교들은 학생에 대한 높은 기대를 가지고 있고, 공식 지식

이라고 불릴 수 있는 것에 대해서 더 넓게 규정하고 있으며, 열린 마음으로 비판적인 문제 제기를 할 수 있는 구체적인 방법과 태도를 중요시한다. 하지만, 이 모든 예들은 학생들이 세상을 있는 그대로만 받아들이는 것을 거부하도록 만드는 학교교육의 실천과 밀접하게 연결되어 있다. 각각의 예들은 주입과 관련해서 이미 이루어진 수많은 논의의 숲을 통해서 새로운 길을 개척한 것이다. 『민주적 학교들』에서 제시된 학교들은 다양한 배경을 가진 학생, 교사, 지역사회 집단들을 위한 지적, 사회적, 정치적으로 생동감이 넘치는 환경을 건설하는 것이 단지 유토피아적인 꿈이 아님을 명백히 증거로 보여주고 있다. 이 학교들이 특별히 의미 있는 이유는 이들이 거두고 있는 성공이 퇴행적인 책무성의 과정과 "감시의 문화"Apple, 2006, 영원히 끝날 것 같지 않은 경제적 압력, 그리고 공공 교육이라고 하는 아이디어 자체에 공격을 가하고 있는 시대적 상황에도 불구하고 일정한 성취를 이루었다는 데 있다. 이 학교들은 모두 학생들의 지적인 영역이나 개인적·사회적 헌신 중 그 어느 것도 희생시키지 않고 있다. 제5장에서 논의할 포르투알레그리의 비판적인 민주적 변혁도 두 가지의 긴장을 실천적으로 통합한 예이다. 이러한 예들은 우리로 하여금 사회적으로 헌신된 교육 변혁이 카운츠의 유토피아적인 상상 속에서만 존재하는 것이 아님을 분명히 알게 해준다.

이뿐만 아니라 『학교 다시 생각하기Rethinking Schools』에서 지속적으로 발간되고 있는 의미심장한 자료들, 스페인의 CREASoler, 2011가 이룩한 성과들 등의 예는 우리로 하여금 주입과 관련된 논쟁이나 카운츠 자신이 기울였던 노력들의 토대를 이루고 있던 과도한 이성주의적 전제와 관련해서 양자택일 식의 논법을 넘어설 수 있는 방법들이 존재한다는 것을 분명하게 주장할 수 있게 하는 근거가 되고 있다.

반헤게모니적 교육

이 장에서 나는 이제까지 카운츠와 같은 학자/활동가에게 초점을 맞추어왔다. 하지만 우리는 다음의 두 가지를 기억할 필요가 있다. 1) 사회운동은 운동의 리더들을 전선의 맨 앞자리로 밀어 넣게 되는데, 이때 운동 자체와 리더들 사이에는 역동적인 관계가 형성된다. 2) 변화의 엔진은 많은 경우 정치화된 활동가들로 구성된 무명의 단체들인데, 이들은 실제적인 수준에서의 연대를 형성하고 중대한 변화를 추동한다. 예를 들어, 1930년대의 더 나은 뉴욕 학교를 위한 할렘 위원회Harlem Committee for Better Schools in New York와 같은 단체들이 주도한 시위들은 흑인 활동가, 흑인 교사, 그리고 교사 노조 등 진보적인 그룹들 간의 연대를 형성하게 했고, 이 연대는 학교의 중대한 변화와 교사 노동조건의 향상을 추동했다. 그들은 카운츠의 비전이 가능할 것처럼 보이는 수준의 성과를 이루었다.

교사들이 주를 이루었던 흑인과 백인의 사회주의 및 공산주의 활동가들은 이 운동에 무척이나 적극적이었다. 이러한 사실은 적지 않은 경우 카운츠의 비전을 족히 넘어서는Watkins, 2006, pp. 225-226; Naison, 1983 명백히 반인종주의적인 기획에 많은 좌파들이 헌신했다는 역사를 말해주고 있다.

이러한 행동과 연대가 인종의 벽을 넘어섰다는 것은 중요한 사실이다.Watkins, 2006, p. 225 하지만 이를 너무 낭만적으로 생각할 필요는 없다. 백인성whiteness의 우월을 강조하는 정치적 흐름과 인종적 분리를 기존의 틀이 아닌 좀 더 세련된 방식으로 옹호하는 흐름이 교육 현장의 투쟁들에 암묵적으로는 물론 명시적으로도 중요한 역학 관계로 상존하고 있다. 교육 투쟁에서 인종주의의 역학 관계는 20세기 전반에 걸쳐 두루 나타났던 것이기는 하지만, 1960년대 뉴욕의 오션 힐-브라운

스빌Ocean Hill-Brownsville 사건에서 이 갈등은 가장 첨예한 양상을 보였다. 그곳에서 학교는 백인 교사들을 그들이 봉사해야 하는 유색인종 지역사회와 분리하는 갈등의 장이 되었다. 학교는 또한, "자유주의적" 교사들과 그들의 노조 지도자들, 그리고 자유주의적인 지식인들을 더 네오콘적인 입장으로 이동하게 하는 역할을 했다.Podair, 2005; Buras, 2008 참조

이러한 예들은 이 책이 주장하고자 하는 바와 관련해서 여러 가지로 중요한 의미를 가진다. 내가 제1장에서 지적한 것처럼 학교들은 갈등의 장이다. 그리고 그들이 만들어내는 갈등들은 사회적, 지적 생활의 다른 부분들에 지속적으로 영향을 미친다. 교육 정책과 실천, 그중 무엇이 중요한 지식이 되어야 하는지에 대한, 그리고 누가 그러한 결정을 내려야 하는지에 대한 이러한 뿌리 깊은 의견 대립이 빚어내는 영향력은 학교 현장을 훨씬 벗어난 우리의 생활의 영역에서도 느껴질 수 있다. 카운츠가 사회 변혁에 있어서 학교가 맡을 수 있는 역할에 대해서 강조한 것은 아마도 옳았을지도 모르겠다. 하지만 네오콘의 힘이 증대하는 것을 그가 마음에 두고 있었는지에 대해서는 나는 전혀 확신할 수 없다.

대중 교육의 요소

만약 학교가 경우에 따라서는 인종의 벽을 넘는 연대를 실현할 수 있는 장으로 그리고 이와 동시에 인종적 갈등을 키울 수 있는 장으로도 복무할 수 있다면, 우리는 학교의 이러한 역할이 카운츠와 같은 명망가들의 지난한 노력을 통해서뿐만 아니라 "무명"의 실천가 집단에 의해서도 이루어질 수 있다는 것을 기억해야만 한다. 카운츠와 같이

대학에 기반을 둔 급진적 교육가들이 사회 변혁에 있어서 교육의 역할을 강조하던 시기 이전에도, 비판적인 교육을 추진하려는 움직임과 학교들이 미국의 적지 않은 부분에 걸쳐서 대두되고 있었다. 계급 분리가 강화되고 계급 적대의 강도가 증대함에 따라서, 불황과 경제 대공황이 수많은 노동자들과 그 가족들이 감내하기 어려운 조건들을 만들어냄에 따라서, 이윤 창출과 사적 수익을 위한 압력이 가정들, 공장들, 그리고 농장들을 점점 더 힘들게 만듦에 따라서, 노동계급, 빈자, 여성, 억압 받는 소수 인종 등의 많은 집단들이 사회운동을 조직했다. 그리고 이러한 열기는 대학에도 전달되었다. 카운츠, 러그, 브라멜드Brameld 등과 같은 이들은 이러한 운동을 이끌었을 뿐 아니라 더욱 급진적인 입장을 취하도록 이러한 운동들에 의해서 견인되었다.

이 점은 매우 중요한 부분이다. 역사적인 인물 한 명에 초점을 맞추는 것의 위험성 가운데 한 가지는 우리가 그러한 활동가들이 영향력을 행사할 수 있도록 공간을 만들어준 사회운동과 대중운동의 역할을 과소평가할 수 있다는 점이다. 그것이 제2장에서 다룬 프레이리나 본 장에서 언급한 카운츠 또는 다음 장에서 다룰 아프리카계 미국인 교육자이며 활동가인 듀보이스나 카터 우드슨과 같이 중요한 인물이라 하더라도 마찬가지이다. 우리는 이를 매우 역동적인 관점에서 파악할 필요가 있다. 개인 실천가가 창조적으로 공간을 만들고 모델을 제공하며, 자신의 정체성과 리더십을 바꾸어서 그러한 운동들이 전진할 수 있도록 해주는 것과 마찬가지로 사회운동도 개인 실천가들이 앞으로 나아갈 수 있도록 힘을 실어주는 역할을 한다.Anyon, 2005; Apple; 2000; Koven & Michel, 1993 참조

교육은 이러한 많은 운동들이 펼쳐지거나 이러한 운동들이 일차적인 관심을 갖는 장이다. 성인들은 이러한 노력들에 대해 귀 기울일 수 있는 가장 중요한 청중이다. 사회정의를 위한 랜드 스쿨Rand School for

Social Justice이나 브룩우드 노동대학Brookwood Labor College, 영연방대학 Commonwealth College 등의 기관들은 노동자 교육이 사회에 대한 비판적 이해와 사회에 대한 급진적인 재구조화를 촉진시킬 수 있다는 전제 위에서 설립되었다.Teitelbaum, 2009, p. 316 이들만큼 중요하고 또 가장 지속적인 영향을 미치는 사회 변혁에 깊숙이 관여한 교육기관들 중에는 하이랜드 민중학교Highland Folk School가 있다. 이 학교는 카운츠가 학교를 새로운 사회질서를 수립하는 데 사용하자는 제안을 내놓은 해이기도 한 1932년에 설립되었다. 이 학교는 그때나 지금이나 노동을 조직하는 것에 있어서, 시민 불복종, 시민 인권, 반인종 등의 교육에 있어서, 그리고 공공 부문과 사적 부문에 걸쳐서 공히 지배에 도전할 수 있는 필수적인 수단들을 교육시키는 데 있어서 중심적인 역할을 하고 있다.Teitelbaum, 2009, p. 317; Horton, 1990 참조 실제로 이 학교를 빼놓고서는 미국의 시민 인권운동에 대해 온전히 이해할 수 없다. 이 학교는 여러 가지 면에서 훗날 파울로 프레이리가 이룩했던 일을 미국에서 먼저 수행한 셈이었다.

20세기의 첫 번째 십 년 동안 노동자 학교, 노동 대학, 공부 모임, 그리고 노동운동의 역사와 조직에 관한 강의 등이 가정과 공장 현장을 포함한 곳곳에서 만들어져 두드러진 활동을 벌였다. 정치적으로 진보적인 여성들은 종종 상호 소통 강좌, 독서 모임, 강연 시리즈 그리고 운동 전술 모임을 조직했다. 이 모임에서는 "여성의 이슈"로 여겨진 문제들뿐 아니라 그 밖의 많은 문제들을 함께 다루었다.Buhle, 1981; Stansell, 2010 또한 이 시기에는 아프리카계의 사회운동이 활발하게 전개되었는데, 이 사회운동들은 공식 지식에 문제를 제기했고, 끊임없이 인종차별적 정권과 경제, 사회, 교육 전반에 걸쳐서 억압적인 관계들에 맞섰다. 내가 제1장에서 언급한 바와 같이, 비슷한 움직임들이 남미계, 미국 원주민, 중국계, 그리고 다른 많은 집단들에서도 일어났다.

비록 백인에 의해 주도된 너무도 많은 급진적 노동운동과 여성운동이 인종적인 편견에 의해서 얼룩진 것이 사실이긴 하지만, 남녀를 통틀어서 이러한 교육적 활동들은 때때로 계급적인 벽을 넘어서기도 했고, 때로는 인종적 벽을 넘어서서 이루어지기도 했다. 이러한 연대는 너무도 많은 사람들이 경험하는 착취적인 조건들에 저항하기 위한 대규모의 사회운동을 조직하고 옹호할 일군의 노동 및 지역사회 운동가와 "민중 교육자"들을 만들어내는 데 도움이 되었다.Teitelbaum, 2009, pp 317-318; Connolly, 2010; Teitelbaum, 1993

어린이에게 다가가기

성인 남녀에 대한, 그들의 임금 노동과 그들의 정치적 권리에 대한 이러한 관심 못지않게 중요한 것은 어린이에게 다가가고자 한 의식적인 노력이었다. 많은 급진적인 활동가들은 공립학교와 그 확대를 지지했는데, 그들은 그러한 학교들이 적어도 부분적으로는 노동계급이 이룩한 중요한 승리의 결과라고 봤다. 양질의 공교육을 위한 권리를 쟁취하기 위해 싸웠고 그 과정에서 죽기까지 했던 수많은 아프리카계 교육 활동가들에게도Anderson, 1988 참조 공교육은 투쟁의 산물이라는 사실은 마찬가지였다. 엄청난 수의 교사들이 계급, 성, 인종 철폐와 관련된 운동에 참여했다. 그들은 억압된 이들의 필요를 충족시킬 수 있는, 그래서 사람을 한갓 대체 가능한 일꾼으로 보는 자본주의적 시각에 맞설 수 있는 교육적인 환경을 건설하기 위해서 지속적으로 투쟁했다.Crocco, Munro, and Weiler, 1999 참조 훗날 장애인 인권 활동가들은 인간의 정체성을 자본의 이익 산출을 위한 대체 가능한 일꾼으로 보는 관점에 대한 비판을 이어받게 된다. 이 정체성은 자본에게 필요한 노동자의 유일한 정체성은 이윤을 창출하는 기계로서의 정체성이라고 요약할 수 있다.

그런데 20세기 초반까지도 공공 교육이 수행되는 방식과 그 속에서 무엇이 가르쳐지고 있는지에 대한 의심은 점증하고 있었다. 이는 부분적으로는 정치적으로 진보적인 학교 비판자들의 영향력 때문인데, 이는 사회운동과 대학에 있던 비판적 저술가들 사이의 역학 관계를 보여주는 것이다.

학교가 무엇을 하고 있는지에 대해서 진행되었던 비판적인 논의들에는 어떤 것들이 있었을까? 자본가들의 영향력은 정규 교육 체계를 지배하고 있었다. 우리가 그렇게 오랫동안 열심히 싸워온 바로 그 교육 체계의 확대가 이제 유산계급의 이해관계에 복무하고 있는 듯 보였다. 공교육의 확대에 기여했던 조직노동자들의 엄청난 공헌이 무시되고 있었다. 그 대신 텍사스의 교과서 검정에서 두드러지게 나타나는 것처럼, 자유기업의 가치는 모든 것에 우선하고 그에 대한 어떠한 도전도 비애국적인 것으로 매도되고 있다.Teitelbaum, 2009, p. 319

점증하던 우려는 1917년에 한 기고자가 뉴욕에서 발간되는 한 사회주의 신문에 다음과 같이 기고하면서 구체화되었다. "오늘날 인류의 삶의 진보에 있어서 가장 큰 적은 경험주의적이고 독재적인 교육 시스템이다." 그 기고자는 이에 대해 무엇이 해답이라고 생각했을까? 그는 교육위원회의 선거에서의 승리, 우리의 모든 공립학교의 상황을 개선을 위한 투쟁, 우리 스스로가 실천가 교사가 되기, 그리고 교사 노조를 지지하기 등에 덧붙여서, "우리는 반드시 학교를 장악해야 한다. …… 그렇게 함으로써 우리는 지금 벌어지고 있는 거짓과 왜곡의 교육 대신에 진리와 공정한 마음을 초등학교에 소개할 수 있게 될 것이다."Teitelbaum, 2009, p. 319

그렇지만 학교 안팎의 많은 수의 교육 실천가들에게는 현재 주어진 권력과 돈의 구조를 고려할 때에 "학교를 장악하기"는 장기적인 혹은 낭만적인 목표로 보일 수도 있다. 현재 존재하고 있는 학교를 둘러싼 싸움은 계속된다. 그러나 그 싸움들은 새로운 사회를 건설할 임무를 수행할 아이들을 더욱 잘 준비시킬 수 있는 대안적 교육이나 현재의 학교에 반하는 학교교육을 창출하는 노력과 병행된다.

반헤게모니 교육은 다양한 종류의 제도적, 이데올로기적인 형태와 지향들을 포함하는데, 이 모든 것들은 개입의 정치학을 목적으로 한다. 수많은 아나키스트 학교들이 미국 전역에 걸쳐서 설립되었다.Avrich, 1980 사회주의 일요 학교, 노동자 학교, 그리고 그 밖의 다양한 종류의 급진적인 학교들이 미니애폴리스, 클리블랜드, 뉴욕의 할렘을 비롯한 여러 지역, 필라델피아, 보스턴, 시카고, 밀워키, 볼티모어, 로체스터, 뉴어크 그리고 내 고향인 뉴저지 주 패터슨(미국 전체를 통틀어서 가장 전투적인 노동자들이 반헤게모니적인 문화운동과 정치적 실천을 행하는 도시 중 하나다) 같은 다양한 장소에서 설립되었다.Teitelbaum, 2009, pp. 320-321; 다음을 참조 Teitelbaum, 1993. 패터슨에 대해서는 Green, 1988; Shea, 2001; Tripp, 1987 참조 이러한 학교들, 특별히 사회주의 일요 학교는 드러내놓고 지배적인 형태의 지식과 이데올로기에 대해서 문제를 제기했다.

이러한 반헤게모니적 학교들을 논할 때 특기할 만한 것은 이러한 학교들을 설립하고 그 속에서 학생들을 가르치는 데 리더십을 발휘한 것이 여성 운동가들이라는 사실이다.Teitelbaum, 2009, p. 320 이것은 내가 다음 장에서 다룰 교사 활동가들의 역사적인 모습의 중요한 주제이다. 즉, 아프리카계 여성 교사 활동가들은 흑인의 삶과 역사 연구 협회the Association of Negro History and Life와 『흑인 역사 회보Negro History Bulletin』에서 중심적인 역할을 했다. 이러한 이들의 활동은 교육적 활동들을 수립하고, 수행하고, 옹호하는 일련의 활동에서 여성들이 담당했던 역할이 중요했음을 다시금 보여주고 있다. 그 교육적 활동들은 지배 이데올로기에 저항하며 경제, 문화, 정치의 기초적인 관계들이 더 평등해지도록 한다.

이 절에서 나는 초창기 미국의 비판적 교육의 역사를 다룬 케네스 터틀바움Kenneth Teitelbaum의 저작을 반복해서 인용했다. 그것은 많은 부분 그의 저작이 뛰어나다는 점에서 기인한다. 또한 그가 다룬 역사에서 언급되고 있는 해럴드 러그와 같은 교육 활동가들이 실제의 교육과정과 교육을 중요하게 다루었으며 학교의 일상생활을 어떻게 바꿀지를 고심했다는 점을 고려했다. 사회주의 일요 학교를 가능케 했던 당시의 역사와 정책 그리고 실천들에 대한 터틀바움의 분석은 오늘날 수행될 필요가 있는 연구의 모델이다. 터틀바움은 이러한 학교들의 교육과정과 교수 활동의 기초가 된 열세 가지의 요소들을 다음과 같이 특정했다.Teitlebaum, 2009, pp. 321-323

1. 사회적 세계 속에서 개인의 위치 그리고 무수한 타자들, 특히 노동자들에게 빚지고 있음에 대한 강조.
2. 노동계급의 공동체에 속해 있음에 대한 자부심.
3. 현재 사회를 지배하고 있는 경쟁적이고 사유화된 기준과 가치들 대신에 협력적인 그리고 집단적인 가치.
4. 국제주의 및 다른 나라에 있는 사람들과의 연계에 대한 확신.
5. 전쟁을 만들어내는 사람들의 경제적 이해관계와 전쟁으로부터 이익을 뽑아내는 자본주의 시스템에 저항하기 위해서 군사주의에 반대하기와 "가짜 애국주의anti-sham patriotism에 반대하기."
6. 노동운동가들과 급진적인 사람들을 사회에서 부수적인 것으로 인식하는 대중들의 견해를 바로잡는 것에 일치단결하여 주목하기. 그래서 노동계급이 사회 변혁의 중심으로 인식되게 하기. 이것은 가난이 개

인의 부족함의 산물이 아니라 사회의 지배적인 경제 구조의 결과라고 하는 사실을 더 정직하게 드러내는 것과 관련되어 있었다.

7. "인간"은 현재와는 달리 착취와 계급 분화가 사라질 민주적 사회주의 사회를 향해 낮은 단계에서 높은 단계로 진보하고 있다는 낙관적 메시지.

8. 사회정의와 평등을 옹호할 수 있는 교육.

9. 이러한 주제는 심각한 사회 문제에 대해 지금보다 높은 수준의 이해가 필요하다는 인식만으로는 충분하지 않다. 가난, 빈곤한 주거, 환경 파괴, 그리고 질병 등과 같은 문제들을 완화시키기 위해서 그것은 반드시 구체적인 실천의 프로그램들과 짝을 이루어야 한다.

10. "노동 계급의 생활의 일상의 조건"들과 이러한 조건들을 다루기 위한 모든 이들의 집단적 사회 책임에 대해서 끊임없는 관심이 주어졌다.

11. "협력적인 공공재Cooperative Commonwealth"가 우리가 실현해야 할 목표로 제시되었다. 그것은 산업적, 사회적 물권들에 대한 공동체적인 소유와 관리, 임금 노예의 종언, 그리고 많은 사람들로부터 그들이 잠재력을 발휘하는 것을 저해하는 불평등한 계급구조의 청산을 포함한다.

12. 단순히 사회 이동 수단으로서가 아닌 학생들이 사회와 그 속에서 자신의 역할을 더욱 완전히 이해할 수 있도록 하는 교육의 중요성.

13. 학생들로 하여금 '왜?'를 묻게 하기. 이것은 학생들에게 일상생활, 제도, 그리고 그를 뒷받침하는 관계들에서 비판적인 태도를 함양하는 것을 포함했다. 주의해서 보아야 할 것은 이것이 많은 사회주의 일요학교 교육자들에게는 학생들이 어른이 되었을 때 주관이 없이 사회주의의 교리를 추종하는 사람들로 만드는 일을 의미하는 것은 아니었다는 점이다. 오히려, 그것은 학생들로 하여금 착취와 사회적 불평

등에 싸워야 할 필요성을 이해하고 그 싸움에 자원하는 학생들을 만드는 것을 의미했다.

이러한 학교들과 그 학교를 건설하고 운영한 사람들에 대한 호소력 있는 묘사와 분석에서 터틀바움은 그 교육과정과 교수법의 강조점에서 있어서 가능성과 제한점 둘 다를 지적했다. 그들의 교육적 실천은 종종 그 당시에 "사회적으로 책임지는 교육socially responsive education"으로 여겨지던 다음과 같은 교육방법에 잘 나타나 있다. 프로젝트 기반 방법, 지역공동체 프로젝트, 집단 학습, 학교교육과정과 학교 외부의 사회경제적이고 문화적인 세계를 연결시키고 그리고 학교교육과정과 학생들이 학교로 가지고 오는 "지식의 펀드"라고 오늘날 우리가 부를 수 있는 지식들을 연결시키기, 의도적으로 사회적 변혁을 목표로 하는 교육, 공식 지식으로 여겨지는 것에 문제 제기를 할 수 있는 커리큘럼과 그리고 그 공식 지식을 세상에 대한 더 정확한 이해에 기반을 둔 지식으로 대체해서 학생들과 교사들이 기존의 세상에 맞설 수 있게 하기 등.

여기에 제시된 교육방법들은 많은 경우 진보적인 교육은 대체적으로 중산층적인 현상이라는 지적을 면키 어렵다. 적지 않은 경우 그것은 사실이다.Apple, 2004; Bernstein, 1977 하지만, 더욱 그람시적인 눈으로 본다면, 우리가 해야 할 일은 지배적인 형태의 공식 지식을 취해서 그것을 재가공하는 것이다. 그렇게 재가공된 지식들은 지역사회를 압박하는 문제들을 해결하는 것을 돕게 된다. 또한 이 지식들이 그 지역사회가 가지고 있는 문화와 연결될 때 이 지식들은 근본적으로 해방적인 것이 된다.Apple, 1996; Apple, 2012

그런데 터틀바움 역시 인정하는 것처럼, 이렇게 만들어진 교육도 적지 않은 경우 어떤 특정한 유토피아적인 비전에 입각해 있을 수 있다.

그리고 그러한 특정한 비전은 배제와 포섭 모두를 수행할 수 있다. 계급적 역학 관계는 다른 모든 것을 빨아들인다. 모든 사회와 그 안에 있는 모든 사람을 이 렌즈를 통해서 볼 수 있다. 계급이란 개념을 언급조차도 해서는 안 되는 것으로 여기는 미국과 같은 사회에서는 계급적 역학 관계와 갈등에 관심을 집중하는 것은 그 자체로 강력한 반헤게모니적 실천이 된다. 하지만 계급적 역학 관계만이 역학 관계의 전부는 아니며, 중요한 모든 것을 계급적 역학 관계를 이용해 설명하는 것은 필연적으로 미국 안팎에서 억압받고 있는 무수히 많은 사람들의 실제 역사를 일정하게 왜곡할 수밖에 없다. 불평등의 다양한 양상과 차별적인 힘이라는 쟁점을 어떻게 대규모의 교육적 변혁에서 다루어야 하는지는 포르투알레그리를 다룰 다음 장에서 더 자세하게 다룰 것이다.

그렇지만 계급적 역학 관계에 대해 이와 같이 인식하는 것은 특별한 주의를 필요로 한다. 역사적인 사회운동에서 성-인종차별 문제는 계급 문제보다 더 중요하게 다루어져왔다. 실제로 그것들은 그 운동을 비판하는 사람들이 인정하는 것보다 훨씬 더 중요하게 다루어졌다. 실제로, 성-인종차별의 문제는 일반 공립학교나 사회의 주요 기관에서 벌어지고 있던 수준보다 훨씬 더 중요하게 다루어졌다. 즉, 그들의 지향점의 일부였던 진화적 단계 이론들은 암묵적으로든 공공연하게든지 간에 "원시적인" 것으로부터 "문명화된" 상태로의 나아간다는 진보를 시사했고, 그렇게 함으로써 인종화하는 방식으로 행동하게 되었다. 성차별이나 인종차별과 같은 "다른" 역학 관계들은 여전히 부차적이거나 계급과 반자본주의의 렌즈를 통해서 설명 가능한 것으로 이해하는 경향이 있다. 따라서 그러한 문제들을 "바로잡는 것"은 현재 사회의 계급적 성격을 해소하는 것이다. "진보" 그 자체는 선형적인 것이고 멈출 수 없는 것이며 역사 발전의 법칙에 의해서 보장되는 듯이 보였다.

그들의 비전과 접근법 속에서 발생하는 문제들, 갈등들, 그리고 딜레마들을 우리가 이제 인식할 수도 있다는 사실은 우리의 임무가 단지 과거를 돌아보고 낡은 교육의 절차들과 이론들을 부활시키는 것이 아님을 말해준다. 오히려 터틀바움의 분석을 읽고서, 나는 핵심적인 포인트들을 상기할 수 있었다. 그들이 수행했던 모든 일들은 활동가들을 조직하고 운동을 형성하는 데 있어 매우 긴요한 일이었다. 이것은 억압받는 자들에게 새로운 정체성을 제공하는데, 그것은 바로 만일 행동을 하기만 한다면 더 나은 삶을 살 수 있다는 광범위한 범위의 역사의 일부로서 자신들 스스로와 자신들의 나날의 노고를 파악할 수 있음이다. 이 모든 것은 그 당시라는 시대적 맥락 속에서 파악되어야만 한다. 결국, 우리는 반헤게모니적 학교, 교육과정, 그리고 가르침에 그렇게 많은 시간과 에너지를 쏟아 넣은 교육자들로부터 너무도 배울 것이 많이 있다. 우리가 우리의 절망 속에서 잊고 있었던 유용한 자원들이 여기에 있는 것이다.

이 모든 복잡성과 모순적인 가능성들 그리고 한계들은 내가 이 장을 마무리하려고 하는 예화 속에서 더 분명하게 드러난다.

그리고 공식적 지식에서는?

이러한 종류의 변혁에 관한 관심이 만들어내는 영향력은 개인 교사의 노력이나 사회주의 일요 학교와 같은 반헤게모니적 기구들에만 국한되는 것은 아니다. 그러한 것들은 자못 놀라운 장소인 공식적인 교육과정 문서에서도 뚜렷하게 나타나고 있다. 공식적으로 흑백 분리가 이루어지던 1940년대를 전후한 시기의 미국남부에서조차도 이러한 영향력을 발견할 수 있다. 버지니아 주의 공식 초등학교 교육과정 the Course of Study은 이와 관련한 놀라운 언급을 담고 있다. 이 교육과정을 만드는 작업에 2년 동안 수천 명의 교사가 연구에 참여했다. 그를 기초로 5주 동안 일련의 회합들이 개최되었다. 이 회합에는 주 정부 교육 책임자와 핵심적인 교육행정 관리들, 그 주에 소재한 대학의 교수들, 그리고 흑백으로 분리된 학교들의 "니그로"와 백인 행정가, 교사들의 대표들이 참가했다. 이 회합이 도출해낸 교육과정은 오늘날의 관점에서 보더라도 상당히 급진적이라고 할 만한 내용들에 대한 동의를 담고 있다.Virginia State Board of Education, 1943

예를 들어, "소수에 의한 지배로부터 자유를 얻기 위해 대중이 끊임없이 투쟁하는 것을 이해하기"라는 목표 아래 다음과 같은 내용들이 강조되었다.

- 개인들과 유력한 소수자들은 대중을 지배하고 통제하는 것을 항상 추구해왔다.
- 역사적으로 많은 중요한 운동들은 억압과 노예상태라는 멍에를 벗어 던지기 위한 인간의 노력에 의해서 촉발되었다.
- 인권은 저절로 혹은 선물로 부여된 것이 아니다.
- 예전에는 없던 제도인 민주주의는 모든 사람의 자유와 인권을 보장하기 위한 노력 속에서 이루어지고 있는 실험이다.
- 현존하는 사회질서는 고정되거나 영원한 것이 아니다. 인간은 정의와 자유를 추구하는 속에서 그것을 끊임없이 변용시키고 있다.

또 다른 교육 목표는 사회가 재건되어야 한다는 언급을 담고 있는데, 여기서 학교는 사회 재건의 핵심적인 역할을 수행해야 함을 역설하고 있다. 과학과 기술에 대한 카운츠의 입장과 흡사한 강조점들도 역시 눈에 띈다.

- 인간은 그가 이룩한 발견과 발명들을 통제할 줄 아는 법을 배워야 한다.
- 경제적인 제국주의, 국가주의, 과학과 사회 사이에 일어나는 진보의 간극 등이 국제적인 질서를 위협한다.
- 제국주의, 외교, 그리고 자본주의는 전쟁을 예방하는 데 실패했다.
- 민주적인 정부의 지속 여부는 통치되는 인민에 대한 전면적인 대중 교육에 달려 있다.
- 온갖 종류의 사적 이익을 추구하기 위해서 조직된 소수의 사람들은 정부를 통제하려고 시도한다. 하지만 가장 큰 금융 자원을 소유한 사람들이 유리하다.

이것 이외에도 교육과정에는 학교가 시민들이 살고 있는 세상과 그것을 조직하고 해체하는 지배 관계에 대해서 더 근본적인 이해를 가진 비판적인 시민들을 만들어야 한다는 것과 같은 다른 강력한 목표들도 제시되어 있다. 그 목표들은 다음과 같다.

- 사업과 산업으로 부자가 된 소수들은 땅을 기반으로 했던 귀족들을 대체했다.
- 힘 있는 소수들은 자신들의 이해관계를 정부를 통해서 보장하는데, 그들은 교육관료, 교회, 언론 등을 통제하는 정부에 대한 통제를 자기 것으로서 확고히 한다.
- 개인주의와 계급 정신이 조화를 이루어서 협력적인 생활의 요구를 충족시키는 것은 불가능한 일이다.

마지막으로 특기할 만한 것으로 교육과정에 다음과 같은 "기준들"이 있었다. 그 기준들의 취지는 마치 내가 지금껏 설명해온 사회 재건주의자들의 펜 끝에서부터 직접 나온 것처럼 들릴 수 있는 것들이었다.

- 자본주의는 인민 다수에게 봉사하기보다는 소유자에게 이윤을 돌리는 원리에 기반을 두고 있다.
- 자본주의 사회에서 상품을 분배하는 방식은 사회적 생산물을 소수의 몇 사람에게로 돌리는 경향이 있다.
- 자본주의 시스템은 계획된 것이 아니며 방향성을 결여하고 있다.
- 자연자원은 이윤을 위해서 착취되고 있다.
- 자본에 대한 노동자의 종속은 노동자를 노예의 상태로 만드는 경향이 있다.
- 근대적 경제생활은 부가가치 시스템에 기반을 두고 있다.
- 이윤이 아닌 서비스가 산업의 동기가 될 때에만이 공공에게 이익과 주도권이 제공될 수 있다.
- 민주주의는 최대 다수의 최대 행복이라는 원리에 근거하고 있다.
- 산업은 모든 이들의 지적, 도덕적 삶을 고양시키는 방향으로 조직되어야 한다.

초등학교 학생들을 위한 이러한 목표들은 때때로 도덕적·지적·경제적으로 더 보수적인 어젠다들과 함께 제시되곤 했다. 이런 어젠다들은 자본을 주요한 부의 생산자로서 인식하는 것, 시간 엄수, 전통적인 가정에 대한 지지, 남자들의 경험을 인간 경험의 전범으로 인식하기 등을 포함한다. 그럼에도 불구하고, 우리는 교육과정이 제시한 목표들이 보여주고 있는 진보성에 거의 할 말을 잃게 된다. 흥미로운 점은 이러한 목표들이 인종차별적인 정책이 서슬 퍼렇게 살아 있던 시대를 살아가던 사람들의 이해관계가 반영된 "공식적인" 교육과정이었다는 것이다. 국가 그 자체는 전통적으로 갈등과 타협의 산물이었다. 교육과정은 우리로 하여금 국가로부터 유래된 일반적인 정책들에 대해서 저항하는 것이 왜 중요한지를 다시금 일깨우고 있다.[Apple, 2012; Apple et al., 2003] 정부 정책과 상식으로 통하는 이데올로기적인 전제들에 대해서 끊임없이 조직된 압력을 행사하는 것은 중요한 변화를 이끌어낼 수 있다. 이러한 타협 중에서 많은 것들이 불평등의 성격, 정부와 경제의 관계, 그리고 한 사회를 변혁하는 데 있어서 집단적인 투쟁이 중요하다는 인식의 공간을 제공해주었다.[Bond, 1935; Holmes, 1939; McKinney, 1936; Thomas, 1936 참조]

"흑인" 학생들이 매우 비판적인 관점을 공식적 교육과정을 통해 배우게 된다는 사실은 국가와 시민사회 내에서 매우 억압적인 일련의 구조에 대항해서 벌어지는 지속적인 저항 운동의 점증하는 영향력에 의해 성취된 결과물이다. 그러므로 이곳에는 간과해서는 안 될 승리들이 있다. 공식 지식은 급진적으로 변혁된 전례가 있다. 아래로부터의 목소리와 관점이 받아들여진 전례가 있다. 그리고 지배에 맞서서 어떻게 변화를 이끌어낼 수 있을 것인지에 대해서 배울 수 있는 핵심적인 기관에는 학교가 있었다.

비록 내가 이곳에서 관심을 기울인 많은 수의 활동가들이 어떻게 카운츠의 질문에 답을 할 것인지에 대해서는 서로 다른 입장을 취할 수 있지만, 그들은 공히 공립학교 시스템의 안팎에서 사회 변혁에 그들의 삶을 바쳤다. 하지만, 그들은 외롭지 않았다. 이 장의 처음에서 했던 것처럼, "우리는 누구의 관점에서 '교육은 사회를 변혁시킬 수 있는가?'라는 질문을 던지고 답을 하고 있는가"를 물을 필요가 있다. 나는 이제 카운츠가 그 질문을 던지던 때를 전후한 시기에 카운츠가 던진 것과 같은 질문을 던지고 이에 답했던 중요한 일군의 역사적인 행위자들로 우리의 관심을 돌려보고자 한다.

i 이 절에서 카운츠에 초점을 맞출 것이긴 하지만, 내가 관심을 두는 것은 그 혼자만은
아니다. 해럴드 러그Harold Rugg, 존 차일즈John Childs, 그리고 훨씬 더 급진적인 인물인 시
어도어 브라멜드Theodore Brameld와 같은 사람들이 이 시대에 비판적 목소리를 높였다.
Evans(2006), Kriedel(2006)을 참조할 것.

ii 이것은 다른 나라들과도 유사한 점이 있다. Fielding and Moss(2011) 참조.

iii 러그도 역시 당시에 "니그로 질문"이라고 불렸던 것에 진지한 관심을 보였다. 하지만 윌
리엄 왓킨스William Watkins가 목소리를 높인 바 있듯이, 당시의 너무도 많은 백인 비평가
들이 그랬던 것처럼 "러그도 인종의 문제를 자본주의 착취와 노동 경제학에 연결시키지
못했다(Watkins, 2006, p. 220)."

iv 여기서 과학의 특정한 비전에 토대를 두고 교육을 모델링하려는 시도를 간과해서는 안
된다. 이는 의식을 바꾸려는 전략의 일부인데, 이 전략에 의하면 높은 위상을 가지는 것
으로 보이는 특정한 문화적 자본이 초보자를 훈련시키는 데 필요한 권위로 전환된다.
Bourdieu(1984) 참조할 것.

v 이것은 분명히 현재의 미국 정치 상황에 부합한다. 가난한 사람들이나 모두를 위한 의
료보험과 같은 것을 공개적으로 옹호하는 사람은 오바마 대통령을 포함해서 거의 누구
라도 "사회주의자"로 명명된다. 이것은 순전히 우파들이 가지고 있는 사회주의와 사회
민주주의 전통에 대한 무지에서 비롯된 것이다.

제4장

듀보이스와 우드슨, 변혁의 정치학

누구의 관점을 취하는가?

제3장 끝 부분에서, 나는 무엇을 공식적 지식으로 할 것인가를 둘러싼 투쟁을 성공적으로 수행했던 사례들을 소개했다. 인종 분리가 시행되던 시절(지극히 보수적일 것이라고 생각되기 쉬운 시절—역자 주)의 버지니아 주 학교들에서 미국 사회의 부와 권력의 성격에 대해 문제를 제기하는 놀라운 변화가 교육과정에서 일어났다. 이러한 문제 제기는 오늘날에도 여전히 유효하다. 이러한 관점의 성립이 가능했던 이유는 아마도 이 교육과정이 그동안 소외되어왔던 '타자'에 의해, '타자'를 위해 만들어졌기 때문일 것이다. 다른 각도에서 생각한다면 그것은 소외된 자들이 벌인 성공적 투쟁의 결과인 동시에 당시의 사회에 점증하고 있던 진보적 관점에 대한 이해가 증가한 결과라 할 수도 있을 것이다. 교육과정이 끊임없는 타협의 과정임을 감안한다면^{Apple, 2000}, 두 가지의 설명은 모두 일리가 있다. 하지만 그 이유가 무엇이든지 간에, 대공황 기간 동안에 사회구조에 대한 비판적 인식이 자라났고 이후 오랫동안 아프리카계를 비롯한 다른 소외된 공동체들 사이에서 이 의식이 두드러지게 나타났다는 사실은 의심의 여지가 없다. 이러한 인식은 이 기간 동안 더욱 발전했으며, 학교에서 학생들에게 정당성을 가진

지식으로 가르쳐왔다.

이러한 방식으로 사회를 이해하는 것은 오랜 역사를 가지고 있는데, 저항적인 사회적·지성적 운동에서 그 연원을 찾을 수 있다. 이 운동은 교육을 비판적인 시각에서 조명했을 뿐 아니라, 평등을 위한 투쟁에 교육이 필수적이라고 보았다.

제3장에서 나는 조지 카운츠와 학교와, 그리고 사회의 지배 권력의 사이의 관계를 이해하기 위한 그의 시도들, 그리고 그의 입장을 둘러싼 복합성과 모순에 대해 다루었다. 그러나 카운츠가 그 질문들을 제기하거나 그것들에 답하려 시도했던 첫 번째 학자도 아니었고 유일한 진보적 교육자도 아니었다. 이러한 질문에 답하며 행동으로 실천하고자 했던 가장 강력한 전통들은 억압된 사람들의 공동체에서 발견할 수 있다. 이 중 가장 잘 다듬어지고 가장 강력한 전통은 아프리카계 공동체에서 찾을 수 있으며, 이 전통은 흑인들의 장·단기적 요구 모두에 부응하는 교육을 만들고자 벌인 아프리카계의 집단적인 노력 속에서 진화해왔다. 이러한 전통은 애초에 개혁의 요구가 제기되었던 그 사회 현실을 변혁하는 것을 목표로 했다. 나는 이 장에서 이러한 운동에서 가장 통찰력 있고 열성적이었던 두 명의 학자/활동가 듀보이스와 우드슨에 대해 논의할 것이다. 뿐만 아니라, 나의 논의는 이 두 사람을 넘어서서 교육계의 일상적 논리와 활동에서 이러한 비판적 전통의 기반을 닦았던 실천가들의 헌신에 대한 논의로 확장될 것이다.

이 장 첫머리에서, 나는 『교육은 사회를 바꿀 수 있을까?』 중에서 역사를 다룬 부분을 구상하고 집필하면서 봉착하게 된 매우 현실적인 딜레마에 대해서 최대한 솔직하게 이야기하겠다. 내가 비록 여기에서 수많은 아프리카계들의 목소리와 실천가들에 중점을 두고는 있지만, 이들의 목소리를 아프리카계라는 단일한 집단으로 다루는 것에는 심각한 위험이 존재한다. 아프리카계 미국인 공동체들에는 광범위한 종류의 전통들이 존재하는데, 이 전통들 사이에 존재하는 미묘한 차이들과 권력 관계를 다 표현하려면 이 책의 지면 전부를 할애해야 할 것이다. 이와 마찬가지로 중요하게, 모든 억압자들의 집단들, 모든 하층민들의 집단들, 모든 디아스포라 공동체들에는 그 집단들 내부에 다양한 목소리와 실천가들이 존재한다. 소외된 사람들로 구성된 모든 개별 공동체는 이러한 복잡한 현실과 씨름해야 했으며, 동시에 지배 세력에 저항할 수 있고, 돌봄, 사랑, 연대의 가치를 옹호할 수 있는 교육제도와 경험을 창출하는 것에 골몰해야 했다.

나는 역사적 내러티브를 구성하는 데에 있어 '부재의 존재들absent presences'의 역할에 대해 잘 알고 있다. 나는 또한 "당신은 이 책이 제기하는 질문에 대해 누구의 관점에서 대답하고 있는가?"라는 질문이 가지는 힘과 그 중요성에 대해서 잘 알고 있다. "교육은 사회를 바꿀 수 있을까?"라는 질문에 대한 답은 답하는 사람이 자신이 속한 사회, 즉 복합적이면서 때로는 모순적인 (재)분배와 인정의 투쟁으로 갈라진 사회에서 차지하고 있는 현재의 위치에 따라서 천양지차로 달라질 수 있다. 그러나 내가 이 책에서 모든 것을 다룰 수는 없으며, 내가 아무리 노력한다 하더라도 이 모든 것에 대해서 알 수도 없다. 이 문제에 대한 해답을 얻기 위해서는 집단적 기억과 투쟁의 역사를 복원하고, 이러한 역사가 반복되는 것에서 함께 교훈을 얻고, 이러한 투쟁의 교집합을 찾고, 개인들이 서로 변증법적으로 연결된 탈중심 연합을 형성하는 집단적 작업을 필요로 한다. 감사하게도, 미국을 비롯한 여러 나라들에서 과거와 현재에 일어났던 사회운동들, 목소리들, 그리고 실천가들의 힘과 다양성들을 증명하는 많은 연구들이 있으며 또한 그 숫자는 계속 증가하고 있다. 따라서 나는 아직도 이들에 대한 내용이 얼마나 더 많이 다루어져야 하고, 그들 자신의 목소리가 들려지기를 바라는 억압받는 사람들이 얼마나 더 많은지를 염두에 두면서, 여기서는 주로 두 명의 인물과 그 주변 사람들에 초점을 맞추도록 하겠다.

듀보이스, 문화와 교육의 변혁

두 사람 중에서 나는 우선 듀보이스를 꼽고 싶다. 그는 문화정치를 놓고 벌이는 교육과 지속적 투쟁에 있어서, 그 내용과 그 스타일 양 측면에서 강력하게 발언했던 가장 뛰어난 아프리카계 학자/활동가였다. 듀보이스와 같이 중요한 인물의 주장과 그가 이룬 업적에 대한 소개는 이 책의 분량 정도로는 충분히 감당할 수 없다. 그의 주장은 도전적이면서도 그의 일생에 걸쳐 변화해왔다. 경제적, 정치적, 문화적 권력의 복합체가 국내외적으로 인종화되는 현실에 마주치면서, 그리고 그에 맞서서 싸우면서 그의 주장은 더욱 치밀해지고 급진적으로 바뀌었으며 더욱 강력해졌다. 내가 여기서 하려고 하는 것은 조지 카운츠의 책 『학교가 감히 새로운 사회질서를 수립할 수 있을까?』가 이러한 도전 가운데 유일하고 심지어 가장 중요한 발언이었다는 공통으로 수용된 견해와 관련된 것이다. 이러한 견해에는 적지 않은 위험이 있음을 나는 여러분에게 상기시키고 싶다. 아마 진보적 백인 교육자들은 위의 견해를 수용할 것이다. 하지만 억압받는 사람들은 카운츠와 같은 사회 재건주의자들의 활동 시기 이전부터, 그리고 그들이 왕성히 활동하던 시기에도 이러한 질문은 끊임없이 강력한 방식으로 제기했고 응답했다.

카운츠가 역사적으로 이러한 질문을 가장 강력하게 제기했던 인물로 알려져 있지만, 그가 사회 변혁에서 학교교육의 역할에 대해 깊은 관심을 가졌던 최초의 사람도, 유일한 사람도 아니었다. 억압받고 소외된 집단들은 그들 내부에 유기적인 지식인들을 보유해왔으며, 그들 나름의 생생한 활동의 역사를 가져왔다. 이를 통해 그들은 사회에서의 학교교육의 역할을 급진적으로 비판하는 그들 특유의 강력한 전통을 가지고 있다. 흑인 공동체의 급진적 전통(들)은 이 장에서 하나의 패러다임으로 작용한다.

카운츠와 러그가 "니그로 문제Negro question"[1]에 "관심"을 보였을 수는 있지만Watkins, 1993, 흑인 사회의 진보적 전통들은(여기서 복수 명사 사용이 중요하다) 인종과 인종화의 구조 및 역학, 그리고 인종과 계급의 중첩성이 가지는 구성적 성격에 대한 이해에 있어서 비판적 백인 교육자들의 전통보다 훨씬 더 깊고 선구적인 것이었다.

흑인 교육의 이론과 실천은 억압적 상황에서 발전하였다. 물론 이 이론과 실천은 다양한 억압의 조건들 속에서 다양한 방식으로 응전한 결과물이다. 실제로 "굴종과 배제에 대한 흑인들의 대응은 복종에서 타협, 전면적인 저항까지 광범위한 형태를 지녔다."Watkins, 1993, p. 322 우리가 외부에서 볼 때 굴종이나 타협처럼 보이는 것도 때로는 그 이면에 저항과 투쟁의 메시지를 담고 있음을 알고 있다.Scott, 1990

듀보이스는 이러한 전통 내의 다양하고 복잡한 흐름들 가운데 가장 저명한 본보기이다. 그는 개인적, 사회적 해방과 관련 없는 교육은 진정한 교육이 아니라고 보았다. 교육은 "무엇보다도 우리의 젊은이들을 힘을 가진 사람으로 만들 수 있도록 설계된 훈련을 제공"할 필요가 있다.Du Bois, 다음에서 재인용 Watkins, 2006, p. 223 이러한 교육은 수많은 목표를 내세울 수 있을 것이다. 그중 하나의 목표는 "소외된 사람들, 특히 흑인들로 하여금 사회에 영향력을 행사하고 개혁할 수 있도록" 하는 것이다.Watkins, 2006, p. 223

---

1 카운츠나 러그가 활동하던 시대에는 흑인을 니그로로 불렀다. 여기서 인용부호는 당시에 이 문제를 다루던 방식을 재현하기 위해 쓰였다.

듀보이스는 수사적 기술이 꼭 필요할 때에는 엄청난 수사적 재능을 발휘했지만, 그는 교육에 대해서는 수사적 표현에만 만족하지 않았다. 그의 목표는 더욱 공동체적인 민주적 사회주의 기구라는 비전에 분명히 연결되어 있었는데, 그 비전은 사회의 불평등한 부와 자원, 지식에 관한 문제를 포함하고 있었다. 사상과 이데올로기를 둘러싼 투쟁이 그의 분석에서 중심에 있었다. 사회의 공식적 교육 기구는 이러한 투쟁이 발생할 수 있고, 발생해야만 하는 장소였다.Watkins, 2006, pp. 223-224 구체적으로 미국의 남부에 대해서 언급하면서, 듀보이스는 『흑인들의 정신The Souls of Black Folk』에서 다음과 같이 말했다. "남부는 교육된 니그로는 위험한 니그로라고 믿었다. 그리고 남부의 그런 믿음은 크게 틀리지 않았다. 왜냐하면 모든 종류의 사람에 대한 교육은 예전에는 물론 지금과 미래에도 위험과 혁명의 요소를 가지고 있고, 불만족과 불평의 요소를 가지고 있기 때문이다."Du Bois, 1903/2009, p. 27 i

듀보이스만이 이러한 "위험"을 인식했던 것은 아니다. 계급적 배경에 관계없이 백인들은 흑인들을 위한 공교육을 두려워했다. 제임스 앤더슨은 이를 다음과 같이 표현했다. "대다수가 문맹인 가난한 백인 계급 사이에서 글을 읽을 줄 아는 흑인 노동계급의 출현이 주는" 위협은 가난한 백인들로 하여금 "남부의 카스트 시스템을 유지하는 데 핵심이 되었던 흑인들이 열등하다는 인종적인 신화에 기대게 하였고, 이를 통해 흑인들을 공격하게 하였다."Anderson, 1988, p. 27 흑인 운동가들과 흑인 사회운동의 압력에 몰리게 된 백인 지배 집단과 인종차별 정책을 수행하던 주들에서 해결책을 내놓았다. 그것은 인종적으로 분리되고 공적 지원이 제한되어 있는 공교육의 제공이었다. 이렇게 한 것은 백인들이 이를 통해 흑인들을 순종적으로 만드는 교육 내용과 이데올로기적 지향을 보장하고 싶었기 때문이었다. 프레이저Fraser, 1989가 제시한 이론은 이 상황을 잘 설명하고 있다. 지배 계급은 적지 않은 경우 아래로부터의 요구에 부응하는 사회운동에 의해 변화를 강제당한다. 그러나 그들은 곧 그들의 지배 질서에 위협이 되지 않는 최대한의 선에서 개혁을 실시하려고 한다. 하지만 일단 변화가 일어나면, 이러한 부분적 개혁은 거의 언제나 또 다른 갈등의 장을 열게 된다. 그 영역은 결코 지배 권력에 의해 완전히 장악될 수는 없다. 듀보이스는 이 점을 분명히 인식하고 있었다.

하지만 듀보이스가 관심을 가졌던 것은 단지 공식적 제도만이 아니었다. "우리의" 해석적 프레임을 지배하고 있는 일상생활의 문화정치학과 제국주의 및 백인 우월주의 담론 등이 그의 신랄하고도 정교한 비판의 핵심에 있었다. 『에티오피아의 손The Hands of Ethiopia』과 『백인들의 정신The Souls of White Folk』과 같은 초기 저작에서 그는 당대의 제국주의적 자본주의의 팽창주의를 맹비난했으며, 인종차별이야말로 "백인 노동계급이 제국주의적 팽창의 논리를 내면화하는 가장 중요한 요소"라고 주장했다.Lewis, 2000, p. 15 피부색으로 사람을 양분하는 백인우월주의는 국내에서나 국제적으로나 불평등을 정당화하는 것이었다. "전 세계에 복음(백인우월주의)이 설교되고 있다. 이 복음은 그들만의 경전을 가지고 있고, 그들만의 사제를 가지고 있으며, 그들만의 비밀 선전 전략을 가지고 있다. 무엇보다도 이 복음은 매우 성공적이었다."Du Bois, 다음에서 인용, Lewis, 2000, p. 15; Ford, 1936 참조

여기서 계급과 인종의 연결을 눈여겨보라. 백인 노동계급은 백인우월주의 이데올로기를 통해서 경제적 지배 집단의 리더십에 포섭되었다.Gillborn, 2008 참조 그렇게 함으로써 그들은 이중 착취에 능동적으로 참여하고 있었다. 하나는 자기 자신들에 대한 착취이고, 다른 하나는 이 사회 및 다른 많은 사회들이 인간성을 부정한 이들(여기서는 흑인들-역자)에 대한 착취이다. 이러한 부정과 이러한 이데올로기는 교육을 포함한 문화, 경제, 정치 영역 등 사회의 모든 분야에 존재했다.

"개인적인 것과 보편적인 것의 장인적인 결합"이라 일컬어지는 그의 저서 『백인들의 정신』과 『검은 물 *Darkwater*』 등에서 듀보이스는,

가능한 한 가장 광범위한 대중 교육을 주장했다. 그는 또한 일반 문화의 정전을 확장해서 소외되고 억압받는 사람들의 삶과 업적들을 거기에 포함시킬 것을 주장했다. 목표는 20세기 후반 세대들이 다문화주의라고 인식하게 될 그러한 종류의 사상에 노출시킴으로써 "모든 이들을 지성적으로 만드는 것이다." 이 목표를 듀보이스는 "특별한 재능과 잠재력을 발견하는 것"이라고 불렀다.Du Bois, 다음에서 재인용, Lewis, 2000, p. 16; Du Bois, 1920 참조

이를 가능하게 하는 종류의 교육이 무엇인가라는 질문에 대한 듀보이스의 답변은 무엇일까? 그 답은 그가 누구를 대상으로 글을 썼는가에 전적으로 달려 있다. 그는 종종 그 자신이 하버드 대학과 같은 엘리트 대학에서의 경험을 서사적인 지렛대로 활용해서 더 많은 이야기들을 할 수 있는 가능성의 공간을 열어놓았다. 백인 독자층을 대상으로 하는 글에서 그는 "교육이라는 탈출구가 봉쇄되어 있음을 알게 된 수많은 유능한 유색인종 청소년들의 삶"을 강조했다.Lewis, 2000, p. 17 이런 종류의 호소는 억압받은 사람들의 공동체 안에서 오랜 역사를 지니고 있다. 발견되지 않은 재능, 백인의 죄의식, 그리고 권력층의 의무noblesse oblige 등과 같은 개념들이 결합되어서 권력을 가진 사람들로부터 한결 동정적인 반응을 이끌어낸다.

이러한 저서들에는, 교육과 그 변혁적 힘에 대한 복음주의적 신념에 가까운 그 무엇이 있었다. 그 무엇은 그의 친구인 영국계 흑인 작곡가 사무엘 쿨리지-테일러에게 바친 그의 시적인 헌사에서 잘 드러나 있다. 그의 에세이 「불멸의 아이The Immortal Child」에서 듀보이스는 듀이

가 발전시켰던 도구주의적 입장에 기반을 둔 한층 진보적인 교육을 요청했다.Lewis, 2000, p. 17; Dewey, 1922; Dewey & Dewey, 1962 참조 그 시기에 듀보이스는 교육의 궁극적인 목표가 재능을 발굴하고, 호기심을 돋우며, 사회민주주의를 고취할 수 있는 환경을 만드는 것이라고 생각했다. 그의 표현을 빌리면 "아이들에 대한 취급에서(교육-역자), 세상은 그 자신의 미래와 신념을 예측한다."Du Bois, 다음에서 인용, Lewis, 2000, p. 17 흑인 아이들에 대한 교육적 홀대를 극복하는 것이야말로 미래와 신념의 조건을 형성하는 데 중요한 발걸음이었다.

내가 듀보이스의 저서로부터 인용한 내용과 문제 두 가지는 모두 다 중요하다. 듀보이스에게 있어서 언어는 평등과 정의를 위한 끊임없는 투쟁의 무기만이 아니었다.Lewis, 2000, p. 19 그것은 또한 시적인 것이었다. 그는 또한 서로 다른 청중들에게 서로 다른 방식으로 말해야 할 필요성을 잘 알고 있었다. 언어의 이 두 가지 기능을 결합하는 작가로서의 그의 능력은 거의 짝할 이가 없었다. 데이비드 레버링 루이스David Levering Lewis는 『검은 물』에 대한 비평문에서 감정적인 문장으로 다음과 같이 표현했다.

『검은 물』은 백인들을 매료시켰다. …… 듀보이스는 매혹적인 언어와 도덕적 이정표를 매개로 미국에서 이등 시민이 된다는 것이 어떤 것인지 백인들이 충분히 볼 수 있고, 심지어 느낄 수 있도록 인종의 장막을 들어 올렸다. …… 장막에 의해서 은폐되고 왜곡된 채로, 지리, 자연 자원, 그리고 역사적인 차이에 근거한 사람들 사이의 실질적이고 상대적인 차이들이 지배와 경멸을 정당화하는 도덕적, 유전적 열등성의 표지가 되었다.Lewis, 2000, p. 20

여기에서 듀보이스는 "백인 대중"에게 초점을 둔 교육자로서 행위하고 있는데, 이는 지배 집단의 의식을 바꿈으로써 교육적, 사회적 환경을 변화시키는 것에 초점을 두었기 때문이다. 이 행위는 우연히 이루어진 것이 아니다. 왜냐하면, 그 당시에는 "흑인의 문제"가 백인의 문제보다 적은 것으로 여겨졌다. 이는 오늘날 "빈자의 문제"가 아닌 "부자의 문제"가, 장애인의 문제보다 "비장애인의 문제가", "동성애자의 문제"가 아닌 "이성애자의 문제"가 부각되고 있는 것과 같은 이치이다.

듀보이스가 그의 저서에서 백인들에 대해서만 언급했던 것은 아니다. 『흑인들의 정신』에서 그는 부커 워싱턴Booker T. Washington의 교육 프로그램에 대해 강력하게 반박했다. 듀보이스는 산업과 농업에 대한 워싱턴의 강조와 그 강조에 대한 대중들의 지지를 획득하기 위해 수행했던 정치적 행위 두 가지 모두에 대해서 심각한 문제를 제기했다.McSwine, 1998, p. 2 듀보이스에게는 문화 투쟁과 "교육받은 인간"이라는 개념을 둘러싼 쟁점들은 매우 중요한 것이었다. 억압자들에 대한 저항을 통해, 그리고 피억압자들에 대한 억압자들의 의식의 영향력에 맞섬을 통해 흑인공동체의 일원으로서 자신을 의식하는 것은 중요한 일이다. 듀보이스는 흑인들이 자신들을 억압하는 사람들과 그들의 의식에 영향을 미치는 것에 맞서 투쟁함으로써 상황을 집단적으로 자각하는 것이 중요하다고 보았다. 집단적 자아상에 대한 지식, 자신의 역사와 지금의 현실에 대한 지식, 그리고 훌륭한 전통을 드러내기 위해 외부로 확장되는 지식은 자유의 조건을 규정하는 핵심적인 도구이다. 제2장에서 보았듯이, 프레이리가 수행한 작업은 여기에서도 분명한 울림이 있다. 정체성의 상실, 즉 흑인 공동체의 일원으로서의 정체성을 상실하는 것은 문화와 공동체적 기억의 상실을 반영한다. 이와 같은 상실은 오직 "참 자아"가 재구성될 때에만 극복될 수 있다.McSwine, 1998, p. 6

교육을 받은 사람이 된다는 것이 무엇이고, 누가 그런 사람이고, 이런 교육의 내용은 무엇인지 등에 대한 듀보이스의 생각은 시간이 흘러감에 따라 변했다. 이것은 놀라운 일이 아닌데, 그것은 자기를 둘러싸고 지속적으로 벌어지는 변화에 민감하게 귀를 기울이는 사람들, 그리고 우리가 지속적으로 배울 것들을 많이 가지고 있는 사람들이라면 모두가 그렇게 하는 일이기 때문이다. 듀보이스도 그가 살아가던 세상이 제국, 국제적인 계급과 인종의 역학, 그리고 그가 관여했던 정치적인 실천에 의해서 급진적으로 변화됨에 따라, 더 새롭고 정치적으로 지혜로운 방식으로 이에 대응하게 된 것이다.Lewis, 1993; Lewis, 2000 하지만 이러한 변화가 있다 하더라도, 레이먼드 윌리엄스가 "정서의 구조struture of feeling"라 불렀을 법한, 변치 않는 한 가지가 있었다. 코넬 웨스트Cornel West의 표현을 빌자면, "에머슨 등의 실용주의자들처럼 듀보이스도 문화 창출이 역사 창조에 있어서 제일 중요한 것이라고 생각했다. …… 듀보이스의 민주적 가치는 일상생활 수준에서 인간의 창조적인 힘을 발견하는 것에 그 기반을 두고 있었다."McSwine, 1998, p. 6; West, 2002

문화정치의 중요성에 대해 그가 인식했다는 증거, 그리고 그가 자신의 주장을 한결 섬세하게 할 수 있는 능력을 갖추게 되었다는 증거는 1930년대의 그의 활동에서 찾을 수 있다. 1933년 피스크 대학Fisk University의 강연에서, 듀보이스는 흑인들이 사회적으로 배제되는 '치명적이고 절망적인' 상황에 대해 강하게 파고들었다. 교육에서의 인종 분리가 유래 없이 심화되었을 뿐 아니라, 그 질이 구조적으로 점점 더 낮아지고 있었다. 그의 초기 저작들에서 중요하게 다루어졌던 최상의 문화적 지식이 가지는 보편성에 대한 신화는 더 이상 현실의 시험을 이겨내지 못했다. "상상 속에서만 존재할 수 있는 보편성이라는 개념은 흑인들의 기초적인 교육 현실을 은폐했다."Lewis, 2000, p. 313 그 대신에 듀보이스는, 2년 전에 피스크 대학에서 연설했던 카터 우드슨처럼,

"인종적인 주제들을 재평가하는 데 사용되는 끊임없이 진화하는 매끄러럽고 지적으로 섬세한 방법을 제공했다."Lewis, 2000, p. 314

듀보이스가 자신이 설파한 교육의 목적과 방법에 대해서 재평가하고 있기는 했지만, 그의 입장은 부커 워싱턴과는 달랐다는 점을 명확히 할 필요가 있다. 워싱턴은 훗날 그의 "애틀랜타 타협Atlanta Compromise"연설이라고 불린, 자본가 그룹에서의 강연에서 다음과 같이 말했다.

> 내가 속한 인종에서 가장 현명한 사람들은 사회적 평등 문제에 대해 정치적으로 문제를 제기하는 것은 극단주의자들의 어리석은 행동이라고 이해하고 있다. 그들은 또한 우리에게 돌아올 모든 특권들을 누리는 즐거움이 억지스러운 강요가 아니라 지속적이고 강력한 투쟁의 결과여야만 한다는 것을 이해하고 있다. …… 바로 지금 공장에서 1달러를 벌 수 있는 기회는 오페라 하우스에서 1달러를 소비하는 것보다 훨씬 더 가치 있다.Washington, 1901/2009, p. 131; Heningburg, 1936

듀보이스는 "지속적 투쟁"의 중요성에도 동의했으나, 그가 가지고 있었던 반헤게모니적 교육의 비전은 분명히 워싱턴의 타협주의적 입장보다는 범위가 넓은 것이었고, 사회적-문화적으로 훨씬 더 비판적이었다. 듀보이스는 고등교육은, 문맥상 모든 교육은, "그 인종의 삶"에 기반을 두어야 한다고 역설했다. 기술 교육에 중점을 둘 것인가 아니면, 자유 교양에서 다루는 "필수적인" 형태의 지식에 중점을 둘 것인가-그는 보편적 인문학을 지지하는 입장이었다-를 두고 흑인 공동체 내부에서 오랫동안 의견의 불일치가 있었는데, 그가 보기에 이 논쟁은 그 자체로서 소모적인 것이었다. 이제 중요한 것은 이러한 이분법을 넘어서는 것이었다. 가치 있는 교육을 판단하는 기준은 교육이 얼마나 인종적 진정성을 가지고 있는지, 그리고 얼마나 그것을 고양하는 지에 달려 있다. 여기서 인종적 진정성이란 솔직함인데, 자유교양 교육이든 기술 교육이든 미국에서 흑인들의 경험이 가지는 독특성을 인정하는 것을 말하는 것이다.Lewis, 2000, p. 313 ii 오직 그러한 인정이 이루어지고, 그러한 이분법이 해소될 때만이 교육은 흑인들의 삶과 환경을 변화시키고자 하는 정당한 목적을 성취할 수 있을 것이다.

「흑인들에 대한 오도된 교육The Mis-Education of the Negro」Woodson, 1993 에서 "엘리트주의와 유럽중심주의에 대한 신랄한 비판"을 했던 우드슨Woodson과 마찬가지로, 듀보이스는 교육자들과 실천가들로 하여금 "흑인의 삶"에 교육의 기반을 둘 것을 역설했다. 피스크 대학에서 한 연설은 앞일을 예측한 것이었다. 여러 가지 점에서 그 연설은 시간이 지남에 따라 흑인 공동체 내에서 점점 설득력을 얻어가던 디아스포라적이고 아프리카 중심적인 입장을 예견하고, 선포하며, 찬양한 것이었다.Lewis, 2000; p 313

대공황기에는 기술 교육이 재평가를 받아 위상이 높아진 시기였다. 하지만 듀보이스는 우드슨이 『흑인들에 대한 오도된 교육』에서 취했던 입장과 마찬가지로 "과거에 자유교양을 강조하던 입장을 완전히 버릴" 준비는 되어 있지 않았다. 그는 "고루한 애틀랜타 대학Atlanta University의 높은 교양 지향성과 …… 단순한 직업주의에 편향된 터스키지Tuskegee……"² 둘 다를 똑같이 비판하는 입장을 취했다. 이들 중 어떤 접근법도 "노동계급의 맨 밑바닥부터 시작하는 인종(흑인-역자)에게 부과되는 근대화의 스트레스"를 온전히 해결할 수 없었다. 이러

---

2 Atlanta University(조지아 주 소재)와 Tuskegee University(앨라배마 주 소재)는 둘 다 역사적으로 흑인 대학이다. 애틀랜타 대학은 자유교양교육에 특화되었고, 터스키지 대학은 기술 교육에 특화되었다. 듀보이스는 애틀랜타 대학에서 교수를 역임했고, 부커 워싱턴은 터스키지 대학을 설립했다. 애틀랜타 대학은 1988년에 인근의 여러 개의 대학들과 합병하여 클라크 애틀랜타 대학Clark Atlanta University으로 교명을 바꾸었다.

한 이분법을 지양하면서 1930년대에 그가 내놓은 해법은 인문교육과 기술교육을 창조적으로 융합한 교육의 건설이었다.Lewis, 2000, p. 389 하지만 그 교육은 언제나 비판적인 면을 가지고 있어야 하고, 언제나 다음과 같은 관점에서 이해되어야 하는 것이었다. 그에게 있어서 교육은 미국에서뿐만 아니라 제국의 창건과 방어라는 점에서 일상생활의 토대를 이루는 백인우월주의와 착취적 경제 시스템에 문제 제기를 하는 것이었다. 재분배의 정치와 인정의 정치가 결합되었다.

역사에 있어서 그리고 아프리카인들에 대한 교육을 기존의 교육과는 전혀 다른 지점에서부터 시작하도록 요구하는 그 역사의 가혹한 현실 속에서 "대륙과 디아스포라의 아프리카인들"의 위치로 듀보이스의 강조점은 옮아갔다. 여러 가지를 고려했을 때, 그의 교육은 "아프리카 중심 페다고지의 원형"이었다. 아프리카 중심 페다고지는 아프리카 문화와 역사, 그들의 생각과 가치 체계를 이용해서 "모든 역사를 해석하고 이해하는" 것을 말한다.Rabaka, 2003, pp. 404-405 이 페다고지는 마르크스주의 전통과 매우 유사한데, 마르크스주의 전통에서는 프롤레타리아가 자본주의의 지속에 보다 적은 이해관계를 가지고 있기 때문에 자본주의 사회를 더 명확하게 바라볼 수 있다는 입장을 취한다.Lukacs, 1971 또한 이 페다고지는 페미니즘 이론 내에서 누구를 중심으로 세계를 바라보는가를 중시하는 인식론적 입장과도 매우 유사하다.Harding, 2003 듀보이스는 이를 다음과 같이 표현했다. 흑인들에게 주어진 가혹한 역사를 고려할 때, "흑인들은 다른 어떤 인종들도 할 수 없었던 공헌을 문명과 인류에게 선사했다."Rabaka, 2003, p. 405

여기서 듀보이스는 자신이 초기에 가지고 있었던 교육받은 "10퍼센트 영재"에 대한 입장에 대해서 반성적으로 고찰하고 있다. 그가 옹호했던 영재들은 "문명"이 제공할 수 있는 최선의 지식에 기반을 둘 때 더욱 강력한 힘을 갖게 된다. 교육받은 10퍼센트 영재에 대해 초기의 듀보이스가 가졌던 이러한 입장은 다음과 같은 비판을 받아왔다. 첫째, 엘리트주의라는 비판이다. 둘째, 이 입장은 대중들이 하향식 방법으로 문명화된다고 본다는 비판이다. 셋째, 흑인 교사들과 리더들에게 자신들 스스로가 배우는 것을 금지당한 그런 내용을 가르치도록 요구한다는 비판이다.Rabaka, 2003, pp. 414-415 자아비판을 수행한 듀보이스의 이러한 자발적 의지는 오늘날의 비판적 교육학 공동체에서, 특히 대학들에서, 점점 더 찾기 힘들어지고 있다. 그리고 이러한 현실은 내가 제2장에서 언급한 과제들에 명백하게 조응하는 것이다.

카운츠처럼 듀보이스도 그의 주장의 근거를 시간이 지남에 따라 바꾸었다. 그러나 카운츠와는 달리 듀보이스는 점점 급진적으로 되었고, 국제적·집단적인 리더십과 연합 단체들에 더 많이 연결되었다.Rabaka, 2003, pp. 418-419 물론 우리처럼 그도 오류가 있었다. 하지만 그는 열린 자세와 교조적이지 않은 급진주의, 그리고 자기 성찰력을 가지고 있었다. 그는 또한 반헤게모니적 교육은 마땅히 억압받는 사람들의 문제, 문화, 역사, 전통, 사상에 기반을 두어야 함을 역설했다. 듀보이스가 보여준 이러한 모든 성품과 활동들은, 당연한 것으로 여겨지던 사회적, 경제적, 정치적, 문화적 제도들에 문제를 제기하고, 지배 구조를 재생산하는 지식과 태도의 구조 및 전제들에 직접적으로 이의를 제기하는 그런 교육에 대한 그의 헌신에 잘 나타나 있다.Rabaka, 2003, p. 419; Rabaka, 2007

학교와 교육이 일반적으로 새로운 사회적 질서를 만들 수 있는가에 대해 답하는 것이 무엇을 의미하는지를 이해하기 위해서는, 카운츠의 경우처럼, 우리는 듀보이스가 저작 활동을 하던 그 시대를 살펴볼 필요가 있다. 그의 인생에 걸쳐 듀보이스는 아프리카와 흑인들을 둘러싼 교육 문제에 관하여, 인종 간의 협력과 연대의 가능성에 관하여, 지배 정당과 단체에 참여하는 정치적 지혜에 관하여, 그리고 교육의 목표와 과정에 관하여 치열한 논쟁을 전개했다.Lewis, 1993: Lewis, 2000 왓킨스 Watkins, 1993가 「디우투리 실렌테Diuturi Silente」 등의 글을 통해 우리에게 상기시키듯이, 듀보이스는 "흑인들의 굴종을 유지하게 했던 교육적 실천의 중세주의"에 급진적인 의문을 제기했다. 백인 공동체 내에서 가장 급진적인 사회 재건주의 교육자들에 호소할 수 있는 방식으로 그는 "자본주의를 비판하고, 민주주의를 고취하며, 보통 교육을 전파하고, 해방 교육을 강화하고, 사회 변혁을 지지하고 더 높은 수준의 문명을 추구"할 수 있는 교육의 과정과 내용을 요구했다.Watkins, 1993, p. 334

비록 그의 엘리트주의적 경향이 수많은 흑인 지도자들로부터 비판을 받았지만, 전체적으로 듀보이스의 입장은 주류적 지식을, 특히 이 지식이 사회 계층화를 위한 선별 장치의 역할을 할 때에는, 무시해서는 안 된다는 안토니오 그람시의 주장과 닮아 있다. 그는 억압받는 사람들을 곤경에 빠뜨리는 사회, 경제, 정치, 문화적 문제를 탐구하고 이러한 문제를 해결하는 데에 (주류적) 지식을 활용하는 것을 과제로 삼았다.Gramsci, 1971; Apple, 1996 유기적 지식인을 만들어내려는 그의 지향성은 적어도 부분적으로는 듀보이스의 "영재 10퍼센트" 비전 안에 나타나 있다. 그의 초기 저작들에서 이러한 지향의 정치성이 강하게 나났는지 여부는 여전히 상당한 논란거리로 남아 있다. 하지만 모든 비판적 교육자들은, 그들이 의식하고 있건 그렇지 않건 간에 듀보이스에게 빚을 지고 있다는 것은 의심의 여지가 없다.

카터 우드슨과 교육적 투쟁들

앞 절에서 듀보이스에 대한 나의 논의 속에는 또 다른 인물이 서서히 무대의 중심으로 진입하고 있었다. 그 인물은 이미 방대한 연구

Baker, 2001; Brundage, 2003; Jackson, 2008; Norrell, 2011; Smock, 2009; West, 2006의 대

상이었던 부커 워싱턴이 아니라 카터 우드슨이다. 우드슨도 역시 카운

츠의 질문에 대해 분명하고 긍정적인 답변을 제시했고, 이러한 답변을

현실로 만들기 위해 일생 동안 노력했다.

　듀보이스와 달리 우드슨은 초창기에 주로 독학을 했다. 결국 버리

어 대학Berea College[3]에 입학하게 되었는데, 그 당시는 흑인 학생들을

받아들이는 남부의 대학이 거의 없던 시절이었다.[iii] 하버드 대학에서

박사학위를 마친 후 그는 흑인의 경험을 다루는 역사가들 중에서 가

장 주목할 만한 한 사람이 되었다. 그는 『흑인 역사 연구Journal of Negro

History』를 창간하였을 뿐만 아니라, 집단적 기억을 복원하려는 활동,

미국은 물론 다른 곳에서 백인들이 "인간의 표준human ordinary"으로

행세하는 것에 반대하는 활동 등에 관여했다. 그 과정에서 그는 "흑

인 역사 기념의 달Black History Month"의 전신인 "흑인 역사 기념 주간

Negro History Week"을 제정하기 위한 전국적 운동을 벌였다.[iv] 미국 흑

인의 교육의 역사, 노예의 역사, 이민의 역사, 전문직의 역사, 종교의

역사 및 그 밖의 여러 영역에서 그의 공헌은 중요한 의미를 갖는다. 이

러한 노력은 학자/활동가들의 후속 세대를 위한 작업의 토대가 되었

다.Woodseon, 1915; Woodson, 1918/1969; Woodson, 1922; Woodson, 1930; Woodson, 1933; Woodson, 1944; Woodson, 1945

　우드슨이 택한 길은 결코 쉬운 길이 아니었으며, 듀보이스와도 다른

길이었다. 19세기 말 수년 동안 그는 웨스트버지니아 주에서 흑인 광

부들이 설립한 학교에서 가르쳤다. 그곳의 광산에 대한 경험이 있었기

3　버리어(영어식 발음) 대학은 성경에 나오는 뵈레아에서 유래했다. 이 대학은 남부에서 처음으
　로 흑인 및 여성을 받아들인 학교이다. 우드슨이 졸업한 이듬해 이 학교가 겪은 일은 후주에
　소개되고 있다. 현재, 이 학교는 미국의 가정 중에서 재정 지원을 받아야만 하는 가정(하위
　40%)의 학생들만을 선발하고 이들 모두에게 장학금을 지급하여 무상교육을 실시하는 것으
　로 유명하다.

때문에, 그의 동정심은 유별난 점이 있었다. 이는 마치 비판적 문화 분석가이자 교육자인 레이먼드 윌리엄스가 웨일스의 광산촌에서 보낸 자신의 유년기를 회상하는 것과 유사하다.Smith, 2008[V] 이후 우드슨은 필리핀과 워싱턴의 공립학교에서 교직생활을 했다.Goggin, 1993, pp. 14-15

워싱턴의 공립학교에서 교사로서 또한 행정가로서 10년간 근무했던 경험 덕택에 우드슨은 흑인 청소년들이 다니는 도시지역의 학교의 특징인 가용 자원의 부족 및 과밀 학급/학교 때문에 치러야 할 비용에 대한 명확한 인식을 갖게 되었다. 도시지역 학교의 문제에 대해서는 아프리카계 학생들이 다수를 이루는 시골 지역의 학교들에서 근무하는 교사와 학생들의 삶을 다룰 때 나중에 더 상세하게 다룰 것이다. 하지만 이러한 절망적인 상황은 흑인들을 위한 "교육이 가지는 사회 이동의 힘"에 대한 그의 신념을 강화했다. 그가 공립학교를 사직하고 하워드 대학Howard University에서 교수로 자리를 잡은 이후에도 그가 공교육에 대해서 가지고 있었던 관심과 성인 교육 및 일정 정도의 직업교육이 흑인들에게 중요하다고 생각한 그의 신념은 지속되었다.Goggin, 1993, pp. 47-48

우드슨의 인상적인 연구 대상은 식민지 시대부터 20세기 초반까지 미국에서 흑인들이 겪은 경험의 모든 측면들을 포괄한다. 하지만 그는 거기서 멈추지 않았다. 우드슨은 서인도 제도, 아프리카 그리고 라틴 아메리카의 흑인 문화에 대해서도 관심을 가졌다. 우드슨과 그의 동료들은 그들의 노력을 학술적 연구에 제한하지 않았다. 초중등학교 교과서나 교재들은 그들이 수행한 연구를 훨씬 광범한 청중인 학생에게 전달했다. 이 모든 일들은 우드슨이 "역사적이고 현재적인 흑인들의 경험의 기록을 후대의 학자들을 위해" 보존하는 책임을 수행하면서 동시에 수행되었다. 흑인의 역사를 되찾고, 집단적 기억을 복원하는 행동은 흑인을 "백인의 억압과 인종차별의 희생자"로 해석하는 시각을 근본적으로 바꾸는 데 크게 기여했다. 이러한 관점의 변화는 흑인들로 하여금 그들 자신을 고통스러운 상황에서도 자신의 역사를 만들어가는 주체적 행위자로 해석할 수 있게 했다.Goggin, 1993, p. 67

한편으로는 은폐된 역사를 드러내고 주체를 복원하며 다른 한편으로는 복원된 역사와 주체를 학교 등의 장소에서 드러나게 하려 했던 이중의 과제는 듀보이스가 수행한 중요한 과업들보다는 "덜 시적"이고 덜 문학적이었을 수도 있을 것이다. 그러나 우드슨은 근본적인 변혁에 있어서 교사의 역할을 묻는 카운츠의 질문에 대해 일부 중요한 흑인 공동체가 내놓은 답변에 통찰력을 제공했다. 우드슨과 듀보이스 두 사람 사이의 차이점에도 불구하고, 우드슨도 따랐던 원칙은 흑인들과 그들의 공동체의 요구였다.

우드슨은 지금도 영향력 있는 그의 저서 『흑인들에 대한 오도된 교육』Woodson, 1993에서 그가 원하는 것을 분명히 밝혔다. "하지만 우리는 교사가 공동체의 선을 위해 사회질서를 혁명하기를 기대할 수 있을까?" 그리고 그는 곧바로 긍정적인 대답을 했다. "실제로 우리는 바로 이 점을 기대해야 한다. 만약 교육이 이것을 이룰 수 없다면, 한 국가의 교육 시스템은 아무런 가치가 없다."Woodson, 1993, p. 145

학교교육과정이 유럽 중심적으로 편향되어 있는 것을 강하게 비판하면서, 우드슨은 다음과 같이 주장했다.

당신은 초등학교부터 대학까지 현재의 시스템에서 제공된 대로 역사를 공부했을 것이다. 그리고 당신은 아프리카에 대해 부정적으로 언급된 것만을 배웠을 것이다. 그렇기 때문에 당신은 아마도 아프리카인들이 세계 최초로 양, 염소, 소를 가축으로 사육했고, 배심원 재판에 대한 생각을 발전시켰으며, 세계 최초로 현악기를 만들었으며, 철을 발견하여 인류에게 가장 큰 선물을 주었다는 것을 결코 배워본 적이 없을 것

이다.Woodson, 1933/2010, pp. 25-26

　유럽 중심의 교육 내용은 흑인 청소년들의 의식을 왜곡시키는 정
체성을 재생산했다. "현재의 도덕적 체제를 형성한 동일한 경제학, 역
사, 철학, 문학, 종교를" 가르치게 되면 흑인들의 정신을 억압적인 백
인 지배 사회의 통제로부터 해방시킬 수 없다.Woodson, 1933/2010, p. 14 따
라서 교육과정과 수업에서의 근본적인 혁신은 사회 개조의 핵심이
다.Brown, 2010

　그런데 교사들을 이러한 투쟁에 성공적으로 참여하게 하는 문제는
단지 선언만으로 풀릴 수 있는 일이 아니다. 우드슨은 교사들이 아무
것도 안 하는 것을 대안으로 여기는 것을 꿈도 꾸지 못하도록 지식과
가치로서 무장시켜야 한다고 믿었다. 우드슨은 "흑인의 삶과 역사 연
구 협회Association for the Study of Negro Life and History"를 통해서 교사들
에게 다가가려는 노력을 배가했다. 심지어 흑인 대학에도 "흑인 역사"
에 관한 프로그램이 없다는 사실에 우려를 표하며, 그는 교사들에게
사회의 지독한 인종차별주의와 맞서 싸우는 일환으로 그가 조직한 단
체의 "가정학습 학과Home Study Department"에서 제공하는 흑인 역사
과정을 수강할 것을 촉구했다.vi 비록 소수의 사람들만이 여기에 등록
했지만, 장기적으로 보았을 때 결국 우드슨이 여기에 경주한 지속적인
노력은 다른 곳에서, 어쩌면 더욱 중요하고 지속적인 효과를 보였다.
역사적으로 흑인 대학으로 분류되는 대학들이, 주로 성인교육 프로그
램을 통하여 다양한 종류의 "흑인 역사"를 신설했다. 뿐만 아니라, 대
도시 지역의 우드슨 협회 지부들은 우드슨이 대부분의 저작들을 통해
기여하려고 했고, 흑인 역사에 대한 강좌를 제공하려고 했던 흑인 대
중에게 다가갔다.Goggin, 1993, p. 87 이러한 교육적 노력은 새로운 지식과
새로운 정체성에 "정당성"을 부여했다.

1937년에는 학술지『흑인 역사 연구』보다 대중적인 잡지인『흑인 역사 회보*Negro History Bullentin*』를 창간하여 대중들과 접촉하였다. 특집 기사와 사진들이 수록된 이 잡지는 교사들이 흑인 역사와 업적을 연구하고 기념하는 데에 도움이 되는 매체였다. 오늘날 진보적 교육지인 『학교 다시 생각하기』와 유사한 방식으로, 이 잡지는 학생들이 "흑인 역사"에 대해 공부할 수 있는 중요한 공간을 제공했다.Goggin, 1993, p. 115

계급과 직업을 넘어서 더 많은 흑인 청중들을 만나려는 우드슨의 지속적인 노력은 진정한 사회 변혁이 일어나기 위해서 비판적 교육은 학교의 테두리를 넘어서야 했고 그리고 넘어서야 한다는 교육에 대한 그의 인식을 잘 보여준다. 하지만 중요한 교육적 효과에 덧붙여서, 그가 청중들에게 다가가려고 했던 노력은 우드슨과 그의 협회가 끊임없이 직면했던 재정적 위기를 대처하는 데에도 적어도 일시적으로는 도움이 되었다. 우드슨의 강한 자부심과 신념은 많은 중요한 성과를 가능하게 했지만, 이는 동시에 그가 많은 의제들에 대해서 백인 자선단체와 재단으로부터 오는 압력에 직면했을 때 타협을 거부했다는 것을 의미하는 것이기도 했다. 나는 그가 옳았다고 본다. 그는 또한 백인의 압력과 주도권이 지배적으로 작용하고 있다고 생각했던 흑인 단체들을 믿지 못했다. 이 때문에 그는 항상 자금 부족에 시달렸다.

그럼에도 불구하고 그의 대중주의적 전략, 그리고 그와 그의 동료들이 이룩한 엄청난 양의 업적들은 다양한 흑인 공동체 안에서 그가 하는 일을 점점 더 두드러지게 만들었고, 또한 그가 하는 일에 대한 지지를 이끌어낼 수 있었다. 게다가, 다수의 흑인 인구로 구성된 도시 학군이 꾸준히 증가함에 따라 흑인 역사를 교육과정에 반영하려는 시도들이 늘어났다. 도서관은 흑인 역사에 대한 자료집을 만들기 시작했다. 교사 교육 기관들도 그동안 소홀히 다루었던 교육 내용과 수업 방식에 주목하기 시작했다. 그리고 가족의 역사를 수집하고 전파하는 것에 깊은 관심을 가진 유색인종 독자 대중이 증가했다.[Goggin, 1993, pp. 116-118] 이러한 변화들의 일부는 낸시 프레이저Nancy Fraser가 "수요와 수요의 담론needs and needs discourse"의 정치라 불렀던 것에 해당한다. 이 담론에서는 지배 집단은 아래로부터 표출된 요구에 귀를 기울여서 그들의 언어를 전유한 후에, 자신들의 주도권을 위협받지 않는 차원에서 안전한 개혁을 수용한다고 본다[Fraser, 1989]. 하지만 사정이 이렇다 할지라도, 위에서 언급한 변화들은 큰 성과물이며, 이 성과물을 쉽사리 포기할 수 없는 수많은 부수적인 것을 양산하는 효과를 거두고 있다.[vii] 이는 또한 레이먼드 윌리엄스가 "기나긴 혁명"[Williams, 1961]이라 부른 것의 일부분이며, 안토니오 그람시가 "진지전war of position"[Gramsci, 1971 – 이 진지는 반헤게모니적 세력들에 의해서 가능한 한 많은 공간이 점령되어야 한다-이라 인식한 것의 일부이다.

　이 모든 것은 1930년대와 1940년대에 우드슨이 한 세대의 흑인 및 백인 학자들을 양성하는 동안에 동시에 이루어졌다. 훗날 이 학자들은 미국, 아프리카 그리고 그 외의 지역에서 역사적 연구와 인종에 대한 기록을 근본적으로 바꾸어놓았다.[Goggin, 1993, p. 122] 듀보이스와 우드슨 같은 흑인 활동가들 사이에 학문적·정치적 프로젝트에 대한 심각한 긴장이 존재하긴 했으나[Goggin, 1993, pp. 136-138], 둘은 모두 너무나 많은 백인 지식인들과 박애주의자들이 겉보기에는 흑인들의 학문적, 문화적 노고를 지지하는 것처럼 보이지만 내면적으로는 흑인들을 사회적, 지적으로 열등하다고 여긴다고 생각하는 점에서는 견해를 같이했다.[viii] 우드슨의 활동 기간을 통해서 그가 보여준 "타협 거부"는 흑인들이 자신들과 관련된 다음과 같은 과업들에서 통제권을 행사하는 것의 중요성을 인식하고 있고, 또한 그에 대한 신념을 가지고 있었던 것으로 이해해야만 한다. 그 과업은 인정과 재분배를 둘러 싼 지속적인 전투의 근거로 사용될 것으로서, 흑인들 자신의 과거를 보존하고, 재구성하고, 그리고 널리 알리는 것이다.

우드슨의 신념은 명확했다. 흑인들이 몇 세기에 걸쳐 억압에 저항했던 투쟁은 여러 개의 토대들에 기반을 두고 있다. 하지만, 이 토대들 중에서 흑인들이 이어온 투쟁을 지속하기 위해서 가장 중요한 것은 자신들의 과거에 대한 지식이다. 이를 위해서는 학계를 넘어서 흑인 중산층과 노동자계급까지 포함하는 교육 프로젝트가 매우 중요하다.Goggin, 1993, p. 140 이를 성취하기 위해서는 역사적 연구가 수행되어야 한다. 기록물들도 보강되어야 한다. 더 많은 사람들이 이러한 일에 참여해야만 한다. 자료들과 전시장들은 다양한 계층의 사람들이 역사를 접할 수 있도록, 그리고 흑인 대중들이 지속적으로 개인 및 집단적 과거에 연결할 수 있게 하는 강렬한 흥미를 자극할 수 있도록 만들어져야만 한다.

이러한 역사는 사람들로 하여금 자신의 과거와 연결하게 해야만 할 뿐 아니라, 다른 역사가들에 의해서 상대적으로 주목받지 못했던 핵심적인 제도들을, 흑인들의 역사에서 이러한 제도들이 차지했던 핵심적인 자리로 되돌려놓아야만 한다. 우드슨의 주요한 업적 중 하나는 바로 이러한 제도로서의 종교가 흑인들의 삶에서 중요한 역할을 했다는 점을 일찍이 인식했다는 점이다. 우드슨의 전기 작가 재클린 고진Jacqueline Goggin이 썼듯이, 우드슨은 흑인 교회에 대해서 다음과 같이 평가하고 있다. "노예제도와 노예해방을 거치면서 흑인 교회는 흑인 공동체에게 희망과 영감을 넘어서는 어떤 것을 제공했다. 이 과정에서, 흑인 교회는 교육적, 정치적, 사회적 기관으로서 발전했고 독립적인 흑인 문화의 토대가 되었다."Goggin, 1993, p. 204 따라서 만약 카운츠의 질문이, "교육이 새로운 사회질서를 수립하는 데 기여할 수 있는가?"로 확장될 수 있다면-나는 마땅히 그렇게 되어야 한다고 생각한다-우드슨은 그렇다고 답할 것이다. 왜냐하면 흑인들의 경험에 비추어볼 때 교회가 돌봄, 사랑, 연대의 중심이 될 수 있었는데, 바로 그 교회가 흑인 사회에서는 학교의 역할을 담당했기 때문이다.

그런데 미국 흑인들의 경험에 있어서 교육과 종교적 이해의 관계는 그다지 놀라운 것이 아니다. 사실 나는 『미국의 교육개혁, "옳은" 길로 가고 있는가 Educating the "Right" Way』Apple, 2006에서 보수적 종교 운동의 힘에 대해 많은 관심을 쏟았다. 흑인들이 종교적 텍스트와 인종적·경제적 정의에 대한 이해를 통합했던 것처럼, "권위적 대중주의" 운동도 종교적 텍스트와 이해를 활용해서 무엇을 '진실'이라 여기는가를 급진적으로 바꾸고 있고, 우파 운동이 준동하고 있는 오늘날 교육을 재구성하고 있다. 아프리카계들에게 있어서도 종교적인 이해는 매우 중요한 역할을 담당했다. 19세기 동안 내내 그리고 그 이후의 시기에도 아프리카계들은 "북아메리카 공간의 종교적 의미를 이해하기 위해 심사숙고 해야만 했다."African-American Religion Project 2006, p. 2 미국 흑인들의 종교 역사 프로젝트African-American Religion History Project의 저자들은 이에 대해 다음과 같이 설명했다.

흑인 복음주의자들은 백인 복음주의자들과 마찬가지로 성서가 단순히 하나님이 세계를 다스렸던 과거뿐만 아니라, 현 시대의 역사의 의미를 해석하는 단서를 제공한다는 믿음을 가지고 있다. 하지만 이들은 성서적 이미지를 백인 복음주의자들과는 다르게 그리고 있다. 백인 신교도들은 미국을 희망의 땅으로 묘사한다. 반면에 흑인 신교도들은 미국을 이집트, 즉 압제의 땅으로 보고 이로부터의 탈출을 갈망한다. 잠시 동안 노예해방은 그들에 대한 큰 구원으로 여겨졌다. 하나님이 이집트 사람들에게 고통을 주고 이스라엘 민족을 홍해를 건너 인도하셨던 것처럼, 하나님은 마찬가지로 남북전쟁으로 미국 백인들에게 고통을 주고, 선택받은 미국 흑인들을 전쟁의 바다를 건너 안전하고 자유로운 땅으로 인도하셨다. 그렇다면 "약속받은 땅"은 어디였을까? 고통이 가중되어가기만 하던 19세기 후반 내내, 흑인 신교도들은 이에 대한 해답을 찾기 위해 무진 애를 썼다.African-American History Project 2006, p. 2

그렇다, 해답을 찾기는 어려웠다. 하지만 종교적 언어와 비유, 예언적 이미지는 흑인들의 상상력에 중요한 역할을 지속적으로 수행했고, 오늘날에도 그 역할은 지속되고 있다.West, 2002 그렇다고 한다면 종교적 헌신들은 이 사회를 재건하는 데에 참여하고 있는 것으로 인식되어야 한다. 이 헌신들은 우리를 지속적인 재분배 투쟁과 인정 투쟁으로 내모는 국가 및 제국의 면전에서 "포기하지 않고 끝까지 버티는" 우리의 과업에 위안과 희망과 힘을 제공한다.

다른 수많은 흑인 학자/활동가들처럼, 우드슨은 시간이 지남에 따라 점점 더 급진적으로 변해갔다. 물질적, 이데올로기적 조건들이 그를 변하지 않을 수 없게 만들었다. 백인 지배층들은 그들의 수사적 약속을 지키지 않았다. 그들은 많은 경우 흑인들의 "본성적 열등감"에 대한 온정주의적 견해를 숨기지 않았다. 인종화되는 사회와 인종주의자들이 행사하는 폭력, 그리고 이에 대한 공포가 만연했다. 교육자들은 "흑인에 대한 오도된 교육"을 실시하고 있었다. 흑인들과 백인 지배층 사이의 계급 관계가 존재했을 뿐 아니라, 흑인 공동체 내에서도 계급 관계가 존재했다. 경제 대공황은 대규모로 사회 기반 시설을 파괴했다. 이러한 물질적, 이데올로기적 조건들의 목록은 끊임없이 열거할수 있다. 이러한 상황들은 우드슨과 듀보이스 등 많은 사람들로 하여금 그들이 살고 있는 사회의 사회질서를 근본적으로 재구조화해야 한다는 인식을 갖게 하였다.Goggin, 1993, pp. 140-142 우리는 이러한 변화를위해 대대적인 사회운동을 이끌어간 학자/활동가들, 공공 지식인들에게 많은 빚을 지고 있다.

우드슨은 카운츠보다도 사회에 훨씬 더 큰 영향을 줄 수 있었는데 이는 그의 학문적인 성과가 가졌던 실질적인 힘 때문만이 아니라, 사회단체, 공동체, 그리고 학교에서 그와 함께 활동한 교육 활동가들의 헌신적인 활동 때문이기도 하다. 이 장의 다음 부분에서는 이러한 "알려지지 않은 활동가들"에게 초점을 맞추고자 한다.

흑인 교사들의 삶

우드슨은 학교와 공동체에서 일하는 사람들에게 구체적인 도움을 제공함으로써, 그의 연구 성과를 나누었다. 하지만 그가 그렇게도 많은 노력을 쏟았던 교사들은 어떠했을까? 그 교사들은 과연 카운츠, 듀보이스, 우드슨을 움직이게 했던 꿈을 그들의 몸에 체화할 수 있었을까? 제1장에서 내가 "보편적인 노동자universal worker"라는 개념에 반대하는 입장을 밝혔던 것처럼, 여기서 우리는 모든 교사가 동일하다고 보는 "보편적인 교사universal teacher"라는 개념을 사용해서는 안 된다. 교사들 각자가 가지고 있는 사회적, 경제적 지위와 그들의 성장 배경이 진지하게 고려될 필요가 있다. 이것은 마치 지배 집단의 구성원이면서도 그 속에서 "타자"가 될 수도 있는 역동성을 고려해야만 하는 이치와도 같다.

지배층 비판가들에 의해서 제기된 도전들에 응답을 해야만 했던 사람들 중에서 교사들은 그 의무를 비켜갈 수 없었다. 그리고 그들의 삶은 그들이 살아가고 가르치고 있는 물적, 이데올로기적 현실에 의해서 더욱 복잡해졌다. 카운츠, 듀보이스, 우드슨이 더욱 진보적인 교육을 요청하고 있던 시기에 대다수의 남부 흑인 교사들이 처했던 현실을 예로 들어보자. 내가 이들을 예로 들고자 하는 이유는 그들이 일했던 학교에서나 그들의 사회를 구성하고 있던 인종차별적인 경제적·정치적 구조에서 그들이 직면했던 조건들은 우리가 상상할 수 있는 한 최악의 상황이었기 때문이다.

마이클 풀츠Michael Fultz가 분명하게 제시했던 것처럼, 1925~1926학년도 동안 미국 남부 흑인 학교 중 93퍼센트 이상이 시골 지역에 있었다. 이 학교들 중 대다수는 한 명의 교사, 혹은 기껏해야 두 명의 교사가 있었다. 이 지역의 74퍼센트 이상의 흑인 교사들은 시골 학교에 근무했다. 1939~1940학년도까지는 이러한 양상이 지속되었다. 미국 남부의 8개 주의 흑인 학교 중 80퍼센트, 심지어는 워싱턴 D. C.에서도 대부분 1인 교사 학교가 대부분이었고, 소수만이 2인 교사 학교였다.Fultz, 1995

학교들이 합병되고 이에 수반하는 교통편이 다수의 학생들에게 제공되었지만, 많은 백인 리더들과 백인 공동체 구성원들은 흑인 청소년 교육을 위한 적정한 재정 투여에 대해 공개적으로 "심각한 이의"를 제기했다. 이러한 인종주의는 제한된 접근성, 문제가 있는 출결 상황, 그리고 흑인 교사들이 처했던 매우 어려운 노동조건으로 나타났다.Fultz, 1995

이러한 학교들의 상당수는 열악한 시설과 장비 부족 등으로 인해 황폐해졌다. 흑인 교사들은 백인 교사들에 비해 훨씬 높은 교사당 학생 수 비율, 더 높은 학생들의 연령 분포 비율을 보였고, 때때로 잠재적인 혼란 상태를 마주해야 했다.Fultz, 1995

카운츠가 교사들에게 새로운 사회적 질서를 만들자고 호소했을 1933년 당시, 흑인 교사들에 대한 교사 교육 수준은 국가 표준을 밑돌았다. 흑인 교사의 56퍼센트, 백인 교사의 68퍼센트가 6주에서 2년에 이르는 대학 교육을 받은 반면, 고교 이상의 교육을 전혀 받지 못한 교사의 비율은 백인이 6퍼센트, 흑인은 22퍼센트였다. 인종화된 경제, 인종차별적 사회, 그리고 비극적인 흑인 공교육 기구의 빈곤화의 현실은 명백히 교사들과 학생들의 삶에 치명적인 영향을 미쳤다.Fultz, 1995

이러한 열악한 상황 속에서도 교사들은 진지하고 창의적이기까지 한 교육을 제공하기 위한 투쟁을 지속적으로 전개했다. 교사들은 커다란 책임감을 갖고 있었다. 그 시기에, 그리고 오늘날에도 많은 흑인 교사들은 참다운 교육을 제공하기 위해 싸웠다.Anderson, 1988; Brown-Nagin, 2011; Douglas, 2005; Hornsby, 2009; Moss, 2009; Murch, 2010;Anderson, 1990 풀츠는 그 시기의 기록으로부터 다음과 같은 인용을 제시한다.

"참다운 교사는 그의 임무가 교실의 벽 안에 머물러 있지 않다는 사실을 알고 있다.""그는 보다 많은 것, 즉 사회적 조건들을 다룬다.""학교는 학교와 직접적으로 접촉하는 사람들의 정신적, 도덕적, 종교적, 신체적 상태에 대한 책임을 진다.""…… 교실에서의 교사의 작업과 공동체의 일원으로서의 교사의 작업은 동등하게 중요한 것으로 간주되어야 한다.""만약 흑인 교사가 대중으로부터의 존중을 회복하고 우리의 삶을 재건하는 리더십에서 그의 정당한 위치를 차지하려 한다면, 그는 마땅히 교과서 밖으로 나가 실질적인 사회복지의 문제들과 씨름해야만 한다."Fultz, 1995, pp. 406-407

"도덕적 정의"에 기반을 둔 교사라면, 흑인들이 그들이 경험하는 삶의 조건들 속에서 흑인으로 살아간다는 것이 무엇을 의미하는지를 잘 알고 있는 흑인 활동가로서의 의식을 갖게 되어 있었다. 물론 도덕적 정의를 구성하는 것이 무엇이고, 이러한 도덕성을 실행에 옮기기 위한 의식적이고 진보적인 행동주의의 역할이 무엇인지에 대해서는 흑인 활동가와 지식인들 사이에도 많은 차이를 보인다. 하지만 이러한 차이에도 불구하고 이 개념은 매우 중요한 의미를 갖는다. 흑인 활동가로서의 헌신에 대한 강조는 1939년,『흑인 교육 학회지*Journal of Negro Education*』편집장이었던 찰리 톰슨Charles Thompson이 잘 표현하고 있다. "만일 내가 교육 분야의 히틀러였다면, 나는 우리가 살고 있는 사회와 이를 지탱하고 있는 흑인과의 관계에 대해 관심이 없거나 이해가 부족한 교사는 한 명도 흑인 학교에 임명하지 않았을 것이다."Thompson, 다음에서 인용, Fultz, 1995, p. 407

히틀러를 언급한 것을 예외로 한다면, 톰슨은 흑인 교사들에게 다음과 같은 임무들을 수행할 것을 요구하는 많은 교육자들과 공동체의 구성원을 적극적으로 대변하고 있었다. 그들이 요구한 임무들은 흑인 교사들에게 단순히 "공식적 지식"을 전달할 뿐만 아니라 학생들과 공동체를 변화시키는 모델이 되어달라는 것이다. 이에 덧붙여, 흑인 교사들이 미국의 흑인 공동체들과 흑인들 간에 유기적인 관계를 갖는 모델이 되어달라는 것이다.Foster, 1997; Redcay, 1935

이 임무들 중 어떤 것들은 흑인 및 억압받는 사람들의 공동체 내에서 오랜 역사를 갖고 있는 "자조self-help"의 윤리를 체화한 것들이다. 어떤 사람들은 아마도 이를 반헤게모니적으로 보기 어렵다고 할 것이다. 그러나 흑인 청소년에 대한 시스템적인 방치, 흑인학교들의 열악한 물질적 환경, 차별적인 교육 재정, 그리고 인종차별적인 교사 급여 구조 등에 저항하는 실천, 즉 교사들이 목숨을 걸고 흑인 공동체와 관계를 맺기 위해 벌이는 이러한 매일 매일의 투쟁은 매우 중요한 것이었다.Fultz, 1995, p. 410 실제로 이러한 투쟁은 매우 정치적인 행위였다.

교사들의 책임은 거기서 그치지 않았다. 풀츠가 언급한 것처럼, 교사들은 그가 속한 공동체 역사의 보관처가 되어야만 한다. 이 언급은 사회정의를 위한 투쟁에서 집단적 기억이 갖는 역할의 중요성을 강조한 것이다.Livingston, 2009 하지만, "흑인 역사에 대한 지식을 필수 교육과정에 넣는 것은 단지 출발에 불과하다 …… [흑인 역사와 문학에 대한 지식은] 미국 흑인 아동의 정신을 강화할 것이며, 공동체와 인종적 문제에 있어서 교사에게 리더십을 발휘할 기반을 제공할 것이다."Fultz, 1995, pp. 411-412 다른 사람들보다도 특히 흑인 교사들은 여러 면에서 카운츠가 제시한 교사 리더십 비전에 근접한 존재였을 것이다.

그렇지만 우리는 흑인 교사들이 일하던 때의 경제적·정치적·이데올로기적 상황들을 기억해야 한다. 백인 행정가들이나 교육위원회 위원들이 대놓고 흑인들에 대해 멸시적인 태도를 보이는 뿌리 깊은 인종주의가 만연했던 주들에서, 너무도 많은 흑인 교사들이 직면해야 했던 현실은 정치체제와 돈지갑의 끈을 통제하고 있었던 백인들을 멀리해서는 안 된다는 것의 중요성이었다.Fultz, 1995, pp. 413-414 물론 백인 권력을 배척하지 않고 이들에 동조하는 것처럼 꾸미는 것은 종종 전략적인 것이었다. 그리고 이러한 전략은 억압받는 사람들이 필요에 따라 숙달한 것이기도 하다.Scott, 1990; Certeau, 1984 하지만, 이러한 꾸밈은 종종 지배 관계를 변혁시켜서 인정과 존중을 획득할 수 있는 기회를 찾기 위해 끊임없이 움직이고 있는 내부의 불만을 덮어버리곤 했다.

명백하게 "인종의 지뢰밭"이었던 것이 백인의 권력과 흑인 교육자들의 상대적 무력감과 결합되어서, 돈과 공식 권위의 규칙을 바꾸어놓았다. 그리고 이 모든 것은 남부 백인 대다수가 공유하고 있던 특정한 교육의 비전과 연결되어 있었다. 이러한 상황에 대해 1939년에 수행한 존 달러드John Dollard의 분석은 다음과 같이 분명하다. "그(남부의 흑인)에게는 그의 자리가 있고, 그는 그것을 알고 있다. 교육과 같은 우호적인 사회적 제도는 그를 그 안에 있도록 하는 것이다."Dollard, 다음에서 재인용, Fultz, 1995, p. 414

흑인 교사들은 그들이 스스로 선택하지도 않은 상황에 사로잡힌 채, 또한 "백인 인종주의와, 흑인 교사들에 부여된 과도한 기대(미국 흑인들이 교육을 기회, 사회정의, 인종 상승의 수단으로 생각했던 것을 포함하여)에서 비롯된 악조건들"에 대처하면서, 백인 관료들이 "타자"들에게 유용한 것이라고 생각한 수준 이상의 교육을 창출하기 위해 매일매일 고된 노동을 감내했다. 비록 그들이 버지니아 주에서 발표된 교육과정과 같은 자료를 보지 못했다 할지라도, 점증하고 있던 저항적 사회운동에 참여했거나 영향을 받은 교사라면 누구라도 한 가지 임무를 마음에 품고 있었다. 그것은 흑인 아이들이 받는 열악한 교육 여건을 사회에 알리는 것이었다. 증언을 하는 행위는 중요한 임무이다. 만약 학교교육 자체가 바뀌지 않는다면, 학교는 사회를 바꿀 수 없다.

교사가 도덕적 존재이자 활동가로 사는 것, 열악한 상황에 대해 증언하고 진실을 말하는 것, 흑인 역사와 문화에 대한 기억을 보존하고 방어하는 것 등은 실로 감당하기에 무거운 짐이다. 풀츠가 알려주었듯이, 흑인 교사들이 학교와 여러 기관에 기여한 공헌은 그에 합당한 인정을 받지 못했다. 그들에게 요청된 것은 때로는 모순적인 것이었다. "인종 상승", 백인 관료들을 적대시하지 않는 것, 학생과 공동체를 위해 "정직과 청렴"의 모델로 봉사하는 것, 지원이 부족한 열악한 상황에서 학생들을 교육하는 것, 흑인 아이들이 처한 인종차별주의를 폭로함으로써 "미국의 정신과 양심"에 파고드는 일에 동참하는 것—이렇게 많은 일들을 동시에 수행하는 것이 가능했을까? 필연적으로, 이런 역할 때문에 많은 학교들에서 흑인 교사들은 이데올로기적으로 복잡한 상황에 직면해야 했고, 그들의 삶은 긴장으로 점철되었다.

이들의 대응에는 몇 가지 오류가 있었다. 그중 어떤 것들은 그다지 진보적이지 않다는 이유로 다른 미국 흑인들의 비판을 받았는데^{Fultz,} ^{1995, pp. 419-420}, 종종 이러한 비판이 옳은 경우도 있었다. 하지만 뒤돌아보면 이 교사들처럼 "빼앗긴 대중들에 복무"하는 교육에 대한 희망을 체화했던 이들도 드물었다. 사람들은 집단적 기억을 복원하는 우드슨의 학자적인 노력이 왜 그렇게 중요한지와 더불어 흑인 학생들을 돕는 학교의 교사들에게 실질적인 자료를 제공하는 일이 그의 업적에서 왜 중요한지를 알고 있다. 카운츠도 이를 이해하고 있었더라면.

마지막 질문이 남아 있다. 그렇다. 많은 수의 흑인 교사들은 가끔은 아주 힘든 경제적 그리고 이데올로기적 상황 속에서도 그들이 맡아야만 했던 다수의 정치적, 사회적 그리고 문화적 역할을 성취하기 위해 계속해서 투쟁했다. 하지만 이러한 교사들과 듀보이스와 우드슨이 교사들에게 제시한 요구-학교와 사회를 진보적으로 변화시키고, 집단적 기억을 복원하고, 강력한 정체성의 계발로 학생들에게 힘을 부여해서 그들이 단지 생존하는 것뿐만 아니라 수세기를 이어온 재분배 투쟁 및 인정 투쟁을 지속하게 하는-사이에 서 있는 사람은 누구인가? 이제는 이러한 문제를 살펴보겠다.

여교사 활동가들의 역할

남부와 북부의 흑인 교사들의 삶과 요구, 그리고 비판적인 교과 자료와 교수법을 개발하고 전파하고자 끊임없이 노력했던 사람들 사이에는 역동적인 상호 작용이 있었다. 이러한 상호 작용은 집단적 기억을 복원하고, 지배적 이해에 도전하며, 교사들과 활동가들이 교육을 사회를 변혁하는 도구로 활용하는 데에서 핵심적인 역할을 한다.

지난 절에서 나는 "보편적인 교사"라는 개념을 사용하지 말아야 한다고 주의를 당부한 일이 있다. "보편적인 활동가universal activist"라는 개념도 마찬가지이다. 우드슨의 배후에는 그가 설립한 단체 내부를 포함하여 그를 지지하는 수많은 교육 활동가들이 있었고, 여러 잡지와 자료들이 출판되었다. 이러한 활동가는 대부분 여성이었다. 이 점을 고려할 때, 여성 활동가 문제는 여기서 적잖이 중요하다.

듀보이스를 포함한 일군의 사람들은 우드슨이 "창조에서 여성의 자리에 대한 개념을 갖고 있지 않았다"고 말한다.Du Bois, 1950, p. 25 하지만 이 발언은 반론의 여지가 있었다. 듀보이스 자신도 가장 비인간화된 흑인 여성의 이미지를 가치 있는 상징으로 변화하도록 이끈 선구자였지만, 그 역시 자기가 살았던 시기의 젠더에 대한 관습을 완전히 넘어서지는 못했다.Dagbovie, 2003, p. 38; Rabaka, 2007 페로 개글로 대그보비Pero Gaglo Dagbovie가 묘사했듯이, 우드슨이 살았던 시기의 전후 사정을 고려한다면 여성에 대한 그의 견해는 진보적이었을 뿐 아니라, 그는 흑인 여성 학자들, 작가들, 활동가들, 교육자들의 작업을 지원하는 활동을 많이 했다. 대그보비가 주장하는 바와 같이, "듀보이스의 부정적인 평가와는 반대로, 우드슨은 그가 살던 시기의 젠더 규범에 영향을 받았음에도 불구하고, 여러 면에서 그 시기의 남성주의 이데올로기에 도전했다."Dagbovie, 2003, p. 22 내가 제2장과 이 장 앞부분에서 내가 언급했듯이, 실제로 교육자들 및 운동들과 협력한 가운데에 "현장"에서 "활동"하는 것은 중요한 일이다. 수많은 이데올로기가 도전을 받는 곳은 바로 여기다.

우드슨은 여러 방법으로 이를 실천했다. 그는 아프리카계의 여성성에 대한 정교한 옹호의 글을 『우리 역사에서의 흑인The Negro in Our History』, 『흑인 만들기의 역사Negro Makers of History』, 『다시 쓰는 흑인 이야기The Story of the Negro Retold』 등에 발표해서 "아프리카 인종"을 옹호하는 한편, 비인간화된 흑인 여성의 이미지를 바로잡고자 했다.Dagbovie, 2003, p. 23 그의 작업과 학술활동, 그리고 『흑인 역사 주간지Negro Histroy Week』와 『흑인 역사 회보』 등과 같은 대중을 위한 글쓰기의 초점이 주로 흑인 남성에 있었던 것은 사실이지만, 그는 사회를 바꾸는 교육에 있어서 교육의 역할과, 그 속에서 흑인의 역할의 중요성에 대해서 잘 알고 있었던 여성 교육자들과 활동가들이 참여할 공간을 마련하였다. 실제로, 흑인 여성 교사들과, 사서들, 그리고 활동가들의 지난한 노력이 없었다면, 아프리카와 아프리카계 미국인의 역사를 학교와 공동체에 널리 알리려는 우드슨의 노력이 그 정도의 성공을 거두었을지는 미지수다.Dagbovie, 2003, p. 30 이러한 사실은 많은 사람들이 무엇을 정치적인 일로 인정할 것인지에 대해 오해를 하고 있었다는 것을 말해준다. 캐서린 캐이시Kathleen Casey가 우리에게 상기시키는 것처럼, 우리가 정치적인 일로 받아들이는 일반적인 범주는 적지 않은 경우, 많은 여성들이 참여하는 일상적인 실천을 배제한다.Casey, 1993

우드슨이 여성들에게 열어놓은 공간들은 부분적으로는 그의 활동의 결과이기도 하지만, 이와 동시에 당시에 부상하고 있던 사회운동과 일군의 흑인 학자들, 작가들, 활동가들로부터 나온 압력의 결과이기도 하다. 이 때문에, 여성을 위한 공간은 더욱 확장되었다. 1935년까지, 흑인의 삶과 역사 연구협회는 두 명의 흑인 여성, 스미스Lucy Harth Smith와 베쑨Mary McLoud Bethune을 집행위원으로 선출했다. 베쑨은 이후 당시에는 일반적으로 명예직으로 인식되던 회장으로 선출되었다. 하지만 회장으로 일했던 시기에 베쑨은 명예를 넘어서는 환경을 조성했다. 흑인 여성 예술가, 작가, 활동가, 그리고 많은 수의 학교 교사들이 "『흑인 역사 회보』를 성공적으로 만드는 일에 특별히 활발하게 참여했다."Dagbovie, 2003, p. 33

우드슨과 베쑨은 흑인의 역사가 모든 학교와 공동체에서 손쉽게 접근할 수 있는 방법으로 가시적으로 드러나도록 하는 일이 아주 중요하다고 생각했다. 그들은 또한 지식인의 역할을 새롭게 정립하는 활동을 통해서, 지식인들이 다양한 청중에게 각기 다른 방법으로 말하는 법을 배워야 한다는 점을 분명히 알고 있었다. 대그보비의 논평은 여기서도 통찰력이 있다.

> 베쑨은 우드슨이 협회를 세운 목적이 진실을 추구하려는 것이었다는 점
> 을 환기시키고, 흑인 학자들이 미국 흑인들의 역사를 대중화하는 데 힘
> 을 모았다는 점을 강조함으로써, 역사의 기능과 흑인 지식인의 역할에
> 대한 그의 비전을 설명했다. 베쑨은 "학문 및 발견의 유용성은 이들에
> 대한 일반인의 용어로의 번역에 달려 있다"고 주장했다. 우드슨과 마찬
> 가지로 베쑨은 흑인 역사학자들이 아프리카계 아이들을 "놀라운 성취"
> 를 이룬 "영광스러운" 그들의 역사에 대한 지식으로 무장시켜야 한다고
> 주장했다. …… 베쑨은 아프리카계 아이들이 그들의 조상들이 성취한
> 것들에 노출된다면, 거대한 장애물을 극복하고 '새로운 역사'를 만드는
> 용기를 얻게 될 것이라고 믿었다.Dagbovie, 2003, p. 32

만약 대중적인 동기가 진지한 학문이 주는 장기적인 이익을 판단
하는 유일한 잣대라면, 그 동기는 한계를 가질 수밖에 없다. 하지만,
역사적인 이해와 집단적 기억의 복원의 성과에 대해 가치를 부여하는
것을 강조하는 것은 『흑인 역사 회보』가 담당한 주요 과제이다. 비록
다른 운동만큼 급진적이지는 않았지만, 우드슨과 베쑨의 노력에 의
해 『흑인 역사 회보』는 이러한 비전이 실현되는 장이 되었다. 이 배후
에 있었던 역동적인 힘은 편집부원으로 활동한 여성들이었다. 이 과
정을 통해 『흑인 역사 회보』는 "흑인 여성들이, 주로 교사와 사회운동
가들, 그들의 다음과 같은 관심사를 정교화할 수 있는 장이 되었다.
그들의 관심은 흑인 청소년들을 교육하는 것, 미국 사회를 변혁하는
것", 그리고 그들이 살고 있는 사회의 인종차별적 구조에 더욱 급진
적으로 도전할 수 있도록 "흑인 대중들의 수준을 끌어올리는 것이었
다."Dagbovie, 2003, p. 34

사정이 이렇다면,『흑인 역사 회보』는 여러 가지 중요한 면에서『학교 다시 생각하기』와 같은 현대의 비판적 민주 언론의 조상이다. 교사 활동가의 역할, 특히 여성 교사 활동가의 역할이 이 속에 두드러지게 드러났다. 여성 활동가이자 교사라는 두 가지 표지는 매우 중요하다. 이러한 교사들이 이룩한 업적은 카운츠가 마음속으로 그려왔던 것이다. 그리고 그들은 너무도 많은 급진적 백인 이론가들의 감시망 속에서 이러한 일들을 해냈다. 이는 놀랄 만한 일이 아니다. 사회 변혁을 목표로 하는 교육에 억압받은 사람들이 이미 기여하고 있는 주요한 공헌을 이해하기 위해서는, 백인 사회 내부의 이질적인 목소리를 내는 사람들이 끊임없이 위치를 재정립하는 활동에 참여하는 것과 가능한 한 많은 피억압 집단이 그들이 살아가는 세계를 이해하는 방식을 습득하는 것이 중요하다.

더 많은 목소리를 기억하기

이 장에서 듀보이스와 우드슨을 차례로 다루면서, 나는 또한 흑인 교사들과 여교사 활동가들의 삶의 중요성에 대해서 논의를 전개했다. 여성들의 역할에 대한 이러한 논의가 중요한 것은 그들이 차지하고 있던 자리 때문만은 아니었다. 그 자리는 아래로부터의 압력에 의해 생성된 자리이며, 우드슨과 같은 사람들이 지배 세력에 대항하는 전투에서 흑인 교육자들의 새로운 정체성을 개척하기 위해 만든 자리이다. 하지만 흑인의 여러 공동체를 통틀어서 너무도 자주 "흑인"은 "남성의 이데올로기적 위치로서 표현되었다"는 것을 인식하는 것 또한 중요하다.Henry, 1998, p. 1; Rabaka, 2007 그 당시 다른 피억압 집단과 마찬가지로, 교육에 관한 논쟁은 통상 남성 교육에 중점을 두었다. 이러한 상황을 헨리Renea Henry는 다음과 같이 썼다.

> 듀보이스와 워싱턴 간에 이루어진 토론에 나타난 전략적 관심 안에
> 서 우리는 흑인 남성에 대한 교육(옥수수 밭에서 고전을 읽는 소년의 이미
> 지), 더 큰 사회-경제적 시스템에 참여할 준비, 전통적인 가정에서 부
> 양자로서의 역할을 담당할 능력에 대한 강조와 함께 흑인 여성 교육이
> 미칠 영향에 대해서는 전혀 언급하지 않는 그들의 관심의 부재를 본
> 다.Henry, 1988, pp. 1-2

여기서 집단적 기억과 하층민들의 경험으로부터 나온 다양한 목소
리들을 복원하는 것이 점점 더 중요해진다. 실제로 이러한 주제와 관
련된 주목할 만한 논의들이 이 시기 전반에 걸쳐서 진행되었다.『흑인
들의 정신』이 발행되기 10년 전, 흑인 교육가 쿠퍼Anna Julia Cooper는
『남부로부터의 목소리A Voice From the South』Cooper, 1988를 출판했다. 쿠
퍼의 주요 관심은 흑인 여성들의 대학 교육이었다. 그녀는 "미국 흑인
여성들의 발전은 흑인 전체의 발전과 진보를 위한 필요 조건"이라고
보았다.Henry, 1998, p. 2

지금의 독자들에게, 쿠퍼의 주장은 상당히 보수적으로 보일지도 모
른다. 여성의 지위가 "문명화"의 근본적 척도를 나타낸다는 그녀의 주
장은 문제가 있지만, 미국 흑인 여성들의 지위를 향상시켜야 한다는
그녀의 주장이 가지는 잠재력은 부인할 수 없다. 실제로 듀보이스가
인정하지는 않았지만, 쿠퍼의 책과 생각들은 그에게 영향을 끼쳤을 가
능성이 매우 크다.Henry, 1998, p. 2

내가 성별 특수성에 대한 쟁점을 제기하는 이유는 듀보이스의 삶과
업적의 중요성을 부정한다거나 우드슨의 설득력 있는 목소리와 헌신
적 신념을 손상하려는 것이 아니다. 오히려 나의 요점은 지배에 저항

하고 있고, 교육을 그 지배의 중단책으로 상정하고 있는 억압받는 공동체에서 나오는 목소리를 조명할 때 발생할 수밖에 없는 불가피한 선택에 대해서 나 자신을 포함한 우리 모두에게 상기시키려 함이다. 우리의 선택이 어떤 면에서는(억압받는 집단 내부의 구성원들의) 주변화를 재생산할 수도 있다.[ix] 예를 들어, 『학교가 감히 새로운 사회질서를 수립할 수 있는가?』에서 카운츠가 특정한 역사와 여성의 현실, 여성 교사들과 활동가들에 대해 언급하지 않았다고 해서[Apple, 1986], 경제적 계급 착취라든가 그 시기 교육위원회의 계급 구성에 대한 그의 주장의 가치가 떨어지는 것은 아니다. 하지만 이것은 그가 가지고 있는 기본적인 관심이 다른 역학 관계(흑인 집단 내에서 여성의 소외—역자)가 아닌, 어느 특정한 사회적 역학 관계(남성이 대표성을 갖는—역자)에 고정되어 있었음을 보여준다. 그들의 탁월함과 모든 희생에도 불구하고 억압받는 사람들의 일원으로서의 유기적 지식인들은 이와 관련된 쟁점에서 결코 자유롭지 않다. 이것이 바로 내가 제1장에서 강조했던 요점이다. 즉, 우리는 착취와 지배 관계 그리고 이러한 관계에 반대하는 투쟁들이 가지는 다양성에 대해서 정치적으로 열린 인식과 사소한 것으로 보이는 차이조차도 중요하게 여기는 태도에 기반을 둔 "탈중심 연합"을 만들어야 한다. 이런 방식에 의해 더 풍부하고 더 다양한 "우리"가 만들어질 수 있다. 이러한 "우리"는 타인의 고통을 모두 나눌 수 있다는 허위와 낭만적 관념에 기반을 둔 것이 아니라, 가능할 때 형성될 수 있는 연합이 지배를 중단시키는 전략으로서 중요하다는 인식에 기반을 둔 것이다.

르네 헨리Renea Henry는 이에 대해 학문적인 수준에서 다음과 같이 언급했다.

조이 제임스가 1997년도에 출간한 『영재 10퍼센트를 넘어서기: 흑인 지도자와 미국 지식인Transcending the Talented Tenth: Black Leaders and American Intellectuals』은 성 평등과 계급 문제에 대한 듀보이스 철학의 결점을 비판적으로 다루고 있다는 점에서 중요하다. 이에 덧붙여서, 파울라 기딩스Giddings, 케빈 게인스Kevin Gaines, 헤이즐 카비Hazel Carby 등의 연구들, 그리고 아이다 웰스-바넷Ida Wells-Barnett과 같이 듀보이스와 동시대 사람들이 쓴 그의 전기들은 듀보이스 시대의 전반적인 지적 담론 지형을 살펴보는 데 있어서, 그리고 그 시대에 이루어졌던 사회 참여의 조건들을 살펴보는 데 있어서 더할 나위 없이 귀중한 자료들이다. 우리는 지적 생산물과 제도적 구조들이 다른 학자들의 참여를 움츠러들게 하거나 배제하는 역할을 할 수도 있음을 항상 관심을 두고 살펴보아야만 한다.Henry, 1998, p. 2 [x]

억압받는 사람들과 디아스포라의 다종다기한 공동체들로부터 나오는 다양한 역사와 목소리들은 물론이고, 억압받는 집단 내에서 재생산되는 또 다른 억압의 구조에 대한 논의의 역사 또한 분명히 드러나야 한다. 다시 한 번 말하자면, 이는 이러한 운동과 유기적인 관계를 맺었던 역사가들과 활동가, 학자들의 작업이 매우 중요하다는 것을 나타낸다. 그들이 하고 있는 일은 내가 이 책의 앞부분에서 열거했던 과제들에 있어 매우 중요하다.

이러한 중요성에도 불구하고, 억압받는 사람들의 목소리들과 운동들의 역사만이 우리를 인도하는 유일한 안내자는 아니다. 건진Luis Armando Gandin과 함께 집필한 다음 장에서, 나는 이 책에서 던진 질문에 긍정적으로 답해온 공적 지식인들이나 변혁적 교육과정을 생산하고 보급하고 가르치는 데 최선을 다했던 교육자들의 역사에 대한 분석으로 돌아가지는 않을 것이다. 대신, 나는 더 현재적인 예들에 대한 분석에 초점을 맞출 것이다. 이러한 예들은 만약 우리가 세력 연합을 결성할 수 있고, 우리가 지향하는 가치를 실천에 옮길 수 있기만 하다면, 너무도 많은 사람들이 직면하고 있는 지금과 같은 어려운 시기에도 성공은 가능하다는 것을 보여주는 예들이다.

i 이 장에서 나는 저스틴 론스버리Justin Lonsbury로부터 많은 도움을 받았는데, 그에게 감사를 표한다. 그가 인용한 듀보이스, 워싱턴, 그리고 우드슨은 내가 논지를 전개하는 데 많은 도움이 되었다.

ii "종족적 소속"에 바탕을 둔 교육에 대한 논의는 McCarthy(1998)를 참조할 것.

iii 우드슨이 졸업하고 난 후 1년 뒤, 켄터키 주 의회는 Day Law라는 법안을 통과시켰다. 이 법안은 인종 혼합교육을 불법화했는데, 이는 버리어 대학을 크게 바꾸게 된다.

iv 우드슨이 가지고 있던 대중적 감성과 그의 능력은 이 운동을 조직하는 데 큰 도움이 되었다. 그런데 고긴Goggin은 흑인 역사 기념 주간을 설립하기 위한 운동을 시작하는 과정에서 우드슨에게 다양한 목적이 있었다고 주장한다. 우드슨이 "흑인 대중들 사이에서 흑인의 역사에 대한 흥미와 인식을 높이기"를 원했던 것은 분명하다. 그러나 그는 이와 함께 궁극적으로는 유력한 기부단체들로부터 그가 설립한 단체를 위한 더 많은 기금을 모으기를 원했다(Goggin, 1993, p. 84).

v 만약 윌리엄스를 하나의 상징과 모델로 삼고 있는 비판적 교육학과 문화 연구 영역에 있는 연구자들이 그들의 시야를 넓혀서 그들의 연구에 우드슨, 캐머런 매카시Cameron McCarthy 등과 같은 학자/활동가들이 이룬 업적을 포함시킬 수 있다면, 그것은 아주 유용한 연구가 될 것이다.

vi 초기의 서신에 대한 설명과 가정 학습 프로그램에 관해서는 Noffsinger(1926)을 볼 것. 이 책을 내게 알려준 크리스 크로울리Chris Crowley에게 감사를 표한다.

vii 우드슨에 많은 부분을 빚지고 있는 오늘날의 성공적인 사회운동에 대한 상세한 논의는 Binder(2002)를 볼 것.

viii Goggin(1993)은 여러 가지 이슈를 놓고 벌어진 듀보이스와 우드슨 사이의 갈등들에 대한 유용한 논의를 전개하고 있다. 아프리카계 학자들이 종종 주변화되는 방식에 대해서 두 사람이 함께 나눈 공분에 대해서는 Lewis(2000)을 참조할 것.

ix 앞서 언급한 것처럼, 듀보이스와 같은 학자/활동가들의 관점은 시간이 지남에 따라 변화했다. Kurzma(연도 미상) 참조.

x 다시 한 번 강조하지만, 여기서 공동체의 기억을 되살리는 것은 반헤게모니적인 세계 이해에 중요한 역할을 한다. 헨리Henry가 언급한 학자들뿐 아니라 다른 많은 학자들도 이 일에서 중요한 역할을 담당했다. 예를 들어, 앤절라 데이비스Angela Davis와 화이트D. G. White는 아프리카계 여성들의 개인적, 집단적 저항의 역사를 복원하는 데 일익을 담당했다. 데이비스가 이해한 아프리카계 노예 여성들은 그들 공동체의 생존을 도모하는 데 필수적이었던 방식으로 노예제에 저항했다. 실제로, 여성들의 가사 및 돌봄 노동(그리고 그들의 농업 노동)을 노예 사회 전체의 가장 중요한 일 중 하나로 다시 자리매김함으로써 수세대에 걸친 여성들의 삶과 투쟁이 새로운 시각에서 조명될 수 있었다. 노예제의 야만스러운 폭력적인 상황에서, "아프리카계 여성들은 그들의 실천을 통해서 다양한 종류의 억압을 견뎌낼 수 있었으며, 그들의 공동체 전체를 비인간화에서 인간화의 상태로 회복시킬 수 있었다(Dagbovie, 2003, pp. 619-620; 참조 White, 1985)." 이와 같은 "숭고한 인내와 영웅적인 저항"의 전통에 관한 지식을 회복하는 것은 현재를 살아가는 아프리카계 여성들로 하여금 그들의 투쟁을 그들의 할머니들이 만들어놓은 거대한 투쟁의 강줄기에 연결시킬 수 있게 할 수 있을 것이다(Dagbovie, 2003, p. 621).

제5장

이미 이룬 변혁을 유지시키기
–"저개발 세계"에서 배우다

도입

제2장에서 제4장까지는 역사적인 사실을 다루었다. 여기에는 기억해야 할 구체적인 목적들이 있었다. 하나는 우파들이 추진해온 사회적·교육적으로 근본적인 변혁들의 중심에 있었던 역사적인 망각에 대처하는 것이었다. 우파는 이를 통해서 우리의 근본적인 정체성과 상식을 변화시키는 동시에 우리가 우리 사회의 핵심적 제도들에 관해 고려해볼 때 쓰일 가치를 변화시키고자 했다. 두 번째는 내가 중요성을 지적했던 비판적인 "비서"로서의 업무와 일부 관련되어 있다. 이 "비서" 업무는 학교를 통해 사회를 지배하고 있는 위계구조를 바꾸어야 한다고 주장했던 매우 다양한 의견들에 대한 집단적인 기억을 복원하는 것이다. 이러한 목적을 위해서 주요한 목소리들(인물들)에 대한 논의로만 내 논의를 한정하지 않는 것이 필요하다. 그 대신 노동계급의 교육자들, 활동가들, 여성 교육자와 작가들, 시골 학교와 같은 곳에서 근무하는 소수화된 교사들, 그리고 교육기관을 이용하고 그리고 집단적 정체성을 창조하고 재창조하는 거대한 과정 속의 장소로서 설정하는 데 깊이 관여했던 사람들의 저작을 포괄해야 한다. 이들은 개인과 학교를 억압받는 사람들의 공동체에 연결시키고 돌봄과 연대의

규범을 중심으로 조직된 학교들, 교육과정, 교수 실천을 수립하는 것이 거대한 해방을 위한 프로젝트의 일부라고 생각했다.

제3장의 도입부에서 언급했듯이, 지식의 정치학에 대해, 경제적·정치적·문화적 권력의 복합체가 학교와 맺고 있는 관계에 대해, 교사 및 교육자들이 대우받는 방식에 대해 끊임없이 투쟁해온 수탈당한 공동체들의 일반 대중과 주민들로부터 더욱더 많은 이들의 목소리를 들어야만 한다. 나를 비롯한 많은 이들이 교육 및 사회의 변혁에 꼭 필요하다고 믿고 있는 탈중심 연합 구축에는 목소리와 대표의 정치[1]가 필요하다.

나는 다른 사람들의 경험을 대변하기 위해 한 집단의 사례를 인용하는 것에는 중대한 위험이 따른다는 사실을 잘 알고 있다. 실제로 이러한 딜레마 탓에 나는 적지 않은 심적 고통을 겪었다. 하지만 독자들도 이러한 딜레마를 이해하고 있고, 내가 선택했던 인물들이 감당했던 투쟁에 대한 논의에서 그러한 딜레마를 발견할 수 있을 것이라는 기대를 갖고 논의를 진행하고자 한다.

다음 주제들은 프레이리, 카운츠, 우드슨, 듀보이스, 그리고 이들의 사상을 최선을 다해 구현하고자 했던 교육, 문화 활동가들의 노력을 특징짓는 것들이다.

1. 문화적 작업의 중요성과 그리고 지식과 기억을 둘러싼 투쟁의 중요성을 깊이 인식하는 것.

2. 교사, 문해 교육자, 공동체 활동가와 그들의 기술, 지식, 가치, 신념의 중요성을 분명히 이해하는 것.

---

1 '목소리와 대표의 정치politics of voice and representation'란 사회적으로 억압되거나 배제된 소수자들의 목소리가 사회적으로 정당하게 대변될 수 있도록 하는 정치를 의미한다.

3. 우리가 사는 사회를 구성하는 차별적 권력의 실체를 현실적으로 평가하는 것.
4. 공동체들을 결성하고 학교 및 다른 교육 현장과 이 공동체들을 연결하는 것의 중요성.
5. "살아 있는 민주주의thick democracy"[2], 참여가 보장되는 민주주의, 그리고 모든 제도에 뿌리를 내리고 있는 민주주의의 비전에 대한 신념.
6. 윌리엄스가 말한 "기나긴 혁명"[3] Williams, 1961의 장기간이라는 속성, 앞서 언급한 민주주의를 건설하고 이러한 비전을 실현할 수 있도록 학교를 가시적으로 영향력 있는 장소로 만들기 위한 시도들.

이러한 헌신들은 과거 사람들의 노고에서만 발견되는 것은 아니다. '지금도' 의미 있는 운동들이 이루어지고 있으며, 그중 일부는 제2장, 제3장, 제4장에서 논의한 맥락에서 직접 이어진 것들도 있다. 이러한 운동들은 우파에 맞서 강력하고 지속적인 영향력을 발휘하는 반헤게모니 동맹을 형성하는 데 참여하고 있다. 이 운동들은 계급 분화와 인종차별주의에 저항하고, "능력"에 대한 기존의 가정과 관행에 도전하며, 헌신적인 교사들의 기술과 가치를 진지하게 존중하며, 공동체 사이에서 활동가들의 정체성을 형성하는 데 필요한 메커니즘을 제공하는 활동에 성공적으로 연계되어 있다. 나는 이 책의 머리에서 장애인

---

2 프란시스 무어 라페Frances Moore Rappe가 사용한 개념이다. '살아 있는 민주주의thick democracy'는 고정된 제도가 아니라 학습을 통해 진화되어야 할 '삶의 방식'으로서의 민주주의이다. 반면에 '앙상한 민주주의thin democracy'란 선거로 구성된 정부와 시장경제 체제로 구성된 민주주의를 말한다. 선거로 대표되는 대의제 민주주의는 민의를 온전히 반영할 수 없으며, 시장경제는 자본가와 주식 소유자들의 이윤을 보장하는 원칙에 의해 움직이기 때문에 진정한 민주주의와는 거리가 멀다. 라페는 주민들의 참여예산제가 시행되고 있는 브라질 포르투알레그리의 사례를 대표적인 '살아 있는 민주주의'로 본다.
3 영국의 문화비평가인 레이먼드 윌리엄스Raymond Williams가 말한 'the long revolution'의 번역어이다. 이는 사회구조적 차원에서의 단절적인 혁명과는 달리, 일상적이고 문화적인 영역에서 지속적으로 이루어지는 혁명을 의미하는 개념이다.

인권운동이 어떻게 자본주의를 지탱하는 하나의 기본적인 축, 즉 자신의 노동을 통해 이윤을 창출할 때만이 가치가 있는 "노동자 일반"이라는 이데올로기에 문제 제기를 했는지에 대해서 논의한 바 있다. 위의 운동들은 이러한 논의를 지탱하는 전제들의 중요성에 기반을 두고 있다. 이러한 운동들은 또한 어떻게 개혁주의에 매몰되지 않는 개혁에 대한 공감을 바탕으로 서로의 차이를 넘어 비판적이고 민주적인 역동성과 관계성이 형성될 수 있는지를 보여준다.

이번 장은 건진과 공동으로 저술했다. 여기서는 앞서 다룬 주요 학자/활동가들과 그들의 "교육계" 동료들에 대한 역사적 분석에서 벗어나 "교육은 사회를 바꿀 수 있을까?"라는 질문에 대한 더욱 동시대적인 응답을 다루고자 한다. 여러분이 보게 될 것처럼 그 답은 다시 한번 "예"가 될 것인데, 그것은 교육에서의 그러한 변화들이 사회의 보다 근본적인 변혁의 전망과 유기적으로 결합될 수 있을 때 더욱 그러하다.

제1장에서는 우리가 경험하고 있는 구체적인 사례를 제시했다. 우리는 경제적·정치적·문화적 제도들에 위기가 악영향을 미치는 시대를 살고 있다. 학교는 그 위기의 중심에 있고, 그 위기를 극복하기 위해 투쟁하는 제도들 가운데 한 곳이다. 신자유주의자들은 학교와 교사, 학생들을 시장주의 원리에 따라 경쟁을 시켜야 해결책을 찾을 수 있다고 주장한다. 신보수주의자들은 "실제 지식"으로 돌아가는 것이 유일한 방법이라고 주장한다. 우리 사회에서 가장 열악한 사람들의 삶과 관련된 대중적 지식은 여기서 배제된다. 그러나 이러한 신자유주의자들과 신보수주의자들의 입장이 대안이 될 수 있겠는가? 나는 그렇게 생각하지 않는다.

브라질의 위대한 교육자 파울로 프레이리는 교육이 비판적 대화에서 시작되어야 한다고 강조했다. 그에게는 "비판"과 "대화"라는 두 단어가 매우 중요했다. 교육은 지배적인 사회의 교육 기구들과 이를 둘러싼 사회구조에 대한 날카로운 문제 제기를 지속해야 하고, 이와 동시에 이 문제 제기는 현재 이러한 기구들의 기능에 의해서 소외된 사람들의 삶과 관련되어야 한다. 이 두 가지 조건은 필수적인데, 이는 두 번째 조건 없이 첫 번째 조건만으로 비판적이고 민주적인 교육을 창조하는 임무를 완수하는 데 충분하지 않기 때문이다.

물론 많은 헌신적인 교육자들은 이미 교육 정책을 변화시키고 학교와 지역사회에서 민주주의의 성과를 지키는 것이 본질적으로 정치적이라는 것을 이미 알고 있다. 실제로 이 부분이 신자유주의 운동과 신보수주의 운동이 여러 해 동안 교육과정과 교수법에 대한 전면적인 공격 대상으로 삼고 있는 지점이다. 우파 공격의 핵심은 학교가 학부모나 지역 공동체가 "손댈 수 없는 영역"이라는 것이다. 이러한 비판이 전적으로 잘못된 것은 아니지만, 우리는 제2~4장에서 논의한 역사적 성과를 확장시킬 방법을 찾아야 한다. 우리는 우파가 마음속에 그리는 "앙상한 민주주의"라는 이념을 넘어, 교육을 사회적 약자의 삶과 연결시켜 진정한 민주적 공동체를 구축하려는 현행 노력을 기록하는 고된 작업에 참여해야 한다. 만일 우리가 이렇게 하지 않으면 소유적 개인주의에 토대를 둔 신자유주의적 민주주의, 이를테면 시민의 권리가 소비자의 권리 차원으로 축소되는 민주주의가 득세하게 될 것이다.Apple, 1999; Apple, 2000; Apple, 2006

신자유주의 및 신보수주의 정책에 따른 결과를 분석하는 것도 중요하지만 이는 우리가 오랫동안 진행해온 작업이다. Apple, 1996; Apple, 2006; Gandin, 1994; Gandin, 1998; Gandin, 1999, 지역적이고 자치적인 차원에서 이루어진 재협상을 이해하는 것도 중요하다. 볼Ball이 강조한 것처럼, "정책이란……지역적 차원에서 투쟁되고 실현되는 일련의 기술과 실천이다."Ball, 1994, p. 10 따라서 신자유주의 정책과 신보수주의 정책이 지역 차원에서 일어나는 모든 일들을 구체적으로 직접 결정한다고 가정하는 대신에, 우리는 새로운 대안을 구안할 수 있도록 지역적 차원에서 일어나는 재규정rearticulation 과정을 탐구해야 한다.

많은 나라의 교육자들은 이러한 이데올로기, 정책 그리고 실천에 있어서의 변화들에 대응해야만 한다. 우리는 현재 불평등의 세력에 대항하여 투쟁하고 있는 다른 교육자들의 경험으로부터 두 가지를 배워야 한다. 첫째, 우리는 신자유주의 정책과 실천 및 신보수주의 정책과 실천이 교육에 미치는 실제적 영향을 배워야 한다. 둘째, 더욱더 중요한 것이 있는데, 우리가 신자유주의 정책과 실천 및 신보수주의 정책과 실천을 어떻게 저지하며, 어떻게 더욱 민주적인 교육 대안을 만들 수 있는지를 배워야 한다.Apple, 2006 그래야 우리는 교육자들이 마주친 역사적 상황뿐만 아니라 현행의 교육적 변혁에 있어서도 학교교육의 역할에 대한 카운츠의 질문에 답할 수 있다.

우리는 동시대의 가장 좋은 사례 중 하나를 브라질의 포르투알레그리에서 찾을 수 있다. 국가적 차원에서 신자유주의가 득세하는 가운데, 노동자당PT이 실행한 "참여예산제"와 "시민 학교"와 같은 정책은 더욱 진보적이고 민주적인 정책이 지지를 얻는 데에 도움이 되었다. 수년 동안 노동자당은 전통적으로 보수 정당을 지지해왔던 사람들 사이에서도 득표수를 늘려왔다. 그 이유는 예산이 어디에 어떻게 쓰여야 하는지를 심의하는 데에 가장 가난한 시민들도 참여할 수 있도록 보장했기 때문이다. 집단적인 참여를 실질적으로 보장하고 이를 지원함으로써, 포르투알레그리는 경제 위기의 상황과 신자유주의 정당 및 보수언론의 이데올로기 공세에도 불구하고 "살아 있는 민주주의"를 형성하는 것이 가능하다는 것을 보여주었다. "시민 학교"와 같은 프로그램, 그리고 노동자, 중산층, 전문가뿐만 아니라 "빈민가"에 사는 사람들도 실질적인 권력을 공유하는 것은 "살아 있는 민주주의"가 신자유

주의의 "앙상한 민주주의"에 대한 대안이 될 수 있다는 증거로서 충분하다.SMED, 1999b

여러 측면에서, 그곳에서 만들어진 정책과 실천들은 다른 나라에서 유사한 개혁들로 강력하고 체계적으로 확장되었다.Apple and Beane, 1998; Apple and Beane, 2007 하지만 이와 마찬가지로 중요한 것은 포르투알레그리에서 이러한 프로그램들이 갖는 교육적 기능이었다. 이러한 프로그램은 사람들이 지속적으로 민주적 행정에 참여하고 자신들의 삶을 주관하는 데 참여할 수 있게 하는 집단적 능력을 발전시켰다. 이는 오랜 시간이 걸리는 일이다. 그러나 이러한 일들에 사용한 이 시간들은 나중에 엄청난 보상을 가져오는 것이 입증되고 있다.

이 장에서 우리는 포르투알레그리의 "주민참여행정Popular Administration"정책들을 기술하고 분석한다. 그곳에서 어떤 일이 일어났는지를 자세히 들여다보고 비판적 이론과 정치적 자료를 바탕으로 이를 이해하고자 한다. "시민 학교"를 만든 것은 분명히 공동체, 국가 그리고 교육 사이의 관계, 그리고 공립학교들을 진보적으로 변화시키기 위한 것이었다. 이러한 정책들을 수립하고 이행하는 과정은 소외된 사람들을 위한 더 나은 학교를 만드는 것뿐만 아니라 진보적 민주주의를 실현하려는 거대한 프로젝트의 일부이기도 하다. 여타의 의미 있는 사회적·교육적 변화와 마찬가지로, 포르투알레그리에서의 개혁은 유동적이었으며 이에 대한 공방이 일어나고 있다. 그렇지만 이곳에서 이미 이루어진 개혁의 상당 부분이 지속되고 있고 이는 "오직"브라질에게만 중요한 것이 아니라, 우리의 아이들과 공동체 '모두'에게 복무할 교육을 만들기 위해 교실과 학교에서 투쟁하고 있는 다른 많은 나라에 있는 우리 모두에게도 중요한 것이다. 요약하자면, 포르투알레그리에서의 실험은 라이트Eric Olin Wright가 말한 "현실의 유토피아real utopia"의 사례가 될 수 있다.Wright, 2010 이것은 "저개발국가"가 "선진국"

의 스승 역할을 할 수 있다는 적절한 사례이다.Apple, 2012

앞에서 언급했던 "보수주의 근대화conservative modernization" 시기에 나타난 이러한 실험의 가능성과 한계를 이해하기 위해서는 다음과 같은 많은 것들을 면밀히 살펴보아야 한다. 즉, 시민 학교 기획이 "주민 참여행정"이라는 프로젝트와 어떻게 연결되는지, 진행되고 있는 프로젝트의 가치적 목표와 제도적 설계는 무엇인지 노동자당이 창조하고자 전력을 기울였던 새로운 현실이 실현되면서 나타나는 가능성과 문제점은 무엇인지 등이다. 이 장에서는 첫째, 포르투알레그리의 경험을 브라질의 정치적·교육적 맥락에서 간략하게 살펴보고자 한다. 둘째, 시민 학교의 가치적 목표를 소개하고 이러한 목표를 세우는 데 도움이 된 메커니즘을 검토하고자 한다. 셋째, 가치적인 목표와 이러한 목표를 실행하기 위해 만들어진 제도적 설계 사이의 일관성을 논의하고자 한다. 넷째, 이 프로젝트가 가지고 있는 잠재적인 문제점들을 논한다. 마지막으로, 교육계 내외부의 민주적 관계를 증진시키는 데에 있어 이 프로젝트의 잠재적 기여는 무엇이고 이 프로젝트의 미래는 어떻게 될지에 대해 고찰하고자 한다.

포르투알레그리와 '주민참여행정'

포르투알레그리는 브라질의 남부 지역에 위치해 있으며 130만 명이 사는 도시이다. 이곳은 히우그란지두술Rio Grande do Sul 주의 수도이고 이 지역에서 가장 큰 도시이다. 1989년부터 2005년까지 노동자당 Partido dos Trabalhadores, PT(1979년에 노조연합, 사회운동들과 기타 좌파 조직들에 의해 결성되었다)의 주도하에 좌파정당의 연립정부가 이곳에서 집권했다. 노동자당은 세 번 연속 집권에 성공했으며, 이를 토대로 노동자당의 정책은 정당성을 굳건히 갖게 되었다.

포르투알레그리 전직 시장(국민의 존경을 받는 노동자당 당원)은 이렇게 얘기했다. 정부의 목적은 "유토피아를 향한 에너지를 되찾는 것"이고, "새로운 질서에 대한 사회 행동과 시민의식으로 이끌 수 있는 '새로운 도덕적 삶'(그람시의 용어)을 형성하고, 국가와 사회의 관계를 새롭게 접합articulation함으로써 새로운 생활방식의 원천을 포함하는 운동을 만드는 것이다."Genro, 1999, p. 9 [i] "주민참여행정"은 도시의 가장 빈곤한 시민들에게 의미 있는 경제적 향상을 가져다주었다. 예를 들면 산토스Santos, 1998가 지적하듯이, "1989년에 수도와 하수 같은 기본적인 공중위생 시설은 단지 49퍼센트의 인구에게만 제공되었다. 하지만 1996년에는 98퍼센트의 가정이 수도를 공급받았으며, 85퍼센트의 가정이 하수 시설을 제공받았다."p. 485 '주민참여행정'이 시작된 이후 교육 분야에서는 학교 수가 두 배 이상 증가했다. 미국에서는 이러한 정책을 "하수도 사회주의sewer socialism"라 불렀는데, 이는 어떠한 사회적 혜택도 받지 못하는 사람들이 일상생활에서 겪는 실제적 문제들을 집단적으로 해결했다는 것을 강조하기 위한 명명법이다.

"주민참여행정"이 채택했던 특별한 조치인 주민참여예산제Participatory Budgeting, Orcamento Participativo(이하 'OP'로 표시)는 빈곤 지역에 이루어진 여러 가지 자원의 재분배로 유명하다. OP는 도시의 투자 자원 배분의 결정 과정에 대한 주민들의 능동적인 참여와 심의deliberation를 보장하는 제도이다. 산토스는 OP가 어떻게 작동하는지를 다음과 같이 요약했다.

> 요약하자면, OP는 지역별·주제별 전원위원회 격인 대의원회the Fora of Delegates와 주민참여예산의회the Council of OP, COP를 중심으로 구성되어 있다. 전원위원회는 열여섯 곳의 지역과 다섯 개의 주제 분과를 중심으

로 이원화되어 있다. 두 개의 소위원회 사이에는 지역별·주제별로 사전 모임을 갖는다. 위원회와 사전 모임은 세 가지 과제를 수행한다. 지역별·주제별 요구를 수렴하여 우선순위를 정하는 것, 대의원회의 대표와 주민참여예산의회의 의원을 선출하는 것, 그리고 행정부의 성과를 평가하는 것이다. 대의원회는 COP와 시민들을 개인적으로 중개하는 역할을 하거나, 지역 또는 주제 분과의 참여자 역할을 수행한다. 그들은 또한 예산 집행을 감독한다. 의원들은 다양한 요구들의 우선순위와 재정 배분을 결정하는 기준을 정하고, 행정부에서 제안한 투자 계획안을 의결한다.Santos, 1998, p. 469

OP는 포르투알레그리를 변화시키고 역사적으로 소외된 빈곤층을 의사결정 과정에 참여시키는 프로젝트의 핵심 역할을 한다. 또한 다수의 연구자들이 서술한 것처럼Avritzer, 1999; Azevedo, 1998; Baiocchi, 1999; Santos, 1998, OP는 빈곤층의 경제적 상황을 변화시켰을 뿐만 아니라 그 지역의 새로운 조직과 이웃 간의 연대를 구축하는 교육적 과정을 만들어냈다. 시민들은 그들 자신의 권한 강화를 포함하는 광범위한 교육적 프로젝트에 관여했다. OP에 시민들의 참여를 전폭적으로 보장하는 기구들이 건설되는 과정을 통해서 정치적 학습의 과정이 이루어졌다. 이런 점에서 OP는 본질적으로 "민주주의의 학교"라고 할 수 있다. OP를 통해 학습한 것은 다른 사회적 삶의 영역으로 이전된다.Baiocchi, 1999; Bowles and Gintis, 1986 그러나 OP에는 이보다 더 의미 있는 교육적 측면이 있는지도 모른다. 정부기관 스스로가 "재교육"에 참여했다. 대중들은 참여를 통해 국가로 하여금 대중들을 더 잘 섬길 것을 "가르쳤다." 이는 국가 자체를 변혁하는 과정에서 교육을 놓고 벌이는 투쟁의 중요성을 환기한다는 점에서 중요한 의미가 있다.

OP와 마치 2인용 자전거처럼 협력하여 벌이는 또 하나의 더욱 구체적인 이 도시의 교육 프로젝트는 "시민 학교"이다. 이는 시 교육청 Municipal Secretariat of Education, Secretaria Municipal de Educacao(이하 SMED)에 의해 시행되었다. 시민 학교는 OP와 동일한 목표를 지향하고 있으며 민주적 제도를 형성함으로써 공식적 교육과정의 아주 초기부터 시민을 위한 "살아 있는" 교육을 시작하는 것을 목표로 한다.

시민 학교 프로젝트가 만든 구체적인 제도와 정책에 대해 설명하기 전에, 우리는 신자유주의 개혁이 지배하고 있는 세계적 상황 속에서 이 프로젝트를 고찰하고자 한다. 우리가 시민 학교를 제대로 이해하려면, 이 지역에서 구축된 특정한 재규정rearticulation 방식을 살펴보아야 한다.

여기서 접합articulation의 개념을 이해하는 것이 중요하다. 왜냐하면 이 개념은 이념과 실천을 단절하고 다시 연결하기 위해 필요한 이데올로기적 작업을 이해하는 데에 도움이 되기 때문이다. 역사적으로 반헤게모니 운동과 관련이 있는 개념들을 탈각disarticulation하고 이를 헤게모니적 담론으로 재규정rearticulation하는 것은 상당한 정도의 창조적 이데올로기 작업을 필요로 한다. 이는 우리가 뉴올리언스에서의 신자유주의적 재편 작업에서 목격했던 것이다.[4] 이 개념을 헤게모니 담론으로부터 탈각한 후에 이를 다시 포르투알레그리의 정치가 지향하는 "살아 있는 민주주의"에서 중시하는 진보적이고 반헤게모니적인 기획으로 다시 재규정rearticualte하는 것은 더욱 어렵다. 이는 정적인 과정이 아니라 역동적인 과정이다. 홀Hall이 서술한 것처럼 "재규정 articulation이란…… 어떤 특정한 맥락에서 서로 다른 두 개의 요소를 통합하는 연결의 형태이다. 이 연결은 언제나 필연적이지도 않고, 결

---

4 뉴올리언스에서는 허리케인 카트리나가 도시를 덮친 이후 이를 기회 삼아 도시를 완전히 시장주의적 방식으로 재편하는 신자유주의 정책이 시도되었다. 자세한 내용은 이 책의 1장을 다시 참고하기 바란다.

정되어 있는 것도 아니며, 절대적이지도 않고, 필수적이지도 않다."^{Hall,}
^{1996, p. 141}

접합의 개념은 우리로 하여금 이미 주어진 담론에서 보이는 동질성
과 견고함이 사실은 역사적으로 구성된 것이며, 만약 이것이 지속적
으로 유지되려면 반드시 지속적으로 개조되어야 한다는 것을 이해할
수 있는 도구를 제공한다. 임의의 집단들과 특정한 이데올로기 사이
에 존재하는 연결은 이미 '주어진' 것이 아니다. 이러한 연결은 특정한
맥락과 역사적 상황에서는 우발적인 관계로 나타날 수 있는 "필연적
이지 않은 것"으로 이해되어야 한다.

이러한 개념적 틀은 우리가 포르투알레그리의 사례를 더 잘 이해할
수 있도록 한다. 보수주의 근대화 세력들이 제기하는 주요한 주장 중
하나는 교육이 많은 나라들이 겪는 경제적·문화적 위기를 일으키는
결정적인 원인일 뿐 아니라, 그 위기의 해결책에 있어 주요 부분이기
도 하다는 것이다. 만일 "우리"가 학생들을 전례 없이 경쟁적인 신자
본주의적 관계에 의해 지배를 받는 세계에 대비하게 한다면, "우리"는
세계화 시장에서 두각을 나타낼 수 있는 준비를 더 잘 갖추는 것이다.
따라서 이러한 헤게모니 담론에서 교육은 특권적 지위를 갖는 공간으
로 강조된다.

하지만 이러한 담론이 브라질, 특별히, 포르투알레그리에 도달했을
때, 몇 가지 흥미로운 재규정이 이루어졌다. 지배적 담론에서 교육에
대한 강조는 교육적 정책과 실천에 대한 "정당성을 갖춘" 논의의 공
간을 식민화해서, 시장의 경제적 수요와 조화를 이루는 교육적 환경
을 만들기 위한 끈질긴 시도들과 관련이 있다. 하지만 이러한 과정이
브라질에 들어왔을 때에는 모순이 발생하고 혼종물_{hybrid product}이 만
들어졌다. 이는 헤게모니적 담론이 교육의 장을 식민화하려 하더라도,
제4장에서 언급했던 흑인 아이들의 "제한된 학교교육"의 사례처럼, 헤

게모니적 담론이 브라질 현실 상황을 맞닥뜨릴 때, 의도치 않았던 대안적 경험의 공간이 만들어지기 때문이다. 이것은 제2장에서 언급했던 과제와 깊은 관련을 갖는 중요한 개념적·정치적 관점이다. 이는 지배 이데올로기의 형식과 관계의 표출로만 보였던 것들에 내재한 모순과 기회를 탐구할 것을 우리에게 다시 한 번 상기시킨다. 교육이 국가의 문제를 해결할 수 있다는 생각은 역설적으로 교육에 더 많은 투자를 해야 한다는 주장들에 '다시 점유reoccupied'될 수 있는 담론적 공간을 허용한다. 가난한 사람들을 위한 교육이 도외시되어왔던 국가에서 주민참여행정은 '모든 사람'을 위한 교육이 우선시될 수 있도록 이 공간을 활용했다. 이 공간이 일단 교육에 대한 더 많은 투자를 수사적으로 강조하는 담론으로 다시 점유되면, 시민 학교는 이에 대한 대안적 의제를 배치할 수 있었고 또 그렇게 해왔다. 시민 학교는 우선순위를 변화시키는 일을 할 수 있었고, 소외된 사람들을 위한 해방 교육에 중점을 두는 "살아 있는 민주주의"를 건설하는 프로젝트에 투자할 수 있었다. 이 과정에서 주민참여행정은 "자치", "분권화", 그리고 "협력"과 같은 개념을 되찾고 재창조할 수 있었다. 비록 신자유주의자들이 이러한 개념을 빼앗고 재규정하였지만, 이러한 개념들은 역사적으로 브라질의 대중운동에서 완전히 다른 의미를 가지고 있었다. 주민참여행정은 신자유주의 담론으로부터 이 핵심 개념들을 성공적으로 탈각하고 이를 시민 학교 프로젝트에 맞게 재규정했다.

그런데 우리는 역사적 운동이 지닌 복합적 정치학을 자각할 필요가 있다. 이러한 탈각과 재규정이 이루어졌다고 하여 "주민참여행정"이 영원한 승리를 거두었다는 것은 아니다. 앞으로 다루겠지만, 헤게모니 집단들은 지속적으로 핵심 개념들의 의미를 둘러싼 전투에서 다시 승리를 거두고 교육 정책과 교육 정책이 지닌 의미의 영역을 재탈환하기 위해 지속적으로 노력하고 있다. 따라서 교육은 지속적인 투쟁의 공간으로 남아 있다. 그러나 지배적 헤게모니 집단이 모든 공간을 동시에 통제할 수는 없다는 점을 깨닫는 것이 여전히 중요하다. 시민 학교 프로젝트가 보여주듯이, 지배적 집단의 담론조차도 반헤게모니적 목표를 달성하기 위해 재규정될 수 있다.

"시민"이라는 개념은 신자유주의와 진보적 의제 양쪽에서 모두 사용될 있는 "미끄러지는 기표"[5]의 대표적인 예이다. 포르투알레그리 프로젝트에서 중심이 되는 이 개념은 현재 브라질에서 매우 특정한 의미를 지닌다. 시민이라는 개념은 무작위적인 범주가 아니라, 교육과 같은 공공 영역에 시장 논리를 도입하려는 시도들에 맞선 투쟁을 상징한다. 그러므로 공교육 안에서의 시민 형성을 강조하는 것은 이러한 담론적 투쟁의 맥락 속에서 이해되어야 한다. "시민성"이라는 범주는 신자유주의의 용어에서 중요한 역할을 하는 "고객" 또는 "소비자"라는 개념에 대항하는 담론적 무기로 작동한다.

이 개념은 정체성과 행위자라는 점과 관련하여, 일련의 시장 관계 속에서 소비자라는 관념이 제공하는 것과는 매우 다른 주체 위치 subject position를 제공한다.[6] 시민성이라는 정치적 의미는 더욱 사회적이고 비판적인 사고와 실천이라는 의미로 재규정되었는데, 이는 개인뿐만 아니라 집단의 권리 강화에 중점을 두는 새로운 상식을 구축하기 위한 것이다.

하지만 이는 단순한 일이 아니다. 특정한 담론만이 그것이 진실이라

---

5 '미끄러지는 기표sliding signifier'는 언어를 기표signifier와 기의signified의 대응으로 이해한 구조주의적 이해를 기반으로 하되, 이 이해가 가지는 한계를 지칭하기 위해서 만들어진 개념이다. 어떤 대상을 지시하는 '기표'와 그 기표에 의해 지칭된 '기의' 사이에 일대일의 필연적인 결합 관계가 성립되지 않음을 의미하는 개념이다.
6 시장의 논리가 지배하는 학교(예를 들어, 자율형 사립고)에서 학부모는 공급자(교사)에게 자신이 지불한 납입금에 상응하는 성과를 요구하는 '소비자'로서의 정체성을 갖게 된다. 반대로 민주적 참여의 가치가 중시되는 학교(예를 들어, 혁신학교)에서 학부모는 학교 운영의 전반에 교육 주체로 참여하면서 이에 대한 책임을 함께 지는 민주 '시민'으로서의 정체성을 갖게 된다.

받아들여지는 효과truth effect를 더욱 쉽게 얻을 수 있다. 그 밖의 담론들은 유통 경로에 쉽게 접근할 수 없으며, 설사 접근이 가능하더라도 이전에 이미 지배적 프레임에 의해 구축된 개념들을 재규정하기 위해 투쟁해야만 한다. (진보적-역자) 지방정부가 다수의 학교를 관할할 수 있었고, 그 학교들이 주 정부에 의해 제제를 받고 있었다고 해서 이러한 재규정이 순탄하게 이루어진 것은 아니다. 주민참여행정은 헤게모니를 유지하고자 하는 지배 집단의 역량에 맞서서 끊임없는 투쟁을 전개해야만 했다. 지배 집단은 그들의 힘으로 헤게모니를 유지함으로써 새로운 대안이 가시화되는 공간을 억제하며, 주민참여행정이 관여한 교육적·사회적 변혁에 대해 부정적 해석을 언론을 통해 유포하며, 진보적 그룹과 정부에 의해 다시 성공적으로 장악된 담론적 공간을 탈환하기를 원했다.

이와 같은 이유로, 포르투알레그리에서 일어나고 있는 교육과 교육의 목표에 대한 담론 투쟁이 유의미하다는 것을 깨닫는 것이 중요하다. 담론 투쟁은 우발적인 것이 아니라 실제적이며 물질적 효과material effects를 갖는다. 위에서 언급했던 것처럼, 시민성이라는 언어는 의미를 둘러싼 투쟁에서 시민성을 "강조"하기 위한 방식으로 사용된다. 다시 말해, "고객" 또는 "소비자" 담론에 반대하여 "시민성"을 말하는 것은 "정치적" 어휘를 공적 논의의 장으로 가져가려는 의식적인 행동이었다. 이 프로젝트는 그동안 소외되어왔던 대안들을 논쟁의 중심으로 가져오는 것이었다.

그러므로, 다음 절에서도 다루겠지만, 많은 "전문가"들이 말하는 것과는 달리, 시민 학교를 통해 창출된 통로를 통해 빈곤한 지역사회가 자신의 사회적 운명을 결정하는 데 참여할 수 있다는 생각을 정치적 실천의 한복판으로 가져오려는 시도가 존재했다. 주변부와 관련된 개념들이 공론장의 중심에 복귀했을 뿐 아니라, 경제적·사회적으로 소외되고 배제되었던 모든 사람들이 사회적 존재로서의 권리를 보장받았다는 것이 중요하다. 여기서 감성적 평등affective equality이 중요하다. 이 모든 것들을 성취하기 위해, 포르투알레그리에는 시민 학교의 경험을 정당화하여 사회적으로 드러내고, 신자유주의의 언어가 아닌 다른 언어로 교육에 대해 논의하고, 신자유주의적 관점의 기술적·경제적 영역으로부터 교육을 구하고, 사회적 해방에서의 교육의 역할에 대한 기본적 관심을 더욱 정치적인 방향으로 확장시키는 지속적인 투쟁이 있었다.

이러한 창조적 변혁은 대중들의 상식에도 영향을 미쳤다. 주민참여행정은 세 번이나 재선에 성공했다. 포르투알레그리의 선거 과정에서 특정한 쟁점들이 중점적으로 논의되었다. 어떤 정당도 주민참여행정이 이미 이룩한 성과를, 예를 들어 지역 공동체가 공립학교의 의사결정 과정에 직접적으로 참여하는 것 등을 보장하지 않고서는 포르투알레그리 선거에서 승리할 수 없었다. 지역 공동체와 지방정부 사이에는 새로운 기대가 형성되었으며, 이는 그 도시의 새로운 상식이 되었다.

이러한 변혁은 다음과 같은 인식이 있었기 때문에 가능할 수 있었다. 즉, 반헤게모니 투쟁은 반드시 사회생활을 조직하는 방법은 사회적 배제를 일상으로 삼는 방식 이외에도 여러 가지가 있을 수 있다는 민중들의 생각과 연결되어 있어야만 한다. 대중을 조직하고 일상생활을 정치화한 역사가 대중들의 기억에 각인되고, 지역의 상식에 잠재되어 있던 포르투알레그리에서는 시민 학교 프로젝트와 그에 따른 교육 영역의 재정치화가 지역사회의 참여 활성화를 통해 정확히 실행되었다. 이 프로젝트는 대중들의 상식에 이미 존재하고 있었던 요소들을 연결할 수 있었고Williams, 1977, 신자유주의적인 사회경제 정책도 대중들의 의식에서 이 프로젝트의 경험을 완전히 제거할 수는 없었다. 대중들의 참여를 실제로 되찾는 사회적 관계를 구축함으로써, 이는 새로운 상식을 창출했다. 높은 수준의 대중들의 참여가 이제는 국가와 지역사회 관계의 새로운 최소 기대치가 되었다.

지금까지는 담론적 투쟁의 영역에 대해 살펴보았다. 이제는 시민 학교 프로젝트를 이행하기 위해 만든 제도를 학교 시스템의 현실 및 학교의 일상생활 속에서 살펴보도록 하겠다.

"시민 학교" 만들기

브라질의 공교육 행정은 복합적인 방식으로 이루어진다.[ii] 연방 정부, 주 정부 그리고 지방자치 정부가 동시에 교육에 대한 책임을 진다. 연방 정부는 중고등과정 이후의 교육(대학)에 기본적인 책임을 갖는다. 최근에 지자체가 초등교육에, 주가 중등교육에 더 큰 책임을 갖도록 하는 국가 교육법이 통과되었다.[iii] 그럼에도 불구하고 주에 있는 학교의 상당수가 초등학교이기 때문에 이 법은 실제로 주와 지자체 정부의 공동 책임을 확립하였다고 할 수 있다. 그렇기 때문에, 포르투알레그리의 초등교육은 주와 지자체 정부의 책임하에 있다. 하지만 실제 포르투알레그리 시는 유아교육과 초등교육에 대한 책임을 갖는다. 그렇기 때문에 시민 학교 프로젝트는 오직 이 단계의 교육을 포함한다.[iv]

역사적으로 브라질의 학교들은 자율권을 거의 갖지 못했다. 대부분의 시와 주에는 학교장은 말할 것도 없고 교육위원회(행정부가 구성원을 임명하는 전통적 관료 구조)조차 선출하는 선거가 없었다. 교육과정은 대개 시와 주의 교육장관에 의해 결정되었다. 자원은 중앙정부가 관리했고, 학교는 거의 재정적 자유가 없었다.

최근 브라질 학교의 취학률은 매우 높지만(95퍼센트에 가깝다), 낙제와 중도 탈락률은 매우 놀라울 정도이다. 이러한 현실 속에서 시민 학교, 그리고 '주민참여행정'의 전반적인 교육 프로젝트가 시작되었다. 이 프로젝트는 이러한 지표를 낮게 했던 정책과는 뚜렷한 대조를 보였다. 교육 부문은 국가, 학교, 지역사회 간의 새로운 관계를 건설하려는 주민참여행정의 중심이 되었다. 시민 학교는 전체 도시를 변화시키려는 과정과 유기적으로 연결되었으며, 이러한 과정의 중심이 되었다. 앞으로 교육과정과 교수법에 대해 논의할 때 살펴보겠지만, 시민 학교는 카운츠, 프레이리 그리고 듀보이스와 우드슨이 그렸던 꿈이 실현된 것이다.

포르투알레그리의 학교들은 도시의 가장 빈곤한 지역에 위치해 있다. 왜냐하면 1989년 주민참여행정이 정권을 잡은 후에 교육 시스템이 확장되었기 때문이다. 학교는 교육적 시설과 프로그램이 부족했던 지역에 세워졌다. 몇몇 학교들은 주민참여예산제의 구체적인 성과에 의해 건설되었다. 이 도시의 많은 지역에서 의회는 교육과 학교를 논의의 우선순위로 삼았다.

브라질 사회의 소외된 사람들의 문제를 다루면서, 시민 학교는 분명한 변화의 프로젝트를 시행했다.

> 시민 학교는 시민들이 자신을 존엄한 사람으로 인식하고, 삶이 '상업화'
> 되는 것에 저항하는 가능성을 제도화했다. …… 시민 학교에서는, 역사
> 는 자본주의의 요구가 실현되도록 이미 조직되어 있다는 생각을 가진
> 순응주의와 소외된 교육을 거부한다.Gnero, 1999, pp. 10-11

시 교육청이 수립한 계획의 근거는 최근에 포르투알레그리 교육감을 역임한 교육자의 발언에서 찾을 수 있다.

시민 학교는 "새로운 계획"을 수립하고 집행한 계몽적 행정가들의 산물이 아니다. 이는 또한 지향점 없이 즉흥적으로 만들어진 것도 아니다. 시민 학교는 진보적 교육자들의 이론적·실천적 기여에 의해, 공립학교 기부자에 의해, 그리고 사회운동의 민주적이고 변혁적인 투쟁의 경험에 의해 자라났다. 시민 학교의 설립자들은 노동조합, 지역사회의 운동들, 그리고 나라의 재민주화를 위한 투쟁의 대중 진지에서의 활동가들이었다.Azevedo, 1999, pp. 12-13

　시민 학교를 조직한 사람들의 이러한 정치적 배경은 시민 학교 계획의 민주적인 구성에 있어서 중요한 요소이다. 이러한 정치적 배경은 참여적이고 민주적인 대안을 건설하기 위한 정치적 신념을 구성하는 요인이다. 사실상, 시 교육청이 학교의 교육 활동을 조정하고 민주적인 의제를 진행하는 데에 중요한 역할을 담당했지만, 공식적으로 시 교육청의 활동을 지도한 원칙들은 교사들, 학교 행정가들과 직원들, 학생들, 그리고 학부모들의 민주적인 의사결정 과정에서의 활발한 활동을 통해 집단적으로 만들어졌다.

　시민 학교가 나아가야 할 방향을 지도하는 원칙을 세우기 위해 주민교육의회the Constituent Congress of EducationFreitas, 1999라는 민주적이고, 숙의와 참여가 보장된 포럼이 구성되었다. 학교 공동체들에 대한 조직화라는 오랜 과정을 통해서(주민참여예산제에서 참여 과정을 통해 배운 귀중한 교훈을 활용하여), 이 도시의 학교들에 대한 정책을 지도하는 원칙을 만드는 의회가 설립된 것이다. 주민교육의회에서 세운 교육의 가치적 목표는 세 가지 차원에서 지자체 공립학교의 급진적 민주화를 규정한다. 학교 운영의 민주화, 학교 접근성의 민주화, 지식 접근성의 민주화. 따라서 위의 두 문단에서 기술한 모든 정책은 제2장에서 논의한 수많은 과제들을 체화하고 있다.

주민참여행정에서 학교 운영의 민주화란 단순히 '기술적'인 문제만이 아니라 정치적이고 도덕적인 문제이기도 하다는 점을 분명히 할 필요가 있다. 이는 학교 안에서, 학교와 공동체의 관계에 있어서, 그리고 학교와 시 교육청의 관계에 있어서의 민주화를 포함한다. 이를 위해서는 다음의 두 가지를 필요로 한다. 하나는 교사, 교직원, 학부모, 그리고 행정가들이 포르투알레그리 교육에 대한 민주적 결정 과정에 참여할 수 있도록 하는 메커니즘이며, 다른 하나는 집단적으로 수립된 결정이 제대로 실행될 수 있도록 점검하는 시스템이다. 이는 또한 지역사회의 문화가 학교와 학교 시스템의 교육적이고 행정적인 영역의 일부로서 중심적 역할을 한다는 인식에 근거를 둔다. 학교 운영의 민주화는 『민주적 학교들Democratic Schools』Apple and Beane, 2007에서 제시한 미국 학교들의 사례와 비슷하면서도, 그 목표와 과정은 학교를 넘어서 "살아 있는" 민주주의를 향하여 나아갔다. 그런 의미에서, 학교 운영의 민주화는 명확한 교육적·정치적 과정을 포함하고 있다. 왜냐하면 주의 행정기관들과 지역 공동체들이 지역사회의 의지를 대표할 수 있는 새로운 체제를 만드는 법을 함께 배우기 때문이다.

교육에서의 의사결정과 점검 과정은 다양한 수준에서 이루어졌다. 이 수준들은 시의 교육 정책의 수립과 이에 대한 지속적인 평가, 중앙 정부에서 배정된 예산을 학교에 어떻게 투자할지에 대한 숙의, 빈곤한 학생들을 소외시키고 그들에게 지식을 허용하지 않는 사회에 대한 지속적인 투쟁과 연결되어 있는 참여의 메커니즘을 만드는 것에 대한 결정 등이다.

그러므로 시 교육청이 관여해야 했던 과제들은 복합적이었다. 하지만 근본적인 질문은 단순했다. "민주주의 및 변혁과는 반대 방향의 논리를 지닌 국가기구 안에서 우리가 어떻게 변혁적이고 민주적인 프로젝트를 발전시킬 수 있는가?"Azevedo, 1998, p. 309 따라서 제1장에서 언급한 장애인 인권운동과 마찬가지로 국가가 논의의 중심이 된다. 다시 말해서 포르투알레그리의 프로젝트는 국가의 논리 자체를 변화시킨다는 점에서, 그리고 제도와 권력의 조직적 속성을 크게 변화시키는 투쟁의 공간으로서 교육을 활용한다는 점에서 더욱 원대한 목표를 가지고 있었다.

포르투알레그리의 교육 시스템에서 이러한 민주화의 원칙들을 실행하기 위해 시 교육청과 주민참여행정은 몇 가지 메커니즘을 만들었다. 다음 절에서는 이러한 메커니즘을 살펴본다.

새로운 학교 개념

첫 번째 변혁은 브라질 전역의 학교들이 대면하고 있는 가장 심각한 문제인 학생들이 배제되는 문제와 관련이 있다. 학교와 중요한 지식에 대한 접근을 민주화하기 위해서 시 교육청은 학교의 편제를 새롭게 정비했다. 1학년부터 8학년까지 일 년마다 진급을 하는 전통적인 학년 구조 대신, 주기 구조Cycles of Formation라 불리는 새로운 조직 형태가 채택되었다.

교육청의 행정가들은 이 주기 구조를 통해 학교에 대한 접근 기회라는 쟁점이 더 나은 방식으로 개선될 수 있을 것으로 확신했다. 시 교육청에 의하면 "주기 구조는 낙제 학생 문제를 진지하게 다루는 더 나은 방법을 제공한다. 왜냐하면 이 구조가 가지고 있는 관점은 학생들이 겪고 있는 사회 인지 과정을 존중하고, 이해하고, 관찰하기 때문이다."SMED, 1999b, p. 11 이 개념은 학습/시간에 대한 새로운 이해를 제공함으로써, 시민 학교에서 학생들이 배우는 속도가 "느리다"고 하여 그들을 "처벌"하는 일이 없도록 한다. 이러한 새로운 개념에서는 학생들이 특정한 시기, 즉 학년도 말까지 그들이 배워야 할 양을 학습했다는 것을 증명해야 한다는 전통적인 최종 기한 개념이 사라지고 새로운 시간 편성 개념이 등장했다.

지식의 민주화 또한 이 주기 구조의 도입에 의해서 이루어졌다. 이 프로그램 개발자의 말에 의하면 "주기 구조는 개별 학생들의 신체리듬, 시간성, 경험을 존중하고, 학교의 집합적 구조와 학문적 통합성을 강화시킨다."SMED, 1999b, p. 10 주기 구조를 도입한 것은 학교에서 배제, 낙제, 중도 탈락을 지속시키는 구조와 이러한 구조에 의해 희생된 학생들에 대한 비난을 제거하고자 하는 의식적인 노력의 산물이었다.

이러한 주기 구조가 실제로 시민 학교에서 어떻게 작동할까? 학교는 매 삼 년마다 세 번의 주기 구조를 지닌다. 초등학교에는 조기 아동교육 일 년이 더 추가된다. 이를 통해 공립학교는 6세부터 16세 학생을 책임지게 된다. 세 번의 주기 구조는 삶의 주기에 기반을 두고 있다. 각각의 주기는 아동기, 청소년기 이전, 청소년기와 같은 발달 단계에 따른다. 세 번의 주기에 해당하는 같은 나이의 학생들을 함께 묶는다. 이것은 브라질의 대중 계급을 위해 봉사하는 공립학교가 대부분 처한 현실을 변화시키기 위한 것이다. 주민참여행정이 출범했을 때 시 교육청은 낙제를 반복한 수많은 나이 많은 학생들이 자기보다 어린 학생들을 받게끔 되어 있는 교실에 남아 있어야 하는 현실에 직면했다. 교육을 나이에 따라서 조직하고 같은 나이의 같은 주기 해에 있는 학생들을 함께 묶음으로써, 시 교육청은 반복적으로 낙제를 하는 학생들에게 다시 의욕과 동기를 부여하였으며, 동시에 선행 단계의 학습을 완전히 끝내야 다음 단계의 지식을 이해할 수 있다는 고정관념에 맞서 싸웠다. 교육장관이 말했듯이, 주기 구조를 도입하는 것은,

시간과 공간을 학생의 발달에 맞게 조정하는 학교 재구조화 사업이다.

아동들과 청소년들은 학교 달력이나 학사 일정에 구속되지 않으면서 지속적인 발달을 하게 된다. …… 주기 구조를 도입한 학교에서는 배움을 별도의 예비 기간이나 단계가 필요하지 않은 지속적인 발달의 과정으로 본다. 학생들이 제대로 학습하지 않았다고 벌을 주는 것 대신에, 시민 학교는 이미 습득한 지식의 가치를 부여하는 것을 목적으로 한다.Azevedo, 2000, p. 129

주기 구조를 도입한 학교에서 학생들은 하나의 주기 안에서 한 학년에서 다음 학년으로 진급한다. 일 년 단위 "낙제"라는 개념은 사라졌다. 그러나 시 교육청은 낙제 제도가 폐지된 것만으로는 지식의 민주화라는 목표를 이루는 데에 충분하지 않다고 보고 있었다. 이러한 이유로 시민 학교는 학생들을 더 적극적으로 포용하는 구조를 만들었다. 자기 나이의 학생들보다 배움이 느린 학생들을 위해 학업 향상 그룹Progression Group을 조직했다. 이는 과거에 여러 번 낙제를 경험한 학생들에게 자기 자신의 리듬에 맞게 학습을 하며 낙제로 인한 학습 결손을 보충하도록 도전할 수 있는 환경을 제공하는 것을 목적으로 한다. 또한 학업 향상 그룹은 다른 학교 시스템(예를 들어 다른 도시의 학교)에서 낙제 경험을 했던 학생들이 자기 나이에 맞는 주기에 완전히 통합될 수 있도록 훨씬 더 밀접한 관심의 대상이 될 수 있는 공간을 제공한다. 이곳에서 벌어지고 있는 것은 학생들이 학교에 맞추어 변한 것이 아니라 학생들에 맞추어 학교가 그 구조를 바꾸었다는 것이고, 이는 역사적으로도 증명된 사실이다.Souza 외, 1999, pp. 24-25

학생의 필요에 더 부응하기 위해 새로운 구조를 구축해야 한다는 생각은 또 다른 기구인 배움 실험실the Learning Laboratory의 창설로 연결된다. 이는 도움이 필요한 학생들이 개별적인 지원을 받을 수 있는 공간이다. 이 공간은 또한 교사들이 정규 수업의 질을 향상시키기 위한 연구를 하는 공간이기도 하다. 이 공간에서 교사는 더 높은 시험 성적을 산출하는 기계의 부품이 아니라 탐구자로 일하게 된다.

"공식적" 지식을 변혁하기

주기 구조 하나만으로 포르투알레그리 프로젝트의 모든 것이 진행되는 것은 아니다. 교육과정을 개혁하는 것은 "살아 있는 민주주의"를 건설하기 위한 포르투알레그리 프로젝트의 중요한 과제이다. 여기서 교육과정 개혁은 단지 전통적 지식에 대한 접근을 보장하는 차원에 머무르지 않는다. 무엇을 지식으로 간주하는가에 대한 새로운 인식론적 이해가 또한 함께 일어나고 있다. 이는 "인류가 간직해온 지혜의 핵심"의 범위 안에서 새로운 지식을 통합하는 것이 아니라, 근본적인 변혁에 토대를 두는 것이다. 시민 학교에서는 지식에 있어서의 "중심"과 "주변" 자체가 문제가 된다. 교육과정 지식을 구성하는 출발점은 내용으로서뿐만 아니라 관점으로서의 자신이 속한 공동체 문화이다. 교육의 전반적인 과정은 기존의 우선순위를 뒤집고 억압받고 배제된 집단을 위해 봉사하는 것을 목적으로 한다.Apple, 2000; Freire, 1993 프레이리와 듀보이스, 우드슨의 공명이 분명히 보인다.

지식 구성에 있어서의 이러한 새로운 과정의 출발점은 "주제적 복합체thematic complexes"라는 개념이다. 실행 연구(교사가 학생이나 학부모, 사회 구성원들과 함께 일하는 공동체 안에서 수행하는 연구)를 통해, 공동체의 관심사항으로부터 제시된 중심 주제들이 목록에 열거된다. 그러고 나서 가장 중요한 관심 사항이 주제적 복합체로 구성되고, 이에 따라 교실에서의 학습 활동이 이루어진다. 이 학습 활동은 특정한 기간 동안 통합교과적으로 이루어진다. 이러한 방식에 따라 전통적이고 엄격한 분과 학문적 구조는 무너지고, 보편적인 통합교과적 영역이 형성된다. 이는 교육과정과 교수법에 있어서 약한 분류화와 약한 프레이밍[7]을 형성하는 것으로서, 이러한 통합적 교육과정과 상호 반응 중심의 교수법은 교육사회학에서 너무 많은 학자들이 가정하듯이 그렇게 중간 계급에만 해당되는 현상일 필요는 없다는 것을 보여준다.Bernstein, 1977

이러한 교육과정이 어떻게 작동하고 있는지 구체적인 예를 들어 보도록 하자. 한 학교는 지역사회의 특정한 관심사와 문제들과 직접적으로 관련된 문제들을 조사하기 위해서 "사회-역사적" 영역에서 주제적 복합체를 조직했다. 이 주제적 복합체의 중심에는 지역사회의 삶의 수준이라는 쟁점이 있다. 여기에 탈농 현상, 사회 조직, 사유재산이라는 세 가지 하위 주제가 나열되었다. 탈농 현상이라는 하위 주제에는, 브라질의 농촌에서 살다가 지금은 빈민가에서 살고 있는 사람들의 공동체의 기원이 반영되어 있다. 농촌 지역에서 아무것도 가지지 못해 도시로 몰려온 사람들이 결국 또다시 빈민가로 쫓겨나게 된 것이 흔한 사연이다. 이러한 하위 주제에서는 이주 현상, 도시 과밀화, "무자격" 노동력, 그리고 소외와 같은 쟁점을 다루게 된다.

사회 조직이라는 하위 주제에서는 시간적, 정치적, 공간적, 그리고 사회 문화적 관계들에 따라 쟁점의 서열이 매겨진다. 여기서 다루는 쟁점들은, 무비판적이고 과도한 실용주의, 주민 조직과 참여예산제의

---

7 '약한 분류화weak classification'와 '약한 프레이밍weak framing'은 영국의 교육사회학자 버질 번스타인B. Bernstein의 용어이다. 그는 어떤 사물이나 범주 사이의 경계의 강약을 '분류화'로 보았고, 의사소통 관계의 일방성의 정도를 '프레이밍'으로 보았다. 이러한 관점에 의하면 교과 간 경계가 강한 분과 중심의 교육과정은 '강한 분류화'를 지닌 교육과정이고, 교과 간 경계가 약한 통합교육과정은 '약한 분류화'를 지닌 교육과정이다. 또한 교사의 일방적인 주도권이 행사되는 교수법은 '강한 프레이밍'을 가진 교수법이고, 교사와 학생 사이의 의사소통이 자유롭게 형성되는 교수법은 '약한 프레이밍'을 가진 교수법이다. 번스타인은 '약한 분류화'와 '약한 프레이밍'을 가진 교육과정 및 교수법이 더 평등하고 민주적인 질서를 지닌 것으로 보았다.

연결, 그리고 종교성, 신체적 표현, 아프리카 출신African origins, 댄스 그룹, "삼바 스쿨samba schools"과 같은 공동체의 조직과 관련된 중요한 문제를 대표한다. 사유재산이라는 세 번째 하위 주제에서는, 빈민가에서 살아가는 가정들의 생계 조건과 관련된 현실의 쟁점을 다룬다. 즉, 무허가 주택에서의 생활, 열악한 주거 환경에 대처하기, 시민으로서의 권리를 획득하기 위한 투쟁 등을 다룬다.

이 예는 포르투알레그리의 학교교육과정에서 일어나고 있는 진정한 변혁을 보여주고 있다. 학생들은 역사나 사회 문화를 자신의 관심이나 진정한 문제에 대해서는 아무것도 알려주지 못하는 책을 통해 배우는 것이 아니다. 주제적 복합체를 통해, 학생들은 그들 가족의 역사적 경험부터 시작하여 역사를 배운다. 학생들은 그들 자신의 문화적 경험에 집중하고 이에 가치를 부여하는 과정을 통해서 중요한 사회적·문화적 내용을 배운다. 그러나 궁극적으로 이 학생들은 브라질과 세계의 역사, "고급" 문화 등도 배우게 된다는 것도 강조할 필요가 있다. 하지만, 그 과정은 다른 렌즈를 통해서 이루어지게 될 것이다. 학생들이 "고급" 문화를 배운다고 해서 그들 자신의 문화가 차례로 망각되지는 않는다. 오히려, 자신의 처지나 문화를 이해하고 이에 대해 가치를 부여함으로써, 학생들은 소외 계층으로서의 자신의 처지를 이해하고 동시에 이를 변혁할 기회를 얻을 수 있게 된다. 탈농 현상이나 무허가 주거 등과 같은 사회 문제들을 공부함으로써, 하지만 거기에만 머무르지 않고 자기 조직화(참여예산제에서, 주민 조직에서, 문화적 활동가 그룹에서)의 힘도 함께 학습함으로써, 시민 학교는 열악한 조건에서 살아가는 공동체 구성원들이 새로운 대안을 구축하도록 돕는다.

우리는 이 사례에서 또한 브라질에서의 인종 문제에 대한 문제 제기가 이루어지는 것을 볼 수 있다. 아프리카에 뿌리를 둔 음악(삼바)과 종교(칸돔블레)에 대해 학습을 하고, 브라질의 인종차별주의에 대해 공개적으로 토론을 하고, 비판적 지식을 형성하는 과정을 통해 교사들과 학생들은 억압에 대해 침묵하는 것은 소외와 인종차별주의를 재생산하는 결과를 낳는다는 것을 배운다. 애리조나 등 미국 도처에서 지역사회에 토대를 둔 지식에 대해 우익들이 공격을 가하는 미국의 작금의 현실에 비해, 이는 매우 해방적인 과정이다. 이렇게 볼 때 시민학교는 이중의 길에 올라탔다고 볼 수 있다. 시민 학교는 민중들이 공공연하게 이야기할 수 있는 강력한 통로를 창출할 필요를 인정하고 있다. 하지만, 이와 동시에 시민 학교는 우리가 이러한 목소리에 숨겨진 의미를 드러내고, 그들의 숨겨진 전제에 대해 의문을 제기하고, 새로운 지식을 구성해야 한다는 점을 알고 있었다. 지역사회의 통찰로부터 시작하되, 거기서 멈추지 않고, 범죄와 인종차별주의, 소외와 싸우는 지식을 구성하는 것이 필요했다. 이러한 경험은 소외된 사람들에게 제안되었던 다문화주의의 제한된 틀을 넘어서는 것이었다.Giroux, 1995; Mclaren, 1995 지식이 어디로부터 오는가에 대한 새로운 모델은 단지 "인종 정보"의 결합에서만 비롯되는 것이 아니라, 논의의 초점을 소외된 사람들의 경험으로 돌림으로써 새로운 형태의 "공식적 지식"을 구축하는 것을 목표로 했다.Apple, 2000 이는 이 책의 전반부에서 논의했던 버지니아 교육과정과 유사하면서도 이를 뛰어넘는 것이기도 하다.

학교평의회

이러한 변혁은 교육 거버넌스에 있어서 새로운 참여 정치가 이루어짐에 따라 정당화되었다. 포르투알레그리의 교육에 있어서 의사결정 구조의 민주화의 가장 핵심적인 부분은 학교평의회였고, 이는 주민참여행정과 사회운동가들의 의식적인 정치적 노력의 산물이었다. 학교평의회는 교사들, 교직원들, 학부모들, 학생들(물론, 학생 대표들), 그리고 1인의 행정가로 구성된다.

단위 학교평의회는 교사 및 교직원에게 절반의 의석이, 학부모와 학생에게 절반의 의석이 할당되어 있었다. 학교의 행정가에게 한 석의 의석이 할당되었는데, 일반적으로는 학교 구성원에 의해 선출된 교장에게 할당되었다.

학교평의회의 임무는 학교의 교육 목표, 기본적인 운영 원리, 예산 배분 등 모든 계획에 대해 심의하는 것이었다. 또한 이러한 결정이 집행되는 과정을 점검하기도 하였다. 교장과 그의 팀은 학교평의회가 결정한 정책을 집행하는 데에 책임을 졌다.

주민참여행정이 집권하기 이전에는 중앙집권적인 재정이 브라질에서 일반적인 관행이었다. 아무리 사소한 것이라도 중앙 행정부에 모든 소요 내역을 제출하여 승인을 받아야 했다. 그러고 나서야 예산이나 필요한 물품이 학교로 지급되었다. 학교평의회는 이러한 구조에 손이 묶여 아무런 자율성도 갖지 못했다. 시 교육청은 이러한 구조를 바꾸고 새로운 정책을 수립하여 각 학교가 사용할 수 있는 자원을 3개월 단위로 배분했다. 이러한 조치는 학교의 재정적 자율성을 보장하여, 학교가 학교평의회에 의해 수립된 목적 및 우선순위에 따라 예산을 집행하도록 했다. 동시에 이러한 자율성은 학교평의회의 학부모, 학생, 교사, 직원들이 사회적 책임감을 가지고 공적 재정을 집행하도록 했다. 이는 또한 학교 평의원들이 재정 지출의 우선순위를 결정함에 있어서 사회적 연대와 제1장에서 언급했던 감성적 평등을 인식하게 했다.SMED, 1999c

재정적 과제와 더불어, 학교평의회는 다양한 사회적 책임을 가진다.

Ⅲ. 학교의 정치적, 행정적, 교육적 계획을 결정함에 있어서 학교 구성원

의 효율적이고 민주적인 참여 구조를 창출하고 보장해야 한다.

......

Ⅶ. 학교교육과정 및 학교 조직의 권한 범위와 관련된 현행 규정을 변경하는 데에 있어서 학교 구성원의 토론과 투표를 제안하고 이를 관장해야 한다.

Ⅷ. 학교의 현행 규정과 관련하여 방법론적이고 교훈적이며 행정적인 변경에 대해 학교 구성원의 토론과 투표를 제안하고 이를 관장해야 한다.

SMED, 1993, p. 3

나아가 학교평의회는 학교장과 그의 팀이 학교평의회의 결정을 집행하는 것을 점검할 권한을 지닌다.^{SMED, 1993, p. 3} 따라서 학교평의회는 학교에서 핵심적인 권한을 부여받은 조직이다. 이는 학교 안에서 가장 중요한 통치 기구이며, 오로지 민주적인 과정에 따라 집단적으로 결정된 규정과 정책에 따라 통제된다. 교육과정 편성에 대한 결정도 중요한 심의 대상이다. 이 과정에서 학부모들, 학생들, 그리고 교직원들이 함께 모이는 것도 중요한 혁신적 모델이다. 학교가 상대적으로 많은 자율성을 갖고 있다는 점에서(교육위원회의 결정도 학교에서 집행되어야 하지만, 이는 큰 틀에서의 규정이지 구체적인 내용까지 규제하는 것은 아니다), 학교평의회는 가난한 지역사회의 시민들에게 스스로 무엇인가를 결정하는 권한을 부여하는 중요한 사례가 된다.

학교평의회에 참여하기 위해서는 일정 수준의 기술적 지식이 필요하다는 것을 인식하는 것도 중요하다. 이 때문에, 학부모의 참여를 증진시키기 위해 시 교육청은 학교평의회 지역 모임Municipal Meetings of the School Council을 활성화하였다. 이것은 학부모와 학생, 교사와 교직원들이 학교 운영에 필요한 수단과 지식을 얻는 장이었다. 이것은 또한 개별 평의원들이 서로 만나 자신의 지식을 공유하고 의문을 해결하면서 부득이한 경우에 득세하는 경향이 있는 조합주의적이고 지역적인 관점을 넘어 더욱 폭넓은 시야를 획득하는 장이었다. 나아가 시 교육청은 모든 참가자들에 대한 교육을 지속시키는 "형성" 프로그램을 학교 안에서 지속적으로 운영했다. 이것은 평의원에 대한 보충적 교육의 장을 제공하였다. 마지막으로, 참여의 실질적 보장을 위해서 시 교육청은 학교평의회와 지역단체 혹은 노조연합과의 연계를 결성했다. 이를 통해 평의원들은 더 많은 대표성을 부여받게 되었다. 요약하자면, 교육의 과정은 단지 교실 안에서만 이루어진 것이 아니라, 민주적 참여를 보장하는 학교의 모든 영역에서 이루어졌다.

학교평의회는 매우 뛰어난 민주적 제도이지만, 대표성을 보장하는 또 다른 구조도 존재한다. 포르투알레그리의 학교에서는 학교 구성원 전체가 직접 투표에 의해 학교장을 선출한다. 따라서 학교평의회의 결정을 집행하는 책임을 맡은 사람이 그 프로그램을 어떻게 집행할 것인지를 밝히는 것에 따라 교장으로 선출되었다. 이는 학교 공동체에서 행정적 정당성을 강화하였다. 따라서 학교장은 학교평의회 내부에서 중앙 행정의 이해관계를 대변하는 사람이 아니라, 해당 교육 공동체 내부에 다수의 지지자를 가지고 있는 사람이었다. 그러나 학교 공동체의 책임은 단지 선거에 참여하는 것에서 끝나지 않는다. 학교평의회를 통해서, 학교 공동체 역시 학교장의 행정을 점검하고 그가 책임을 다할 수 있도록 한다.

이러한 대중들의 주도권에는 때때로 일정한 한계가 존재하는 것은 사실이지만, 학교 구성원들 전체가 학교장을 직접 선출하는 것은 상당한 정도의 대중 참여를 가져왔다. 주민참여행정의 통계에 의하면, 1998년에는 약 3만 명이 학교장 선출 과정에 참여했다. 다시 한 번 언급하지만, 이러한 과정은 지역 공동체들이 민주주의를 배우는 데 중요한 역할을 했다. 특히 선거 과정 그 자체가 학교 운영에 대한 다양한 제안을 검토하고 토론하는 과정을 촉발시켰다. 지역사회가 학교 평의원을 직접 선출하고, 또한 학교평의회의 지시를 이행할 책임을 지는 사람을 직접 선출하는 것은 학교를 지역적 차원에서 민주적으로 운영하는 원리를 창출하고 가르치는 교육적 구조가 되었다. 학교 그 자체가 일상생활에서 사회 변혁의 과정을 배우고 실천하는 장이 되었다. 카운츠는 이를 매우 자랑스럽게 생각했을 것이다.

성공에 대한 평가

지금까지는 주로 포르투알레그리에서 진행되어온 과정과 제도에 대해 살펴보았다. 그러나 중요한 질문이 남아 있다. 이 제도로 목표를 달성할 수 있을까? 지금도 포루투알레그리에서의 개혁은 진행 중이기 때문에 이에 대해서는 잠정적인 결론만 내릴 수 있다.

우리는 이미 이 장에서 몇 가지 평가의 요소를 제공했다. 지역사회의 적극적인 참여를 창출했던 집단적 목표와 제도를 통해, 시민 학교는 지금까지는 실제로 진정한 변혁의 사례인 것으로 보인다. 시민 학교는 "아는" 사람과 "가르칠" 주체(교육청)라는 한 쌍과 "모르는" 사람과 "교육받을" 필요가 있는 사람이라는 다른 한 쌍을 가르는 분리대를 제거했다. 교육에 대해서뿐만 아니라 사회 전반에 대해서도 새로운 앎의 형태가 배태되었다. 이러한 프로젝트는 "노동자당은 구제받아 마땅한 무능력한 대중들을 가르치는, 무오류의 진리를 담보한 전지전능의 교육자가 아니다."라는 파울로 프레이리(그 역시 노동자당의 당원이었다)의 말을 반영한 것이다.Freire, 1988. p. 17

시민 학교 실험에서 주요한 역할을 했던 인식론적 단절은 우리로 하여금 상황을 낙관적으로 볼 근거를 제공한다. 무엇을 지식으로 간주하는지, 무엇을 핵심적 지식과 주변적 지식으로 간주하는지, 안다는 것이 무엇을 의미하는지 등에 대한 문제 제기는 교육적 제안의 핵심을 반영한다. 전체적인 지배 구조의 맥락에서는 별다른 효용성이 없는 다문화주의적 프로그램과 교육 내용을 고립적으로 제시하는 대신에, 주민참여행정은 문화적 다양성이 꽃 필 수 있는 구조를 대중들이 참여하는 가운데 창출하기 시작했다. 시민 학교는 다문화주의적 실천이 유기적으로 통합되는 공간을 창출했다. 강력하고 민주적인 다문화주의적 경험을 구성하기 위해서는 제도적 구조 전체가 변화되어야만 한다.

예를 들어 시 교육청은 인종차별주의 문제가 단순히 은폐되는 것이 아니라 진지하게 다루어질 수 있는 상황을 조성했다. 이와 동시에 시 교육청은 자문 위원회를 결성하여 여러 쟁점 사항들을 지역사회와 함께 즉각적으로 토론하고 교육과정이나 학교와 지역사회의 관계에 새로운 의제를 포함시킬 수 있도록 했다. 이는 인종, 젠더, 섹슈얼리티와 같이 뜨거운 쟁점과 관련된 대중 조직들의 참여에 의해 활성화되었다. 더욱 넓은 범위의 차이들이 진지하게 다루어졌는데, 이것은 이 책의 도입부에서 중요하게 논의했던 탈중심 연합의 형성을 가능하게 했다. 지역적 지식local knowledge의 가치도 존중되었으며, 교육과 민주주의의 프로젝트에 중요한 요소로 인정되었다.

"살아 있는 민주주의"라는 전망은 매우 중요하다. 앞서 언급했듯이, 시민 학교 프로젝트는 전통적인 학교의 역할을 근본적으로 바꾸어왔다. 이 개혁된 학교들에서는 교육 공동체의 모든 부문들이 그들의 일상적인 행동을 규정하는 원리를 집단적으로 결정했다. 그러나 이 개혁 프로젝트는 단지 이것만을 목표로서 세운 것에 그친 것이 아니라, 이러한 목적을 달성하기 위해 구체적인 참여의 메커니즘을 창조하는 과제를 의식적으로 수행했다. 이러한 과정을 통해 문화적 차이를 존중하는 새로운 개념이 형성되었다. 빈민가나 슬럼에 사는 사람들은 "무지"하기 때문에 참여할 수 없다는 엘리트주의에 문제를 제기하면서, 시민 학교는 이러한 논리를 뒤집어 그러한 문제를 안고 사는 사람들을 중심에 놓았다. 이들이야말로 새로운 대안적 세계를 구축하는 데 있어서 중요한 역할을 맡는 특권적 지위에 있는 사람들이다.

이러한 점에서, 시민 학교는 다문화주의의 "주류" 인식과 관련해 중요한 진전을 이루었다. 사실 "다문화주의는 너무 쉽게 탈정치화된다."Pagenhart, 1994, p. 178 이러한 탈정치화야말로 주민참여행정이 피하고자 했던 것이다. 이 프로젝트는 지루가 말했던 "전복적 다문화주의"에 걸맞은 것이며, 여기서는 "모든 참여자가 무엇을 가르치고, 누구를 채용하고, 어떻게 하면 학교가 비판적 시민의식과 시민적 용기를 배우는 실험장이 될 수 있을지를 결정하는 데에 중요한 역할을 담당한다."Giroux, 1995, pp. 340-341 다시 말하지만 우리는 이것을 "소수 종족 연구ethnic studies"나 인정과 대표성의 정치에 대한 공격이 매우 거세진 미국 애리조나와 같은 곳에서 최근에 일어나고 있는 반동적인 지식 정치를 막을 대안으로 생각한다.

여기서 가장 중요한 차이점은 목적이 단순히 시 교육청 전문가 팀에 의해 형성된 것이 아니라 교육의 모든 부문(역사적으로 볼 때 교육의 전반적인 과정에서 배제되어온 사람들을 포함하여)이 참여하여 민주적이고 집단적으로 구축된 것이라는 점이다. 이미 살펴보았듯이, 주민참여행정에 의해서 변혁을 위한 한 방편으로 만들어진 참여의 메커니즘은 이 도시의 학교와 일상에서 일어나는 교육 활동 전반에서의 의사결정 과정과, 집행, 그리고 감시의 과정을 민주화하는 목적을 실행에 옮길 수 있는 강력한 방편이 되고 있다. 우리는 또한 책무성[8]을 입증할 수 있는 증거 역시 중요하다고 본다. 그러나 이러한 책무성이 무엇을 의미하고 어떻게 달성될 수 있을지 여부는 근본적으로 민주주의의 문제이지, 표준화 시험 성적과 같이 문제점이 많은 제도로 국한될 수 있는 것은 분명히 아니다.

시 교육청은 분명히 분권화된 지역의 학교평의회가 이 도시의 교육을 위한 더 큰 목표를 달성하기를 원했다. 그러나 이러한 큰 목표는 그 자체가 민주적 과정을 통해 세워지는 것이었다. 그런 의미에서 주민참여행정은 브라질이나 다른 나라에서 흔히 볼 수 있었던 일반적인 관행, 즉 권한이 하급 단위로 위임되더라도 하급 단위가 위로부터 주어진 기준에 따라 자신의 책무성을 증명해야 하는 것은 피하고자 했다.

시 교육청은 참여란 구성되는 과정이라는 점을 이해했다. 그렇기 때문에 시 교육청은 의식적으로 사람들이 학교평의회나 그 밖의 기관에서 참여예산제의 과정에 능숙하게 참여할 수 있도록 자문 및 교육 프로그램을 제공했다. 따라서 기술적 지식을 제공하는 것도 중요한 과정이었다.Apple, 2012 시 교육청은 새로운 참여 모델의 기능적 우월성 자체가 민주적 개혁과 관련된 모든 문제를 해결하는 것은 아니라는 클라우스 오프의 견해를 인식한 것으로 보인다.Offe, 1995, pp. 125-126 시민 학교의 메커니즘은 참여자를 주체로, 역사적 행위자로 재구성했다. 참여자는 단지 규칙을 집행하는 사람일 뿐만 아니라, 지방정부의 구조를 재구성하는 역사적 실험자였다.

이 점은 학교 공동체가 경제적 자원을 배분하는 결정권을 행사했다는 사실에서도 알 수 있다. 학교는 자신에게 배정된 재원을 관리하는 자율권을 가졌는데, 이는 일반적인 학교 운영과 예산 편성 방식

---

8 '책무성'은 'accountability'의 번역어이다. 신자유주의 교육 정책에서는 학교의 책무성을 입증할 수 있는 증거로 표준화된 시험(일제고사)의 결과를 활용한다. 그러나 이 책의 저자는 '책무성accountability'이라는 용어 대신 '책임감responsibility'을 선호한다. 학교가 얼마나 사회적 책임을 다했는가 하는 문제는 시험 성적으로 확인되는 것이 아니라, 학교 구성원들의 민주적 참여와 소통을 통해 점검될 수 있다는 것이 저자의 관점이다.

보다 훨씬 민주적인 방식으로 이루어졌다. 이는 그 자체로 학교의 일상에 중요한 영향을 미쳤다. 분권화가 실제로는 재정 감축을 의미했던 브라질의 다른 지역(그리고 미국이나 그 밖의 나라)과는 달리, 포르투알레그리에서 진행된 분권화는 재정 감축을 수반하지 않았다. 분권화의 결과 실질적으로 학교평의회에 더 많은 권한이 부여되었으며, 이는 상급 기관의 책임이 단순히 하급 기관으로 위임될 뿐 실질적으로는 그 결과 하급 기관이 필요로 하는 프로그램이 삭감되는 효과만을 낳는 권한 위임과는 성격이 다르다. 이러한 방식의 분권화는 정부가 재정 위기를 아래로 떠넘기려는 것을 합리화하는 전략에 불과하다.Apple, 2000; Apple, 2012

하지만 우리는 이러한 참여 과정과 교육과정 개혁이 학교에서의 높은 탈락률 등과 같은 현상을 극복하는 데에 근본적인 효과가 있었는지를 물어야 할 필요가 있다. 자료의 한계가 있지만, 자료들은 의미 있는 효과를 보여주고 있는 듯하다. 주민참여행정이 집권한 1989년 이래로 주민참여행정은 학교 수를 220퍼센트 이상 늘렸다. 학교에 다니는 학생 수는 1989년 24,332명에서 1999년 5만 명 이상으로 증가하였다. 그러나 의심할 여지 없이, 주민참여행정의 성공 여부는 학생 중도 탈락률의 급격한 감소에 의해 측정될 수 있다. 1989년에 중도 탈락률(초등학교와 중학교)은 거의 10퍼센트에 달했다. 기왕에 혜택을 받지도 못하고 배제된 학생들에게 이러한 탈락률이 가져온 결과는 매우 심각한 것이었다. 시민 학교가 학부모와 학생들의 참여, 교육과정 개혁, 교사 교육 등에 대해 강조한 결과, 시 교육청은 중도 탈락률을 1998년에 0.97퍼센트로 낮출 수 있었다. 이것은 가장 중요한 교육적 성과 중 하나다. 만약 학생들이 학교에 머물고 있었다면, 분명히 새로운 교육과정이 실제로 학생들에게 긍정적인 영향을 줄 수도 있었다.SMED, 1999a

덧붙여 이야기할 것은 공립학교에서의 기물 파손 행위가 거의 사라졌다는 점이다. 학교 기물파손 행위는 공립학교에서 심각한 문제였다. 지역사회가 학교 운영에 실질적으로 참여하고 이를 지역사회를 위한 공간(스포츠, 문화 활동 등)으로 활용하면서, 책임의식이 높아졌을 뿐만 아니라 공공재가 모두를 위한 재산이라는 관념이 높아졌다. 이러한 새로운 학교들이 참여예산제의 결실이었다는 사실은 학교를 "자신들의 것"으로 만들었다.

발생 가능성 있는 문제들

이 장에서 지금까지 우리는 포르투알레그리에서 벌어지는 프로젝트에 대해 매우 긍정적으로 평가했다. 그런데 그렇다고 해서 이 프로젝트에 대해 그리 낭만적으로만 생각하고 싶지는 않다. 시민 학교가 만들어낸 체제와 교육과정은 그동안 역사적으로 배제되어왔던 것들을 포함시키는 교육을 가능하게 하는 많은 잠재력이 있다. 하지만 여전히 이에 대해 주의 깊게 살펴보아야 할 것들이 있다.

잠재적인 하나의 문제는 '주기 구조' 내에서 학생들의 위계 또는 계층이 다시 발생할 수 있다는 가능성이다. 주기 구조는 물론 아주 사려 깊은 혁신을 보여주는 것이다. 무엇보다도 브라질이 당면하고 있는 심각한 중도 탈락 문제에 맞서 학생들을 안전한 학교에 계속 다닐 수 있도록 하는 장치가 주기 구조이다. 이 주기 구조는 또한 학생들이 자신들의 지역사회로부터 얻은 지식을 안정화시켜, 더욱 통합된 지식의 구축을 허용한다. 그렇지만 이제 우리는 한 발짝 물러나서 이 주기 구조가 학생들을 새로운 위계로 구분하도록 이끄는 것은 아닌지 살펴보아야 한다. 비록 학생들은 주기 구조 안에서 일시적으로 머무는 것이지만-기초 미달 학생들이 진급하지 못하는 경우에-이 안에서 학업 향상 집단(학습 속도가 느린 학생들) 학생들이 이류 학생들로 낙인찍힐 위험도 배제할 수 없다.

시민 학교 프로젝트의 또 하나의 문제는 사회계급이라는 쟁점과 관련된다. 노동자당은 계급의 우선성을 중시하는 마르크스주의에 뿌리를 두고 있다. 물론 계급관계는 자본주의의 중심문제이다. 하지만 마르크스주의 전통 중에서도 일부는(사실, 우리 생각에는 상당히 많은 부분이) 지나치게 계급을 중심변수로 놓고 다른 형태의 모든 억압을 계급변수에 종속된 것으로 보는 경향이 있다고 비판받아왔다.^{Apple, 1986;} Apple & Weis, 1983을 보시오 그런데 '주민참여행정'에 의해 만들어진 교재들을 보면, 계급 억압에 대해 수차례 명확히 언급하고 있으나 인종 억압에 대해서는 매우 소극적으로 다루고 있다. 인종 억압은 브라질에서 주요 문제임에도 불구하고 말이다. 많은 문건들에서 인종 억압에 대해 이야기하고 있지 않는다는 것은 문제의 소지가 있다. 왜냐하면 진보적 성향의 정부조차 계급 변수를 중심으로 문제를 해결하면 다른 모든 사회적 억압이 자동적으로 해결될 수 있을 것 같은 메시지를 전달할 수 있기 때문이다. 이것은 계급 환원론으로서 브라질의 인종 억압이라는 특수성을 무시한 결과이다.^{Apple, Au, & Gandin, 2009; Dyer, 1997;} Fine, Weis, Powell, and Wong, 1997; Gillborn, 2008; Leonardo, 2009; Lipman, 2011; Omi and Winant, 1994

이는 이 도시와 지역에서의 인종적 특수성 탓에 더 중요한 문제가 된다. 만일 학교에서 진정한 변화가 일어난다면, 브라질 지역에서의 백인주의에 대해 앞서 말한 듀보이스와 우드슨의 주장과 같은 맥락에서 학교에서 논의 주제로 다루고 또 그것에 도전해야 한다. 우리가 분석한 자료들을 보면 이러한 변화가 아주 느린 속도이지만 조금씩 나타나고 있다. 이러한 변화란 인종주의 가정에 도전하고 교육 정책과 실제에서 인종주의에 대해 다시 생각해보는 일을 말한다. 그렇지만 이후에는 더욱 질적인 연구(민속지적 방법)를 통해서 '백인주의 정치학'Gillborn, 2008; Ladson-billings, 2009의 문제를 살펴보아야 할 것이다. 추후의 연구에 서는 '백인주의 정치학'의 관점에서 인종주의에 대해 논의하고 도전하는 교육 활동에 대해 연구하고 평가해보아야 한다.

더욱이 젠더와 섹슈얼리티 관점에서 볼 때, 브라질 지역은 남성주의가 매우 강하고 특수한 형태의 남성성이 존재한다. 이 남성성은 전통적으로 가우초gaucho(미국의 카우보이)라 불리는 이미지와 연계되어 있는데 이로 인해 전통적 남성/여성의 성역할이 매우 나뉘어져 있다. 또한 성적 지향 문제에 있어서도 보수적 성향을 갖고 있다.Connell, 1995 물론 아직 이 프로젝트에 대해 평가할 수 있는 자료가 아직은 충분하지 않은 상태이기 때문에 이에 대해 추후에 더 연구할 필요는 있다.

시 교육청이 이러한 문제들을 인지하지 못한 것은 아니다. 위에서 말했듯이 시민 학교의 실천적 실험에서는 인종 문제를 주제적 복합체에 통합시키고자 한 사례가 나타난다. 더욱이 시민 학교의 교사 교육 체제는 인종, 젠더, 섹슈얼리티, 능력에 대한 토론의 장을 제공하고자 노력해왔다. 그리하여 사회적 쟁점에 대해 침묵해왔던 관행에서 벗어나 새로운 이론적 담론 구성의 장을 만들어왔다.

이러한 운동은 인정의 정치학에 있어 긍정적 신호를 보낸다. 어떤 의미인가 하면, 학교 공동체의 구성원들이 그들의 일상에서 사회적 쟁점들, 즉 편견과 인종주의 같은 것을 확실히 포함하는 쟁점들을 문제시할 수 있는 공개 채널을 이용하고 있다는 것이다. '주민참여행정'은 이 밖에도 여러 개의 위원회를 두고 있는데 이 위원회는 자신들의 거시적인 어젠다 속에서 젠더, 섹슈얼리티, 종교의 사회적 문제, 장애 등의 문제들을 분명히 과제로서 다루도록 되어 있다.

그렇기 때문에 실천 과정에서 발생할 수 있는 많은 문제들을 방치해서도 안 되긴 하지만, 포르투알레그리에서는 상당히 이러한 문제들을 직시하고 정책에 반영하고 있다고 믿을 만한 사례들이 많이 있다. 그중 하나는 아프리카계 브라질인, 여성 사회운동, 게이·레즈비언 단체가 모든 시민들과 함께 자신들에게 가해지는 억압에 대해 저항할 수 있도록 시 행정가들에게 요구할 수 있는 공간을 제공하는 것이다.

이러한 노력에도 불구하고 이 프로젝트에서 발생할 수 있는 또 하나의 문제가 있다. 그것은 역사적으로 더 많은 권력을 가진 사람들이 학교평의회나 다른 대중 참여 기구를 지배할 가능성이 높다는 점이다. 이러한 문제는 단지 본론의 배경과 같이 처리되어서는 안 되는 중요한 쟁점이다. 왜냐하면 이 문제가 이 프로젝트에 의해 경험하게 되는 모든 사례에 들어가 있기 때문이다. 그러나 포르투알레그리에서는 이러한 일이 일어나게 될 가능성을 미연에 방지하고 있다고 생각된다. 첫째는 공립학교들municipal schools이 모두 포르투알레그리 시의 가장 빈곤한 지역에 위치해 있다는 점이다. 그래서 전통적으로 중산층들이 논의 테이블을 지배하는 전통적 관행McGrath & Kuriloff, 199을 피할 수 있다. 왜냐하면 대개 이 학교들이 위치한 지역에 중산층들이 없기 때문이다. 물론 계급과 인종에 의한 거주지 분화가 많은 국가들에서 심화되고 있고, 이는 더 이상의 토론이 필요한 매우 심각한 문제로 인식되어야 한다.Davis, 2006 그러나 이러한 문제는 비판적으로 민주적인 변혁으로 한결 쉽게 제도화될 수 있는 사안이다. 어쨌든 이러한 현실로 인해 지배 집단들이 사회의 '타자others'로 국한될 때, 이들이 이 포르투알레그리 학교들에서 일어나는 운동들에 쉽사리 반대하기가 어려운 여건이 되기도 하였다.

포르투알레그리의 주민참여예산제에 대한 이전의 두 연구는 이러한 현상을 간접적으로Abers, 1998; Santos, 1999 또는 직접적으로Baiocchi, 1999 보여준다. 즉 주민참여예산제를 이행하는 심의의 과정에서 권력을 가진 집단의 지배는 관찰되지 않았다. OP의 과정을 살펴볼 때 남녀의 구성비나 교육 연한이 적은 사람들의 구성비는 전체 시의 인구비율과 상응하였다. 회의 과정에서는 남성과 더 많은 교육을 받은 사람들이 더 많은 발언을 하였으나, 연구 결과에 따르면 가장 오랜 기간 동안 프로젝트에 참여한 사람들이 가장 많은 발언을 한 것으로 보고되고 있다. 즉 오래 참여한 사람일수록 전문성이 늘기 때문에 더 많은 발언을 하는 것이다. 사실상 "다양한 사람들이 오래 참여하게 되면 참여에서의 형평성도 높아지는 것이다."^{Baiocchi, 1999, p. 10} 이러한 결과는 매우 고무적인 것이다. 왜냐하면 이러한 사실이 특히 주어진 교육적인 목적에서도 그렇지만, 과정의 중요성에 대한 낙관적인 견해를 갖도록 이끌어주기 때문이다.

시민 학교의 다양한 체제가 어떻게 구성되어 있는가를 알 수 있는 데이터는 아직 없다고 볼 수 있다. 그래서 포르투알레그리의 실험에서 특히 학교와 관련하여 발생할 수 있는 문제들이 계속 드러났는지에 대해 정확히 알기는 어렵다. 참여자들의 인종에 대해서는 내부자 정보이기 때문에 접근이 어려운 점도 있고 특히 교사들이 다양한 포럼과 위원회에서 주도적 역할을 했는지에 대해서도 데이터가 충분히 주어져 있지 않다. 이에 이 점에 대해 더 연구되어야 한다.

또 한 가지 언급될 필요가 있는 쟁점이 있다. 그것은 시민들의 적극적 참여에 기초한 전체 프로젝트가 사업의 지속 가능성을 가져왔는가 하는 중요한 문제이다. 의사결정이 일어나는 모든 곳에서 시민들의 광범위한 참여를 시 행정상 필요로 하기 때문에 지역사회 구성원들의 적극적 참여 요구가 점차 배가되어왔다. 한 활동적 시민이나 활동가는 십여 개가 넘는 곳에서 참여를 요구받고 있다. 이는 이미 다른 의사결정 과정에서 활동 중인 사람들에게 매우 과중한 업무를 만들어주는 꼴이 되었다. 두세 개의 일자리를 뛰면서 집안을 먹여 살리는 한 노동자가 도대체 몇 시간이나 시의 이 일에 할애할 수 있을까? 적극적인 참여자는 어떤 수준에서 제도가 운영되어야만 중지하지 않고 계속해서 가담할 수 있을까? 이러한 유형의 정치제도와 교육제도에 사람들이 참여하여 필요한 만큼 열정적으로 시간을 바치는 현재의 시스템이 과연 얼마나 유지될 수 있을지에 대해 매우 우려가 된다.

한편 이러한 우려는 주민참여행정이 선제적으로 이 문제에 대처함으로써 누그러졌다. 2000년대 초에 우리는 '주민참여행정'이 실시한 민주적 메커니즘을 통해 참여 감소가 아닌, 참여 증가를 목격하였다. 시정부의 지역사회 활동가들이 지속적으로 개인의 참여를 진작시키고 이웃과의 연대를 고무하였다. 그러한 참여는 일을 직접 담당하는 사무국의 업무와 단절되지 않았고, 오히려 전체적으로 시 행정의 매일매일의 실천과 연관되어 있었기 때문에, 지역 공동체들의 적극적 참여가 발생하는 가운데 종국에는 시가 가야 할 방향을 선택하는 노력을 같이하게 되었다. 그동안 시민들은 만들어놓은 정책의 피동적 수용자였을 때와는 다르게 많은 역할을 요구받은 것이 사실이고 또 이미 활동적인 참여자들은 여기저기서 소진될 수 있었던 것도 사실이다. 그러나 시는 이러한 문제를 해결하기 위해 새로운 참여자들을 교육시키는 적극적인 정책을 도입한다. 이 정책은 매우 성공적이었다. 그 성과는 매우 가시적이었는데 학교평의회 사례에서처럼 학생들의 중도 탈락률이 급격히 감소했으며 학생들이 더 질 높은 교육을 받게 되었다. 그 결과 참여의 지속 가능성을 높였을 뿐 아니라 새로운 참여 세대를 창조하게 되었다.

이 모든 것들이 우리를 마냥 자신감 넘치도록 해주는 것은 아니다. 주민참여행정이 선거에서 계속 승리함으로써 이전에 헤게모니를 쥐었던 보수적 세력이 매우 달라진 방식으로 대응하고 있음을 알아차려야 한다. 포르투알레그리에서 중도 우파 세력은 노동자당에 대항하기 위해 새롭게 조직되고 있다. 우리가 결론 부분에서 다시 보겠지만 이러한 시도는 부분적으로 성공하고 있다. 그래서 중도 우파 연합이 주민 참여행정을 선거에서 이기고 그동안의 프로젝트를 없앨 수 있는 가능성이 있음을 그 누구도 간과해서는 안 된다. 우리가 다른 맥락에서도 이와 비슷한 일들을 계속 보아왔듯이, 우파 운동은 인종주의적 역행, 경제 침체에 대한 우려, 반정부 감정을 성공적으로 동원시켜왔음을 기억해야 한다. 또한, 포르투알레그리에서 우파들이 한층 보수적인 의제에 정당성과 우월성을 제공하는 데 뚜렷한 영향을 줄 수 있음을 유의해야 한다.

마지막으로 시 행정부가 과연 브라질 연방 정부의 정책 - 많은 측면에서 서로 상반되는 - 에 맞설 수 있는지가 의문이다. 연방 정부의 교육 정책은 신자유주의에 크게 영향을 받은 상태에 있다. 이에 '주민참여행정'에 의해 만들어진 재규정에 대해 지적할 필요가 있다. 신자유주의가 옹호하는 방식에 따라 브라질의 교육 제체는 시 정부에 많은 권한을 위임했다. 다른 지역과 마찬가지로 '주민참여행정' 역시 실패를 반복해온 전통적 교육모델을 대체하기 위해 신자유주의적 힘을 역으로 이용했다. 이 경우 연방 정부는 포르투알레그리에서 진행 중에 있는 프로젝트에 간섭할 여지가 거의 없었다. 하지만 한 가지 인식해야 할 것은 브라질 연방 정부가 국가 일제고사를 도입하려는 경향이 현재 점점 더 강해지고 있다는 것이다. 신보수주의 정책과 신자유주의 정책의 결합은 국가 수준의 시험을 수반하게 되었으며, 그 결과 지배적인 교육 정책들을 이행하고 있는 자치 도시들과 주들에 영향을 미칠 수 있게 되었다. 이에 대해서는 추후에 더 관심을 갖고 살펴보아야 할 것이다.

무엇이 미래를 유지시키는가?

이 장에서 우리는 교육 정책과 개혁 과정을 더 거시적인 사회정치적 맥락 속에서 보았다. 우리는 살펴본 일련의 정책들의 효과가 광범위하고 지속적으로 유지되는 방식에 대해서 기술해보았다. 이 정책들이 효과적인 것은 그것들이 더 거시적인 사회 변혁의 역동성과 맞물려 있고 정부 정책의 형성에 있어 참여의 규칙과 정부 체제를 변화시키고자 했던 다양한 정책들과 연계되어 있었기 때문이다. 이러한 점은 우리가 교육과 그것의 사회 변혁에의 역할Apple. 2010에 대해 어떻게 생각해야 하는지에 대해 많은 것을 시사하고 있다. 포르투알레그리는 "교육은 사회를 변화시킬 수 있을까?"의 질문에 답을 하고 있는 주요 사례에 속한다.

시민 학교는 좋은 교육과 더 나은 일자리를 빈곤 대중에게 제공하는 방법이었고 동시에 대중의 힘이 작동되도록 만든 기회였을 뿐만 아니라 그들이 사회 문제에 대해 토론하고 참여할 수 있도록 하였다. 특히 자신들을 대변할 수 있는 참여와 심의의 공동체를 만들 수 있도록 교육하는 체제를 만들어냈다. 이 과정에서 정부의 공무원들도 물론 교육되었다. OP, 시 교육위원회Municipal Congress of Education, 학교에 대한 새로운 교육적 구성New Educational Configuration of the Schools, 학교 평의회 등 다양한 기관과 조직들은 그동안 배제되어왔던 자들을 위한 새로운 현실을 창조하기 시작했다. 그들은 지역사회가 당면한 그들 자신의 문제를 해결하기 위해 적극적으로 참여하게 되었으며 이 과정에서 새로운 리더십이 결합하게 되었다.

우리가 위에서 살펴본 발생할 수 있는 문제들에도 불구하고 우리는 "환상을 갖지 않지만 낙관주의자optimists with no illusion"의 관점을 가지고 문화적 다양성과 인종적 통합성을 가진 교육을 구성하고 또한 민주적 조치들을 유지시키기 위해 노력해야 한다. 시민 학교는 전체 시민을 참여시키는 학교로서 매우 성공적이었다. 만약 시민 학교가 없었더라면 사람들은 학교의 의사결정으로부터 배제되었을 것이다. 뿐만 아니라, 룰라Lula 대통령 이후에 조금이나마 나아진 것이 있긴 하지만 원래 배제적인 브라질 사회에서 더 배제되었을 것이다. 어쨌든 시민 학교의 가장 큰 교육적 측면-빈곤 지역에 힘을 부여하고 '공적 지식'으로 간주된 학교교육과정을 변화시킨 것을 포함해서-은 매우 중요한 의미를 지닌다. OP(참여적 예산 수립 과정에서 축적된 성과를 고려할 때)와 함께 시민 학교는 새로운 적극적 시민의 상을 창조하였음을 보여주었다. 시민들은 원래 자신의 문화와 경험을 통해 배우는 것이다. 그래서 이러한 시민적 경험은 현재는 물론 미래 세대에게 중요한 대안이다. 바로 이러한 이유로 인해 우리는 포르투알레그리의 경험이 브라질뿐만 아니라 많은 국가에서 의미가 있다고 생각한다. 특히 신자유주의와 신보수주의의 영향이 공교육과 공적 영역을 재구조화하고 있는 국가들에서 더욱 그렇다. 이곳에서의 성공 체험에서 우리는 많은 것들을 배워야 한다.

한편 우리가 더 솔직해질 필요도 있다. 이 장의 앞부분에서 우리는 포르투알레그리에서 제도화된 야심찬 정책과 실천에 대해 주목했다. 그러나 우리는 포르투알레그리가 현재 처하고 있는 상황에 대해 비판적으로 평가해야 한다. 그람시의 잘 알려진 표현인 "지성의 비관주의, 의지의 낙관주의pessimism of the intellect, optimism of the will"의 수사에서 볼 수 있는 바와 같이 잘 일어날 것 같지 않은 사회와 교육에서의 변혁은 오랜 시간이 걸리고 많은 노력을 요구하고 있다. 그럼에도 불구하고 우리는 역사가 우리에게 가르쳐준 것과 지금 무엇을 해야 할 것인가에 대해 생각하지 않으려는 경향이 있다. 우리는 가능한 공간을 여는 것이 얼마나 힘들고 때로 모순에 직면할 수 있는지-때로는 잃을 것도 있음-에 대해 솔직해져야 한다. 또 그것에 대한 복잡성에 대한 인식해야 한다. 이러한 태도는 우리에게 중요한 것을 가르치고 있다.

이 장의 저자 중 한 사람(건진)은 최근의 상황을 면밀히 관찰하였으며 주민참여행정이 선거에서 지지 않는 한 포르투알레그리의 변혁 원리가 지속될 수 있을 것이라는 고무적 신호들을 보았다. 현재 지역사회에 학교를 열고 학생들을 기르는 윤리(그리고 아동들과 함께하겠다는 마음)는 학교 안에서 강하게 자리 잡고 있다. 이곳에서는 학교가 지역사회를 늘 고려하고 있으며 자신들의 문제에 대해 스스로 생각하는 공간으로서 지역을 바라보고 있다. 이러한 인식은 살아 있을 뿐 아니라 눈에 잘 띈다. 물론 그럼에도 불구하고 만들어진 정책을 실천하는 데 많은 장애가 있는 것도 사실이다. 그것은 사회적으로 정의로운 교육 시스템을 구축하고자 하는 경험을 위협하는 요소가 되기도 한다. 우리는 다음에서 공립학교들에서 나타나는 두 가지 문제에 대해 더 살펴보고자 한다.

첫 번째는 학교평의회와 관련된 문제이다. 일부 학교(도시 곳곳에 위치한 4개 학교)에서는-현재 이 장의 저자 중 한 사람인 건진Gandin이 연구하고 있는데-학교평의회가 그렇게 고무적으로 보이지는 않는다. 일부 학교들에서 회의에 참여하는 학생과 학부모가 그리 충분하지 않다. 모든 위원들이 선거에 의해 뽑히는 학교평의회가 있지만 일부 학교에서는 자주 회의를 갖지 않고 있으며, 모였다 하더라도 학교 행정가에 의해 이미 결정된 사항이나 예산 보고서를 단순히 비준해주는 형식적인 회의도 많아 보인다. 연구 대상인 4개의 학교에서는 중요한 결정들이 평의회의 적극적인 참여에 의해 이루어지지 않는다고 볼 수 있다. 학교평의회는 이해당사자인 학생과 학부모의 공식적 통로가 되어야 한다는 점에서 볼 때 이는 심각한 문제이다.

두 번째 문제는 교육과정과 관련이 있다. 주민참여행정이 주기 구조를 만들었던 순간부터 반대자들의 저항이 심했다. 그들은 주기 구조가 가난한 학생들에게 엄격한 교육과정을 제공하지 않는다고 주장했다. 특히 주기 구조는 유급제가 없기 때문에 더욱 그러한 주장이 난무했다. 주민참여행정의 집권 기간 동안 이러한 우려는 사실이 아니라는 강력한 증거들이 축적되었다.Gandin, 2002 그리고 학습 연구실 체제와 연동된 철저한 평가 과정을 도입했다. 이러한 평가가 있다는 사실은 교육과정이란 만들어지는 것임을 의미했다. 또 교육과정이 지역 공동체의 지식과 관심을 채택할 수 있음을 의미했다. 이러한 지식과 관심이 반영된 교육과정은 학생들이 배워야 할 것을 배우게 될 수 있음-비록 속도의 차이는 있을지라도-을 보장하게 되었다.

최근에 이 네 학교에 계속 방문하면서 다른 기류를 느낄 수도 있었다. 한 학교에서는 특히 다수의 교사들이 주민참여행정의 정책을 자신의 것으로 받아들이고 있었다. 그렇지만 이 학교에서도 심각한 문제는 존재하고 있었다. 학생들이 지적으로 도전하는 곳으로 그리고 보호받고 있다는 느낌을 주는 곳으로 학교를 변화시키는 것은 실로 어려운 일이었다. 위에서도 언급한 것처럼 이 지역에서 마약 거래는 많은 아이들과 청소년들의 삶을 앗아가는 것으로 남아 있다.

그렇지만 이에 대해 마냥 학교만을 나무랄 수는 없다. 왜냐하면 학교장과 교육과정 운영자는 매우 극단적인 어려움에 처해 있기 때문이다. 학생들이 따뜻한 곳으로 느끼고, 아이들을 존엄한 인간으로-아동들이 살고 있는 다른 곳에서는 느끼기 어려운-대하는 환경 조성에 많은 교사들이 최선을 다해 헌신하고 있다. 특히 여교사들이 어려움에 직면하고 있는데, 이 때문에 여교사들은 교사 전문성과 돌봄 책임 사이에서Apple, 1986 딜레마(브라질 정치 현실에서 더 많은 딜레마가 있지만)를 겪고 있다. 이러한 상황은 포르투알레그리에서 더욱 심하다. 그들 입장에서 늘 명시적인 선택은 아님에도 불구하고, 역설적이게도 돌봄에 집중하다보면 학교장과 교육과정 운영자들이 모든 학생은 배울 수 있다는 학업 메시지를 강화하지 못하기 때문이다. 그래서 우리는 '감성적 평등'이라 불릴 수 있는 교육 활동의 중요성을 인정할 필요가 있다. 제1장에서 살펴본 감성적 평등 개념은 무엇이 공적 지식이 되는가(즉 교육과정)와 불평등한 사회에 놓인 학생들이 자신과 그 불평등과의 관계를 알 수 있도록 교육하는 것(즉 정체성을 형성하는 것)이 모두 중요한-상충할 수 있지만-운동임을 보여준다. 여기서 바로 낸시 프레이저가 우리에게 알려주고 있는 바를 상기할 수 있다. 프레이저는 상이한 변혁적 정치학과 그 과정(예를 들어 계급, 인종, 젠더)이 때때로 상충할 수 있음을 아는 것이 중요하다고 보았다.

이 학교들을 방문하면서 교사들은 학생들에게 학업을 강요하고 있지는 않음을 발견할 수 있었다. 또한 학생들이 열악한 환경 속에서 살고 있다는 것에 대해서도 명료히 인식하고 있었다. (한 교사는 학생들에게 숙제를 내주지 않는다. 그리고 노트들을 집으로 가져가지 못하도록 하고 있다. 왜냐하면 한번 집으로 가져가면 아이들이 항상 놓고 온다는 것을 잘 알고 있기 때문이다. 뿐만 아니라 가져오더라도 아주 더럽혀지기 일쑤다. 아이들의 가정환경에서 돌봄이 너무 부족하기 때문이다.) 그런데 전통적으로 내용을 강요하는 방식과 싸우는 것은 문제가 있을 수 있다. 또한 지식 축적의 과정에서 철저함을 요구했던 프레이리의 방식을 따르지 않는 것도 문제가 있을 수 있다. 프레이리는 가난한 학생들은 "그들의 언어 속에서 다시 가난해진다ghettoized in their language."고 말한 바 있다.

학생들에게 다양한 담론을 습득하지 못하게 하는 것은 학생들의 언어에 대해 잘못 생각(지나치게 낭만적으로)하는 것이다. 학생들은 그들이 살아가는 곳에서 지배 사회의 표준 담론도 배워야 한다. 그렇지 않으면 교사들은 진보적인 교육은 '느낌이 좋은feel good' 교육이라는 함정에 빠지게 된다. 교사들이 단지 느낌만 좋은 교육에 빠진다면, 해방의 상호적 과정에 학생들과 참여해야 하는 책임을 저버린 것이다.Freire, 1997a, pp. 305-306

이러한 위험은 주민참여행정과 시 교육청이 교육과정 정책에서 정확히 인식하고 있는 것이다. 그러나 현재 교육 행정은 주민참여행정을 대체하였는데, 그들은 각 주기 구조에서 최소 교육과정minimum curriculum을 만들기 시작했다. 이는 주민참여행정이 교육과정을 지역화하겠다는 입장과 정확히 상반된 것이다. 이후에 이러한 계획이 어떻게 발전해 나갈 것인지에 대해 면밀히 살펴보아야 할 것이다. 역시나 중요한 것은 주민참여행정에 의해 제도화된 더욱 비판적인 민주 정책과 실천에 의해 변화된 계획들(학교 자체와 교사, 지역사회, 학생에 의해 만들어진)에 대한 교육 행정의 대응일 것이다.

이러한 문제들을 결코 간과해서는 안 된다. 분명히 우리는 포르투알레그리의 경험의 지속성이라는 앞으로 이 학교들에서 무슨 일이 일어날 것인지 추적 연구를 수행해야 한다. 그래서 여기서 두 가지 질문이 겹쳐진다. 첫째는 교육은 사회를 바꿀 수 있을까?, 둘째는 이러한 변화가 과연 지속 가능한가이다.

포르투알레그리에서의 교훈?

2005년 1월 1일, 새로운 중도 정치 연합이 16년 동안에 걸친 노동자당과 주민참여행정의 집권을 끝내고 시 정부를 차지했다. 선거 캠페인 동안 곧 집권하게 될 중도 정치 연합의 호세 포가카José Fogaça는 "좋은 것은 남기고 좋지 않은 것을 변화시키겠다."라고 공언했다. 그는 시장이 되어도 '시의 성취'로 이름 붙은 주민참여예산제는 건드리지 않기로 약속했었다.

선거 유세 동안 공립학교들의 학습 시간에 대한 공격이 많았다. 노동자당의 반대자들은 포르투알레그리의 교육이 과거에 비해 강하지 않다고 주장했으며 그 이유는 바로 유급제를 없앤 탓으로 보았다. 포가타는 그의 교육 정책을 구축함에 있어 주기 구조 정책을 손보기로 하였다. 그러나 선거가 있은 후 얼마 지나지 않아 실시된 여론조사에서 대다수의 교사들과 시민들은 주기 구조를 유지시키기를 원하는 것으로 나타났다. 우리 저자 중 한 사람인 건진이 당시 사무국에서 일하던 교사들과 인터뷰 한 자료에 따르면 이러한 여론 조사 결과는 새 정부에게도 매우 놀랄 만한 것이었으며 그들이 주기 구조를 유지하도록 결정하는 데 기여했다.

새로운 시 정부는 학교에 간섭하지 않는 접근법을 채택했다. 그래서 학교 스스로 교육과정을 조직할 수 있도록 했다. 이는 노동자당의 접근법과는 사뭇 다른 것이었다. 노동자당은 학교에 주제적 복합체와 지역사회를 고려한 교육과정을 이행하도록 요구하였기 때문이다. 그동안 주민참여행정과 뜻을 같이한 많은 교사들이 있었기 때문에 이러한 전략은 대놓고 반대하지는 않으면서도 노동자당의 교육 정책을 없애려는 전략으로 볼 수 있었다. 학교에 공개적으로 명확한 지침을 주지 않음으로써 현재의 시 정부는 이전 시 정부에 존재했던 정책의 의미를 지워나갈 수 있었다. 사실상 다수의 학교들은 주제적 복합체를 떠나 교육과정을 조직하기 시작했다.

그럼에도 불구하고 앞서 제기한 두 질문(교육에 의한 사회의 변화 가능성, 그 변화의 지속 가능성)과 관련해서 중요한 사실을 발견했다. 그것은 학교가 노동자당 이전과 같이 내용 전수 중심의 교육 패턴으로 돌아가지는 않았다는 사실이다. 많은 학교에서 여전히 프레이리[1993]의

'생성적 주제generative themes' 학습을 채택하고 있었다. 이 학습 방식에서는 학생들이 적극적으로 주어진 프로젝트를 통해 탐구하도록 장려한다.Hernandez & Ventura, 1998 이는 제2장에서 말한 바 있는 프레이리의 영향력이 이곳에 여전히 계속 남아 있음을 말해준다. 혹자는 생성적 주제 학습이 주민참여행정이 우선성을 부여한 주제적 복합성과는 같은 것이 아니라고 생각할 수도 있겠다. 주민참여행정에 있어서 복합Complex이라는 것은 언어와 세계를 읽어내는 것이 매우 어렵고 복잡하지만 이를 잘 읽어낼 수 있는 이상적인 교육방법으로 제시되었다. 그렇지만 이것 이외에도 포르투알레그리의 학교들은 교육과정이 지역적 차원에서 민주적으로 만들어져야 함을 교훈으로 배우게 된 것 또한 매우 중요한 지점이다. 교사들은 이제 주민참여행정의 지침을 따를 필요는 없어졌지만 분명히 그 원리가 손상되지 않고 남아 있다는 것이 중요하다.

이는 주민참여행정 집권 동안 교사와 학생들로부터 일정 정도 반대가 있었지만 노동자당이 물러난 이후에도 여전히 많은 학교에서 당초 정책의 기본 구조는 남아 있음을 말해주는 것이다. 인터뷰에 응한 교사들은 행정이 교육에 대한 명확한 비전을 제시해주기를 기대하는 것으로 나타났다. 물론 이들이 제시된 비전에 모두 동의하는 것은 아니더라도 말이다.

아마도 포르투알레그리에서 배울 수 있는 가장 중요한 교훈은 지방정부가 변화를 제도화하는데 있어 꼭 필요한 주체라는 점이고, 학교들을 연방의 신자유주의 어젠다로부터 보호할 필요가 있다는 점이다. 그러나 이러한 교훈도 학교에서 교사들에 의한 민주적 실천 없이는 존재할 수 없다. 다시 말해 진정한 변혁은 지방정부가 중요한 주체이긴해도 더 이상 그 변혁의 기원은 아니라는 점을 인식할 때 일어날 수 있다. 교사들이 학교에서 민주주의에 우선성을 두고 삶을 살기 시작할 때 그리고 그들이 학생들과 지역사회와 같이 교육과정을 만들 때 지속적인 진정한 변혁이 일어나는 것이다.^{Apple & Beane, 2007}

「지젝!Žižek!」이라는 다큐멘터리에서, 슬라보예 지젝은 아르헨티나에서의 한 강연에서 유토피아에 대해 다음과 같이 말한 바 있다.

> 진정한 유토피아는 가능한 것들을 조합한다고 해서 현 상황을 해결할 수 없을 때 출현하며, 그리고 생존을 위한 순수한 욕구로부터 나오는 것입니다. 이때 여러분들은 새로운 공간을 열어야 합니다. 유토피아는 자유롭게 상상할 수 있는 어떤 것이 아닙니다. 유토피아는 가장 깊숙이 자리 잡고 있는 절박함의 문제입니다. 여러분들은 오직 출구로서 무엇인가를 상상할 수밖에 없는 것입니다.[9]

유토피아에 대한 이러한 관점은 포르투알레그리와 여기에서 일어나는 교육적 변혁에 완벽하게 적용할 수 있을 것 같다. 기존의 전통적인 지배 구조에서는 도저히 사회적으로 정의로운 관계를 설정하는 것이 불가능했기에 사람들은 권위주의 시대에 많은 투쟁을 했다. 그때 주민참여행정은 유토피아에 대해 상상할 수밖에 없었던 것이고 또 이상주의자의 관점에서 행동할 수밖에 없었다. 그들은 신자유주의와 신보수주의 어젠다가 지배하는 시대에 가장 중요한 질문을 던질 수밖에 없었던 것이다. 민주주의가 진정으로 실행된다면 어떻게 될까? 포르투알레그리에서 가장 가난한 시민들이 시 예산이 어디에 쓰여야 할지를 정할 수 있다면 어떻게 될까? 교육과정과 학교 조직을 비판적으로 성찰하고 그것에 비추어 다시 만들 수 있다면 어떻게 될까?

---

9 "지금 생존을 위협하는 힘든 상황을 빠져나오기 위해 무엇인가를 상상할 수밖에 없는데 그것이 바로 유토피아"라는 의미.

우리가 앞서 논의해온 것들을 깊이 재음미하면 이 책의 역사적 부분에서 살펴본 인물들과 운동들에는 어떤 비전들이 있음을 알 수 있다. 이에 비추어 포르투알레그리의 교육 시스템은 실제적 대안을 제공하고 있다는 점이 특징적이다. 이 대안은 그동안 시장, 관리주의managerialism, 경제적 책무성, 경쟁, 선택 등에 교육개혁이 근거해야만 한다는 명백한 합의에 대한 것이다. 그러나 유토피아는 '자유로운 상상free imagination'으로부터 나오는 것이 아니다. 그것은 사회적으로 정의로운 교육 체제를 만들겠다는 구체적인 생각으로부터 나오는 것이다. 이러한 상상은 신자유주의자들이 신봉하는 '앙상한 민주주의'와 같이 형해화한 사회에 대한 비전에 기초하는 것이 아니다. 이것은 '살아 있는 민주주의'라는 참여적 사상과 정책에 기초하는 것이다.Wright, 2010

그 이상을 실현시키는 과정에서 분명히 약점과 모순을 겪을 수 있다. 그렇지만 그 이상이 우리에게 제공하는 것은 단순히 만들어진 (때때로 강요된) 합의를 깰 수 있는 가능성이 있는 급진적 사상이다. 그래서 새로운 사회적·교육적 상상을 위한 공간을 열어주는 것이 이상의 역할이다. 새로운 교육 체제는 사회운동과 정치 연대가 기존에 받아들인 상식에 도전하고 새로운 것을 창조함으로써 만들어진다. 이것은 무엇을 말하는가? 이는 제2장에서 논의한 임무들이 성공 가능하려면 진정으로 '집단적' 방식을 취해야 한다는 것이다.

i 브라질 원전의 번역은 저자들이 직접 한 것이다.

ii 공교육 체제와 별도로 급별(유아, 초등, 중등, 고등, 대학)로 사립학교가 다수 존재한다.
   브라질 초등학생의 10퍼센트 정도가 사립학교에 취학을 한다.

iii 여기서 말하는 초등교육은 1학년부터 8학년까지로, 중등교육은 9학년부터 11학년까지
   로 이해하면 된다. 브라질은 11학년 학교교육 체제로 되어 있다(여기에 0세부터 7세까지
   의 아동을 위한 유아교육이 추가된다).

iv 공립 고등학교는 2개가 있다. 그러나 공립 고등학교를 신설하는 계획은 없다. 이 학교는
   이전 행정부가 남긴 것이다.

제6장

미국을 월마트처럼 만들기
- 사회 변혁과 교육 실천

누구의 사회 변혁 계획이고 누구의 교육인가?

앞 장에서는 미국 안팎에서 과거와 현재에 존재했던 반혜게모니적 활동과 수많은 학자/활동가들, 교육 활동가들, 교육운동들에 대해서 초점을 맞추었다. 내가 강조하고자 했던 것은 많은 사람들이 지배 관계에 저항한 방식이었다. 그렇지만, 이 모든 것에 대해서 너무 낙관적으로 보지 않기를 바란다. 내가 다른 저서Apple, 2000; Apple, 2006에서 상세하게 다룬 바와 같이, 교육과 다른 사회의 주요 제도 사이의 관계를 바꾸기 위해서 노력하는 것은 우리들만이 아니다. 이 장에서는 내가 첫 장에서 제기한 수많은 우려들, 즉, 신자유주의와 신보수주의의가 연합해서 벌이고 있는 사회제도에 대한, 우리의 상식에 대한, 민주주의의 의미에 대한, 그리고 우리 자신의 정체성에 대한 재구조화로 돌아가고자 한다. 이 장은 하나의 예를 깊이 있게 다룬다. 이 예는 널리 알려지지는 않았지만, 교육을 이용해서 사회를 변혁시키는 데 사용될 수 있는 매우 성공적이고 중요한 의미를 담고 있는 사회운동이다. 눈여겨봐야 할 것이 있는데, 여기에서 말하는 사회 변화는 우리의 학교와 미디어를 변화시켜서 기업 사회의 요구를 구현한다는 것을 의미한다. 이것은 결코 포르투알레그리에서 보는 것과 같은 "현실의 유토피아"를 만들려고 애썼던 프레이리, 카운츠, 듀보이스, 우드슨 등과 같은 이들이 원하는 변혁이 아니다.

그람시가 우리에게 일깨워주었듯이, 지배 집단들은 대중들이 자신들에게 이익이 될 것이라고 믿는 요소들the elements of good sense Gramsci, 1971을 제거하고, 대중들이 자신들의 공동체와 삶에서 일어나고 있는 일에 관하여 이해하거나 부분적으로라도 통찰하지 못하게 한다. 이것은 지금 여기서 일어나고 있고 앞으로도 일어날 일이다.

이 장에서 내가 할 이야기는 여러 가지 면에서 중요하다. 이 장이 제기하는 가장 중요한 쟁점은 우리가 항상 던져야 할 다음과 같은 질문과 관련이 있다. "'누가' 사회를 바꾸기 위해서 교육을 이용하는가?" 일반적으로 진보적인 사람들은 이에 대해서 "누구"는 사회 변혁에 참가하는 진보적인 세력이라고 믿는 경향이 있다. 우리가 앞 장에서 본 것처럼, 많은 경우 이러한 믿음은 현실에 부합한다. 적지 않은 경우에 보수 운동과 단체들도 성공적으로 사회를 변혁시키는 데 교육을 이용한다. 이쯤에서 경제적 변혁, 기독교 기업의 번창, 성차별적인 노동으로의 변화, 그리고 보수 이데올로기 사이의 복잡한 관계에 대한 베서니 모어튼Bethany Moreton의 통찰력 있는 분석을 살펴볼 필요가 있다.Moreton, 2009 왜냐하면 그녀의 분석은 우리가 다루고 있는 논점을 정확하게 짚고 있기 때문이다.

모어튼은 월마트가 발전한 역사적인 과정에 초점을 둔다. 그리고 이를 지렛대로 이용해서 복잡한 연결망의 틈을 벌려서, 월마트가 어떻게 시장과 우리의 관계, 종교와 '서비스', 새로운 경영 방식의 정당성, 그리고 남성성과 여성성의 성차에 따른 사회적 관례 등에 대한 근본적으로 다른 이해를 우리의 상식에 접합하는지를 분석했다. 이 과정에서 그녀는 월마트를 비롯한 기업들이 보수적인 복음주의 기독교 대학이나 초중등 교육기관의 기독교 단체들과 밀접한 관계를 맺어 월마트의 문화를 바꾸고 동시에 보수적인 대학생들이 중시하는 지식을 바꾸는 데 핵심적인 역할을 했음을 보여주었다.

이러한 모든 요소들은 교육에 종사하고 있는 우리가 월마트와 모어 튼이 수행한 정체성, 경제, 그리고 지식의 정치학의 중대한 변화에 대한 분석에 관심을 기울여야 할 충분한 이유가 된다. 하지만, 교육 정책의 성격에 대해, 그리고 그 정책에서 유래한 교육과정, 교수법, 평가의 실천에 대해, 교육이 우리의 불공평한 경제를 유지하기 위한 하나의 투입물로서 단순화되는 것에 대해 ^{Apple, Au, and Gandin, 2009 참조}, 그리고 학교가 보수적인 종교의 세계관이 갈등을 일으키는 장소로서만 비쳐지는 것에 대해 상당히 우려하는 비판적 교육학자들이 점점 늘고 있다. 특히 그들에게는 이 문제에 대해서 관심을 기울여야 할 다른 이유들도 있다.

경제적으로, 우리의 일상의 재구성, 임금 노동 및 무임금 노동, 그리고 오늘날 자신들이 처해 있는 비극적인 상황 등에 대해서 걱정하는 사람들은 누구라도 월마트 및 이와 비슷한 성향을 가지고 있는 기업들에 관심을 가져야 할 설득력 있는 이유들이 있다. 월마트는 미국의 농촌 지역과 대도시 근교를 배경으로 성장했다. 월마트가 농업, 규제 철폐, 그리고 반노조 정서와 가지는 관계에 대해서 추적한 한 역사학자는 다음과 같이 말했다.

물건을 싼값에 팔면서 소비자와 종업원들에게 '가족적인 분위기'를 강조하지만, 월마트는 노조에 적대적인 가운데 종업원들의 임금을 최저 수준으로 유지하고 있다. 1990년대 중반까지 이 회사는 미국의 다른 어느 회사들보다 많은 종업원을 고용했고 상품을 판매했⋯⋯. 월마트는 엄청난 시장 지배력, 세련된 기술, 그리고 저임금-저가격 사업모델을 가지고 20세기 마지막 사반세기에 등장한 반노조, 규제 철폐 자본주의라이 외에도 월마트와 같은 기업에 관심을 집중해야 할 설득력 있는 이유들이 있다. 이 이유들은 우리의 상식이 확 바뀌어서 이전에는 생각할 수조차 없었던 일들을 "세상은 원래 그런 거야"라면서 받아들일 수 있게 되는 변화와 관련이 있다.

나의 최근 저작『미국의 교육개혁 옳은 길로 가고 있는가』Apple, 2006에서 나는 우파들이 해온 창조적인 이데올로기 작업에 대해서 비판적 교육가들이 훨씬 더 많은 관심을 기울여야 한다고 설파한 바 있다. 그 책과 다른 저작들Apple, 1996: Apple, 2000 참조에서 지난 30~40년 동안 진행된, '보수주의 근대화'라고 내가 명명한 거대한 사회/교육적 프로젝트에 대해서 상세히 묘사한 바 있다. 내가 이 책의 제1장에서 지적한 것처럼, 다양한 이데올로기적 차이점으로 인해 긴장관계를 가지고 있지만 그것들을 적절히 아우르는 효과적인 세력 연합이 구축되어 있다. 이 파워 블록은 다음과 같은 세력들이 결합해 구성된다. 첫째는 교육의 문제들을 신자유주의적 시장화 해법으로 처리하고자 하는 다양한 자본의 분파들이다. 둘째는 미국을 더 높은 기준standards과 '공통의 문화common culture'로 되돌리고 싶어 하는 신보수주의 지식인들이다. 셋째는 미국 사회의 세속화와 자신들의 전통 보존을 정말 염려하는 권위주의적 대중주의 종교 근본주의자들과 복음주의자들이다. 넷째는 책무성, 측정, 그리고 '경영'이라는 이데올로기와 기술을 무비판적으로 신봉하는 새로운 신중간계층 중에서 전문성에 경도된 특정한 분파이다. 이 파워 블록에 긴장과 갈등이 있는 것은 분명하지만, 일반적으로 교육 분야에서 이들은 국제 경쟁력, 이윤, 그리고 학생 훈육을 늘리는 것과 '이상적인'인 집, 가정, 그리고 학교라고 하는 미화된 과거로 돌아가야 한다는Apple, 1996; Apple, 2006 것 이 두 가지에 필요하다고 믿는 교육적 조건을 제공하는 것이 목표이다. 월마트는 세계 무대에서 월등히 강력한 경제 행위자일 뿐 아니라 위에서 제시한 여러 세력들이 어떻게 결합될 수 있는지를 보여주는 훌륭한 예시이기도 하다.

비록 그람시의 이론이 모어튼의 분석에서 명시적으로 드러나지는 않지만, 모어튼이 제기하고 있는 수많은 문제들은 그람시가 제시한 문제의식과 어느 정도 일치한다. 대중들의 정치적인 의식의 형성에 있어서 문화적 경험과 종교의 역할에 대한 이론을 제시한 이탈리아의 위대한 이론가 그람시는 우리에게 두 가지에 대해서 면밀한 관심을 가질 것을 상기시킨 바 있다. 매일의 일상에 대한 대중들의 이해가 가지는 아주 구체적인 복잡성과 이러한 이해에 체화되어 있는, 대중들이 이익이 될 것이라고 생각하는 요소와 해가 될 것이라고 생각하는 요소들elements of "good sense" and "bad sense"이 그것이다. 이러한 관점에는 우리가 배워야 할 아주 근본적인 교훈이 있다. 이를 간단히 말하면, 대중은 바보가 아니다. 이데올로기가 단순히 지배 집단에 의해서 그들에게 주입되는 것이 아니다. 피지배 계급 행위자들은 (지배 계급이 유포하는) 세상을 이해하는 특정한 방식을 취한다. 왜냐하면 이러한 이해 방식은 그들의 일상생활을 이해하는 데 도움을 줄 뿐 아니라, 그들이 매일 봉착하는 어려운 문제들을 해결하는 데 도움이 되기 때문이다. 그 이해 방식이 중립적이라거나 그것이 옳다는 것이 아니다. 다만, 이데올로기의 장과 특정한 이데올로기적인 입장을 취하는 대중들의 논리는 단순한 것이 아니고, 간단한 수식에 의해서 이해될 수 있는 것이 아니라는 것이다.Apple, 2004 참조 이 점이 여러모로 볼 때 모어튼이 수행한 월마트 분석의 핵심이다.

내가 의미하는 바를 잘 보여줄 수 있는 예를 하나 들어보자. 이 예는 하나의 교육 정책을 둘러싸고 현재 진행되고 있는 아주 복잡한 전투에서부터 취한 것인 동시에, 내가 앞에서 관심을 돌리도록 요청했던 것이기도 하다. 그 예화의 주인공은 다수의 흑인 활동가들이다. 이들은 교육 영역에서 그들이 경험하고 있는 무기력과 그들의 자녀들이 겪고 있는 엄청난 규모의 학교에서 중도 탈락Valenzuela, 2005에 대한 해결책을 학교 바우처와 같은 신자유주의적 정책에서 찾고 있다. 앞서 언급한 바와 같이, 역사적으로 미국의 엘리트 및 대중문화의 너무도 많은 영역에서 흑인은 악마화되고 성적 대상화되거나, 지배적인 집단에 비해서 '비합리적인' 사람들로 묘사되었다. 이는 지배 집단에게 부여되는 '현명한 소비자'라는 주체의 입장이 이들에게는 훨씬 덜 유용함을 의미하는 것이기도 하다. 따라서 (학교 바우처 계획의 그림 안에서) 이들이 교육 '소비자'로 "보인다는" 것은 '합리적인 경제적 행위자'로서 독립적으로 그가 다닐 학교를 평가할 수 있고, 사려 깊은 선택을 할 수 있는 어떤 사람이라는 것을 의미한다. 따라서 이것은 그 안에서 진보적인 경향을 띠는 것이며, 이것의 진보성은 미국 및 다른 곳에서 유색인종들이 사회적으로 인식되어왔던 방식의 역사와 비교해보면 명확하게 드러난다.

유색인종들이 기존의 편견이 아닌 다른 방식으로 자신들이 인식되는 것을 적극적으로 택할 때, 그리고 그들이 신자유주의의 일정한 부분을 자신들의 목적을 위해서 취할 때, 그들이 단순히 지배 집단의 경제적 담론과 그 관계에 현혹되기만 한 것은 아니다. 그들이 한 행동은 (지배 집단의 경제적 담론을 역으로 이용해서) 사회에 강고히 뿌리박고 있던 그들을 인종화하는 시선을 역사적으로 전복시키는 일종의 반헤게모니적 실천인 것이다.Apple, 2006; Pedroni, 2007 따라서 여기에는 대중들이 자신들에게 손해가 될 것이라고 생각하는 요소만 있는 것이 아니라 이익이 될 것이라고 생각하는 요소가 함께 있다.

현실을 살아가는 대중들이 세상을 이해할 때 자신들에게 이익이 될 것이라고 생각하는 요소만이 아니라 손해가 될 요소도 함께 생각하는 이러한 경향성은 월마트가 성취한 것 속에서 명백히 드러난다. 그렇다. 월마트에서 쇼핑하는 수많은 사람들은 월마트가 실제로 무엇을 하는지 오해하고 있는 듯 보인다. 월마트는 작은 상점들을 파괴하고, 임금을 낮추며, 더욱 낮은 가격으로 물건을 납품하도록 압박하는 것을 통해 납품업체들을 착취한다. 밖에서 보기에 이러한 상황은 대중들이 단순히 이데올로기적 선전에 놀아나는 것처럼 보인다. 하지만 이 상황은 보기보다는 훨씬 더 복잡하다.

월마트는 주로 미국의 남부 지방에 위치한 백인 위주의 농촌 지역 및 소도시를 기반으로 성장했다. 월마트는 이 지역에서는 부분적으로 진보적이라고 할 수 있는 핵심적인 성품을 기업에 체화한다는 생각을 가지고 만들어졌다. 그곳 사람들은 개인적인 노력과 확고한 종교적 신념을 통해서 자신들이 스스로 월마트를 만들었다는 대단한 자부심을 가지고 있다. 이 자부심에는 그들이 가지고 있는 미국 기업들에 대한 불신 즉, 미국의 기업들이 '서민'들을 위하지 않고 '부자'들만을 위한다는 불신도 한 몫하고 있다. 여기에 학교 바우처 계획에 대한 흑인들의 지지를 고려한다면, 이 모든 것들은 진보적인 요소를 가지고 있는 셈이다. 시간이 지나면서 월마트가 경제적인 공룡으로 성장하고, 착취적인 노무관리와 납품업체에 대한 처우로 인해서 끊임없이 소송을 당하고 있지만, 더욱더 많은 사람들이 그곳에서 쇼핑을 한다. 많은 지역에서, 사람들은 월마트가 위에서 언급한 덕목들을 체화하고 있다고 믿고 있다. 또 어떤 사람들에게는 경제 위기가 심화되는 시기에 월마트는 물건 가격을 내린다는 그 사실 때문에 그곳에서 쇼핑하는 것이야말로 경제적으로 합리적인 행위라고 생각한다.

여기서 한 가지 확실히 해둘 것이 있다. 모어튼은 이런 생각을 지지하지 않는다. 나도 마찬가지다. 실제로, 그녀는 경제적으로, 이데올로기적으로 월마트에서 일어나고 있는 일들에 대단히 비판적이다. 그녀는 경제적 기구들의 구성과 그에 수반되는 이데올로기 및 정당화의 논리들 속에서 어떻게 보수주의 근대화 프로젝트가 가능하게 되었는 지를 설명하고 있다. 이는 그녀가 분석을 통해서 월마트의 과거와 현 재를 만들고 있는 복잡성을 보여줌과 동시에 월마트를 둘러싼 지역, 종교, 계급 그리고 젠더의 모순적인 역학 관계를 드러냄으로써 가능 했다. 그 과정에서 그녀는 어떻게 월마트가 경제적 기관들과 밀접하게 관련을 맺고 있는 대학에, 교회에, 그리고 사람들의 정체성에 중요한 영향을 미쳤는지를 보여주고 있다.

솔직히 말하겠다. 분명히, 복잡성에 대한 묘사는 정치적인 통찰력을 잃을 수 있는 위험을 언제나 가지고 있다. 그리고 『하나님과 월마트를 섬기기To serve God and Wal-mart』는 때때로 그 경계선으로 가곤 한다. 하 지만 결국엔 모어튼의 설명은 독자로 하여금 충분한 정치적인 통찰력 을 가지게 했는데, 이는 세계 도처에서 월마트에 대해서 합당한 위구 심을 가지고 있는 수많은 사람들에게 훨씬 더 많은 힘을 줄 수 있다. 이 과정에서, 그녀는 어떻게 월마트가 교육을 이용해서 사회를 변혁하 는지에 대한 매우 실질적인 통찰력을 제공한다.

교육, 사업, 그리고 상식의 재구성

모어튼의 설명에서 더욱 흥미로운 점 가운데 하나는 지역의 작은 대학들과 월마트 사이에 꽃피웠던 밀접한 관계다. 월마트가 제시한 성 경적인 이해에 기반을 둔 '섬김service'의 윤리와 대학들이 경영 및 금 융 부문을 대학의 핵심 전공 영역이 될 수 있도록 교육과정을 변혁하 는 것이 결합되면서, 월마트와 지역 대학 사이에 형성된 관계는 월마 트와 같은 회사들 내에서 이 대학 출신 학생들에게 승진의 기회를 제공했다. 보수적인 색채의 대학들은 이러한 관계들을 통해서 지원을 확보할 수 있도록 전략을 수립한다. 여러 가지 면에서 월마트의 지원과 그 이데올로기적인 비전은 적지 않은 수의 이러한 대학들에게 구원자가 되었다. 기업과 대학 그리고 특정한 종교 단체와 기구들이 여기서 중요한 역할을 담당한다. 이것은 단순한 주입의 행위가 아니다.

그런데 사업과 서비스 사이의 관계는 고등교육 단계에서 끝나지 않는다. 이 관계는 고등교육 단계에서의 증가된 실천력과 다른 단위에서의 업무를 결합한다. 이 결합은 최근 세력을 얻고 있는 대학 기반 친기업적인 단체인 "자유기업에 있는 학생들Students in Free Enterprise, SIFE"등을 만들어냈다. SIFE가 하고 있는 집단 경쟁이나 대학의 지역 공동체 봉사활동 등과 같은 행사들은 SIFE 멤버들에게 소속감과 '좋은 일'을 하고 있음을 느끼게 해준다. 그리고 이러한 '좋은 일'은 그들의 경력에 도움을 주게 될 것이고, 경제적 '진리들'을 대중에게 가져오게 될 것이다. SIFE의 실천 전략 중 하나인 '대중들에게 다가가기reaching out to the public'는 직접적 실천들을 양산했다. 예를 들어, 1989년에는 "자유기업의 복음을 그들 대학이 위치한 공동체에 전파하기 위하여" 남서부에 위치한 홉스Hobbs 칼리지 등과 같은 보수적인 대학들 백여 개가 1년 동안 공동의 보조를 취했다. 선거철 동안에 아칸소 주에 위치한 하딩Harding 대학의 SIFE 팀은 '약속의 투표용지promissory ballots'를 지역의 시민들에게 나누어주었다. 이는 유권자들이 그들의 표를 오직 친기업적인 정책을 지지하는 후보에게만 행사할 것을 요구하는 것이었다. 오하이오 주에 있는 마운트 버논 나자린 칼리지Mount Vernon Nazarene College의 학생들은 신입생들을 태우고 오는 모든 차를 세운 뒤 그 차에 타고 있는 사람들에게 연방정부의 부채에 대해 비판적인 입장을 담은 유인물을 나누어주었다. 최근의 선거를 둘러싼 보수주의 운동과 극보수 세력인 티파티Tea Party 활동가들의 막강해진 파위의 영향을 반영하는 일련의 실천들 속에서, 텍사스 주에 위치한 러벅 크리스찬 대학Lubbuck Christian University의 SIFE팀은 자기 지역의 유권자들에게 하원의원들의 세비 인상에 항의하는 운동의 일환으로 티백tea bags을 워싱턴으로 보낼 것을 압박했다.Moreton, 2009, p. 174

SIFE와 같은 단체들은 교육 분야 및 다른 기구들에서 '경제적 문해'에 반대하는 기업들의 캠페인에 협력하고 그것을 보강하면서 해당 지역의 초·중등학교에도 영향을 미친다. 실제로 "초등학교 학생들은 SIFE가 가장 좋아하는 청중들이다. 왜냐하면 그들은 세상에 대한 가치관을 아직 다 갖추지 않았기 때문이다."Moreton, 2009, p. 198 SIFE의 봉사 지향과 맞물리면서, SIFE가 벌이는 활동들은 이전에 기업이 자유기업 시스템의 장점을 어린이들에게 설교하던 모델보다 훨씬 더 유연하게 진행된다.

SIFE의 메시지 전달자들이 벌이는 활동의 대상은 학생들로만 한정되지 않는다. 그들은 교사들에게도 초점을 맞추는데, 많은 경우 주의 정책이라는 측면에서 매우 성공적이었다. 침례교 계열의 한 대학은 자유기업 시스템이 가지는 장점에 대해 해당 주에 속한 공립학교 교사를 대상으로 워크숍을 진행할 수 있었는데, 이 행사는 SIFE가 후원하는 행사였고 참여 교사는 연수 점수를 받을 수 있었다. 결국, 자유 시장에 대한 SIFE의 연수들은 해당 주의 교사 자격증 취득 요건 중 하나로 간주된 것이다. SIFE이 벌이는 이와 같은 노력을 이해하는 데 다음의 예가 도움이 될 것이다.

미주리 서던 대학Missouri Southern University의 SIFE 팀은 해당 지역에서 1년에 1,600여 명의 학생들을 대상으로 한 중·고등학교 정규 교육과정의 일부로서 2주짜리 강좌를 개설했다. 그 팀이 '경제적인 배경 지식을 가지고 있지 않다고 자인하는' 교사들에게 배포한 패키지에는 학습 지도

안, 평가, 학습 목표들, 영화, 독서, 그리고 교사를 위한 '학술적 보조자료'들이 들어 있었다.Moreton, 2009, p. 209

학생과 교사뿐 아니라 대중들을 가르치는 것도 SIFE가 가지고 있는 전체적인 계획의 일부였다. 대학에 기반을 두고 있는 SIFE팀들은 정기적으로 그들의 경제적인 이데올로기를 공익광고의 일환으로 지역 라디오를 통해서 송출했다. 이러한 광고는 연방법에 의해서 무료였다. 결국, 교육 분야에서의 전문성이 사람들의 상식을 바꾸는 더 큰 범위에서의 사회적/교육적 과정의 일부로서 미디어를 활용하는 전문성으로 확장된 것이다. 몇몇 보수주의자들이 대중매체를 활용하는 것은 이러한 실천에서 그 연원을 찾아볼 수 있다. 그들은 내가 비판적 학자/활동가의 임무를 논하면서 지적한 핵심적인 교훈, 즉 "우리는 상황과 맥락에 따라 다르게 말하는 법과 대중 매체를 창조적인 방법으로 사용하는 법을 배울 필요가 있다"를 알고 있다.

이상의 모든 활동은 SIFE가 근거를 두고 있는 대학들로부터의 조직적인 지원을 필요로 한다. 뿐만 아니라, 외부에서 들어오는 안정적인 재정적인 지원도 필요하다. 월마트, 쿠어스Coors, 스탠다드 오일Standard Oil 등과 같은 기업 후원자들이 각급 학교에서의 '경제 교육'을 위한 SIFE의 활동에 중요한 재정적 지원을 담당한다.

이러한 활동들은 SIFE가 주관하는 일련의 경합의 일환으로 실시되는 것이며, 그 경합의 범위는 다시 지역 단위로 넓혀진다. 지역 단위의 경합의 승자는 기업을 대표하는 사람들이 선정한다. 지역적 범위의 '게임'에서 우승한 팀은 10만 달러의 상금을 놓고 다시 경합을 벌이게 된다. 변상 제도 개혁tort reform[1]이나 연방정부의 부채 감소에 공공의 관심을 환기시키는 프로젝트에 대해서는 특별상이 수여된다. 승자를 선정하는 심판들은 월마트는 물론 AT&T, 홀마크 카드Hallmark

Cards, 제너럴 푸드General Food 등과 같은 기업을 대표한다. 월마트의 지원은 수사적인 차원이나 자금의 지원에만 그치지 않는다. 2003년까지 월마트에 경영 연수생으로 고용된 사람들 중 35퍼센트가 SIFE 출신이다.Moreton, 2009, p. 174

나는 앞서 우리가 봉사의 윤리와 독립적인 사람들의 근면, 특정한 종류의 종교성, 그리고 '하나님의 경제 제도'에 가까운 자본주의의 비전이 한곳으로 어우러져 있는 양상을 파악하지 못한다면 SIFE와 같은 단체들이 벌이는 활동들을 온전히 이해하지 못할 것이라고 언급한 바 있다.Apple, 2006 참조 남침례대학Southern Baptist University에 설립된 자유기업센터는 아마도 이 지적에 대한 가장 적절한 예일 것이다.

진 테일러 국립자유기업센터The Gene Taylor National Free Enterprise Center 는 1982년에 당시 부통령이던 조지 부시Gorge H. W. Bush에 의해서 그리스도를 섬기기 위한 목적으로 설립되었다. '기독교인으로서', 청중들은 집단적으로 다음과 같은 선언을 암송했다. "우리는 생산적이며 근면함으로써, 하나님의 소유에 대한 좋은 청지기가 됨으로써, 그리고 기독교인으로서 우리의 공동체와 도움이 필요한 사람들에 대한 우리의 책임감을 고양함으로써 우리의 삶을 자유기업을 실천하는 데 바친다."Moreton, 2009, pp. 188-189

이 인용문은 의미심장하다. 이것은 세상에 나가서 세상을 기업하기 좋은 곳으로 만드는 일군의 학생 부대를 만들려는 운동이 단순히 친

---

1 변상 제도tort란 고의적으로 행해지지는 않았으나 결과적으로 개인에게 손해를 끼친 행위에 치르는 금전적 보상을 말한다. 미국의 보수주의자들은 변상 제도가 기업의 활동을 방해한다는 이유로 기업이 변상해야 할 금액에 제한을 설정하는 등의 방식으로 이 제도를 개혁해야 한다고 오랫동안 주장해왔다.

기업적 이데올로기에 관한 것만은 아니었다는 사실을 조명하고 있다. 자유라는 개념에 대한 특정한 비전에 근거한 훨씬 더 복잡한 가치들이 복합적인 작용을 하고 있는 것이다.

에릭 포너Eric Foner가 우리에게 상기시켜준 것처럼, 자유라는 개념의 의미를 놓고 벌어지는 투쟁이 시민이 된다는 것이 무엇을 의미하는지의 중심에 있다.Foner, 1998 자유는 미끄러지는 기표이다. 이 개념은 다양한 의미를 가지고 있는데, 지배 집단의 임무는 하나의 특정한 의미를 대중들의 의식 속에 각인시키는 것이다. 만약 그들이 대다수의 사람들로 하여금 자유란 기본적으로 "정치적 개념"이 아니고 경제적 개념, 즉, 자유라는 개념이 규제되지 않는 시장의 기능에 근간을 두고 있는 것이라고 받아들이게만 할 수 있다면, '사적' 자본의 축적이야말로 공공선과 같은 의미가 될 것이다.

SIFE와 같은 단체들에 깊게 관여해 있는 학생들에게는, 종교적 신념이 그들의 활동의 저변을 이룬다. 실제로, 그들 중 많은 학생들이 보수적 기독교 대학에 적을 두고 있는데, 자유 시장은 정확하게 그 신념의 대상이다. 이 활동은 신념에 관한 것이다. 이 활동은 그들 주위에서 해체되어가고 있다고 생각하는 세계에 속하는 공동체에 관한 것이다. 이 활동은 기업에 관한 것이고, 공동체의 재구성에 관한 것이다. 물론 이력서 채우기도 여기서 일정한 역할을 한다. 하지만, 이 학생활동가들은, "단순히 상품과 서비스의 생산과 분배 시스템이 아니라, 그들이 생각하기에 숭고한 이상이 있는 곳에 그들의 에너지를 열정적으로 기부하는 것이다."Moreton, 2009, p. 197

이러한 여러 가치들의 결합이 가지는 효과는 오늘을 살고 있는 우리에게 지속적인 영향을 미친다. 보수적 기업 공동체와 새로운 기독교 우파 운동의 큰 부분들이 통합되기 시작했다. 많은 복음주의자들은 사업가와 기업가들을 "역사상 어느 때보다도 많은 대중들에게 상품과 서비스의 축복을 가져다주는 공공적 시혜자"로 본다. 이러한 관점은 텍사스에 위치한 경제연구소에서 나온 다음과 같은 놀라운 표현에 잘 나타나 있다. "가장 높은 이윤을 창출하는 사람이 …… 대중에게 가장 잘 봉사하는 사람이다."Moreton, 2009, p. 250 보수적 사업가들과 기독교 우파들은 미국과 해외에 있는 다수의 사람들에게 이 지혜의 말들을 전파하기 위해서는 지난한 노력을 경주해야 한다는 사실을 잘 알고 있다. 이 두 그룹의 지도자들은 '대중'의 상식을 바꾸기 위해서는 문화와 교육의 힘이 필요하다는 것을 인식하고 있다. 점점 더 많은 미디어, 학교, 그리고 대중문화 등이 이들에게 힘겹지만 성공적인 과업의 장이 되고 있다. 그리고 공공적인 것과 사적인 것의 구분, 종교와 국가의 구분, 종교와 사업의 구분, 그리고 사업과 생활의 다른 요소들 사이의 구분이 전례 없이 희미해지고 있고, 이러한 경계 허물기 자체가 점차 신자유주의와 신보수주의, 그리고 권위주의적 대중주의 운동의 요체가 되고 있다.

우리는 이러한 경향성들이 이제는 온전히 전 세계적인 현상이 되어서 국제적인 운동을 형성하고 있다는 사실에 더 깊은 관심을 가져야할 필요가 있다. 예를 들어, 월마트는 월튼 스칼러스Walton Scholars[2]라는 프로그램을 후원한다. 아메리카대륙의 다양한 나라로부터 많은 사람들이 그들이 신념이라고 생각하는 것을 봉사에 결합하는 방법과, 기독교 사업 모델에 그들의 공동체를 접목시켜서 한 단계 발전시킬 수 있는 방법을 배우기 위해서 미국에 온다. 그들이 본국으로 가지고 가는 것은 기술에 대한 믿음, 특정한 종류의 보수적인 기독교 우파 활동가들의 믿음, 그리고 월마트와 그를 둘러싸고 있는 복음주의 세력들과

---

2 월튼 스칼러십Walton Scholarship은 월마트의 창업자인 샘 월튼과 그의 아내가 1985년에 설립한 장학재단이다. 이 장학재단은 중앙아메리카의 유학생들 주요 후원 대상으로 하고 있다.

맺은 상당량의 인적 관계들이다. 이 과정에서 지구화의 '이익'에 대한 새로운 상식이 유포된다.Moreton, 2009, p. 247; Apple, 2010 참조

보수적 변혁을 세계화하기

월트 스칼러스 프로그램에 학생들을 보낸 많은 나라들에서는 내전과 우파 암살 조직들이 노조 지도자들, 공동체 운동가들, 원주민 지도자들, 진보적 지식인과 언론인들, 그리고 미국의 지지를 받고 있던 폭압적인 정권에 반대했던 수많은 사람들을 제거해왔다. 이러한 사실은 월튼 스칼러스 프로그램에 참여했던 이들이 고국에 돌아갔을 때, 그들이 일을 시작할 곳은 그들에 반대할 세력이 거의 없는 빈 공간이라는 것을 의미한다. 이들은 이 빈 공간을 월마트가 신성시하는 자유무역의 복음과 기독교 비즈니스 원칙들로 채웠다.Moreton, 2009, p. 247 이 모든 과정을 통해서 그들은 다시금 교육이 사회의 변혁에 "참여할 수 있음"을 입증했다. 물론, 그 변혁의 방향이 이 글을 읽는 독자 대다수가 원하지 않는 방향이었음은 주지의 사실이다.

월튼 스칼러스에서 보는 것과 같은 일은 미국에서도 상당한 호응을 얻었는데, 이는 농업 부문의 경제와 주류 경제의 변화 모두에서 뒤쳐졌다고 느끼는 사람들에게 제시된 '자유기업의 복음'이 그들의 가장 큰 두려움을 떨쳐내고 필요를 충족시키는 데 도움을 주었기 때문이었다. 이 복음은 자기 충족적 경제라는 비전으로 요약되는 지역적 정체성의 상실을 보상하는 것이었다. 이 복음은 대량소비의 윤리를 신성시한다. 저임금 서비스 노동이 전례 없이 홀대받는 이 시기에, 이 복음은 대량소비의 윤리를, 그것이 비록 수사적인 수준이긴 하지만, 소명의 수준으로 끌어올렸다. 게다가, 이 복음은 수세에 처해 있는 전통

적인 권위의 개념을 옹호했다. 월마트 내에서 남성 중심의 승진 구조는 신앙인들에게 전통적 가정과 가정에서의 남성의 권위를 옹호할 새로운 근거를 제공하는 듯이 보였다. 그런데 실제로는 자본주의의 논리 자체가 이 두 가지의 존립 기반을 부정하고 있지만 말이다. 그리고 대다수의 조직에서 최소한 부분적으로라도 백인 우월주의가 위협받고 있는 이 시기에, 이 복음은 미국의 백인 위주의 소도시에 노력을 통해서 성공할 수 있는 개인 기업가에 대한 믿음을 제공함으로써 (백인 우월주의에 대한 공격으로부터 오는 백인들의) 고통을 완화시켜주었다.Moreton, 2009, p. 270

최근에 출간된 많은 책들이 민영화와 시장화의 과정이 교육에 끼치는 장기적인 영향들에 대해서 비판적으로 다루고 있다.Ball, 2007; Ball, 2012; Burch, 2009; Molnar, 2005 또한 많은 연구들이 보수적인 경제, 문화, 종교의 연합체들이 형성되는 방식과 그러한 연합체들이 학교교육에 미치는 심대한 영향에 대해 분석했다.Apple, 2006; Apple and Buras, 2006 월마트는 대중들이 자신을 받아들이게끔 그들의 상식과 정체성을 변화시키는 교육적 프로젝트를 전개했다. 월마트가 수행한 이러한 프로젝트는 대중들이 보수 세력 연합이 제공하는 계획을 받아들이게끔 된 복잡한 이유의 연원에 대한 의미 있는 설명력을 제공한다. 아마도 이를 중단시키는 것은 갈수록 어려워질 것이다. 그러나 우리는 반드시 이것을 중단시켜야 한다.

그런데 이것을 중단시키는 과정은 반드시 "왜" 보수주의 연합의 계획을 미국을 비롯한 많은 곳에서 대중들이 그럴 듯하게 받아들이는지에 대한 더욱더 섬세한 이해에 근거해야 한다. 너무도 많은 경우에, 진보주의자들과 비판적 교육자들은 대중들이 그러한 정책을 수용하는 이유에 대한 깊이 있는 검토 없이 현존하는 교육, 문화, 경제 정책의 위험성에 대한 수사적인 논쟁에 매몰되곤 한다. 우리는 싫든 좋든 문화적 작업에 대해서, 운동을 조직하는 방법에 대해서, 자신들의 이데올로기적인 우산 밑으로 사람들을 불러 모을 캠페인을 수행하는 방법에 대해서, 그리고 현실의 정책들을 특정한 방향으로 몰아가기 위해서 어떻게 광범위한 연합을 구축할 수 있는지에 대해서 우파들에게 배울 점이 많이 있다는 것을 인정할 필요가 있다. 월마트의 이야기는 보수주의 근대화 세력이 어떻게 그리고 왜 사회 변혁의 장소로 그리고 사회 변혁의 도구로 학교를 성공적으로 이용하였는지를 우리가 이해하는 데 큰 기여를 하고 있다. 물론 진보적인 운동에서 배울 점은 많다. 그런데 이러한 운동으로부터 우리가 무엇을 배울 수 있는지 Anyon, 2005; Apple, 2010; Lipman, 2011, 그래서 우리가 그 부정적인 영향들을 얼마나 효과적으로 막아낼지는 우리에게 달려 있다.

물론 이러한 부정적 영향들을 막아내는 것은 우파로부터 배우는 것만 포함되는 것은 아니다. 이것은 파울로 프레이리, 조지 카운츠, 듀보이스가 되었든지 카터 우드슨이 되었든지 간에 지배 집단이 '타자'라고 꼬리표를 붙였던 사람들, 그리고 이러한 사람들을 앞으로 나아가게끔 지지했고, 그들의 업적이 교육 및 기타 영역에서 그토록 영향력이 있도록 만든 '보이지 않는 노동'을 수행한 모든 사람들의 목소리와 투쟁들에 대한 집단적인 기억을 복원하는 과정을 포함한다. 그리고 이것은 위험을 무릅써야 되는 일일 수도 있고, 때로는 '우연적'으로 발생하는 일일 수도 있다. 다음 장은 이 마지막 포인트에 대한 개인적인 이야기를 담고 있다.

제7장
비판적 교육, 진실을 말하고 반격하기

나와 연관 짓기

앞의 두 장에서는 어떻게 교육이 사회를 바꿀 수 있는지 언급했다. 이는 서로 다른 두 방향에서 이루어진다. 제6장에서 나는 신보수주의 및 종교적 충동과 결부된 신자유주의적 의제가 어떻게 교육을 사회의 보수주의적 전망과 결합하는지를 서술했다. 여기에는 학생들이나 교육제도, 교회, 공동체 등이 직접적으로 동원되었다. 그런데 실제로 일어난 변화들은 진보적인 것이 아니었다. 이와는 반대로 제5장에서 건진Gandin과 나는 전혀 다른 현실에 대해서도 자세히 다루었다. 그곳에서는 교육 민주화의 목적과 과정이 사회 전체의 민주화를 위한 기획과 긴밀히 연결되어 있다. 교육 민주화는 사회제도, 사람들의 정체성, 정당한 것으로 가르치는 지식, 계급과 인종과 성을 구분하는 장치로서의 학교의 역할, 학교 정책의 형성, 정부의 역할, 공동체의 동원, 교사의 역할 등을 관통하는 여러 기준과 가치에 실질적인 영향을 미친다. 감성적 평등은 구조적 변화와 결합되어 있다. 포르투알레그리에서는 집권당이 (보수당으로) 바뀌어도 많은 것이 진보적으로 남아 있다.

이 책 전반에 걸쳐 나는 한 가지 중요한 의문을 제기했다. "교육은 사회를 바꿀 수 있을까?" 그러나 나는 또한 이 질문에 응답하기 위해 다음과 같은 질문에도 주목했다. 1) 누구의 관점에서 이러한 질문을 제시하고 응답할 것인가? 2) 이러한 변혁적 실천에 참여하고자 하는 사람들은 누구인가? 나는 오랫동안 '우리'의 범주를 확대할 것을 촉구해왔는데, 여기서 '우리'란 이러한 질문에 응답하는 사람들, 그리고 그들의 운동이 만들어내는 메시지를 의미한다. 따라서 나는 이 질문에 응답하기 위해 미국 내부에 관심을 갖는 한편, 국제적으로 사고함으로써 이 질문에 답하는 방법에도 집중했다.

이 책 전반부의 주요 활동가들은 바로 이러한 '활동가들'이다. '활동가들'이라는 단어는 이중적인 의미를 지닌다. 이 단어는 일시적인 정체성을 기본적으로 지닌 채 어떤 역할을 하는 사람, 그 역할이 수행될 때 부각되는 '실제' 사람을 가리킨다. 혹은 역할 수행이 그에게서 핵심은 아닌 사람을 가리킨다. 그는 역사의 주체로서 역사를 이끌어가는 사람을 말한다. 프레이리, 카운츠, 듀보이스, 우드슨이나 그 밖의 여러 사람들―이 책을 읽고 있는 여러분을 포함하여―처럼 그는 세계에 대해서뿐 아니라 세계 속에서 행동하는 사람이다.

나는 이 책에서 독자들에게 세계를 관계적으로 볼 것, 자신의 태도를 바꿀 것을 요청했다. 나는 또한 이 책의 독자들에게 때로는 아주 강력한 힘으로, 때로는 제6장에서 제시한 것처럼 아주 창조적으로 우리를 통제하는 지배 세력을 무력화시킬 것을 요청했다. 그런데 만약 나와 같이 이러한 일을 요청하는 사람들이 똑같은 일을 기꺼이 하려고 하지 않는다면, 독자들에게도 그러한 일을 요구할 수 없다고 생각한다. 따라서 다른 책에서도 그러했듯이, 나의 주장을 인도했던 질문들의 중심에 있는 투쟁에 그리고 앞서 제기했던 임무에 나 자신을 다시 한 번 드러내고, 나 자신을 위치시킬 필요를 느낀다.

위험한 행동

나는 이 장을 비판적 교육자로서 우리의 역할을 중요하게 여기는 것이 얼마나 중요한지를 (동시에 위험할 수 있는지를) 보여주는 개인적인 경험에 관한 이야기로 시작하고자 한다. 몇 년 전 한국을 방문했을 때의 경험이다. 순전히 기억에만 의존하여 이야기를 전달하는 것이기 때문에 불완전할 수 있다. 하지만 나는 이 기억을 최대한 진실에 가깝게 재구성할 것이다.

나는 한 가지 특별한 이유로 한국을 방문했다. 한국에서는 권력을 쥔 억압적 군부 독재에 대한 저항이 오랫동안 지속되었고 더욱 거세지고 있었다. 그 당시 계급적 관계를 넘어서 광범한 연대를 형성한 민중들이 끊임없이 거리로 나서고 있었다. 군부 독재는 다양한 방식으로 민중의 저항을 억눌렀다. 그들은 시위자들을 폭력적으로 체포하고, 그들을 반역자나 공산주의자로 낙인찍었다. 그들을 수년간 감금하고, 활동가를 탄압하거나 비판적인 매체를 폐간시키기도 했으며, 교육과정과 교사를 검열하고, 교원노조를 불법화하는 등 사회 전 분야에서 크고 작은 조치를 취했다. 정부에 대한 분노는 더욱 고조되었고, 억압과 저항 사이의 변증법적 양상은 가시화되었다. 권력에 대해 조직적으로 저항하는 것이 위험한 일임에도 불구하고, 수많은 민중들은 권력 앞에 굴복하는 것을 거부했다.

정부는 정치적이고 문화적인 영역을 완벽하게 장악할 수 없었으며, 이 영역을 진보적인 힘으로 되찾고자 하는 사회운동을 완전히 통제할 수도 없었다. 정부는 처음에는 작은 틈으로 보였던 공간을 양보해야만 했다. 그 작은 공간은 나중에 점점 더 커져서 결국에는 권력이 아무리 강압적으로 통제하려 해도 통제할 수 없는 공간으로 내줄 수밖에 없었다. 내가 참가한 곳도 바로 그 작은 공간 중 한 곳이다. 정부는 몇몇 주요 대학이 비판적 학자/활동가(정부는 학자보다는 활동가를 더 두려워했다)들을 초대해 그들이 비판적 교육사회학의 주요한 이론적·역사적·정치적 기초에 대해서 그리고 지식과 권력의 복합적 관련성에 대해 토론하는 것을 허용했다. 그것은 정부가 명맥만 남아 있던 자신들의 정통성을 유지하기 위해서, 그리고 '나라의 양심'으로 활동하고 있는 학생들의 조직이 확대되는 것을 누그러뜨리기 위해서 취해진 조치의 일환이었다. 하지만 발표자가 '학술적인' 것만 다루어야 한다는 조건이 붙어 있었다. 나는 이 학술 대회의 발표자였다.

몇 년 전 혹은 몇 년 후에 발표되었더라면 훨씬 영향력이 적었을 글이 역사적으로 적절한 순간에 정확히 발표되어 영향력을 발휘하는 때가 있다. 나의 저서 몇 편을 한국의 활동가들이 자신들의 투쟁에 이용한 방식이 그런 경우였다. 『이데올로기와 교육과정*Ideology and Curriculum*』1979/2004과 『교육과 권력*Education and Power*』1982/2012을 진보적 교육학자가 번역하였고, 한국의 가장 진보적 출판사 한 곳을 통해 출판하였다. 앞의 책은 출간이 금지되었고, 두 권의 책 모두 이른바 운동권 서적으로 채택되어 정통성 없는 정부와 맞서 투쟁하는 교육 민주화 운동의 도구로 사용되었다. 모든 상황을 고려해보았을 때, 이 책들은 활동가들에게 현실을 증언하는 것이자 실천 공간을 제시하는 역할을 하였다.

역설적으로, 폭압적인 권력이 어떤 책의 판매를 금지하는 것은 그 책에게 있어 최선의 일이 되기도 한다. 한국의 군부 독재 정권은 나를 비롯한 진보적인 학자들의 지식과 권력의 관계에 대한 책을 사람들이 읽지 못하도록 했는데, 그것은 오히려 그러한 책들이 담고 있는 메시지를 더욱 강조할 뿐이었다. 독재 정권은 이 점을 간과하였던 것이다. 수많은 부수의 책들이 팔려나갔다. 나의 강력한 요청으로 책의 인세는 나에게 돌아오는 대신 억압적인 권력에 저항하는 운동을 지원하는 일과 구속당한 사람들에 대한 법률 지원비로 쓰였다.

장시간의 비행기 여행에서 내려 짧은 휴식을 마친 후, 대학과 운동권 그룹에서 반독재 운동을 하고 있는 나의 친구들이 나를 한 대학으로 안내했다. 그곳의 광경이 어떠했을지는 여러분의 상상력을 최대한 동원해보길 바란다. 그곳은 매우 시끄러웠다. 대학의 모든 공간이 시위자들로 가득 차 있었다. 최루탄을 발사할 수 있는 장갑차와 물대포가 즐비하게 늘어서 있었다. 대학 캠퍼스는 경찰들로 포위되어 있었다. 오직 하나의 교문만이 열려 있었는데, 학교로 들어가는 것은 경찰의 허락이 있어야만 가능했다. 청소년기부터 나는 반인종주의 운동을 비롯한 많은 저항운동에 관여했고, 정치적인 집회에서 여러 차례 연설을 한 경험이 있었다. 그러나 이번은 내가 일찍이 경험한 것과는 달랐다. 긴장의 수준은 마치 대규모의 민중항쟁을 향해 한걸음 한걸음을 내딛는 것 같은 느낌이 들 정도로 고조되었다.[i]

교문에는 나를 맞이하는 사수대가 있었다. 이들은 자신들이 치를지도 모를 커다란 희생을 감수하고서라도 군부 독재가 종식될 때까지 저항을 계속하겠다고 다짐한 학생들이었다. 그들 중 대다수는 체포와 구타를 경험했으며, 어떤 이들은 '북한의 간첩'이라는 죄목으로 피소된 경험이 있었다. 그리고 그들은 저항운동이란 헛된 것일 뿐만 아니라 개인적인 위험을 감수해야 한다는 메시지를 끊임없이 전달하는 정부의 일련의 조치들에 노출되어 있었다. 그들 중 일부는 죽음을 당하기도 했다.

교문에 들어서기 전에 나는 머리에 쓸 화환을 선물 받았다. 이 화환에는 중요한 상징적 의미와 개인적인 의미가 있다. 이 화환은 사과와 비슷한 모양의 최루탄 용기[1]로 만든 것이다. 압제자들의 도구를 가

---

1 1980년대 대학생들이 일명 '사과탄'이라 불렸던 최루탄.

지고 만든 '가시 면류관'을 상상해보라. 이 화환이 주는 다중적인 의미는 명백했다. 이 화환을 씀으로써 경찰이 시도한 억압과 대중 통제의 상징을 내 머리에 쓰는 것이었다. 이와 동시에 그들은 억압의 상징을 역설적으로 영예의 훈장으로 바꾼 이 화환을 가지고 '사과Apple'라는 이름을 가진 나를 환대해주었다. '사과탄apple cluster'의 의미는 통제의 도구라는 원래의 의미가 탈각되어 반혜게모니적 진술이라는 의미로 재규정되었다.[ii]

내가 연설을 하게 될 강당으로 가기 위해 캠퍼스를 걷다가 우리는 걸음을 멈추었다. 나는 강당 밖에서 꽃으로 장식된 간이 분향소에 참배할 것을 요청받았다. 이 분향소는 민주화 운동을 하다 최근에 희생된 한 학생을 기리기 위해 만든 것이었다. 이와 같은 엄청난 희생은 모든 사람에게 영향을 미친다. 나 또한 예외가 아니었다. 나는 분노와 슬픔의 감정을 조절하려 했지만 이쯤에선 나도 더 이상 눈물을 참기 어려웠다.

우리는 강당으로 들어갔다. 강당은 사람들로 가득 찼다. 청중들은 복도까지 넘치고 있었다. 사람들은 통로는 물론 강단에까지도 자리를 잡았고, 심지어는 한 자리에 두 명씩 앉아 있기도 했다. 사수대는 나를 둘러싸고 내 발밑에 앉았다. 강당에는 팽팽한 긴장감이 감돌았다. 강당의 공기는 전율에 휩싸였고, 나도 그것을 확연히 느낄 수 있었다.

나는 교육에 대한 비판적인 사회경제학적, 문화/이데올로기적 분석의 역사와 현황에 대해 연설하도록 되어 있었다. 나는 주최 측으로부터 내 주소가 기재된 원고를 미리 보내달라는 요청을 받았다. 이는 원고를 사전에 번역하기 위한 목적도 있었지만, 검열하는 사람들의 입장에서 나의 발표가 '수용 가능한' 선을 넘지 않았는지 확인하기 위한 것이기도 하였다. 그래서 내 발표가 당국이 설정한 허용의 범위를 벗어난다 할지라도 미리 조정해서 당국의 승인을 얻을 수 있었다. 만약 내 강의가 이미 승인을 얻은 원고에 충실하기만 했다면, 그리고 순전히 학문적인 분석에만 머물렀다면 그다지 심각한 문제를 일으키지 않을 것이었다.

나는 강의를 시작하면서 이 자리에 참석할 용기를 내준 청중들에게, 특히 많은 위험을 감수하고 나의 호위대를 자청한 학생들에게 경의를 표했다. 나는 세계를 '관계적'인 관점에서 바라보는 것의 중요성에 대해 연설했다. 나는 우리가 가지고 있는 제도나 정책, 그리고 실천의 이면에 주목해서 이러한 것들이 사회적 지배 관계와 그에 대한 저항과 맺고 있는 밀접한 연결고리를 드러내야 할 필요가 있음을 역설했다. 이러한 관점은 특히 교육 영역에서 중요한데, 이는 많은 사람들이 교육을 순수한 '선'으로 여기기 때문이다. 따라서 어떻게 이 '선'이 작동하는지, 누가 이를 통해서 가장 큰 혜택을 입는지, 그리고 현재 존재하는 학교와 사회의 권력적 속성 사이에 숨겨진 관련성이 무엇인지를 비판적으로 검토하는 것은 매우 중요했다.

그러고 나서 나는 준비된 강연을 시작했다. 청중들은 나의 강연 원고를 영문판과 한국어판으로 갖고 있었다. 나는 『이데올로기와 교육과정Ideology and Curriculum』에서 주장했던 내용들로 이루어진 원고의 내용을 강연했고, 청중들은 시작부터 조용히 그 원고를 따라 읽었다. 나의 강의는 교육자들이 던져야 할 질문에 초점을 맞추고 있었다. 나는 교육자들이 어떻게 특정한 교과를 숙지해서 한국을 포함한 많은 나라들에서 지배적인 영향력을 가지고 있는 시험에서 좋은 성적을 거둘 수 있는가를 묻는 대신 다음과 같은 일련의 질문을 던져야 한다는 점을 강조했다. 이것은 누구의 지식인가? 이 지식이 어떻게 '공식적인' 지식이 되었는가? 이러한 지식과 이 사회에서 문화적·사회적·경제적 자본을 가진 사람과의 관계는 무엇인가? 적법한 지식을 정의하는 일로부터 이득을 얻는 사람은 누구이고 얻지 못하는 사람은 누구인가?

현재의 교육적·사회적 불평등을 바로잡고 사회적으로 더 정의로운 교육과정과 교수법을 창조하기 위해 우리는 무엇을 할 것인가? 그때까지는 그런대로 괜찮았다.

권력에 대해 진실을 이야기하기

그다음에 무슨 일이 일어났는지를 이해하기 위해서 우리는 만원사례를 이루었던 그 강당의 물리적인 특징 하나를 머릿속에 그려볼 필요가 있다. 강당의 한쪽 벽은 전면이 커다란 유리로 되어 있어 바깥 풍경이 훤히 내다보였다. 나와 청중들은 시위대와 최루탄 및 물대포로 무장한 경찰을 볼 수 있었다. 나는 바깥 풍경을 바라보았다. 소음을 느낄 수 있었다. 나는 준비된 원고에서 벗어나 강의 내용을 바꾸었다. 나는 모든 사람들이 내가 무슨 말을 하는지를 정확하게 알아들을 수 있도록, 그리고 영어에 유창하지 않은 사람들도 주변에 있는 친구들이 해주는 통역을 통해 전해 들을 수 있도록 천천히 말했다. 나는 다음과 같은 이야기를 하였다.

만약 여러분들이 지식과 교육, 권력의 진정한 관계를 이해하려면, 창문 밖의 풍경을 바라보시기 바랍니다. 경찰들과 무장된 차량을 보십시오. 이 연단에 있는 사과탄 화환을 다시 한 번 보십시오. 제 주위에 있는 49명의 학생들을 다시 보십시오. 이러한 광경들이 지속된다면 여기에 계신 여러분 모두는 너무도 많은 것들을 잃게 될 위험에 처할 것입니다. 이 정부는 여러분들이 현실을 비판적으로 이해하고 이를 실천으로 옮기는 것을 막아야 한다는 사실을 알고 있습니다. 이 정부는 여러분들이 보존하고 싶어 하는 집단적인 기억과 더 나은 사회를 위한 여러분의 꿈을 파괴하기를 원하고 있습니다. 이 정부는 여러분이 역사를 다시 배우고, 자신들의 실천에 대한 근본적인 비판의 토대를 형성할 수 있게 해주는 비판적인 관점을 획득하는 것을 막기를 원합니다. 이 정부는 또한 한국 교육 시스템이 모든 수준에서 이데올로기적으로 견고하게 통제되어서 여러분의 아이들이 지배자들이 원하는 관점에서만 세상을 바라볼 수 있기를 원합니다. 나는 지금 이 커다란 강당에 모인 많은 사람들이 생각해봤거나 이야기해보지 않은 것에 대해 말하고 있다는 것을 잘 알고 있습니다. 이 이야기는 더 이상 말할 이유가 없어질 때까지 반드시 반복적으로 계속되어야만 합니다.

청중들이 내가 한 말을 모두 전해 들었을 때 강당에는 침묵이 흘렀다. 그러고 나서 49명 학생의 리더가 마이크를 잡았고, 그와 나의 한국인 동료 중 한 명이 내가 말한 것을 통역했다. 박수갈채가 터져 나왔고, 나는 격정에 사로잡혔다. 그와 동시에 내가 공적으로 말한 내용에 대해 걱정도 들었다. 복도 뒤쪽에는 한국인들에게는 익숙하지만 나에게는 낯선 '제복'을 입은 사람들이 있었다. 그들은 검정 가죽 재킷을 입고 검은 선글라스를 쓰고 있었다. 그 재킷 위쪽으로 불룩하게 나온 것이 전화기는 아닐 것이라는 느낌이 들었다. 나는 그쪽에서 나를 응시하는 시선을 볼 수 없었고, 그들이 의심스러운 표정으로 경찰이나 군부의 상관과 연락하는 내용을 알 수 없었다.

그들이 전화로 말한 것의 결과를 그때까지는 알 수 없었다. 확실했던 것은 두 가지 강렬한 감각이었다. 그것은 진실을 공개적으로 말했다는 것, 그리고 자신의 저작으로 인해 존경받는 인사가 이와 같은 포럼에서 진실을 공개적으로 말함으로써 하나의 공간이 창출되었다는 것이다. 학생들, 활동가들, 비판적 학자들은 곧바로 나를 기념 바비큐 파티로 안내했다. 우리는 투쟁가, 즉 저항의 노래이자 비탄과 승리가 담긴 노래를 불렀다. 나는 한국의 투쟁가를 배우려고 노력했다. 몇몇 단어는 제대로 따라 할 수조차 없었지만 전혀 문제가 되지 않았다. 우리 모두가 커다란 기쁨으로 함께했기 때문이다. 사람들은 나에게 미국의 투쟁가를 가르쳐달라고 하였고, 나는 「우리 승리하리라We Shall Overcome」라는 노래를 골랐다. 거기에 있던 많은 사람들은 이미 이 노래를 전부 혹은 부분적으로 알고 있었다. 이 노래는 억압적 권력에 저항하는 전 세계적 모델로서 반인종주의 운동이 지닌 힘을 보여준다. 우리의 목소리는 점점 더 커져갔다. 자유와 연대감이라고밖에 불릴 수 없는 정서가 고조되었다.

그러고 나서…… 우리가 자리를 떠났을 때, 정보부의 요원임이 금방 연상되는 '제복'을 입은 한 무리의 사람들이 우리를 따라오기 시작했다. 내가 어디로 가든지 그들도 거기에 있었다. 통제선이 조여져왔다. 곧 우리의 모든 움직임, 특히 나의 움직임이 통제되었다. 나의 친한 친구이자 동료가 이야기한 대로 "우리는 이제 체포된 것이나 마찬가지다. 조심하지 않으면 곧 감옥에 갇힐 것이다." 그들은 완전히 지친 상태인 나를 투숙하고 있던 호텔로 돌아가도록 했다. 나는 너무 지쳐서 내 문 밖에 감시자가 있다는 사실도 인식하지 못할 정도였다. 다음 날 산책하러 방문 밖을 나서려고 할 때서야 거기에 감시자가 있다는 사실을 알았다. 미국에서 온 교수가 체포되는 국제적 사건을 만들지 않기 위해, 배후에 숨어 있는 당국은 감시자를 내 방문에 배치한 채로 나를 호텔에만 머물게 하는 조치를 취했다. 식사가 배달되었던 것 말고는 내가 감시자 이외의 외부와 접촉할 수 있는 방법은 전혀 없었다. 특히 내가 함께했던 활동가나 학자들과는 어떤 연락도 취할 수 없었다. 이러한 '약한' 형태의 연금으로 인해서 파생되는 다양한 결과들이 그날 아침 이후부터 더욱 분명하게 드러났다.

그날 아침 나는 서울에 있는 교육 연구, 정책, 교육과정 개발 분야를 담당하는 정부기관에서 연설을 할 예정이었다. 나는 관용차로 안내되었다. 내 친구 중 한 명이 기다리고 있었다. 그 차는 우리 차를 선도하거나 뒤따라오는 여러 대의 차량 중에 유일하게 검정 재킷과 선글라스를 쓴 사람들이 타고 있지 않은 차였다. 내가 차에 오르자 내 친구는 나에게 아무 말도 하지 말라고 빠르게 속삭였다. 정부기관에 도착하자 나는 기관장에게로 안내되었다. 그는 군사 정부로부터 임명된 사람이었고, 교육과정을 '위험한' 지식으로부터 보호하고 반체제적 교사를 교직으로부터 걸러내는 역할을 하는 사람이었다. 내가 경험했던 것중에 가장 이상한 대화—날씨에 대해서, 내가 서울을 좋아하는지 그렇지 않은지—가 이어졌다. 마침내 그는 내가 진행하기로 한 대규모의 강연이 사람들이 올 수 없게 되어 갑자기 취소되었다는 변명을 하였다. 대신 나의 일정은 5명에서 10명 남짓한 사람들이 모여 있는 텅 빈 강의실에서 강연을 하는 것으로 바뀌어 있었다. 그의 말에 따르면, 비록 청중은 몇 안 되지만 그들은 "진심으로 애플 교수님이 말씀하시는 것에 관심을 갖는 사람들"이었다.

나는 몇 명의 사람들이 기다리고 있는 창문이 없는 방으로 안내되었고 거기서 교육 문제 일반—날씨 얘기를 포함해서—에 대해서 또 다른 불편한 대화를 나누었다. 그동안 기관장은 (거의 텅 비어 있는) 강의실이 준비가 되었는지를 점검한다고 했다. 한 건장한 남자가 방 밖에 서서 내가 그곳을 벗어나지 않는지를 확인하고 "내가 편안하게 있는지를" 점검하고 있었다. 대화는 또다시 아주 어색해졌다. 하지만 그 어색한 대화는 바깥에서 나는 소리 때문에 계속해서 중단되었다. 분노의 함성이 들려왔다. 저항의 소리가 벽을 뚫고 들어왔다. 아마도 내 강의에 참석할 수 없었던 청중들이 나를 만나러 건물 안으로 들어오는 것을 강제로 막는 과정에서 나는 소리였을 것이다. 당시에는 불법조직이었던 정부로부터 독립된 교사들의 노동조합(전교조)의 대표들과 반정부 인사들, 학생 대표들, 대학 교수들과 공립학교의 교육자들 그리고 심지어 정부기관 지국의 다수 구성원들도 건물 안으로 밀치고 들어오려고 했다. 물론 아무런 소용이 없었다. 나와 그곳에 있던 내 친구들은 강의를 막기 위해서 물리적인 강제력이 동원되었음을 확신하게 되었다. 의심의 여지 없이 더 많은 사람들이 체포되었다.

이 모든 일 이후에 나는 다시 호텔로 인도되었고, '내' 방에서 감시자의 감시를 받았다. 그러나 우리가 다시금 기억해야 할 것은 모든 것을 통제하려는 정권이 때로는 비능률적이라는 사실이다. 모든 것을 통제하려는 임무는 대부분 불가능하다. 그런 불가능한 사례들은 소셜 미디어 및 이메일, 트위터, 그 밖에 창조적으로 사람들을 집결시키는 것들이 존재하는 시대에는 특히나 그 점이 두드러지게 나타난다. 다음 날 아침 일찍 내 전화가 울렸다. 외부로 연결되는 전화가 끊겨 있어서 나와 다른 사람들 사이에는 어떤 연락도 할 수 없었던 터라 전화기가 울렸다는 것 자체가 정말로 예상치 못했던 일이었다. 그 전화는 내 친구들과 동료들로부터 온 것이었는데, 그들은 내게 감시자들 사이에 무언가 혼동이 생겨서 감시자들이 그날 아침 교체되지 않았고, 의도치 않게 내 전화가 복구되었음을 알려주었다. 군사 정부만이 모든 곳에 눈과 귀를 둔 유일한 집단이 아닌 것이 분명해졌다. 진보적 운동가들도 무슨 일이 일어나는지, 일어나지 않는지 알 수 있도록 그들 자신만의 방식을 익혀온 것이다. 나는 재빨리 방을 나와서 비교적 출입이 적은 호텔 출입구에서 친구들을 만났다. 우리는 시외에 있는 한국 민속박물관으로 차를 몰고 갔다. 쏟아지는 비를 피하면서 우리는 박물관에 있는 찻집에서 다른 활동가들을 만났다. 여러 시간 동안 토론을 진행했고, 즉각적인 상황 대처는 물론 장기적인 실천을 위한 전략을 계획했다.

하지만 자유는 오래가지 못했다. 늦은 오후, 우리는 차로 돌아왔다. 우리 차가 주차되어 있던 박물관의 주차장은 텅 비어 있었다. 그 주차장은 세 대의 경찰 표시를 하지 않은 경찰차와 또 다른 군사 정부의 지명자인 어떤 교육부처 책임자가 타고 있는 공식적 정부 차량 한 대로 완전히 막혀 있었다. 대기하고 있던 사복 입은 정부 요원이 말했다. "우리가 그와 함께 차를 타는 것이 더 낫지 않겠어?" 이는 분명 질문이 아니라, 지시였다. 우리는 그의 차와 대기하고 있던 다른 차에 나누어 태워졌다. 사복의 정부 요원으로 보이는 침묵하는 사내 둘이 내 양옆에 자리를 잡았다.

"애플 교수님, 배고프지 않으세요? 지금 저녁 드셔야 하지 않을까요?" 또 하나의 질문 아닌 질문이 던져졌다. 요원들과 교육부 관계자들은 우리를 식당으로 데려갔다. 우리는 식당의 프라이빗 룸에서 조용히 식사를 했는데, 우리 일행 한 사람에 식사를 하지 않는 두 사람이 붙어 있어서 우리끼리의 대화는 불가능했다. 심지어 화장실을 갈 때에도 내 옆에 조용히 앉아 있던 두 사람이 동행했다. 그 후 내 친구들과 나는 격리되었고 나는 다시 감시자가 붙어 있고 전화기가 작동되지 않는 내 방으로 보내졌다.

나는 이 모든 것들이 아주 영리하게 진행되었다는 사실을 인정하지 않을 수 없다. 나는 억압 세력에 의해 어떻게 권력의 형태가 전략적으로 형성될 수 있는지에 대해서 많은 것을 배울 수 있었다. 내가 어떻게든 미국 정부와 접촉하고 항의를 했더라면, 한국 정부 관리들은 어렵지 않게 다음과 같이 말할 수 있었을 것이다. "어떻게 그가 불만을 토로할 수 있는가? 그는 교육계 인사들과 여러 차례의 만남을 가졌다. 그는 강연자로 초빙되었다. 하지만 행정상의 이유 때문에 우리는 그의 강연에 대한 모든 요구를 충족시킬 수는 없었다. 그는 좋은 식당으로 초대되었고, 좋은 호텔 방에 머물렀다. 우리는 관용차량을 그의 교통수단으로 제공하기까지 했다." 이 모든 변명은 말도 안 되는 것이다. 하지만 미 대사관 직원이 던지게 될지도 모를 질문에 대한 대처로는 그렇게 어리석은 변명이라고 할 수는 없다. 이 모든 일이 전적으로 한국의 군사 정부를 지원하는 것처럼 보이는 미국의 강력한 우파 대통령 정권 시기에 일어났다는 사실은 내가 제기하는 항의가 애초에 문제시조차 되지 않았을 수도 있음을 의미한다. 경찰이 내 여권을 가져갔기 때문에 탈출은 꿈도 꿀 수 없었다.

한국 체류 마지막 날, 나는 경찰 표시를 하지 않은 경찰차에 태워져 공항으로 갔다. 비행기 출발 예정 시간 몇 분 전에, 가죽 재킷과 어두운 선글라스를 낀 두 명의 남자들에 의해 팔을 꽉 붙들린 채로 활주로로 걸어 들어갔고 비행기 계단을 올라갔다. 그 후 나는 비행기 문을 통해 거칠게 밀쳐졌다. 던져졌다는 것이 더 정확한 표현이다. 안도와 분노의 복합된 감정이 확 밀려왔다.

권력 관계 바꾸기

몇 년이 지나 나는 한국을 다시 방문했다. 다시 한 번 서울에서 강연을 했다. 나는 청중들이 내 강연을 듣지 못하게 강제적으로 막았던 정부기관의 담당자들이 물러났을 뿐 아니라 불명예를 안았다는 것 또한 알게 되었다. 나는 군사 정부에 반대하는 봉기가 일어났던 광주에 강연을 하러 갔다. 군은 그곳에서 시위를 진압하기 위해 사회 각계각층의 다수의 사람들을 학살했다.

광주에서 반체제 인사 및 활동가들과의 만남이 있기 전, 나는 민주화 운동의 순교자들이 묻혀 있는 묘지를 방문하는 영예를 안았다. 나는 학살된 수백 명의 사람들에게 경의를 표하기 위해 그 자리에 헌화하기로 했다. 내가 헌화할 준비가 되었을 때, 세 대의 검은 차가 우리 곁에 와서 빽 하는 소리를 내며 멈추었다. 그 차에서 선글라스를 낀,

'비밀경찰'임이 분명한 가죽 재킷을 입은 사람들 여럿이 내렸다. 내 '친구들'이 돌아온 것이었다. 그들 중 셋이 문자 그대로 내 얼굴 앞 6인치 거리에 자신들의 얼굴을 들이밀었다. "겁주는 것은 우리의 일."[2] 하지만 이번엔 상황이 달랐다. 그들을 노려보는 대신에 나는 그들을 그냥 무시했다. 나와 내 동지들 그리고 우리를 초대한 주최 측 인사들은 헌화할 제단으로 나아갔다. 그들은 우리에게 길을 내주었다. 그들의 힘은 현재의 멈출 수 없는 민주화 과정에서 사라지고 있었다.

집으로 돌아오기 그리고 실천하기

나의 경험을 낭만적인 것으로 치부하고 싶지 않다. 국가의 억압적 권력에 직접 맞닥뜨려 자신의 운명이 자신의 통제에서 벗어나 본 경험을 하고서도 그것이 두렵지 않다고 말하는 사람이 있다면 그는 정직하지 않은 사람일 것이다. 나와 내 동지 그리고 친구들이 체포되었을 때, 우리가 "걱정했다"라고 말한 것은 감정의 강도를 현저히 낮게 표현한 것이다. 그렇다고 해서 이를 과장해서 말하고 싶지도 않다. 두려움과 불굴의 의지는 때때로 동전의 양면이다. 후자는 우리로 하여금 계속해서 무슨 일이 일어나는지를, 그리고 어떻게 그 일을 뒤엎을 수 있을지를 전략적으로 생각해보도록 했다. 두 번째 여행은 민중들의 의지가 가지는 힘을 보여주었다. 이 힘은 민중들의 능력이다. 즉, 민중들은 그들에게 불합리를 강요하는 상황을 개선하기 위해 지속적으로 실천을 전개해왔다. 또한 그들은 자신들에게 인간성을 버릴 것을 강요하

---

2 Intimidators-R-Us의 번역. 이 표현은 장난감 회사로 유명한 Toys-R-Us를 패러디한 표현이다.

는 상황에 대해서 저항을 벌여왔다. 뿐만 아니라, 민중들은 자신들의 운명을 다른 사람이 아니라 스스로 통제할 수 있도록 하는 권리를 쟁취하는 투쟁을 전개해왔다. 카운츠, 프레이리, 듀보이스, 우드슨, 미국 남부 시골 학교의 교사들, 포르투알레그리의 각계각층의 활동가들 등은 이러한 실천의 저변에 깔려 있는 위험과 오랜 기간에 걸친 지난한 노력을 잘 이해하고 있었다.

나는 이 장에 있는 경험들이 이 책을 읽고 있는 여러분과 같은 많은 사람들에게 영향이 없지는 않을 것이라는 점을 확신한다. 정반대의 경우가 오히려 많을 것이다. 서울로의 첫 여행에서 미국으로 돌아온 직후, 한국에서 온 다수의 학생을 포함한 나의 모든 박사과정 학생들과 나는 전교조와 비판적 교육가들, 그리고 한국의 활동가들을 위해서 광범위한 지지를 조직하기 위한 노력을 배가했다. 우리는 다른 이들과 함께 미국 내에서 그리고 국제적으로 교사 노조, '사회 참여 지식인들', 진보적 조직들, 그리고 비슷한 성향의 단체들의 운동을 조직했고, 열성적인 교육가들과 그 외의 사람들에 대한 탄압을 알리는 선전 활동을 수행했으며, 한국 정부로 하여금 민주화를 향해 나아가도록 하는 압박을 강화했다. 그렇게 해서 우리는 분명히 이 투쟁의 동맹자이자 참여자가 되었다. 그리고 우리는 종종 한국인들이 교육 내부 및 외부에 존재하는 정당성이 결여된 국가의 권위에 도전하는 투쟁에서 무엇이 가장 유용한 것인지를 결정하는 리더십에 참여하기도 했다. 우리는 "이러한 임무들에 관여함"으로써 어떻게 유기적 공공 지식인으로서 책임을 감당해야 하는지, 어떻게 학자/활동가로서의 책임을 감당해야 하는지에 대해서 배울 수 있었다. 비판적이고 더욱 집단적인 정체성들이 지속적으로 형성되고 재형성되었다. 그리고 이러한 정체성들은 계속 확대되고 있는 간세대적이고 국제적인 공동체에 의해서 지지되고 있다.

수년간의 투쟁 끝에 처음에는 불법으로 시작되었던 독립적 교사 단체(전교조)가 마침내 한국 대법원에 의해 합법적으로 인정받게 된 사실은 한국의 활동가들과 그들의 국제적 지지자들의 집단적인 노력의 결과물이다. 군부 독재를 자행하던 많은 군부의 수뇌들과 그들의 지지자들은 투옥되었거나 불명예를 안았다. 그러나 명분이 계속되는 한 투쟁도 이어진다. 한국의 학교에서 교육과정, 교수 및 평가와 관련된 실천과 정책을 더욱 비판적이고 민주적으로 자리 잡게 하려는 시도는 끝나지 않았다. 실제로, 한국에서 신자유주의와 신보수주의가 득세하는 상황에서, 그리고 교육의 비판적 이해와 실천에 대해 우익 집단들이 정부, 경제 그리고 언론을 통해 끊임없는 공격을 퍼붓는 상황에서, 전교조는 끊임없이 수세에 몰려야만 했으며 새롭게 거듭나야 했다.Kang, 2009 이것이 바로 그 이름에 값하는 교육을 만들기 위해 벌이는 투쟁의 본질이다. 이 투쟁은 결코 끝나지 않는다.

이 장에서 개인적 이야기를 마치기 전에 마지막으로 한 가지 언급할 내용이 있다. 한국에서의 이러한 경험의 여파는 한국에서뿐 아니라 위스콘신에서도 다양한 방식으로 지속되었다. 나의 학생들과 내가 참여했던 다양한 정치적 활동은 그 이후 몇 년에 걸쳐 내 학생들과 내 자신의 연구에서 매우 중심적인 위치를 차지했다. 실제로, 나는 일군의 대학원생, 방문 교수들, 그리고 활동가들 등과 매주 금요일 오후에 만나 금요 세미나를 진행한다. 금요 세미나는 서로의 '학문적' 연구를 지지하는 데서 그치는 것이 아니라 금요 세미나를 금요 세미나답게 만드는 핵심 요소를 지속시키는 일에 깊게 관여해왔다. 교육에 있어서의 반헤게모니 사업은 연구와 글쓰기를 통해, 학교의 비판적 교사들과의 협력을 통해, 그리고 비판적 교육운동 및 그와 비슷한 종류의 일에 대한 지지와 협력을 통해 이루어졌다. 그런데 이 투쟁에는 언제나 노동권, 문화적 자율성, 미국 내외의 억압된 사람들에 대한 권리

등을 포함하는 진보적인 실천을 지지하기 위한 구체적 노력이 동반되었다._{Apple, 2000 참조}

금요 세미나가 수행한 반혜게모니 사업은 다음과 같은 일들을 포함한다. 금요 세미나는 버마(미얀마)에서 살인적인 정권의 행동을 모른체하며 더 높은 이윤을 계속해서 추구하였던 펩시콜라와 여타의 미국 회사들을 보이콧하기 위해 미국 내의 전국적 연대를 구성하는 것을 도왔다. 금요 세미나는 자신과 아이들을 위해 더 나은 임금과 주거 조건을 갖고자 운동을 펼쳤던 이주자 농장 노동자들을 지지했으며, 터키 정부가 터키의 소수 인종의 '모국어' 교육을 지지했던 교사 조합에 대해 조치를 취하겠다고 협박했을 때 터키 교사 노조에 힘을 실어주었다. 우리는 또한 토지 사용권에 대한 투쟁과 지역 공동체가 협동으로 농사를 짓는 계획에 함께했고, 극보수주의 정책과 기관에 대항하는 시위를 조직했으며, 지역 학교와 커뮤니티 센터에서 비판적인 교육을 수행하는 활동가들과 함께 참여하는 일 등의 활동을 했다.

한 예로, 금요 세미나는 현재 청소년들이 자신들의 삶, 투쟁 그리고 희망을 기록하는 공공 벽화 프로젝트를 지원하기 위해 예술가 활동가, 지역사회 활동가, 그리고 청소년들과 함께하고 있다. 이 프로젝트는 많은 라틴계 유소년들이 학교에서 감옥으로 직행하는 악순환의 고리를 저지하기 위해 매디슨Madison의 히스패닉 센터Centro Hispano가 많은 공을 들이고 있는 사업의 일환이다. 우리는 대학의 교수진 및 학생과 지역사회 단체들을 연결하는 프로젝트—본래 나의 두 라틴계 학생들의 주도하에 진행되었다—를 진행할 재정에 접근할 수 있는 방법을 알고 있었다. 그래서 금요 세미나의 구성원들은 프로젝트를 위한 자금 지원서를 끈질기게 작성하였다. 재정 지원이 이루어졌고, 센터는 저명한 활동가이자 벽화가인 레이번Raven을 초빙하여 청소년들, 센터의 교육 활동가들, 그리고 금요 세미나에서 프로젝트에 참여한 사람

들을 도울 수 있었다.[iii]

이 과정에서, 우리 모두는 이 책의 제2장에서 언급한 과제들을 최대한 많이 실천에 옮기고자 노력하였다. 우리는 우리가 가지고 있는 가용한 자원들과 능력을 최대한 활용할 수 있도록 우리 자신의 의지를 재확인했다. 이를 통해서 우리는 대학 안팎을 더 잘 연결시킬 수 있게 되었고, 반헤게모니를 행사할 수 있도록 열려진 공간 안에서 활동할 수 있게 되었다. 우리뿐 아니라 지역사회와 청소년들이 리더십의 많은 부분을 담당했다.

비록 모든 구성원들이 비판적 교육자와 연구자로 이루어졌음에도 불구하고, 집단 구성원들은 아주 현실적이고 다양한 정치적 신념을 가지고 있었다. 그렇지만 세미나 자체 내에서는 '탈중심 연합'의 개념을 유지하고 확장하기 위한 진정성이 유지되고 있다. 우리 모두는 이론이 일상생활의 실천 속에 존재해야 함을 알고 있다. 그렇기 때문에 금요 세미나의 멤버들이 관여하고 있는 사회적 쟁점들과 활동들은 세미나를 통해서 널리 논의되고 공유된다. 벽화 프로젝트는 유소년과 지역사회뿐 아니라 그 이상을 연결한다. 그것은 또한 비판적 교육이 어떻게 이루어져야 하는지에 관한 우리의 신념과도 연결된다. 그것은 서로에게서, 지역사회로부터 그리고 유소년으로부터 우리가 배울 수 있는 공간을 제공하기도 하지만, 반대로 우리는 그들에게 프로젝트에 필수적인 자원을 제공하기도 한다. 이 모든 과정은 우리로 하여금 "발코니"[3]를 거부할 것을 요구한다.

마지막으로 벽화 프로젝트는 많은 것들을 빼앗긴 청소년들에게 또 하나의 기회를 제공한다. 우리의 역할 중 하나는 그 프로젝트 자체의 비서로서 행동하는 것이다. 우리는 학교와 대학의 다른 헌신적인 비판

---

3 실천은 하지 않고 관전자의 자세만 유지하는 것을 일컫는 표현.

적 교육자 청중을 위해서 센터, 지역사회, 유소년들에 대해 그리고 프로젝트의 역사 및 전모에 대해 모두 기록할 것이다. 이 기록은 청소년들의 참여와 그리고 그들이 가지고 있는 재주와 가치의 인식에 대한 내러티브인 벽화와 그 벽화를 제작하는 과정을 비디오로 제작하는 것을 돕는 일을 포함한다. 이 기록은 또한 유색인종 청소년들에게 일반적으로 제공되는 교육 방식에 대해 예술적이며 비판적인 문화/교육 과정이 어떤 근본적 문제의식을 제기하고 있는지를 포함한다. 궁극적으로 우리는 우리의 활동이 학교에서 감옥까지의 급행 통로를 저지하는 중요한 작업과 라틴계 지역사회의 청소년들을 위한 많은 다른 활동의 보조금 마련에 애쓰는 센터의 노고에 보탬이 되기를 바란다. 하지만 '비서 일'은 센터와 유소년 스스로의 자발적인 동의를 필요로 한다. 그렇지 않을 경우 이러한 종류의 기록은 암묵적으로 센터와 유소년이 아닌 기록을 담당하는 저자에게 전반적인 이익을 제공하는 한 사례가 될 수 있다. 즉, 학문적 이득을 위한 전략의 한 부분으로서 벽화 프로젝트의 경험을 이용하는 것이 그 프로젝트의 목표가 되어서는 안 된다. 이는 내가 제2장에서 언급했던 것처럼 비판적 교육 연구에서 늘 상존하는 위험을 뜻한다. 이익은 상호적일 수 있다. 먼저 센터와 유소년 그리고 다른 활동가들에게 돌아가야 하며, 그 후에 금요 세미나 구성원들과 비디오 작가들에게 돌아갈 수 있다. 하지만 최우선 순위는 전자이지 후자가 아니다.

이러한 다양한 헌신적 활동가들은 홀로 존재하지 않는다. 실제로, 내가 이 책을 쓰고 있는 이 시기에 정치, 문화 전반에 걸친 노력들이 더더욱 중요해졌다. 예를 들어, 제1장에서 내가 지적했듯이, 위스콘신의 극우 주지사와 우파가 장악한 주 의회는 공무원들의 단체협약권을 말살하고, 가난한 지역을 위한 재정을 줄이며, 환경 프로그램을 제거하고, 교육 예산을 대폭 낮추고, 교육 사유화 계획을 밀어붙이고, 빈곤한 유색인종의 투옥 비율을 더욱 높이고, 여성의 건강 프로그램 재정을 삭감하며, 억압적 반이민법을 제도화하는 등의 수많은 끔찍한 정책과 예산 삭감을 추진했다. 이러한 정책이 지니는 공공연하고 숨겨진 이해관계에 주목하는 모든 이들은 이것이 인종 정책 및 백인 남성의 분노와 깊은 관련이 있으며, 여유가 없는 이들을 위한다는 허울뿐인 명분으로 경제 위기를 해결하려는 것과도 연관된다는 것을 분명히 알아야 한다. 이러한 해로운 경제 사회 정책이 미국의 다른 많은 주와 다른 나라에서 또한 발견된다는 사실에 나는 분노한다. 하지만 위스콘신과 다른 지역에서 이러한 극우 입법자들과 주지사를 다른 방식으로 저지하고자 하는 노력이 있을 뿐 아니라, 이러한 우파적 정책이 지속적으로 나타나는 것에 대해 시위가 일어나고 있다는 사실에 나는 안도한다.

이러한 약탈과 그것이 일어나는 지역의 목록은 끝없이 열거될 수 있다. 하지만 그 와중에도 인종과 계급의 분열을 극복하는 연합은 지속적으로 형성되어왔다. 금요 세미나의 많은 사람들과 대학의 학생들 그리고 교수들은 조합, 여성 단체들, 실업자, 고등학생과 중학생 학생들, 교사들, 공무원, 농부, 간병인, 인종 공동체, 이민자 지지 단체가 함께 행동했는데, 함께한 사람들의 리스트도 또한 끝없이 열거될 수 있다. 주 정부 청사 안에서, 주 의회 상하원 안팎에서 그리고 매디슨 전체와 위스콘신 주 전체에서 시위가 전개되었다. 세계의 많은 곳에서처럼, "월스트리트를 점령하라"는 구호는 이곳의 활동가들에게도 활력을 불어넣었으며, 대학의 차별 철폐 정책에 대한 우파의 공격에 저항하는 투쟁을 촉발시켰다. 이해관계를 서로 달리하는 여러 집단의 사람들이 내가 이전에 언급했던 '탈중심 연합'으로 함께 손잡았다. 법정에서, 정부에서, 학교와 지역사회에서, 언론에서, 그리고 모든 곳에서, 지배 체제에 대한 도전이 이루어졌다. 너무 작아서 변혁을 시도할 수 없는 장소도 없고, 너무 중요하지 않아서 변혁을 시도할 수 없는 정책도 없다는 인식이 있다. 이 인식이 확장되었는지 그리고 변혁에 헌신하고 있는 '우리'가 성공하게 될 것인지는 미리 알 수 없다. 하지만 한 가지는 확실하다. 급진적 변혁을 추구하는 우파의 시도는 쉽게 성취되지 않고 끊임없는 도전에 직면할 것이다. 그리고 초중등 및 고등교육을 포함한 모든 수준에서 활약하는 모든 단계의 교육자들은 다른 분야의 많은 사람들과 함께 그 도전에 참여하고 있다.

금요 세미나와 관련하여 언급해야 할 또 한 가지가 있다. 현재 금요 세미나에는 '비판적 교육학'이라고 일컫는 곳에서 자주 나타나는 수사적 차원에서 아니라, 정치와 학문을 결합하는 일관성 있고 지속적인 전통이 있다. 사회 참여의 정신activism은 실천을 통할 때만이 한 사람의 학문적·사회적 정체성의 일부를 구성하게 된다.Apple, Au, and Gandin, 2009 내가 앞서 지적했던 것처럼, 만일 비판적 교육 이론과 실천이 단순히 또 하나의 특화된 학문 분야로서 다루어진다면, 그리고 그것이 학계 내 권력의 장 속에서 더 높은 지위를 획득하기 위한 디딤돌 전략의 일환으로 주로 사용된다면Bourdieu, 1984, 우리는 서울과 광주에서 내가 절실히 깨달은 아주 중요한 교훈을 배우지 못한 것이나 마찬가지다. 비판적 생각은 힘을 갖는다. 그리고 그 힘은 그것에 생명을 불어넣는 사회운동 및 투쟁과 유기적으로 연결되었을 때 엄청나게 증가한다.Apple, 2010 나는 내가 한국에 가기 전부터 이러한 원리를 알고 있었다고 생각한다. 하지만 그곳에서 이 원리를 다시 배우는 것, 그 후 금요 세미나의 구성원들과 지속적으로 이 원리를 현실에 구현하는 것, 그리고 급진적인 우파의 정책들이 이 사회의 상식이 되지 않도록 맞서 싸우는 여러 사회운동과 함께 헌신하며 이 원리를 매일 기억하며 활동하는 것을 통해 나는 만약 우리가 이 원리를 잊었을 때 우리가 무엇을 잃게 될 것인지 계속 상기하고 있다.

i 한국의 광주에서는 실제로 민중항쟁이 일어났다. 계엄군이 광주를 점령했을 때 수많은
사람들이 사망했다. 서울에 주둔해 있던 군대가 민주항쟁을 진압하기 위해 광주로 파견
되었을 때, 부끄럽게도 미군은 한국군의 야만적 살인 행위를 지원했다. 순교자의 피는
불행히도 미국 정부의 손에도 묻어 있다.
ii '탈각disarticulation'과 '재규정rearticulation'의 개념에 대한 좀 더 자세한 논의는 스튜어트
홀Stuart Hall의 저서에 잘 나타나 있다. Morley & Chen(1996)과 Apple(2006)을 참고
하라.
iii 비판적 교육자이자 벽화가인 레이번(Raven)은 억압받는 젊은이들 사이에 창조적
인 기술과 서로 다른 정체성을 형성하는 것을 돕기 위해 비판적 교육과 문화적 활동
을 결합하면서 부흥과 교육 프로젝트 사업을 국내외 공동체에서 수행했다. 그가 참여
했던 업적과 운동에 대해서는 다음 웹사이트에서 찾아볼 수 있다. the University of
Hip Hop(http://uhiphop.uchicago.edu), the Community Rejuvenation Project(http://
communityrejuvenation.blogspot.co.uk/)

제8장

질문에 답하기
-교육과 사회 변혁

앞 장에서 나는 위험과 가능성의 문제를 제기하는 개인적인 사례를 하나 들었다. 그러나 이 사례는 더 큰 해방적 전망과 연결될 때만이 이 책의 다른 장들을 안내하는 문제로서 의미를 가진다. 이 책에서 내 관심은 교육 및 이와 관련된 복합적인 세력의 역학에 따른 사회적 변혁의 과정에 있었다.

반면에 내가 앞서 제기한 논의들과 사례들은 지금껏 '근본적인 민주적 평등주의'로 알려진, 더 일반적인 도덕적·정치적 신념에 기반을 둔 것이다. 근본적인 민주적 평등주의는 개인적·사회적 삶을 꽃피우고 충족시키기 위하여 "강력한 평등주의"가 필수적이라는 신념에 정초하고 있다. 이런 이유로 이 사상은 비판정신에 의해서 인도되고 있다. 이 비판 정신은 수많은 사람들의 물질적·사회적 조건의 불평등을 야기하고, 그로 인해서 그들의 삶이 풍성해질 수 없게 만드는 사회적·경제적·문화적 정책들에 문제를 제기한다. 이 정신은 "개인적 자유와 집단적으로 강화된 민주주의"를 제한하는 장벽 제거와 현실을 좀 더 잘 반영할 수 있는 정책 수립 경로를 조명하는 것을 추구한다.Wright, 2010, p. 33; Williams, 1989 참조[i]

이런 장벽들, 경로들, 그리고 대안들은 복잡하다. 나는 지금껏 이러한 것들이 재분배와 인식의 이데올로기와 구조를 포함하고 있다고 역설해왔다. 그리고 이러한 것들은 계급, "인종", 젠더, 성sexuality, "능력", 국적, 시민권을 포함하는 다양한 역학을 통해 형성되었고, 동시에 이를 놓고 투쟁해왔다고 주장해왔다.Wright, 2010, p. 33 그러므로 나는 또한 우리의 과제들이 이런 장벽들에 대해 투쟁할 수 있는 방법과, 이러한 대안들이 교집합을 만들어낼 수 있고, 서로를 가르쳐서 탈중심 연합decentered unities을 건설할 수 있는 길을 찾는 것이라고 주장해왔다.

재분배와 인정 둘 다의 중요성을 지적하면서 나는 비판적 교육학의 진보적 전통 내에서 재분배에 대한 분석이 점해온 자리가 축소되기를 바라지도 않을뿐더러 앞으로도 그 역할이 이어지기를 바란다. 실제로, 나 스스로가 지난 수년간 이런 분석들에 강하게 영향 받았고, 또 이에 기여해왔다.

그러나 제1장에서 내가 언급한 것처럼, 내 "장애"의 사례를 인용하면서, 나는 낸시 프레이저, 캐슬린 린치, 존 베이커, 모린 리용의 작업에서 특별한 힘을 발견한다. 프레이저에 따르면, 경제 분야 및 이 사회의 모든 분야에서의 살아 있는 민주주의는 다양한 관계 속에서의 착취와 지배를 변혁할 수 있는가에 달려 있다. 린치, 베이커, 그리고 리용에 따르면, 감성적 평등은 매우 중요한 요소로서 "구조를 만들어내는 구조structuring structure"이다. 감성적 평등은 근본적으로 비판적인 민주주의로 변혁된 사회를 구성하는 본질적인 요소이다. 그렇다면 이제, 본질적으로 재분배는 인정을 필요로 하고, 인정은 재분배를 필요로 한다. 정치경제학과 인종적 역학racializing dynamics의 교차점을 사용해 이에 대해 좀 더 이야기해보자.

"인정이라는 것은 한 사회 내에서 사람들이 서로 존중하고 서로가 동등한 지위를 인정하는 사회적 실천을 일컫"지만Wright, 2010, p. 16, 재분배와 인정 사이의 분석적 차이는 바로 분석적인 점 그 자체라는 것을 분명히 할 필요가 있다. 이런 역학들은 서로 깊이 연결되어 있다. 존중을 부정하고 "타자"로 낙인찍는 것은 타자로 몰린 사람이 처한 물질적인 불이익의 상황을 더욱 악화시킨다. 실제로, 이러한 인정의 부재는 타자의 양산으로 귀결된다. 나아가 계급 불평등은 그 자체로 불평등한 위치에 있는 계급을 "경멸의 위험에 노출"시키기도 한다.Wright, 2010, p. 16

인정과 재분배의 이러한 상호 관련성은 자본주의가 세계 경제 체제로 자라나던 시기에 있었던 자본 축적이 노예제와 흑인 무역에서 유래했었다는 사실에서 어렵지 않게 발견된다. 인간성에 대한 부정은 다른 사람에 대한 노예화와 상품화를 가능케 했는데, 이는 역으로 더욱 심화된 끔찍한 오인의 과정과 변증법적으로 연결되어 있다. 에릭 윌리엄스Eric Williams가 지적한 것처럼, 노예제는 자본주의의 기초 중 하나였다.Williams, 1994 이러한 사실은 반환원주의적anti-reductionist적 입장을 더 강력하게 뒷받침하는 증거가 되며, 우리로 하여금 비판적 분석에서 계급이라는 개념에 유일한 특권적 지위를 부여하는 것에 주의를 기울이게 한다. 실제로 이것은 듀보이스와 우드슨이 흑인의 경험을 중요한 사회적 교훈으로 삼았던 근거 중 하나였다. 그것은 단지 흑인들만을 위한 것이 아닌 미국의 모든 사람들을 위한 일이기도 했다. 이와 비슷한 논의는 젠더를 둘러싼 역학과 구조에 대해서도 이루어져왔다.

자본주의는 우리가 직면한 다양하고 중대한 불평등의 원인이 되고 있고, 분명히 자본주의로 인하여 이런 불평등은 극복하기가 더 어렵지만, 자본주의가 우리가 직면한 모든 문제의 근본 원인이라고는 할 수 없다. 자본주의적 생산양식과 생산관계에 대한 가장 깊이 있는 비판에서 사용된 표현을 빌자면, "자본주의에 대한 비판론자들은 종종 동시대의 모든 중대한 문제들—예를 들면 인종차별, 성차별, 전쟁, 종교적 근본주의, 동성애 혐오 등—을 자본주의의 결과로 다루려는 유혹에 빠지기 쉽다. 이런 유혹에 저항해야 한다."Wright, 2010, p. 38

자본주의를 만악의 근원으로 보려는 유혹에서 벗어나려는 태도는 우리가 해야 할 일을 더욱 힘들게 만든다. 우리는 반드시 우리가 소중하게 간직하고 있는 모든 것을 신자유주의적으로 구조조정하고 상품화하려는 파괴적인 힘을 적절하게 공격할 필요가 있다. 우리는 반드시 신자유주의적 경제에 맞서야 할 뿐 아니라, 그 개혁이 합리적이고 가능한 것처럼 보이게 만드는 여건을 조성하는 문화적·이데올로기적 복합체에 맞서 싸울 필요가 있다. 그러나 동시에 우리는 교육 안팎에서 지배와 복종의 관계를 만드는 경제적 관계 이외의 관계들이 이루어내는 파괴적이지만 상대적으로 독립적인 효과에 대해서도 인식할 필요가 있다. 즉, 우리는 사회를 경제적 관계에 의해 구성된 것으로 볼 필요는 있지만, 경제적 관계를 사회를 구성하는 유일한 관계로 보지는 말아야 하며 이러한 관점은 변화될 필요가 있다. 만일 "교육은 사회를 바꿀 수 있을까?"라는 질문에 대한 답이 오직 사회의 경제적 관계에 대한 이해에 달린 것이라거나 전적으로 그리고 그러한 관계들을 반영한 것에 불과하다면, 어떠한 의미 있는 변화도 단 한가지의 방법과 하나의 역학에 의해서만 평가될 것이다. 그 평가 기준은 "경제와 계급 관계를 바꾸었는가?"가 될 것이다.

지배-종속의 근간을 이루는 이러한 계급 관계는 끊임없이 도전되어야 한다. 하지만, 위의 입장은 다양한 비판적 이론의 전통 내에서 수십 년간 비판 받아온 토대/상부구조 이론^{다음과 같은 책들을 참고하시오. Apple, 2012; Apple, Au, and Gandin, 2009; Apple, Ball, and Gandin, 2010}에서 비롯된 것이라는 점에서만이 아니라, 근본적으로 사회운동을 조직하는 것을 저해하는 결과를 가져올 수 있다는 점에서 문제가 있다. 이러한 입장은 또한 듀보이스와 우드슨 그리고 교육 변혁을 위해 열심히 일해온 교사, 사서, 편집자, 교육과정 노동자들과 저자들의 특별한 노고를 부차적인 것으로 보이게 만들 수 있다. 그렇게 된다면 그것은 참으로 끔찍한 결과가 될 것이다. 사회운동에서 "가정home과 가까운" 실천들이 사람들을 변화시킨다. 그런 실천들은 사람들로 하여금 활동가의 정체성을 갖게 하고 사회 전체에 반향을 일으킬 전략을 가르쳐준다. 그리고 그러한 실천들은 다른 투쟁에서도 효과적으로 쓰일 수 있다. 만일 우리가 비판적 교육자로서 행하는 모든 일이―이것이 비판적 연구이거나, 억압받는 이민자 사회의 청소년과 여성을 위한 비판적인 교육 실천과 반헤게모니적 교육과정을 만들고 비판적 문해의 형태를 확장하거나, 장애인 권리 활동가 동맹과 환경 운동, 동성애 집단을 세우거나, 반헤게모니적 목적으로 언론에 홍보하는 창의적인 일을 하는 것이든지―오직 경제에 미치는 영향에 의해서만 평가된다면, 이는 많은 사람들이 벌이는 저항의 의미를 현저하게 축소시키게 될 것이다. 프레이리 역시 이를 인식하고 있었다. 이런 상황은 사회운동을 통해서 활동가의 정체성이 만들어질 수 있는 기회를 움츠러들게 한다.

우리는 환원주의의 다른 면에 대해서도 주의할 필요가 있다. 상호교차성intersectionality이라는 문제가 가지는 의미에 대해 생각해보자. 예를 들어, 인종과 관련한 역학과 구조들은 젠더와 계급을 포함한 다른 역학과도 많은 부분 겹친다. 즉, 흑인이나 갈색인종이 된다는 것은 그러한 정체성을 취했거나 (타의에 의해) 그 정체성이 붙여진 모든 사람들에게 영향을 미친다. 하지만 흑인이나 갈색인종 내부에도 뿌리 깊은 계급과 젠더의 문제가 있다. 당연히 젠더와 계급 문제는 유색인 공동체에서도 투쟁의 대상이며, 심도 깊은 토론의 주제이다. 그러나 여기엔 중요한 메시지가 있다. 그것은 인종을 둘러싼 문제를 일반화하지 말아야 한다는 것이다.Leonardo, 2010

인종과 관련된 이와 같은 메시지는 제3장에서 다룬 듀보이스, 우드슨 및 자신들의 주장을 학교와 지역사회에서 실천한 교육 활동가 등에 대한 나의 논의를 주의해서 볼 것을 요구한다. 나의 논의는 교육이 사회를 바꿀 수 있는가에 대한 아프리카계 미국인의 단일한 목소리를 의도한 것이 아니다. 이는 이 동일한 질문에 대한 카운츠의 입장이 백인의 목소리를 대변할 수 없는 것과 마찬가지이다. 실제로, 이러한 주장은 틀렸을 뿐만 아니라 불가능하다. 내가 주장한 바와 같이 이러한 모든 공동체에 존재하는 다양한 이데올로기적인 집합 안에는 학교의 역할에 대한 다양한 입장과 논쟁들이 존재해왔다.

대신, 내 목표는 이 복잡성의 일부를 공론화하는 것이었다. 그 과정 속에서, 나는 오직 카운츠에게만 상징적 지위를 부여하는 것이—적지 않은 경우에 많은 미국의 비판적 교육자들이 자신들의 역사적 뿌리를 되돌아볼 때 이런 일을 하듯이—너무 제한적이라는 것을 보여주고 싶었다. 카운츠가 글을 발표하기 이전, 그리고 이후에도 억압받는 유색인종 집단들이 겪은 경험을 대변하는 목소리들은 매우 설득력 있는 방식으로 카운츠가 던진 것과 같은 질문을 던지고 또한 이에 대답해왔다. 이것은 거의 모든 억압받는 집단에서 볼 수 있는 사례이다. 유기적 지식인들 그리고 "보통 사람들"은 여성의 교육을 위한 투쟁에 대해, 토착민의 삶에 대해, 그리고 수많은 우리 사회의 "타자성"의 지표들에 대해 분명하게 그들의 의사를 표현해왔다.

대중은 저항해왔다. 그들은 지속적으로 지배에 대해서 때로는 공공연히, 그리고 때로는 드러나지 않게 도전해왔다. 대중은 이와 같은 도전을 그들의 일상과 미래 그리고 그들 자녀의 미래에 영향을 끼치는 제도들 속에서 수행했다. 그렇다면, 학교는 때로는 개인적인, 혹은 집단적인 실천이 이루어지는 중심 무대가 된다. 이것은 진 에이니언[Jean Anyon, 2005]과 폴린 리프먼[Pauline Lipman, 2011]이 사회운동을 만드는 과정에 있어서 교육운동이 담당했던 역할에 대한 분석을 통해서 도달한 결론이기도 하다.

사회운동을 조직하기

나는 낭만주의자가 아니다. 서로 협력적이며 또한 탈중심 연합을 형성하는 사회운동을 만들고 지키는 일은 한 번도 쉬운 적이 없었고, 오늘날에도 쉬울 것이라고 전제할 아무런 이유도 없다. 앞으로도 낙관의 근거는 찾을 수가 없다. 그 이유 중 하나는 물론 우리가 공평하지 않은 조건에 있기 때문이다. 이는 마치 우리가 상대방에게 유리하도록 한쪽으로 기울어진 경기장에서 축구를 하는 것과 같다. 그러나 또 다른 이유는 부분적으로 한 집단의 특정 어젠다를 추구하는 것이 다른 사회운동의 어젠다들과 모순을 일으키기 때문이다. 이런 상황이 바로 낸시 프레이저가 조심하라 경고한 것인데, 그녀는 재분배의 정치와 인정의 정치가 상호 보완 관계를 맺어야지 서로 충돌해서는 안 된다고 강조한 바 있다.Fraser, 1997

예를 들어, 수십 년에 걸친 여성들의 운동과 희생으로 여성들이 경제적으로 마땅히 받아야 할 몫을 쟁취하게 된 것은 매우 중요한 일이다. 그렇지만 적지 않은 경우 이러한 성취는 힘 있는 사람들에게만 국한된다. 이러한 방식으로 여성들이 쟁취한 몫의 일부분은 유색인종이 수십 년을 싸워서 쟁취한 몫에서 취하는 것으로 귀결된다. 백인 남성들이 자신의 경제적 정치적 파이의 작은 조각을 포기할 때, 백인 위주의 여성 운동과 반인종주의 운동은 의도하지 않게도 같은 파이 조각을 두고 너무 자주 경쟁하게 된다. 정말 안타까운 일이 아닐 수 없다. 그러나 내가 월마트의 행태에 관해 쓴 장에서 보인 것처럼, 지배적인 구조와 집단은 피지배자들의 공격 앞에서 수세적이지 않다. 이런 역사에 대한 충분한 이해 없이는, 그리고 어떻게 진보적 프로젝트들이 모순적인 효과를 가지게 되는지에 대해서 창의적으로 사고하려는 적극적인 의지 없이는, 우리가 사적인, 정치적인, 그리고 경제적인 삶에서 지배에 대항하기 위해 필수적인 세력 연합을 건설하는 것은 훨씬 더 어려운 과제가 될 것이다.

협력적 운동을 건설하고 이를 지키는 것은 또한 다른 이유들 때문에도 어려울 수 있다. 앞서 지적한 바와 같이, 새롭고 매우 강력한 활동가 정체성은 사회운동에 실제 참여함으로써 형성된다. 교사, 학생, 부모, 공동체 구성원과 같은 사람들은 지속적으로 구체적인 실천을 통해서 활동가 정체성을 획득한다. 이런 정체성은 종종 한 사람의 삶에 의미를 부여하는 현존하는 쟁점들을 중심으로 형성된다. 사람들에게 그들이 의도하지 않았지만 추론할 수 있는 행동의 결과들에 대해 생각해보라고 하는 것은 역설적으로 공고히 뿌리내린 활동가 정체성의 형성을 늦출 수도 있다. 이것은 정말로 딜레마적 상황이다. 그러나 이것은 정직하게 직면해야 할 문제이다.

왜 이 문제를 정직하게 직면하는 것이 중요한지에 대한 예를 들어보자. 이 예는 교육의 역할과 교사의 노동과정을 중심에 위치시키며 또한 수많은 정당하고 진보적인 목표들이 중첩되는 문제를 직접적으로 보여준다. 위스콘신의 우파 주지사와 의회 지도자들이 공공 부문 노동자들과 그들의 단체교섭권, 조합 결성권, 그리고 의료보장, 연금, 및 보수를 정면으로 공격했을 때, 여러 주 동안, 그리고 수개월 동안 주 의사당 건물의 점령을 포함한 시위가 있었다. 이 일은 "월가 점령"이라는 기발한 시위보다 몇 달 앞서 일어났다.

교사, 간호사와 다른 보건 노동자들, 사회사업가, 소방관, 경찰관, 사무원, 행정직 직원과 더불어 많은 다른 공공 부문과 민간 부문의 노동자들, 그리고 실직 노동자들, 여성 집단, 학생들, 장애인권 활동가들, 돌봄 노동자, 유색인 공동체 활동가, 친이민 활동가들이 모였다. 전체 참여자 목록은 여기 적힌 것보다도 훨씬 더 길다. 연대는 인상적이었다. 주 의사당 건물과 (위스콘신의 주도인) 매디슨 시의 시내는 온통 끊임없이 수많은 목소리들과 수많은 시위대로 뒤덮였다. 그들 중 많은 이들이 처음으로 (연대를) 함께하는 사람들이었다. 그들을 하나로 묶은 것은 하나의 집단적인 인식이었다. 만일 주지사에 의해 제시된 우파적 정책이 저항 없이 통과될 경우 이곳에 모인 개인들과 집단들 하나하나가 그들이 이미 쟁취했던 중요한 성과를 잃어버리는 고통을 겪게 될 것이라는 인식이었다.

나와 수많은 동료들, 학생들, 친구들을 포함한 시위 참여자들에게 있어서, 이 시위를 가능하게 한 동맹은 놀랍고 가슴 벅찬 것이었다. 왜냐하면 이 동맹은 계급, 성, 인종을 아우르는 동맹이었으며, 매우 많은 사람들의 삶과 존엄성, 그리고 위스콘신의 진보적 정책과 가치라는 전통을 표적으로 하는 잘 준비된 공격에 맞서는 집단적 노력이 가능함을 보여주었기 때문이다. "존엄성"과 같은 단어가 여기서 중요하다. 왜냐하면 존엄성과 같은 단어는 경제 정의와 함께 감성적 평등을 둘러싼 문제에 호소하기 때문이다.

이 모든 것이 긍정적이었다. 교사 조합과 공공 노동자들이 주도했지만, 다양성이 강력한 빛을 발했다. 하지만 최대 규모의 집회가 있은 지 일주일 후, 친이민 행진이 열렸다. 이전에 참석했던 15만 명의 시위대와 농성자들 대신, 이번에는 "단지" 3,000~4,000명의 사람들이 주 정부 청사까지 행진에 참여하였다. 그들은 주지사와 의회가 제출한 경제 사회 정책, 의료 보장과 사회 서비스, 징벌적 형사 정책, 빈곤층과 이민자 자녀의 교육 기회를 제한하는 교육 재정의 대규모 삭감, 그리고 교육을 포함한 정부의 책임하에 있는 여러 영역에서 나타나는 시장화와 사유화에 대한 우파적 지원에 항의했다. 미등록 노동자의 자녀들이 고등교육을 받고 공공의 지원을 받도록 하는 꿈의 법Dream Act에 대한 지지를 이끌어내는 것은 친이민자 어젠다에서 우선순위가 높은 일이다.

친이민자 운동에는 공공 부문 노동자들, 교사 조합들, 장애인 권리와 보건 활동가들, 그리고 이전의 시위들에 참여했던 다른 단체들이 동참했다. 실제로, 어떻게 대중적 관심을 조직하고 일으킬 것인가에 대한 가장 창의적이고 모범이 될 만한 사례들이 친이민 시위대로부터 나왔다. 그러나 미국에 사는 라틴계 남녀, 멕시코계 남녀, 몽족, 아프리카계, 그리고 다른 소수화된 공동체들이 위스콘신의 맹추위 속에서 그들의 문제를 인정받기 위해 행진할 때, 주 정부 청사 점령 기간 동안 이들로부터 대거 지지를 받았던 공공 노동자 등의 그룹들은 어디 있었단 말인가?

다른 시위와 행진에서도 그랬던 것처럼, 나는 친이민자 행진에도 손자인 알렉스와 함께했다. 알렉스는 왜 이렇게 훨씬 적은 숫자만이 행진에 참여하고 있는지를 궁금해했다. 나는 손자에게 뭐라고 말해야 할지 생각했다. 결국 나는 왜 서로 다른 단체들이 서로를 지지하는 것이 중요한지를 말해주면서, 이 상황을 정치적인 교훈으로 활용했다. 알렉스는 학교 친구들 중 라틴계 친구가 여럿 있었고, 이미 불평등에 대해 예리하게 인지하고 있었다. 알렉스와 나는 이 사회에서 "타자"로 비쳐진다는 것이 무엇을 의미하는지, 그리고 위스콘신에서 시행되는 정책들이 어떻게 가난한 사람들과 유색인들에게 불균형적으로 위해를 끼치는지에 대해서 매우 진지하게 토론했다.[ii]

내 손자와 내가 이런 쟁점에 대해 토론한 것은 소중한 기회였지만, 그러나 여기서 내가 강조하고자 하는 것은 더 큰 문제이다. 우파는 그들의 정책들이 한편으로는 이데올로기적으로 매력적이지 않다고 여기는 일군의 사람들을 그들의 리더십 아래로 끌어들이기 위해 꾸준하고, 때로는 꽤 창의적으로 일한다.Apple, 2006 앞서 보인 바와 같이, 교육 정책들은 바로 그런 이데올로기적 탈각과 재규정이 활발히 일어나는 장이다. 교사들, 노조들과 여타 공공 부문 종사자들과 다른 진보적 단체들이 만약 소수자화된 집단들의 핵심 문제들에 대한 명시적인 지지를 보이지 않는다면, 예를 들어, 친이민 운동가들이 매우 실제적인 위험을 감수하며 지속적으로 (그들을 지지하지 않았던) 공공 부문의 노동자들, 특히 교사 노조에 대한 지지를 보낸다는 것은 상호호혜의 원칙에서 벗어나는 일이 될 것이다. 이에 대한 잠재적 효과 중 하나로 우파적 교육 정책이 소수자화된 사람들에게 더 매력적으로 보이게 되는 결과를 낳을 수도 있다.

이런 일은 벌써 밀워키 같은 곳에서 일어나고 있다. 그러한 지역에서는 유색인 집단 내 일부 조직화된 단체들이 (우파의 정책인) 바우처 플랜과 다른 사유화 정책에 지지를 보내고 있다.참조 Apple and Pedroni, 2005; Pedroni, 2007 다시 한 번 말하지만, 교육 정책들과 학교 일반은 이데올로기적인 성향의 선택에 있어서 주요한 변혁이 일어나는 장으로 기능하고 있다. 그리고 거듭 말하지만, 교육은 이제 정치적 정체성의 변화에서 주변부적인 것이 아니라 핵심이다. 더 큰 사회적, 이념적 변혁에서 교육을 놓고 분쟁이 벌어지는 공간을 무시하는 것은 이 공간을 우파들이 점령하도록 내주는 것이다. 이러한 행위는 또한 현재는 물론이고 미래에 매우 중요한 동맹을 건설할 수 있는 기회를 포기하는 것이기도 하다.

이 책 앞부분의 내 분석은 이런 문제들을 더 중요하게 만든다. 제6장에서 논의한 월마트의 전략은 우리가 비판적으로 민주적인 정책을 수립하고 실행하려는 영역은 고정되어 있는 것이 아니라 상호 경쟁하고 있는 곳이라는 사실을 일깨워준다. 삶의 면면에서 그리고 특히 교육에서 강력한 평등주의에 헌신하고 있는 우리들만이 이 영역에서 활동하는 유일한 주체는 아니다. 우리는 이 영역에서 작용하는 힘들—일부는 진보적이고 다른 힘들은 매우 반동적인—에 대해 훨씬 엄격히 그리고 훨씬 더 정교하게 생각할 필요가 있다. 그리고 우리는 일반적인 논쟁과 지지를 우파 쪽으로 쏠리게 하는 데 있어서 교육적인 투쟁이 담당할 수 있는 역할에 대해서 더 전략적인 이해를 필요로 한다.^{Podair, 2005 등을 참고}

현실에 뿌리내린 사회운동

어떻게 진보적 동맹들이 건설되는지에 대한 사례들도 있다. 이런 동맹들은 교육적 실천에서 시작해 다른 기관들과 집단에 영향력 있는 방식으로 확산되기도 한다. 또한 동맹은 일부 이런 차이들을 뛰어넘어 형성되기도 하고 교육 외의 문제들로 동맹의 범위를 확산하기도 한다. 학생들은 종종 여기에 핵심적 역할을 한다. 너무도 노골적인 학교-감옥 연결선을 끊으려는 볼티모어 학생들의 운동은 이에 대한 주요한 사례이다.^{Alexander, 2012 참조} 우마르 파룩Umar Farooq이 주목한 바와 같이, 그 도시의 소수자화된 공동체의 학생 활동가들은 청소년 구금 시설 공사를 막기 위한 캠페인을 펼쳤다. 학생들이 참여한 대수학 프로젝트the Algebra Project를 위한 교육 재정이 위협받았을 때, 프로젝트의 리더들은 학생들로 하여금 "자신들 스스로를 옹호할 것"을 촉구했다. 학생들의 이러한 캠페인은 다음과 같은 살아 있는 전통을 지속시켰다. 즉, 대수학 프로젝트 자체가 적극적으로 (그리고 적절하고 창의적으로) 주 의원들을 압박해 그들로 하여금 "법원이 교육 재정으로 명령한 약 10억 달러를 풀도록 하고, 시민 불복종 운동, 학생 파업, 그리고 거리 공연에 관여하여 '교육 없이는 삶도 없다'는 메시지를 가정에 전달하도록 했다."^{Farooq, 2012, p. 5}

2010년부터 이 학생들은 청소년 구금 시설 건설을 막는 캠페인에 참여했다. 청소년 범죄가 급격히 감소했기에 여러 가지 조건들이 그들의 편이었다. 지역단체 및 볼티모어 점령 운동the Occupy Baltimore movement을 포함하는 구금 시설 건설 반대 연합전선이 형성되었다. 건설 예정 부지는 점령되었다. 그리고 강제 해산과 심지어는 체포를 무릅쓰고 "매일 시민 불복종과 현장 강의teach-in가 이어졌다." 결국 연합전선의 끈질김이 성과를 보았다. 2013년 주 예산은 추가적인 청소년 감옥에 대한 재정을 포함시키지 않았다.Farooq, 2012, p. 5

볼티모어의 학생운동 사례가 이 책이 던지는 질문에 대해 시사하는 바는 분명하다. 이 운동은 대수학 프로젝트에서부터 시작했다. 즉, 이 프로젝트가 가지고 있는 지식, 안다는 것이 무엇을 의미하는지, 그리고 누가 아는 자인지에 대한 재구성 프로그램으로부터 이 운동이 성장한 것이다. 이 프로그램은 곧 학생들에게 폭압적인 현실과 잘못된 예산 배정에 대한 이해를 높이도록 하였고, 활동가 정체성을 고취시켰다. 또한 이 프로그램은 학생들을 구체적인 행동으로 나아가게 했으며, 다른 세력들과 연합을 구축하게 만들어서 더 강력한 실천을 가능하게 했다. 볼티모어의 사례와 같은 일들이 사회정의를 위한 수학 모임Gutstein, 2006 참조, 뉴올리언스의 중심의 학생들Student at the Center 프로그램Buras, Randels, ya Salaam, and Students at the Center 2010, 밀워키의 학교 다시 생각하기Rethinking Schools 모임, 시카고, LA, 필라델피아, 오클랜드, 보스턴, 뉴욕 등의 교사활동가들 연합, 청소년 그리고 단체 지도자들에서도 일어나고 있다.

국제적으로 이와 같은 사례는 훨씬 더 많은데, 멕시코 여성운동의 경우가 대표적이다. 멕시코에서는 농촌 지역 여성의 경험을 활용해서 사회운동을 조직하는 동시에 농촌 경제에서 여성들의 경제적 역할을 변화시켰다. 또한 이를 통해서 여성들 스스로가 활동가적 교육가적 정체성을 형성하게 할 수 있었다.Apple, 2010 이러한 사례는 또한 바르셀로나의 CREA 활동에서도 찾아볼 수 있다. 이민자 여성과 함께하는

CREA의 교육적 노력들은 새로운 연합의 형성을 가능하게 했다. 이 연합은 종교의 차이를 뛰어넘는 상호 존중을 가능하게 했으며, 여성에게 문화적 힘을 느끼게 해주었으며, 여성이 자기 삶의 다른 측면에서도 주체로 설 수 있는 가능성을 창출했다. CREA는 여성뿐 아니라 청소년과 소수자화된 단체에 대한 활동도 활발히 진행하고 있다.Soler, 2011 많은 다른 사례들이 여기 제시될 수 있다. 이처럼 "현실에 뿌리내린 사회운동"을 기록하는 비판적인 비서로서 행동함으로써 이러한 운동들이 거둔 성공을 널리 알리는 일은 이러한 운동에 지지를 표하는 매우 구체적인 방법들 중 하나이다. 이러한 역할은 또한 투쟁을 통해 이미 쟁취한 성과에 대해서는 더 이상 할 수 있는 일이 없다는 생각에 경종을 울리게 한다.

창조적·비판적 활동의 장으로서의 학교

나는 "교육은 사회를 바꿀 수 있을까?"라는 질문을 재발견하는 것으로 이 책을 시작했다. 그러나 내가 지적한 바 있듯이, 이 질문은 잘못된 질문일 수 있다. 교육기관은 사회와 분리될 수 없다. 교육기관은 사회의 중심적 요소다. 교육기관은 사람들이 일을 하는 장소이고, 정체성이 형성되는 현장이며, 특정한 지식과 문화를 정당화하는 장소이고, 사람들을 조직하고 전술을 배우는 장arena이다. 내가 이 책에서 논의해왔듯이, 이러한 점을 이해하고 실천하기 위해서는 권력 관계를 확장하여 더욱 넓은 역학 관계를 포함하는 것, 그 권력 관계들의 교차 지점을 면밀히 살펴보는 것을 필요로 한다. 일단 우리가 정의로운 사회에 대한 확고한 비전 속에서 감성적 평등이 하는 역할을 진지하게 받아들이게 되면, 인정의 문제는 재분배의 문제와 동일한 중요성을 가지게 된다. 일단 우리가 우파들이 교육기관과 교육에 대한 문제를 사람들의 삶에 의미를 주는 요소들에 연결시키고, 그들의 헤게모니적 리더십 아래로 끌어들이는 데 사용한 방법—월마트가 종교적인 편향성을 가지고 있는 대학들에서 했던 것처럼—을 알게 된다면, 교육 제도의 중요성을 인식할 수밖에 없게 된다.

보다 중요한 것은 포르투알레그리의 교육 분야 안팎에서 진행되었던 변혁에서 "개혁주의에 매몰되지 않은 개혁"이 담당했던 중심적인 역할이다. 이 개혁은 훨씬 더 민주주의적 주$_{state}$를 만드는 데 도움이 되었다. 참여예산제와 시민 학교를 통해 이 개혁은 가난한 사람에게 참된 권력을 부여했다. 이 개혁은 공식적 지식의 정치학을 바꾸고, 민중들이 가지고 있는 세계에 대한 이해와 그 속에서 그들의 자리에 대한 이해에 정당성을 부여했다. 이 개혁은 주변부를 중심부로 만들었고, 빈민가에 살고 있는 사람들에게 새로운 정체성을 부여했다. 그러므로 재분배의 정치를 돌봄, 사랑, 연대가 단순한 구호로서 머무는 것이 아닌 운동의 중심이 되는 인정의 정치에 융합함으로써, 포르투알레그리는 거대한 사회적, 정치적, 문화적 변혁에 기여할 수 있는 메커니즘들을 구축할 수 있었다. 자원의 재분배와 국가와 시민사회 내에서 새롭게 형성된 정체성 및 권력 관계는 빼앗긴 사람들에게 급진적 가능성을 불어넣었다. 이렇게 되자 학교는 사회적인 그리고 개인적인 변혁의 실험실이 되었고, 반헤게모니적 문화와 정치를 실험하는 공간이 되었다. 우리는 이러한 경험으로부터 많은 것을 배워야 한다.

이것이 전부가 아니다. 프레이리와 카운츠, 듀보이스, 우드슨 그리고 학자/활동가들에 대해 논의했던 장에서 언급했듯이, 학교와 그 밖의 문화적 제도는 억압받는 자들을 위한, 억압받는 자들에 의한 투쟁의 공간이었고 지금도 그러하다. 이 공간은 누구의 목소리가 들려질 것인가에 대해, 문화정치에 대해, 집단적 기억의 복원에 대해, 온전한 인간이란 무엇인가에 대한 의미 규정에 대해 놓고 벌인 싸움의 승리와 패배, 성취와 양보를 모두 포함하고 있다. 우리는 대중들의 이해에 대해서 이렇게 말하곤 한다. 하나는, 대중들은 학교가 이미 쟁취한 성과를 지켜내고 새로운 성취를 위해서 조직하는 기초적인 단위라고 하는 복잡한 개념을 이해하지 못하고 있을 뿐이라고. 다른 하나는, 억압받는 사람들이 세상을 이해하는 데에서 우리가 리더십을 발휘할 수 있다고. 이 두 가지는 모두 틀렸다. 특히, 유색인종들에 대한 이런 식의 접근은 그 자체로, 좀 거칠게 말하자면, 백인우월주의를 실천하는 것이다.

우리는 이런 식의 접근을 단지 포르투알레그리에서만이 아니라, 프레이리와 카운츠, 듀보이스, 우드슨이 참여했던 투쟁에서도 발견하게 된다. 비록, 듀보이스와 우드슨이 카운츠보다는 그들이 처해야 했던 현실에 대해서 좀 더 냉정하게 바라볼 수 있기는 했지만, 이들은 모두 학교와 교육적 제도가 지속적인 투쟁의 장이라는 점을 알고 있었다. 듀보이스와 우드슨에게 있어서 학교는 인종화가 이루어지고, (흑인) 문화가 파괴되며 패배하는 장소였다. 이와 동시에 학교는 지속되는 승리의 현장이며 새로운 정체성과 미래가 집단적으로 형성될 수 있는 장이었다. "공식 지식"을 재구성할 수 있는 자원으로 무장되어 있고 자신이 속한 공동체와 유기적으로 결합되어 있는 헌신적인 교사는 변화를 만들어낼 수 있었다.

이러한 인물들은 이 투쟁이 장기적이고 험난하며, 일국적이면서도 국제적인 성격을 갖는다는 것을 알고 있었다. 하지만 우리가 인종차별적인 국가에 맞서려 한다면, 압력을 계속 행사하고, 억압받는 사람들 내부의 그리고 억압받는 집단들 사이의 차이를 가로지르는 연대를 구축하는 것이 중요하다. 이 과정은 또한 우리가 실천적인 수준에서 노력할 것을 요구하는데, 그를 통해서, 대학, 학교, 교사, 공동체 구성원, 학생들이 자기 자신으로 하여금 일국적·국제적 수준에서 펼쳐지는, 프레이리의 용어로는, "세계를 읽고 쓰는" 운동의 일부로 인식하는 교육적 역량을 갖게 할 수 있다. 세상을 바꾸고, 그 세상을 다시 쓰는 것은 경제 활동, 정치 활동, 문화 활동의 결합을 필요로 한다. 그들이 담당했던 임무는 세 영역에서 각각의 노력들을 결합하는 것이었다. 그들이 과거에 담당했던 이 임무는 오늘날 우리의 임무이기도 하다.

누가 교사인가?

제2~4장에서 나는 역사적 활동가들과 그들의 목소리에 대해 주목했다. 이 과정에서 나는 국가, 지방, 지역적 차원에서 지배에 저항했던 광범위한 사람들과 단체들에 주목했다. 나의 관심은 프레이리와 카운츠, 듀보이스 그리고 우드슨에게 상당히 집중되었는데, 그들은 근본적 사회 변혁을 교육의 분명한 목표로써 표방했던 단체들을 대표한다.

여러 측면에서 이 인물들은 남들과 달랐다. 그 차이 중 하나는 그들이 교육과 정치 경제를 연결시켜 이해했다는 것이다. 또 다른 차이는 그들이 가지고 있었던 문화정치에 대한 신념인데, 그들은 어떤 지식이 정당성을 갖는 지식으로 여겨지는가에 대해 근본적으로 문제를 제기했다. 특히 프레이리, 카운츠 그리고 우드슨에게서 찾을 수 있는 또 다른 차이점은 그들이 꿈꿨던 변혁 속에서 교사의 역할에 대해 지대한 관심을 보였다는 점이다. 마지막으로 이들은 내부적인 시각과 외부적인 시각을 동시에 지녔다. 듀보이스를 포함한 이들은 국경 너머의 세계와 국가 내부의 대중들의 살아가는 삶의 현실과의 관련성을 인식하고 있었다.

카운츠에게 이 관련성은 세계경제 그리고 세계적인 차원에서의 계획, 조정, 집단 정체성에 대한 사회주의적 모델의 성장이었다. 듀보이스와 우드슨 사이에 분명한 견해 차이도 있었지만, 두 사람에게서 이 관련성은 디아스포라적인 경험을 둘러싼 정체성 작업의 중요성에 대한 인정recognition, 그리고 경제적 제국과 백인의 지배력 한복판에서 아프리카계가 이룬 문화적 성취에 대한 역사적 인식을 형성하는 것의 중요성에 대한 인정이었다. 프레이리에게 있어서 이 관련성은 의식화 과정에서, 교육자들이 교사이자 배우는 자가 되는 과정에서, 비판적 교육이 담당한 역할이었다. 그것은 억압받는 사람들이 자신의 개인적, 공동체적 능력을 이해해서 이들의 몸과 마음에 파괴적인 영향을 끼치는 신자유주의와 인종주의에 맞서 일상생활의 수준에서 이들에 대항할 수 있는 곳을 만드는 역할이었다.

앞 문단에서 가장 의미 있는 단어는 "디아스포라적인 경험에 대한 이해", "제국", 그리고 "교사"이다. 미국은 지금 카운츠, 듀보이스와 우드슨이 살았던 시대보다도 더 세계화되었다. 국제 경제와 인구의 흐름은 더 중요한 문제가 되었다. 계급과 인종의 정치는 일국적으로나 국제적으로 더욱 복합적인 역할을 하고 있다. 교사는 이러한 현실로부터 발생하는 긴장관계와 문제 그리고 가능성들을 다루도록 요청받고 있다.

그런데 이러한 상황을 인정한다는 것은 내가 이제껏 제기했던 두 가지 문제들에 또 다른 문제를 덧붙이는 것을 의미한다. "교육은 사회를 바꿀 수 있는가?"와 "이 질문을 묻고 답할 때 누구의 입장을 취하는가?"라는 질문에 덧붙여 우리는 "이러한 문제에 대한 답을 실천할 교사들은 누구인가?"라는 질문을 던질 필요가 있다. 디아스포라적인 사람들이 세계 곳곳으로 이동함에 따라 인구 이동에 대대적인 변화가 나타나고 있다. "국제적 프롤레타리아"들이 떠돌아다니는 것이다.Hardt and Negri, 2000 경제적 생존을 찾아, 죽음을 포함한 억압적 상황을 피해서, 그들 자신과 아이들의 삶과 몸에 대한 통제권을 추구하기 위한 노력으로 사람들은 이주하고 있다.Apple, 2010 이러한 상황들은 모두 세계화된 자본, 신자유주의적 정책, 이러한 치명적인 정책에 맞서는 활동가들의 운동, 문화적 종교적 변화 및 교차와 긴장 등이 끊임없이 변화하는 맥락에서 일어난다.

카운츠는 교사들이 이 모든 것을 진보적인 방법으로 처리할 수 있는 능력과 의지를 가지고 있다고 굳게 믿었다. 듀보이스는 억압되고 소외된 사람들에 관심을 갖고 계급과 인종 문제에 대한 투쟁의 성패가 달려 있는 문제들을 이해하는 유기적 지식인들이 형성되도록 노력했다. 우드슨과 그의 동료들은 흑인 청소년들과 성인들 사이에 집단적 정체성을 건설하기 위해, 그리고 인종과 계급 문제를 전략적으로 다루기 위해, 그리고 궁극적으로는 이러한 문제에 저항하고 변화시키기 위해 필요한 도구와 지식을 교사들에게 제공하고자 했다. 교사와 교육의 역할을 근본적으로 변화시키고자 했고, "공식 지식"과 "민중 지식"에 대한 새로운 비전을 제시했던 프레이리는 비판적 교육과정이 궁극적으로는 "교사들 스스로가 집단적으로 세계를 읽고 쓰는 일"에 헌신했을 때 실현될 수 있다고 강조했다.

나는 다른 저서에서 "사실that, 기술how, 가치/태도to"에 관한 지식에 대해서 다룬 적이 있다. 이러한 지식들은 만일 우리가 교실과 커뮤니티 문해 센터 그리고 전 세계의 대학에서 현재 이루어지고 있는 최고의 교육을 이끄는 비판적인 민주적 이해, 교육과정, 교수법 그리고 평가 유형을 수립하려 한다면, 현재의 그리고 미래의 교사들이 지녀야 할 것들이다.Apple, 2010; Apple, Au, and Gandin, 2009; Soler, 2011 다행스럽게도 케네스 자이크너Kenneth Zeichner, 메릴런 코크런-스미스Marilyn Cochran-Smith, 글로리아 래드슨-빌링스Gloria Ladson-Billings 등의 교육자들도 이러한 문제와 비판적 교사 교육에 대한 생각을 글로 강력하게 표현했다.Cochran-Smith, et al., 2008; Ladson-Billings, 1994; Zeichner, 2009

이는 신자유주의 이데올로기가 교사 교육에 점점 더 큰 영향을 미치고 있는 지금과 같은 시기에 더욱 중요하다. 사유화와 시장주의의 압력이 커질수록 교사 교육 프로그램과 학교 교육 일반에 대한 공격은 더욱 거세진다. "미국을 위해 가르치기Teach for America"와 같은 프로그램이 내놓은 결과가 실은 그들이 대대적으로 내세웠던 장밋빛 홍보들의 근처에도 가지 못한다는 사실이 명확하게 드러나도, 거의 종교적 신념에 가까운 신주유주의의 믿음은 그와 같은 경험적 증거에 전혀 영향을 받지 않는 듯하다.Buras, 2011

교사 교육에서 수행하는 어떠한 비판적인 성향의 내용들도 "일탈적인 것"인 것으로 치부되고, 교육이 단순히 표준화된 성취도 평가로 쉽게 점수화되어 측정될 수 있는 기술적이고 절차적인 과정으로 취급되는 상황을 우리는 목격할 가능성이 있다. 뉴올리언스의 헤리케인 카트리나 이후 우리가 목격한 것이 새로운 "정상norm"이 되고 있다. 그곳에서는 풍부한 경력을 갖춘 교사들이 해고되고 있다. 그들의 자리는, 교육에 대한 자신의 신념을 표시할 수는 있지만, 그리고 그 신념 자체는 진정성이 있겠지만, 교직을 고도의 전문직으로 만드는 수많은 비판적인 기술과 태도를 숙지하지 못한 사람들로 채워진다. 그들은 많은 경우 교직에서 몇 년 버티지 못하고 곧 다른 직장으로 옮겨버린다.

카운츠는 교사들을 전위vanguard의 일부로 보았다. 듀보이스와 우드슨은 교사들을 인종주의와 제국주의에 저항하는 투쟁에 참여하는 참가자들로 보았다. 프레이리는 교사들을 인식 가능한 억압에 저항하는 집단적 노력의 일부로 보았다. 이러한 전통이 사라질 것인가? 다시 한번, 우리는 여기서 낭만주의에 젖어서는 안 된다. 만약 우리가 누가 교사인지, 누가 교사가 되어야 하는지를 묻지 않는다면, 우리는 프레이리, 카운츠, 듀보이스 그리고 우드슨이 꿈꾸었던 역할을 담당할 교사를 모집하고 준비시키는 데 무엇이 필요한지를 충분히 이해할 수 없게 될 것이다.

나는 매년 내가 속한 기관의 초등학교 교사 교육 프로그램에 참여하는 수백 명의 학생들이 교직을 선택한 동기를 문제 삼고 싶지는 않다. 학생들에 대해서, 공동체와 그리고 사회에 봉사하기 위해 교직을 선택한 그들의 선택은 존중되어야 하고 장려되어야 한다. 하지만, 수백명의 학생 중에 유색인종 학생이 단 세 명이라는 것과 위스콘신 대학 매디슨 캠퍼스 학생들의 평균 가족 소득의 증가폭이 지난 2년 동안 3~4만 달러였다는 사실은 나로 하여금 그들의 선택을 마냥 존중하게만 할 수 없는 이유를 제시한다. 그들의 경제적·개인적 경험들이 프레이리, 카운츠, 듀보이스, 우드슨 등이 교육자들에게 원했던 작업들을 제대로 준비하도록 했는지를 묻는 것은 본질에서 동떨어진 질문이 아니다. 적어도 이 질문은 비판적으로 성찰적인 교사 교육 프로그램을 더 필수적인 것으로- 더 성취하기 어려운 것으로- 만들 뿐 아니라 교사 교육 프로그램을 이론에서만이 아닌 현실에서도 실천 지향적이고 실현 가능한 비판적 교육의 모습이 어떤 것인지와 연결시켜주고 있다.Apple, 2011

성공할 수 있을까?

이 절의 제목이 상징하는 것에 대해서 우리가 낙관적일 것인가 비관적일 것인가는 중요한 문제이다. 건진과 나는 오랫동안 포르투알레그리의 경험에 관여하기도 하고 그 궤적을 추적하기도 했다. 그 경험은 펑과 라이트Archon Fung and Eric Olin Wright가 강화된 참여 거버넌스라고 부른 것이 현실에 실현된 것이다.Fung and Wright, 2003 참조 다른 저작에서 라이트는 포르투알레그리가 도시의 재정 수준에서의 민주적인 거버넌스를 넘어서는 교훈을 주고 있다고 평가한 바 있다. 우리의 경우에 있어서 그 교훈은 상당한 규모로 이루어진 교육적 사회적 변화와 연결되는 것이다. 라이트의 표현을 빌리면, "참여가 보장된 형태의 직접 민주주의의는 공적 생활에서의 시민들의 참여를 증진시킬 수 있고, 관료들과 정치인들에게 더 많은 책임을 물을 수 있으며, 정부의 효과성을 향상시킬 수 있는 동시에 사회정책들을 더 정의롭게 할 수 있다."Wright, 2010, pp. 160-161 iii

제5장에서 상술한 것처럼, 포르투알레그리 프로젝트는 이 모든 것을 계급, 젠더, 인종, "능력", 종교, 도시/농촌 등의 다양하고 중층적인 차원에서 수행했다. 동시에, 가장 억압받는 공동체들에게 실질적인 힘과 목소리를 부여했다. 이러한 상당한 정도의 변혁의 중심에 있었던 핵심적인 기구 중 하나가 바로 학교였다. 이러한 사실은 내가 이 책에서 펼치고 있는 주장과 동떨어진 것이 아니다. 특정한 상황과 특정한 시기에는, 교육기관들이 "사회 변혁"의 장이 되는 동시에 거기에 참여하게 된다. 교육기관들은 새로운 가능성들을 조망할 수 있는 장이 될수 있고 실제로 되고 있다. 이들은 새로운 가능성들을 시험해보는 실험실로, 그리고 엄청난 수준의 다양성을 넘어서 서로에 대한 배려와 연대를 강화할 수 있는 새롭고 정치적으로 더욱 효과적인 정체성을 창출할 수 있는 실험실로 기능한다. 이들은 또한 공식 지식 및 현장에서 통용되고 있는 교수법의 근간을 이루는 문화정치학을 근본적으로 변혁한다. 이러한 모든 활동들은 각각 "개혁주의에 매몰되지 않는 개혁들"로 간주될 수 있다. 이러한 개혁은 학교에서의 일상생활, 교육자들, 학생들, 학부모들, 지역공동체 구성원들에게 영향을 미칠 뿐 아니라, 국가와 시민사회 사이의 관계를 변혁시키는 새로운 차원을 제공한다.Wright, 2010 참조

이러한 성취들 중 어떤 것들도 "자연히" 생겨나진 않았다. 이 모든 은 수많은 현장에서 다년간의 노력을 필요로 했다. 또한, 이 모든 것은 내가 제2장에서 제시했던 임무들 및 다른 많은 임무들을 수행하는 것을 필요로 했다. 이러한 성취들은 더 큰 비전에 의해서 지도되었는데, 이 비전은 시간이 지남에 따라 이러한 성취를 이루기 위한 여러 가지 노력들이 공통의 목표들로 수렴되면서 더 중요한 의미를 가지게 되었다.

대중매체에서, 그리고 상식을 바꾸는 데 있어서, 선거 국면에서의 정치에서, 교사들로 하여금 사회 변혁에서 그들의 역할을 볼 수 있는 새로운 방법을 만들어내는 데 있어서, 그리고 그들을 더 유기적인 방법으로 가난한 사람들의 공동체에 연결시키는 분야 등에서 이러한 성취를 가능하게 하기 위한 많은 노력들이 동시다발적으로 이루어졌다. 이러한 성취들은 또한 비판적인 전통을 살아 숨 쉬게 하고, 그 전통을 현실로 확장하게 하며, 많은 독자들로 하여금 그 전통이 실현 가능한 대안으로 보일 수 있게 하기 위한 장기간의 "학문적" 연구를 필요로 한다. 이러한 성취들은 또한 관료들과 연구자들이 탁상공론에만 머물지 않고 이러한 변혁들을 둘러싸고 형성되는 사회운동과 함께 행동하는 것을 요구한다.

끝으로, 건진과 내가 제5장에서 서술한 바와 같이, 이러한 성취들은 거저 주어진 것이 아니다. 그렇다. 학교들은 의미 있는 사회 변혁을 이루어낼 수 있는 장인 동시에 그 변화에 참여할 수 있다. 하지만, 만약 진보적인 운동과 그를 구성하는 개인들이 끊임없이 그 변혁의 성과를 지키지 않는다면, 그리고 재분배와 인정이 결합된 정치를 유지시킬 수 있는 탈중심 연합을 만들고 재구성해야 하는 요구에 민감하지 않게 된다면, 변혁이 만들어낸 성과는 그 빛이 바래거나 완전히 사라져버릴 수도 있다. 진보운동이 취해야 할 이와 같은 자세는 이미 이룩한 성취를 지키는 데에만 필수적인 것이 아니라 진정으로 개혁주의에 매몰되지 않은 개혁을 유지하는 데에도 필수적이다. 그렇게 해서, 진보운동의 성과가 자체만으로 홀로 서 있는 것이 아니라, 더 많은 공간과 더 많은 가능성, 더 많은 개인적이고 집단적인 민주화의 기회들로 연결될 수 있어야 한다. 오직 그럴 때만이, 교육 기구들과 공간이 살아 있는 민주주의를 가르치는 기능을 담당할 수 있다. 그런 공간에서는 사람들이 존중과 돌봄 그리고 연대에 기반한 새로운 형태의 문제 해결 방식을 배우고, 창조하고, 다듬을 수 있게 될 것이다.Wright, 2010, p. 180: Cohen and Rogers, 1995

물론, 미국이나 다른 많은 나라들이 오늘날 처하고 있는 상황에서는 포르투알레그리에서 효과적이었다고 검증된 핵심적인 요소들의 많은 부분을 그대로 제도화할 수 없을지도 모른다. 그러나 이렇게 말한다고 해서 우리가 이러한 나라들의 미래 정치적 상황을 예측할 수 있다는 말은 아니다. 다만, 다른 곳에서 이루어진 성취들을 자세히 기술하는 것은 우리로 하여금 "달성 가능한 혁신의 계획에 일조"할 수 있게 하는 중요한 작업임에는 틀림없다.Wright, 2010, p. 151

그럼에도 불구하고 몇 가지 기억해야 할 것이 있다. 내가 이 책 전체를 통해서 강조해왔고 제2장에서 구체적으로 논의했던 것처럼, 우리가 지금 바로 할 수 있는 일들, 곧 여러분과 내가 이미 하고 있는 일들이 있다.

제2장에서, 나는 여러 개의 임무들을 열거한 바 있다. 나는 그러한 임무들을 수행하는 것은 집단적인 책임이라는 것을 다시금 강조하고 싶다. 우리 중 어떤 이들은 이러한 임무들을 수행하는 데 탁월할 수도 있고, 어떤 이들은 다른 임무들에서 탁월할 수도 있다. 우리 각자가 우리가 할 수 있고 해야만 하는 임무들의 범위를 넓히기 위해서 노력을 해야 하지만, 집단적인 책임이라는 개념은 다시 한 번 이러한 임무

수행들이 상호 연결되어 있다는 사실을 일깨워준다. 만일 우리가 우드슨 및 그와 협력했던 사람들이 한 일을 돌이켜 생각해본다면, 그들이 한 일에 힘을 실어준 것은 다양한 사람들이 다양한 "층위"에서 만들어낸 노력들의 조합이었다. 공동체의 기억을 회복시켜준 카운츠의 중요한 학문적인 연구는 그의 연구를 다양한 방식으로 공론화하는 것과 연결되어 있었다. 여기서 다양한 청중에 맞는 다양한 방식으로 말하고 쓰는 것이 중요해진다. 이러한 비판적 연구의 결과를 전달하는 강좌들이 여러 대학들에서 개설되었다. 교사들, 학생들, 사서들, 그리고 공동체들을 위한 교재들이 제작·배포되었는데, 이 교재들은 교사들의 삶에 터하고 있었으며, 그 교사들이 복무하는 박탈당한 사람들의 학교와 연결되어 있었다. 그리고 이 모든 것을 지도하는 것은 중첩되는 권력 관계들 사이의 관계를 이해하는 것에 대한 중요성과 "기나긴 혁명"을 이루는 것을 포함하는 장기 목표를 달성하기 위해 일하는 것의 중요성에 대한 인식이다.

이러한 임무들이 가지는 실천적이고, 개인적이고, 정치적인 성격은 다시금 포르투알레그리에서 일어난 일과 그곳에서 발전을 거듭하고 있는 지속적인 개혁 속에서 파악할 수 있다. 다시 한 번 강조하지만, 우리가 제5장에서 했던 것처럼 한 곳의 승리를 공론화하는 것은 다른 곳에서 지속되고 있는 투쟁들에 반드시 필요한 "희망의 근거"Williams, 1989를 제공하는 전략의 중요한 일부분이다.

이러한 모든 임무들을 수행할 때는 위험을 감수해야 한다. 한국에서의 나의 경험을 다룬 장에서, 나는 그러한 위험이 종종 초래할 수 있는 것에 대해서 정직하기를 원했다. 나는 여러분에게 어떤 위험을 감수해야 한다고 말할 수 없다. 결국 서로 다른 나라에 있는 우리 모두는 경제적으로나 이데올로기적으로 다른 상황에 놓여 있다. 직장을 잃을 수도 있다. 경력이 훼손될 수도 있다. 가족이 경제적 어려움에 처할 수도 있다. 교사들이 시험 성적을 올리는 데 요구되는 "그들의 임무를 수행하지 않는" 것으로 비칠 수도 있다. 학생들과 학부모들은 실제로 "시험 성적에 의해서 많은 것들이 결정되는 상황"에 사로잡혀 있다. 이러한 리스트는 매우 길다. 따라서 우리의 노력의 일부는 방어적일 필요가 있다. 우리가 권력에 맞서 진실을 말하는 교사들, 행정가들, 학생들, 공동체 구성원들 등을 보호할 수 있을까? 지배 집단은 지배에 공개적으로 맞섰던 이들에게 반격을 하며 그리고 때로는 이들을 힘겹게 만들 수 있다. 그러므로 다시 한 번 강조하지만, 지배에 맞선 이들을—그들이 (월가 등에 대한) 점령 운동 활동가이든, 공식 지식이라 여겨지는 것의 적극적 변화를 위해, 혹은 신자유주의의 사회 개조 프로젝트에 반대하기 위해 나선 교사나 공동체 활동가든지 간에—지지하기 위해 조직된 운동은 지배 집단의 예측 가능한 반응에 맞선 상당히 중요한 일련의 방어선을 구성한다.

이와 관련해서, 한국에서는 수많은 사람들의 장기간에 걸친 지속적인 노력에 의해서 군부 독재가 종식되었음을 기억하자. 나와 나의 학생들은 한국에 있는 친구들 및 정치적·교육적 동지들의 노력에 동참함으로써 이 과정에 (비록 크지는 않지만) 하나의 역할을 담당할 수 있었다. 국제적인 연대가 성립되었고, 전교조는 법적 지위를 획득하게 되었다. 우리는 대학에서 어떻게 하면 지속될 수 있는 공간, 즉 교육과 사회 변혁을 연결시키는 다른 현실을 이루어내는 공간을 만들어나갈 수 있는지에 대해 많은 것을 배울 수 있었다.

한국 등에서 일어난 사회 변혁이 위험을 감수함이 없이 쟁취될 수 있었을까? 그렇지는 않을 것이다. 그렇다면 그러한 위험을 감수하는 실천들이 항상 좋은 결과로 나타날까? 그렇지는 않다. 하지만, 재분배의 정치와 인정의 정치와 관련된 과제들에 개인적으로 관여함이 없이는 우리는 이 책을 시작하게 된 질문에 답을 할 수 없다. 이 책의 제1장에서 그리고 결론을 다루는 이번 장의 앞부분에서, 나는 교육이 사회의 일부임을 밝혔다. 여러분들이 이미 하고 있는 것처럼 그곳에서 투쟁을 하는 것은 그 질문에 답하는 활동에 관여하고 있는 것이다. 교육은 사회를 바꿀 수 있을까? 답은 "그렇다"가 될 수 있다. 하지만, 그것은 오직 우리가 하고 있는 일이 우리의 차이를 서로 존중하며, 우리에게 집단적인 힘을 제공해줄 탈중심 연합을 건설하고 지켜내며, 그 길이 멀고 험할 것임을 각오한 상태로, 더 큰 프로젝트에 기반을 하고 있을 때만이 그러하다.

내가 이 책의 전반부 여러 장들에서 보였듯이, 우리에게는 힘의 근원을 제공했던 교육계 안팎에서 활약했던 사람들과 사회운동들의 풍부한 역사가 있다. 우리 자신을 이러한 다양한 전통들에 연결시키는 것은 우리에게 희망의 근거를 준다. 왜냐하면 우리는 이 책을 관통하고 있는 질문이 진정으로 구성적이라는 것을 알고 있기 때문이다. 이 질문은 비판적으로 민주적인 전통들의 강을 형성해왔다.참조 James, 1995 이러한 전통들이 살아 숨 쉬게 하고 교육기관들에서 진보적인 어젠다를 발전시키는 것은 오늘날 훨씬 더 중요한 과제가 되었다.

현재 진행되고 있는 창조적인 비판적인 작업들은 너무나 많아서 여기에 그 모두를 열거하는 것은 불가능하다. 하지만, 우리는 단순한 "개혁주의"에 만족하는 것에 다른 어느 때보다도 주의를 기울일 필요가 있다. 이것은 우리가 "잘하고 있으니 계속해! 계속해!"라고 외치는 와중에라도 우리 스스로에게 그 목표가 무엇인지를 끊임없이 물을 필요가 있음을 의미한다. 억압은 실제적이다. 억압은 체계적이고 구조적이다. 그 힘은 우리의 제도들과 일상생활 속에 뿌리 깊이 자리 잡고 있다. 이 억압에 의해 고통을 받는 많은 사람들이 있다. 이러한 경제적, 사회적, 문화/이데올로기적, 감성적 구조와 관계들에 도전하는 것은 우리에게 다양한 차원과 다양한 장면에서의 실천을 요구한다. 우리 모두는 이 과정에서 담당할 역할이 있다. 어떤 역할들은 역사적이고 개념적일 수 있다. 또 어떤 역할들은 비판적인 방법으로 학생들과 직접적인 활동을 하는 것을 포함할 수도 있다. 어떤 역할들은 학교에서 혹은 공동체 안에서 일하는 많은 사람들의 실제적인 노동과정을 둘러싸고 일어나는 집단적인 운동을 조직하고 지켜내는 일일 수 있다. 어떤 역할들은 미래의 교사를 가르쳐서 그들이 지배 관계에 저항하는 교육을 세워나가는 과정을 지속할 수 있도록 준비시키는 일일 수 있다.

우리에게 주어진 과제는 끝이 없는데, 현실을 바꾸는 것은 쉬운 일이 아니다. 하지만, 내가 항상 기억하려고 애쓰는 다음의 두 가지 요점으로 이 책을 가름할까 한다. 첫째, 만약 우리가 지금 그들이 원하는 대로 하고 있다면, 지배 집단은 교육기관들에 대해서 그처럼 화를 내고 있지는 않을 것이다. 이러한 기관들은 이미 많은 것들을 성취하고 있는 것이다. 냉소주의가 창궐하고 있는 지금과 같은 시기에 이러한 사실을 상기하는 것은 의미 있는 일이다. 둘째, 우리는 교육이 사회를 바꿀 수 있는가라는 질문에 대한 답을 추상적인 수준에서는 알 수 없다. 발코니[1]에 서 있는 입장에서는 싸움 구경을 위한 편안한 자리를 제공할 수도 있을 것이다. 그렇지만, 위 질문에 대한 대답은 저항하는 대중을 모으려는 창조적이고 일관된 노력들 속에 참여할 때 가장 잘 찾아낼 수 있다. 교육이 해야 할 일이 있다.

---

1 현장에 발을 딛고 있지 않는 위치에 대한 비유적인 표현.

i 쿠엔틴 휠러-벨Quentin Wheeler-Bell은 인간의 삶이 풍성해짐human flourishing이라는 개념
   에 대해서 나와 여러 차례의 토론을 나누었고, 나는 이를 통해서 도움을 받았다.
ii 공공 부문 고용에서의 재정 삭감이 어떻게 소수자화된 그룹에게 영향을 미쳤는지에 대
   한 최신 증거들은 Williams(2011)를 참조할 것.
iii 라이트Wright가 사용하는 "시민"이라는 말은 여기서 언어 정치의 또 다른 예가 된다. 이
   개념은 부정적인 개념과 긍정적인 개념 둘 다로 쓰일 수 있다. 따라서 이 개념은 "소비
   자"라는 용어가 가지는 정치성을 대치해서 사용될 수 있다. 하지만, "불법(미등록)" 이민
   자들에 대한 격렬한 논쟁이 한창일 때는 "시민"이라는 말은 억압적인 의미를 가질 수 있
   으며, 미국 및 다른 많은 나라들에서 노동과 용역을 제공하는 수많은 사람들의 인권을
   부정하는 데 사용될 수도 있다. 이런 경우는 매우 보수적인 인정 정치의 일부분이다(참
   조 Apple, 2010).

교육은 사회를 바꿀 수 있을까?

헤게모니, 유기적 지식인,
그리고『교육은 사회를 바꿀 수 있을까?』

강희룡

1. 애플과『교육은 사회를 바꿀 수 있을까?』

이 책은 마이클 애플이 자신의 학문적/활동가적 여정을 결산하는 성격을 띠고 있는 책이다. 애플이 책의 제목으로 삼으면서 우리에게 던지고 있는 이 질문은, 1980년대 민주화 과정을 겪은 우리에게, 특히 여러 가지 모습으로 교육에 관여하고 있는 한국의 교육자들에게는 낯설지 않은 질문이다.

'사회과학'이나 '객관적 조건' 등의 수사에 '아직도' 주눅이 들어 있는 사람이라면 이것은 그다지 의미 있는 질문이 되지 못할 수도 있다. 국가를 부르주아의 집행 기구로만 이해하는 사람들에게 학교는 이데올로기적 국가기구에 지나지 않는다. 이들에게 학교는 부르주아의 영향력만이 일방적으로 행사되는 공간이다. 경제결정론을 신봉하는 사람들에게 교육은 경제적-물적 토대의 종속변수에 지나지 않았다. 이들에게는 '부수적'인 것을 바꾼다고 해서 본질이 바뀌지 않는다는 '신앙'이 있다. 이런 이들에게 "교육을 통해서 세상을 변화시킬 수 있다는 논리"는 몽상에 지나지 않거나, 부르주아 이데올로기로 공격받기 십상이었다.

하지만 애플이 던지는 이 질문은 그렇게 단순하게 매도해버릴 수 없는 무게를 지니고 있다. 그것은 그가 살아온 삶과 그가 교육을 통해서 사회에 전하려 했던 메시지를 이 질문이 온전히 담고 있기 때문이다.

마이클 애플은 독특한 개인적 교육사를 가지고 있다. 이 책에서 "붉은 기저귀를 찬 아기"라는 표현으로 소개되고 있는 것처럼, 애플은 공산주의자 및 사회주의자들로 구성된 가정에서 태어났다. 그의 아버지는 모택동주의자로 불릴 정도로 스스로를 공산주의자로 자처했다. 한국만큼이나 레드콤플렉스가 심각한 미국에서, 특히 매카시즘의 광풍이 몰아쳤던 시대를 거치면서도 공산주의자로서의 정체성을 유지하며 살아간다는 것은 적지 않은 의미가 있다.

이러한 가정적 배경으로 인하여 애플은 넉넉지 않은 유년 시절을 보내게 된다. 물론, 대학 진학도 그에게는 선택지가 아니었던 것 같다. 그런 그가 대학을 마치고 박사학위까지 마치게 된 데는 애플이 성장한 시대적 배경이 녹아 있었고, 그의 독특한 개인적 교육사는 그가 세상에 펼쳐 보이게 되는 "교육에 대한 신뢰"의 원천이 되었던 것으로 보인다.

그는 고등학교를 마치고 인쇄공이 되었다.[1] 인쇄공으로 일하던 때가 15~16세였다고 하니 학교를 약간 일찍 마친 셈이다. 이 시절 그는 낮에는 인쇄 일을 하면서 동시에 야간 대학의 강의를 수강한다. 그가 다닌 야간 대학은 그의 표현을 빌리면 "전혀 흥미롭지 않은 곳"이었다. 그의 표현으로는 "뉴저지 주 패터슨Perterson 시에 있는 초등학교 건물, 낡아빠지고 흙먼지 나는 곳에서 대규모의 강좌가 아주 지루하게" 열리고 있었다. 그는 일 년 만에 그곳을 그만두고 군에 입대한다. 군대

---

1 애플의 개인적 교육사와 관련된 내용은 『Turning points in curriculum: A contemporary American memoir』(Marshall, 2000)에 나와 있는 마이클 애플의 인터뷰 내용을 근거로 작성했음을 밝히며, 이후의 관련 내용은 인용 출처를 생략한다.

에서 그는 두 가지 일을 맡았는데, 하나는 운전병이었고, 다른 하나는 '교관'이었다. 그는 취사도구(기계)를 조종했으며 응급 처치법과 나침반 보는 법 등을 '교육'했다. 특기할 만한 것은 이 '교육 경력'과 1년의 '대학 교육'이 그로 하여금 교사가 되게 하는 연결고리가 되었다는 점이다.

그는 1962년부터 1966년까지 '속성반 교사 자격증emergency certificate'을 가지고 학생들을 가르쳤다. 이 기간 동안 4년제 대학Glassboro State Univ.을 다니는데, 야간 강좌를 수강했다. 교사로 활약한 이 시기에 애플은 반인종주의 운동에 깊이 관여했고, 교사 노조를 조직하기도 했다. 이 책에서 언급하고 있는 '반인종주의 운동가'로서의 경력이나, '교사 노조 지도자'로서의 경력은 다 이 시기에 집중되어 있다.

교사 경력을 끝마치고 학자의 길을 들어서게 된 것을 그는 '우연'이었다고 쓰고 있다. 패터슨 시에서 핏맨Pitman 시로 옮겨와서 6학년을 맡고 있을 때의 일이다. 그는 학생들에게 남북전쟁·이후 흑인들의 해방이 이루어진 시기에도 오랫동안 백인들에 의해서 자행되었던 흑인 박해lynch를 가르쳤다. 그리고 주제는 자연스레 흑인이 미국 역사에서 자유를 위해 벌인 투쟁과 1960년대 중반(그가 이 주제를 가르치던 시기)의 시민 인권운동에까지 이르렀다. 그런데 학부형 중의 한 명이면서 그 지역의 목사였던 사람이 흑인에 대한 박해는 없었으며, 따라서 애플의 수업은 날조라며 그를 파면하라고 학교 당국에 요구를 하는 사건이 벌어졌다. 이에 격분한 애플은 그의 표현을 빌리자면 "더 나은 교육과정을 만들고, 더 좋은 것들을 학교에 가져오며, 교사들을 더 존중하게 만들 방법을 찾기 위해" 대학원 진학을 결심하게 된다. 결국 그는 컬럼비아 대학에 진학하고 그 이후로는 학자/활동가의 길을 걷게 된다.

2. 애플 사상의 기초: 관계적으로 생각하기

가. 개인사

이러한 개인사를 가지고 있다고 해서 모든 사람이 애플과 같이 생각하고 그런 길을 가는 것은 아니다. 하지만 애플에게는 개인사가 삶의 방향에 큰 영향을 미친 것으로 보인다. 그가 시종일관 관심을 두었던 것은 세상을 관계적으로 생각하기인데, 그 관계 속에는 본인이 유년 시절에 보았던 가족과 이웃들처럼 억압받는 자들에 대한 끊임없는 연대가 녹아 있다. 또한 관계적으로 생각한다는 것은 이웃들에 대한 단순한 관심 표명 수준에서 끝나는 것이어서는 안 된다. 어떻게 운동을 조직하고 사회를 바꿀 것인가로 그의 생각은 확장된다.

『교육은 사회를 바꿀 수 있을까?』를 관통하는 것도 바로 관계적으로 생각하기이다. 사회의 구조를 형성하는 지배적인 권력과 그 권력에 의해서 억압받는 사람들. 이 관계를 매개하는 교육에 대한 냉철한 분석과, 반대로 교육을 통해서 그러한 관계를 전복시키기 위한 기획들이 이 책을 관통하는 흐름이라 하겠다.

나. 헤게모니

이 책을 이해하는 데 있어서 애플의 생각을 관통하는 중요한 개념을 하나 짚고 넘어가보자. 바로 헤게모니이다. 한국에서 교육운동을 해본 사람치고 헤게모니라는 개념을 들어보지 않은 사람은 없을 것이다. 우리는 어렵지 않게 "헤게모니 장악"이라는 표현을 쓴다. 그런데 애플은 이 헤게모니라는 개념을 "관계적으로 생각하기"라는 바탕 위에서 파악한다.

헤게모니를 '장악'이라는 개념으로 사용할 때 그것은 파워라는 개념과 어떤 차별성이 있을까? '장악'이란 용어를 사용할 수 있는 헤게모니라는 개념은 파워라는 개념과 언제든지 대체 가능한 것으로 보인다. 물론 어떤 이들은 헤게모니는 연성soft 파워이며 "지적-도덕적 지도력"이라는 답을 할 수도 있을 것이다. 헤게모니를 정말로 "지적-도덕적 지도력"이라고 이해해도 좋을까?

헤게모니가 '장악'할 수 있는 것으로 사용되는 예를 보자. 현재 한국 사회의 헤게모니를 '장악'하고 있는 것은 보수 세력이고, 이 보수 세력은 정치권력으로 새누리당으로 표현된다. 그렇다면 우리 국민들은 새누리당이 행사하는 지적-도덕적 지도력에 동의를 표하는 것일까? 많은 이들은 새누리당에 도덕성을 기대하지 않는 것으로 보인다. 그렇다고 해서, 그들이 지적으로 우월한 위치에 있는 것으로도 보이지 않는다. 그렇다면 이들이 '장악'하고 있다는 헤게모니는 과연 무엇인가?

애플은 헤게모니를 하나의 순간moment으로 이해한다. 그에게 있어 헤게모니는 장악하는 것이 아니라 어떤 조건을 일정한 기간 동안 형성하는 것을 뜻한다. 여기에 중요한 작용을 하는 것이 있다. 바로 이데올로기인데, 여기서 이데올로기는 헤게모니를 구성하는 하나의 요소aspect로 이해된다.

애플이 제시하는 헤게모니 개념은 우산의 모형을 통해서 아주 구체적으로 설명될 수 있다. 비가 올 때 우산은 요긴한 물건이다. 우산은 비를 맞지 않게 해주는 이익을 제공한다. 이 우산을 가지고 있는 사람은 우산이 없는 사람에게 우산의 그늘을 제공할 수 있다. 그리고 우산의 손잡이를 쥐고 있는 것은 우산을 가진 사람이기 때문에 우산의 그늘을 누구에게 얼마만큼 제공할지 그리고 우산을 쥐고 어느 방향으로 갈지는 우산의 소유자가 결정한다. 하지만 우산을 들고 있는 사람이 우산 속에 최대한 많은 사람을 포함시키기 위해서는 우산 밖에 있는 사람들에게 적절한 양보를 해야 한다. 물론, 우산 속에 들어오는 정도는 우산 밖에 있는 사람들의 필요에 의해 결정되는 면이 있다. 어떤 사람은 머리만 들이밀 수도 있고, 어떤 사람은 한쪽 다리만 걸칠 수도 있다. 온전하게 우산의 그늘 아래로 들어올 사람들도 있을 것이다. 결국, 우산을 쥐고 있는 사람이 우산 밖에 있는 사람들의 요구를 '적절히' 수용하기만 하면 우산의 그늘로 몰려들 수 있는 사람은 충분히 있을 수 있다.

애플이 설명하는 헤게모니 개념으로 우산의 메타포를 풀어보자. 애플은 헤게모나라는 순간을 형성하기 위해서는 이익이 되는 요소와 버려야 할 요소의 정치학politics of element of goodsense and bad sense이 작동해야 한다고 말한다. 사람들에게 버려야 할 요소는 제거하고 이익이 되는 요소를 제시할 때 헤게모니 블록bloc이 형성된다는 것이다. 우산의 메타포에서 우산 그늘은 바로 이익이 되는 요소에 해당한다. 우산의 그늘이 있다고만 해서 사람들이 우산 안으로 들어올 수 있는 것은 아니다. 바로 그들에 대한 적절한 배려가 필요한 것이다. 우산이 가려고 하는 방향을 예로 든다면, 우산을 들고 있는 사람이 가려고 하는 방향에서 그리 떨어지지 않은 방향인 한에서 우산 밖에 있는 사람과 타협하는 것을 생각해볼 수 있다. 또는 우산에 들여놓는 정도를 예로 들어보자. 몸의 일부분만 우산의 그늘이 필요한 사람이 있다고 가정해보자. 이들에게는 부분적으로만 우산의 그늘을 제공해도 충분할 것이다.

애플이 파워(일반적 의미)라는 개념 대신에 헤게모나라는 개념을 사용한 것은 일차적으로는 지배-종속의 관계를 설명하기 위한 이론적 도구로서 이 개념이 더 적합했기 때문으로 보인다. 하지만 헤게모나라는 개념의 유용성은 거기에서 그치지 않는다. 헤게모나라는 개념으로 지배-종속의 관계를 분석하면 이 관계를 해체할 수 있는 단서도 포착할 수 있기 때문이다. 애플이 헤게모니를 통한 지배-종속 관계에 대한 분석으로 포착해낸 반헤게모니의 단서는, '우파에게 배우기'라고 요약할 수 있을 것으로 보인다. 실제로『교육은 사회를 바꿀 수 있을까?』에도 '우파에게 배우기'라는 화두가 진지하게 녹아 있다.

3. 관계적으로 생각하기, 헤게모니, 그리고『교육은 사회를 바꿀 수 있을까?』

가. 국가라는 기구는 우파만 이용할 수 있는 기구인가?
(조지 카운츠, 제3장)

이 글의 서두에서 필자는 학교교육의 한계에 대해서 1980~1990년대 학생운동의 시대를 거친 적지 않은 사람들이 접해보았을 낯설지 않은 논리를 제시한 바 있다. 그런데 이러한 논리는 '관계적으로 생각하기'를 통해서 검증이 필요한 논리일 수 있다. 왜냐하면 우파가 국가를 자신들의 어젠다를 위해서 이용할 수 있다면, 진보도 이를 이용하지 못할 이유가 없는 것처럼 보이기 때문이다. 제3장에서 다루고 있는 카운츠는 바로 이 지점에 대해서 본격적으로 문제를 제기한 인물이다. 카운츠의 문제 제기를 애플은 다음과 같이 요약하고 있다.

- 교육은 단지 지배 집단의 이데올로기적인 목적과 문화의 형식 및 내용을 재생산하고 있는가?
- 학교교육은 현존하는 사회의 중요한 쟁점들에 대해 문제 제기를 하는 데 사용될 수는 없는가?
- 학교교육은 사회를 재조직함으로써 사회를 재구조화하는 데 참여할 수는 없는가?
- 독점자본의 힘에 맞서서 우리(학교/교육자)는 무엇을 할 수 있는가?

카운츠가 제기한 질문은 독자로 하여금 자본주의 사회에서 국가가 무엇을 하는 곳인지, 그리고 학교는 무엇을 하는 곳인지에 대한 핵심에 접근할 수 있게 해준다. 그렇다고 해서 그가 학교의 변혁만으로 모든 것을 한 방에 해결할 수 있으리라고 생각한 것은 아니었다. 지역사회, 미디어, 그리고 가족을 학교와 연계시킬 때만이 진정한 변혁이 일어난다고 생각했는데, 애플은 카운츠의 이러한 생각이 그람시의 사상과 맞닿아 있다고 보았다.

학교의 기능에 대한 생각이 여기까지 미치면 자연스레 맞닥뜨리게 되는 논쟁이 있다. 그것은 교육의 중립성과 교화indoctrination에 대한 논쟁이다. 카운츠는 학교가 중립적이었던 적이 없고 정치적인 선택을 해야 한다고 생각했다. 이 점에 있어서는 애플도 카운츠 못지않게 명확한 입장을 가지고 있다. 애플은 학교의 중립성과 교화에 대한 일부 진보 교육자들의 몰이해가 지배 권력 앞에서 학교/교육을 통해서 아무런 힘도 발휘할 수 없게 만드는 장본인이라고 지적한다.

결국, 카운츠는 학교를 사회 변혁의 기지로 사용해야 하고 그러기 위해서는 교육의 중립성이라는 허울을 벗어던지고 진보적 어젠다를 교육 내용으로 제시해야 한다고 보았다.

나. 우파는 어떻게 승리하는가?(제6장)

파워를 헤게모니로 이해하는 것은 여러 가지 유익을 제공해준다. 특히, 우파가 승리하는 이유를 경제적-물적 조건으로만 이해하는 것이 가지는 단견을 극복하는 데 있어서 헤게모니적 관점은 탁월한 설명력을 제공한다.

『교육은 사회를 바꿀 수 있을까?』의 제6장은 애플이 '관계적으로 생각하기'라는 본인의 주제를 헤게모니의 관점으로 풀고 있는 예라고 할 수 있으며, '우파에게 배우기'라는 화두를 정면으로 다루고 있는 사례라고 할 수 있다.

제6장은 월마트를 다루고 있는데, 월마트는 '교육'을 통해서 사회를 변화시키고 있는 예로 제시된다. 월마트는 기독교의 특정 분파의 논리와 결합해서 봉사service, 기업가 정신, 자유기업, 시장 등의 개념을 재규정했다. 또한 이러한 '정신'을 지방의 소규모 기독교 대학들과 연계해서 전파하고 있으며, 이 대학들의 구성원들을 바닥에서부터 '변혁'하고 있다. 이 모든 것에는 월마트의 재정적 지원이 큰 몫을 하는 것이 사실이지만, 기독교의 특정 분파와 맺는 관계는 '돈'이라는 요소만으로 설명할 수 없는 영역이다. 특히, 월마트가 주도하는 사회 변혁의 첨병으로 나선 대학생들이 열심히 하는 것은 결코 "돈"으로만 설명될 수 있는 성질의 것이 아니다.

실제로 월마트는 교육을 통해서 사람을 변화시키고, 지역 공동체를 변화시키며 더 넓게는 사회를 변화시키고 있는데, 이 변화가 반드시 진보적이지만은 않다는 구체적인 예라고 할 것이다.

다. 탈중심 연합의 가능성: 포르투알레그리Porto Alegre(브라질, 제5장)

제6장이 학교를 통해 사회를 '우파'적으로 바꾸는 데 사용된 헤게모니 전략에 대한 내용을 다루었다면, 제5장은 학교를 통해 사회를 '좌파'적으로 바꾸는 사용된 헤게모니 전략에 대한 내용을 담고 있다. 그리고 거기에 핵심이 되는 개념은 탈중심 연합decentered unity이다.

브라질의 포르투알레그리의 진보적인 변화들을 가능케 한 것은 학교 변혁이라는 단일한 변수로만 설명될 수 없다. 실제로, 그곳에서 진행되었던 교육 민주화의 과정은 사회 전체의 민주화를 위한 기획과 긴밀히 연결되어 있었다.

지역의 정권을 잡은 노동당의 행정 주체와 그 행정 주체 및 시민들이 기획해서 만든 시민 학교를 통해 포르투알레그리 시는 중요한 개혁들을 이루어내었다. 그런데 이 개혁은 비단 제도적인 차원에서만 머무는 것이 아니다. 이 개혁은 이 개혁을 추동할 수 있는 주체들을 만들어내는 것에 초점을 두었는데, 실제로 포르투알레그리 프로젝트의 핵심은 바로 주체들의 형성에 있다고 할 수 있다. 이 주체들은 중앙 집중적으로 동원되는 주체가 아니다. 오히려 이들은 자신의 자리에서 개혁의 역할을 수행하다 필요에 따라 연합체를 형성할 수 있는 각성된 주체들이다.

'우파에게 배우기'는 이 책에서 화두와 같은 역할을 하고 있다. 하지만 좌파에게서 배울 것이 있다면 그것은 우파에게 배우는 것보다 가치가 있는 일일 수 있으며, 따라서 공동체의 기억으로서 보존하고 확산해야 한다는 생각이 제5장에 녹아 있다.

라. 세계를 관계적으로 보기/그리고 창조적으로 행동하기(한국, 제7장)

애플은 유기적 지식인으로서 살아가고 행동한다는 것이 어떤 것인지에 대해서 제7장에서 적고 있다. 애플이 제시한 한국에서의 경험을 읽고 나서, 그 당시를 경험했으며 그 이후를 살아가고 있는 한국의 독자에게는 그의 경험이 그리 영웅적이거나 '운동가적'으로 다가오지 않을 수도 있다. 그렇지만 미국이라는 비교적 '안전한' 사회에서 살던 그가 안기부 요원이라는 형태로 독재 권력과 직접 마주했던 경험은 그에게 큰 영향을 준 것으로 보인다. 특히, 그가 한국에서의 경험을 통해서 설파하고자 하는 내용은 유기적 지식인이 할 수 있는 일이 어떤 것인지에 대한 예시이다. 그는 우리 모두가 영웅적인 전사가 될 필요는 없고, 그럴 수도 없다고 생각한다. 하지만 작은 것 같아 보이면서도 '관계적으로 생각하기'를 통해서 수행할 수 있는 지식인들의 역할이 있음을 강조하고 있다.

그런 예로, 애플은 한국을 방문한 후에 자신과 자신의 학생들의 모임인 금요세미나Friday Seminar가 주축이 되어 벌였던 전교조 지지 운동을 소개하고 있다. 전교조에 대한 지지 활동뿐 아니라 애플은 유기적 지식인이 관여할 수 있는 행동의 예로 금요 세미나가 관여한 여러 가지 활동들을 소개하고 있는데, 자세한 내용은 제7장의 후반부에 나와 있다.

마. 진보적인 교육 전통에 발 딛고 서기

애플은 이 책에서 카운츠 외에도 프레이리, 듀보이스, 우드슨 등의 진보적인 교육을 추구했던 사상가들을 소개하고 있다. 애플은 이들을 다루는 이유를 그들을 추종하기 위해서가 아니라고 밝히고 있다. 오히려, "우리가 디디고 설 어깨를 빌려준 사람들, 그리고 교육에서 진보적인 민주주의의 거대한 강줄기가 살아 숨 쉴 수 있도록 그렇게 오랫동안 혼신의 힘을 다한 사람들의 범위를 넓히기" 위해서 이들을 소개한다고 이야기한다. 그들은 교육이 왜 정치투쟁의 중심에 서 있는지를 우리에게 알려주었을 뿐만 아니라 이 책의 제목으로 던져진 질문 "교육은 사회를 변혁할 수 있는가?"에 대해서 '공공 지식인'이 관여해야 할 영역을 제시하고 있다.

4. 『교육은 사회를 바꿀 수 있을까?』와 '우리'

애플은 이 책에서 "진보적 민주주의의 거대한 강줄기"를 수차례 언급하고 있다. 이와 함께, "우리가 발 딛고 설 어깨를 빌려준 거인들"을 말하고 있다. 교육이 세상을 바꿀 수 있는 근거로서 이보다 더한 것이 있을까?

우리에게도 '거대한 강줄기'와 '거인들'이 있다. 실제로 우리는 교육을 통해서 세상을 바꾸어왔고, 지금 현재도 바꾸고 있다. 하지만 많은 경우 우리는 이 사실을 잊고 있다. 우리에게 강줄기가 있음도 거인들이 있음도……

『교육은 사회를 바꿀 수 있을까?』는 어느 선지자(애플)가 우매한 대중에게 교화를 베푸는 경전이 아니다. 오히려 이 책은 잠시 잊고 있었거나, 이 책이 던지는 질문에 대해 잠시 머뭇거리고 있던 이들에게 말을 건네는 책으로 보인다. 파울로 프레이리가 말한 그 '대화'를 시도하는……

역자는 독자 제현께서 이 책을 읽으며, '우파에게 배우기'라는 화두를 자신의 것으로 만들기를 바란다. 그리고 '관계적으로 생각하기'에 대해서도 다시 한 번 환기했으면 한다. 하지만, 역자는 무엇보다도 독자 제현께서 우리에게 있는 소중한 '강줄기'와 '거인들'을 다시금 현장으로 호출하고 그것으로 "교육은 사회를 바꿀 수 있을까?"라는 질문에 마주설 수 있기를 기대한다.

참고 문헌

Abers, R. (1998). From clientelism to cooperation: Local government, participatory policy and civic organizing in Porto Alegre, Brazil. *Politics and Society* 26: 511-537.

African-American Religion Project (2006). African-American religion: A documentary history project. Part 2: The continental phase. Retrieved from https://www3.amherst.edu/~aardoc/Continental_Phase.html, June 19, 2012.

Alexander, M. (2012). *The new Jim Crow: Mass incarceration in the age of colorblindness*. New York: The New Press.

Anderson, J. D. (1988). *The education of blacks in the south, 1860-1935*. Chapel Hill: University of North Carolina Press.

Anderson, J. D. (1990). Black rural communities and the struggle for education in the age of Booker T. Washington, 1877-1915. *Peabody Journal of Education* 67: 46-62.

Anyon, J. (2005). *Radical possibilities: Public policy, education, and a new social movement*. New York: Routledge.

Anyon, J., et al. (2009). *Theory and educational research: Toward critical social explanation*. New York: Routledge.

Apple, M. W. (Ed.) (1982). *Cultural and economic reproduction in education*. Boston: Routledge and Kegan Paul.

Apple, M. W. (1986). *Teachers and texts: A political economy of class and gender relations in education*. New York: Routledge.

Apple, M. W. (1996). *Cultural politics and education*. New York: Teachers College Press.

Apple, M. W. (1999). *Power, meaning, and identity*. New York: Peter Lang.

Apple, M. W. (2000). *Official knowledge: Democratic education in a conservative age*, 2nd ed. New York: Routledge.

Apple, M. W. (2002). Does education have independent power? *British Journal of Sociology of Education* 23: 607-16.

Apple, M. W. (2004). *Ideology and curriculum*, 3rd edition. New York: Routledge.

Apple, M. W. (2006). *Educating the "right" way: Markets, standards, God, and inequality*, 2nd ed. New York: Routledge.

Apple, M. W. (Ed.) (2010). *Global crises, social justice, and education*. New York: Routledge.

Apple, M. W. (2011). Global crises, social justice, and teacher education. *Journal of Teacher Education* 62: 222-234.

Apple, M. W. (2012). *Education and power*, Routledge Classic Edition. New York: Routledge.

Apple, M. W., Aasen, P., Cho, M. K., Gandin, L. A., Oliver, A., Sung, Y-K., Tavares, H., and Wong, T-H. (2003). *The state and the politics of knowledge.* New York: Routledge.

Apple, M. W., Au, W. and Gandin, L. A. (Eds.) (2009). *The Routledge international handbook of critical education.* New York: Routledge.

Apple, M. W., Ball, S., and Gandin, L. A. (Eds.) (2010). *The Routledge international handbook of the sociology of education.* London: Routledge.

Apple, M. W. and Beane, J. A. (Eds.) (1998). *Democratic schools: Lessons from the chalk face.* Buckingham, England: Open University Press.

Apple, M. W., and Beane, J. A. (Eds.) (2007). *Democratic schools: Lessons in powerful education,* 2nd ed. Portsmouth, NH: Heinemann.

Apple, M. W., and Buras, K. L. (Eds.) (2006). *The subaltern speak: Curriculum, power, and educational struggles.* New York: Routledge.

Apple, M. W. and Pedroni, T. (2005). Conservative alliance building and African American support for voucher plans. *Teachers College Record* 107: 2068-2105.

Apple, M. W. and Weis, L. (Eds.) (1983). *Ideology and practice in schooling.* Philadelphia, PA: Temple University Press.

Arnot, M. and Dillabough, J. (Eds.) (2001). *Challenging democracy: International perspectives on gender and citizenship.* New York: Routledge/Falmer.

Au, W. (2011). *Critical curriculum studies: Education, consciousness, and the politics of knowing.* New York: Routledge.

Au, W. and Apple, M. W. (2007). Freire, critical education, and the environmental crisis. *Educational Policy* 21: 457-470.

Avrich, P. (1980). *The modern school movement.* Princeton, NJ: Princeton University Press.

Avritzer, L. (1999). *Public deliberation at the local level: Participatory budgeting in Brazil.* Mimeo.

Azevedo, J. C. (1998). Escola cidadã: Construção coletiva e participação popular. In L. H. Silva (Ed.), *A escolā cidadā no contexto da globalizção,* pp. 308-19. Petrópolis, Brazil: Vozes.

Azevedo, J. C. (1999). A democratização da escola no contexto da democratização do estado: A experiência de Porto Alegre. In L. H. Silva (ed.), *Escola cidadã: Teoria e prática,* pp. 12-30. Petrópolis, Brazil: Vozes.

Azevedo, J. C. (2000). *Escola cidadã: Desafios, diālogos e travessias.* Petrópolis, Brazil: Vozes.

Baiocchi, G. (1999). *Participation, activism, and politics: The Porto Alegre experiment and deliberative democratic theory.* Mimeo.

Baker, H. (2001). *The education of Booker T. Washington: American democracy and the idea of race relations.* Durham, NC: Duke University Press.

Baker, J., Lynch, K., Cantillon, S., and Walsh, J. (2004). *Equality: From theory to action.* Basingstoke: Palgrave Macmillan.

Bakhtin, M. M. (1968). *Rabelais and his world* (H. Iswolsky, Trans.). Cambridge,

MA: MIT Press.

Ball, J. (2004). As if indigenous knowledge and communities mattered. *American Indian Quarterly* 28: 454-479.

Ball, S. J. (1994). *Education reform: A critical and post-structural approach.* Buckingham, England: Open University Press.

Ball, S. (2003). *Class strategies and the education market.* London: Routledge/Falmer.

Ball, S. (2007). *Education, plc.* New York: Routledge.

Ball, S. (2012). *Global education inc.: New policy networks and the neoliberal imaginary.* New York: Routledge.

Barton, L. (Ed.) (2001). *Disability, politics, and the struggle for change.* London: David Fulton Publishers.

Barton, L. (Ed.) (2006). *Overcoming disabling barriers.* London: Routledge.

Barton, L. and Meighan, R. (Eds.). (1979). *Schools, pupils, and deviance.* Driffield, England: Nafferton Press.

Beard, C. (1929). *An economic interpretation of the Constitution of the United States.* New York: Macmillan.

Beard, C. and Beard, M. (1914). *American citizenship.* New York: Macmillan.

Beese, S. K. (2004). Placing Latin America in modern world history textbooks. *Hispanic American History Review* 84: 411-422.

Bell, D. (2005). *The Derrick Bell reader* (edited by R. Delgado and J. Stefancic). New York: New York University Press.

Bernstein, B. (1977). *Class, codes, and control, volume 3,* 2nd ed. London: Routledge and Kegan Paul.

Bhabha, H. (1994). *The location of culture.* New York: Routledge.

Bhopal, K. and Preston, J. (Eds.) (2012). *Intersectionality and "race" in education.* New York: Routledge.

Binder, A. (2002). *Contentious curricula: Afrocentrism and creationism in American public schools.* Princeton, NJ: Princeton University Press.

Boler, M. (Ed.) (2008). *Digital media and democracy: Tactics in hard times.* Cambridge: MIT Press.

Bond, H. M. (1935). The curriculum and the negro child. *The Journal of Negro Education* 4: 159-168.

Borg, C. and Mayo, P. (2007). *Public intellectuals: Radical democracy and social movements.* New York: Peter Lang.

Boris, E. (1993). "The power of motherhood: Black and white activist women redefine the "political." In S. Koven and S. Michel (Eds.), *Mothers of a new world,* pp. 213-245. New York: Routledge.

Bourdieu, P. (1984). *Distinction.* Cambridge, MA: Harvard University Press.

Bourdieu, P. (1988). *Homo academicus.* Stanford, CA: Stanford University Press.

Bourdieu, P. (2003). *Firing back: Against the tyranny of the market 2.* New York: New Press.

Bowles, S. and Gintis, H. (1986). *Democracy and capitalism.* New York: Basic Books.

Britzman, D. (2009). Review symposium on *Affective Equality. British Journal of Sociology of Education* 30: 773-783.

Brown, A. (2010). Counter-memory and race: An examination of African-American scholars' challenges to early twentieth century k-12 historical discourses. *The Journal of Negro Education* 79: 54-65.

Brown-Nagin, T. (2011). *Courage to dissent: Atlanta and the long history of the civil rights movement.* New York: Oxford University Press.

Brundage, W. F. (2003). *Booker T. Washington and black progress.* Gainsville: University Press of Florida.

Buhle, M. J. (1981). *Women and American socialism 1870-1920.* Urbana: University of Illinois Press.

Buras, K. L. (2008). *Rightist multiculturalism: Core lessons on neoconservative school reform.* New York: Routledge.

Buras, K. L. (2011). Race, charter schools, and conscious capitalism: On the spatial politics of whiteness as property (and the unconscionable assault on black New Orleans). *Harvard Educational Review* 81: 296-330.

Buras, K. L., Randels, J., ya Salaam, K., and Students at the Center (Eds.) (2010). *Pedagogy, policy, and the privatized city: Stories of dispossession and defiance from New Orleans.* New York: Teachers College Press.

Burawoy, M. (2005). For public sociology. *British Journal of Sociology of Education* 56, 259-294.

Burch, T. (2009). *Hidden markets.* New York: Routledge.

Butler, J. (1999). *Gender trouble: Feminism and the subversion of identity.* New York: Routledge.

Casey, K. (1993). *I answer with my life: Life histories of women teachers working for social change.* New York: Routledge.

Chomsky, N. (2003). *Hegemony or survival.* New York: Metropolitan Books.

Christian-Smith, L. K. and Kellor, K. (Eds.) (1999). *Everyday knowledge and uncommon truths: Women of the academy.* Boulder, CO: Westview.

Cochran-Smith, M., Feiman-Nemser, S., McIntyre, D., and Demers, K. (Eds.) (2008). *Handbook of research on teacher education.* New York: Routledge.

Cohen, J. and Rogers, J. (1995). *Associations and democracy.* New York: Verso.

Cole, M. (2009a). The color-line and the class struggle: A Marxist response to critical race theory in education as it arrives in the United Kingdom. *Power and Education* 1: 111-124.

Cole, M. (2009b) *Critical race theory and education: A Marxist response.* New York: Palgrave Macmillan.

Connell, R. W. (1995). *Masculinities.* Berkeley: University of California Press.

Connolly, C. (2010). "I am a trained nurse": The nursing identity of anarchist and radical Emma Goldman. *Nursing History Review* 18: 84-99.

Cooper, A.J. (1988). *A voice from the south.* New York: Oxford University Press.

Counts, G. S. (1926). *The place of the school in the social order.* Annual Conference of the National Education Association, Washington DC, National Education Association.

Counts, G. S. (1927). *The social composition of boards of education.* Chicago, IL: University of Chicago Press.

Counts, G. S. (1932a). Dare progressive education be progressive? *Progressive Education* 9: 257-263.

Counts, G. S. (1932b). *Dare the school build a new social order?* New York: Henry Holt.

Counts, G. S. (1932c). Secondary education and the social problem. *School Executives Magazine* 51: 499-501, 519-20.

Counts, G. S. (1934a). Collectivism and collectivism. *The Social Frontier* 1: 3-4.

Counts, G. S. (1934b). Educating for tomorrow. *The Social Frontier* 1: 5-7.

Cremin, L. (1961). *The transformation of the school: Progressivism in American education 1876-1957.* New York: Knopf.

Crocco, M. S., Munro, P., and Weiler, K. (1999). *Pedagogies of resistance: Women educator activists, 1880-1960.* New York: Teachers College Press.

Curti, M. (1959). *The social ideas of American educators.* Paterson, NJ: Pageant Press.

Dagbovie, P. G. (2003). Black women, Carter G. Woodson, and the Association for the Study of Negro Life and History 1915-1950. *The Journal of African American History* 88: 21-41.

Darder, A. (2002). *Reinventing Paulo Freire: A pedagogy of love.* Boulder, CO: Westview.

Darnton, R. (1982). *The literary underground of the old regime.* Cambridge, MA: Harvard University Press.

David, M. (2003). *Personal and political.* Stoke-on-Trent: Trentham Books.

David, M. (2009). *Transforming global higher education: A feminist perspective.* London: Institute of Education, University of London.

Davis, M. (2006). *Planet of slums.* New York: Verso.

De Certeau, M. (1984). *The practice of everyday life.* Berkeley: University of California Press.

Dewey, J. (1922). *Democracy and education.* New York: The Macmillan Company.

Dewey, J. (1928). *Progressive education and the science of education.* Annual Conference of the Progressive Education Association, Washington DC, Progressive Education Association.

Dewey, J. (1937). Education and social change. *The Social Frontier* 3: 236.

Dewey, J. and Dewey, E. (1962). *Schools of tomorrow.* New York: Dutton.

Dillabough, J. and Kennelly, J. (2010). *Lost youth in the global city: Class, culture and the urban imaginary.* New York: Routledge.

Dimitriadis, G. and McCarthy, C. (2001). *Reading and teaching the postcolonial.* New York: Teachers College Press.

Douglas, D. (2005). *Jim Crow moves north: Hie battle over northern school desegregation.* New York: Cambridge University Press.

Duberman, M. (1989). *Paul Robeson: A biography.* New York: The New Press.

Du Bois, W. E. B. (1903/2009). *The souls of black folk.* New York: Oxford University Press.

Du Bois, W. E. B. (1920). *Darkwater: Voices from within the veil*. New York: Harcourt, Brace, and Howe.

Du Bois, W. E. B. (1950). A portrait of Carter G. Woodson. *Masses and Mainstream* 3: 25.

Duncan-Andrade, J. and Morrell, E. (2008). *The art of critical pedagogy*. New York: Peter Lang.

Dworkin, D. and Roman, L. (Eds.) (1993) *Views beyond the border country*. New York: Routledge.

Dyer, R. (1997). *White*. New York: Routledge.

Evans, R. (2006). "Social studies vs the United States of America": Harold Rugg and teaching for social justice. In Riley, K. (Ed.) *Social reconstructionism: People, politics, perspectives*, pp. 45-68. Lanham, MD: Lexington Books.

Farooq, U. (2012). Books over bars. *The Nation*, February 20, p. 5.

Fielding, M. and Moss, P. (2011). *Radical education and the common school*. New York: Routledge.

Fine, M., Weis, L,, Powell, L., and Wong, L. M. (Eds.) (1997). *Off White*. New York: Routledge.

Foner, E. (1998). *The story of American freedom*. New York: Norton.

Ford, J. W. (1936). The communist's way out for the negro. *The Journal of Negro Education* 5: 88-95.

Foster, M. (1997). *Black teachers on teaching*. New York: New Press.

Fraser, N. (1989). *Unruly practices: Power, discourse and gender in contemporary social theory*. Minneapolis: University of Minnesota Press.

Fraser, N. (1997). *Justice interruptus*. New York: Routledge.

Freire, P. (1970). *Pedagogy of the oppressed*. New York: Herder and Herder.

Freire, P. (1978) *Pedagogy in process: The letters from Guinea-Bissau*. London: Writers and Readers Cooperative.

Freire, P. (1982) *Pedagogy of the oppressed*. Harmondsworth: Penguin.

Freire, P. (1988). O partido como educador-educando. In A. Damasceno, et al. (Eds.), *A eduçâo como ato político partidário*, pp. 16-18. Sao Paulo, Brazil: Cortez.

Freire, P. (1993). *Pedagogy of the oppressed*. New York: Continuum.

Freire, P. (1996). *Letters to Cristina*. New York: Routledge.

Freire, P. (1997a). A response. In P. Freire (Ed.) *Mentoring the mentor: A critical dialogue with Paulo Freire*, pp. 303-329. New York: Peter Lang.

Freire, P. (1997b). *The pedagogy of autonomy*. Sao Paulo: Editora Paz and Terra.

Freitas, A. L. S. (1999). Projecto constituinte escolar. In L. H. Silva (Ed.) *Escola cidada: Teoria e pratica*, pp. 31-45. Petropolis: Vozes.

Frosh, S. (2009). Review symposium on *Affective Equality*. *British Journal of Sociology of Education* 30: 783-785.

Fultz, M. (1995). African American teachers in the south: Powerlessness and the ironies of expectations and protest, 1890-1942. *History of Education Quarterly* 35: 401-422.

Fung, A. and Wright, E. O. (Eds.) (2003). *Deepening democracy: Institutional innovation in empowered participatory governance*. New York: Verso.

Gandin, L. A. (1994). Qualidade total em educação: A fala mansa do neoliberalismo. *Revista de Educação: AEC* 23 (92): 75-80.

Gandin, L. A. (1998). Para onde a escola está sendo levada? (Ou a escola pode ser levada para algum lugar diferente daquele que o projeto hegemônico quer?). *Revista de Educação: AEC* 27 (107): 9-16.

Gandin, L. A. (1999). A educação escolar como produto de marketing: Processo natural? *Revista de Educação: AEC* 28 (112): 33-39.

Gandin, L. A. (2002). *Democratizing access, governance, and knowledge: The struggle for educational alternatives in Porto Alegre, Brazil*. Doctoral Dissertation. University of Wisconsin-Madison.

Genro, T. (1999). Cidadania, emancipação e cidade. In L. H. Silva (Ed.) *Escola cidadã: Teoria e prática*, pp. 7-11. Petrópolis, Brazil: Vozes.

Gillborn, D. (2008). *Racism and education: Coincidence or conspiracy*. New York: Routledge.

Gillborn, D. (2009a). Full of sound and fury, signifying nothing? A reply to Dave Hill's 'Race and class in Britain.' *Journal for Critical Educational Policy Studies* 8: 78-107.

Gillborn, D. (2009b). Who's afraid of critical race theory in education? A reply to Mike Cole's 'The color line and class struggle.' *Power and Education* 1: 125-131.

Giroux, H. (1995). Insurgent multiculturalism and the promise of pedagogy. In D. T. Goldberg (Ed.) *Multiculturalism: A critical reader*, pp. 325-43. Cambridge, MA: Blackwell.

Giugni, M., McAdam, D., and Tilly, C. (Eds.) (1999). *How social movements matter*. Minneapolis: University of Minnesota Press.

Goggin, J. (1993). *Carter G. Woodson: A life in black history*. Baton Rouge: Louisiana State University Press.

Gonzalez, J. (2000). *Harvest of empire: A history of Latinos in America*. New York: Viking Press.

Gramsci, A. (1971). *Selections from the prison notebooks* (Q. Hoare and G. N. Smith, Trans.). New York: International Publishers.

Green, M. (1988). *New York 1913: The armory show and the Paterson strike pageant*. New York: Scribner.

Gustafson, B. (2009). *New languages of the state: Indigenous resurgence and the politics of knowledge in Bolivia*. Durham, NC: Duke University Press.

Gutek, G. (1970). *The educational theory of George S. Counts*. Columbus: The Ohio State University Press.

Gutek, G. (1984). *George S. Counts and American civilization*. Mercer, GA: Mercer University Press.

Gutek, G. (2006). George S. Counts and the origins of social reconstructionism. In K. Riley (Ed.) *Social reconstruction: People, politics, perspectives*, pp. 1-26. Greenwich, CN: Information Age Publishing.

Gutstein, E. (2006). *Reading and writing the world with mathematics*. New York: Routledge.

Habermas, J. (1971). *Knowledge and human interests*. Boston: Beacon Press.

Hall, S. (1996). On postmodernism and articulation: An interview with Stuart Hall (edited by Lawrence Grossberg). In D. Morley and K. Chen (Eds.) *Stuart Hall: Critical dialogues in cultural studies*, pp. 131-50. London: Routledge.

Hamilton, S. (2008). *Trucking country: The road to America's Wal-Mart economy*. Princeton: Princeton University Press.

Harding, S. (Ed.) (2003). *The feminist standpoint theory reader*. New York: Routledge.

Hardt, M. and Negri, A. (2000). *Empire*. Cambridge, MA: Harvard University Press.

Heningburg, A. (1936). What shall we challenge in the existing order? *The Journal of Negro Education* 5: 383-392.

Henry, R. (1998). W. E. B. Du Bois and the question of black women intellectuals. *Philosophy of Education Yearbook* 1998: 401-3. Retrieved June 19, 2012, from http://ojs.ed.uiuc.edu/index.php/pes/issue/view/20.

Hernandez, F. and Ventura, M. (1998). *A organização do currículo por projetos de trabalho*. Porto Alegre: ArtMed.

Hess, D. (2009). *Controversy in the classroom: The democratic power of discussion*. New York: Routledge.

Hill, D. (2009) Race and class in Britain: A critique of the statistical basis for critical race theory in Britain and some political implications. *Journal for Critical Education Policy Studies* 7: 1-40.

Hill, M. L. (2009). *Beats, rhymes, and classroom life: Hip-hop pedagogy and the politics of identity*. New York: Teachers College Press.

Hogan, D. (1982). Education and class formation: The peculiarities of the Americans. In M. W. Apple (Ed.) *Cultural and economic reproduction in education: Essays on class, ideology, and the state*, pp. 32-78. Boston: Routledge and Kegan Paul.

Holmes, D. O. W. (1939). The negro chooses democracy. *The Journal of Negro Education* 8: 620-633.

Hornsby, A. (2009). *Black power in Dixie*. Gainsville: University Press of Florida.

Horowitz, D. (2006). *The professors: The 101 most dangerous academics in America*. Washington DC: Regnery.

Horton, M. (1990). *The long haul*. New York: Doubleday.

Horton, M. and Freire, P. (1990). *We make the road by walking: Conversations on education and social change*. Philadelphia, PA: Temple University Press.

Jackson, D. H. (2008). *Booker T. Washington and the struggle against white supremacy*. New York: Palgrave.

Jacoby, R. (2005). *Picture imperfect: Utopian thought for an anti-utopian age*. New York: Columbia University Press.

James, M. (1995). *Social reconstruction through education*. Norwood, NJ: Ablex.

Jules, D. (1991). Building democracy. In M. W. Apple and L. Christian-Smith (Eds.) *The politics of the textbook*, pp. 259-87. New York: Routledge.

Kang, H. (2009). Teachers, praxis, and minjung. In M. W. Apple, W. Au, and L. A.

Gandin (Eds.) *The Routledge international handbook of critical education*, pp. 409-20. New York: Routledge.

Kazin, M. (2011). *American dreamers: How the left changed a nation*. New York: Knopf.

Kessler-Harris, A. (2001). *In pursuit of equity: Women, men, and the quest for economic citizenship in 20th century America*. New York: Oxford University Press.

Kliebard, H. (2004). *The struggle for the American curriculum*, 3rd ed. New York, Routledge.

Koven, S. and Michel, S. (Eds.) (1993) *Mothers of a new world*. New York: Routledge.

Kriedel, C. (2006). Theodore Brameld: Reconstructionism for our emerging age. In K. Riley (Ed.) *Social reconstruction: People, politics, perspectives*, pp. 69-87. Greenwich, CN: Information Age Publishing.

Krouse, S. A. (2003). What came out of the takeovers: Women's activism and the Indian Community School of Milwaukee. *American Indian Quarterly* 27: 533-547.

Kumashiro, K. (2009). *Against common sense: Teaching and learning toward social justice*, 2nd ed. New York: Routledge.

Kurzma, C. (no date). How did the views of Booker T. Washington and W. E. B. Du Bois toward women's suffrage change? Unpublished paper, State University of New York at Binghamton.

Ladson-Billings, G. (1994). *The dreamkeepers*. San Francisco, CA: Jossey-Bass.

Ladson-Billings, G. (2009). Race still matters: Critical race theory in education. In M. W. Apple, W. Au, and L. A. Gandin (Eds.) *The Routledge international handbook of critical education*, pp. 110-22. New York: Routledge.

Lagemann, E. C. (1992). George S. Counts and the social study of education. *American Journal of Education* 100: 137-165.

Lakov, G. (2004). *Don't think of an elephant!: Know your values and frame the debate—The essential guide for progressives*. White River Junction, VT: Chelsea Green Pub. Co.

Lakov, G. (2008). *The political mind*. New York: Viking.

Lauder, H. and Hughes, D. (1999). *Trading in futures: Why markets in education don't work*. Philadelphia, PA: Open University Press.

Leonardo, Z. (2009). *Race, whiteness, and education*. New York: Routledge.

Leonardo, Z. (2010). The unhappy marriage of Marxism and race critique: Political economy and the production of racialized knowledge. In K. Bhopal and J. Preston (Eds.) *Intersectionality and race in education*, pp. 11-28. New York: Routledge.

Lewis, D. L. (1993). *W. E. B. Du Bois: Biography of a "race", 1868-1919*. New York: Henry Holt.

Lewis, D. L. (2000). *W. E. B. Du Bois: The fight for equality and the American century*. New York: Henry Holt.

Leys, C. (2003). *Market-driven politics*. New York: Verso.

Lipman, P. (2004). *High stakes education*. New York: Routledge.

Lipman, P. (2011). *The new political economy of urban education*. New York: Routledge.

Livingston, G. (2003). *Chronic silencing and struggling without witness: Race, education and the production of political knowledge*. Unpublished PhD dissertation, University of Wisconsin, Madison.

Livingston, G. (2009). Dilemmas of race-memory buried alive: Popular education, nation, and diaspora in critical education. In M. W. Apple, W. Au, and L. A. Gandin (Eds.) *The Routledge international handbook of critical education*, pp. 370-83. New York: Routledge.

Lukacs, G. (1971). *History and class consciousness: Studies in Marxist dialectics*. Cambridge, MA: MIT Press.

Luke, C. and Gore, J. (Eds.) (1992) *Feminisms and critical pedagogy*. New York: Routledge.

Lutrell, W. (2009). Review symposium on *Affective Equality. British Journal of Sociology of Education* 30: 785-787.

Lynch, K., Baker, J., and Lyons, M. (2009). *Affective equality: Love, care, and injustice*. Basingstoke: Palgrave Macmillan.

MacDonald, V. (2001). Hispanic, Latino, Chicano, or "other": Deconstructing the relationship between historians and Hispanic-American educational history. *History of Education Quarterly* 41: 365-413.

Mannheim, K. (1936). *Ideology and Utopia*. New York: Harvest Books.

McCarthy, C. (1998). *The uses of culture: Education and the limits of ethnic affiliation*. New York: Routledge.

McGrath, D. J. and Kuriloff, P. J. (1999). They're going to tear the doors off this place: Upper-middle-class parent school involvement and the educational opportunities of other people's children. *Educational Policy* 13: 603-629.

McKinney, E. R. (1936). The Workers' Party's way out for the negro. *The Journal of Negro Education* 5: 96-99.

McLaren, P. (1995). White terror and oppositional agency: Towards a critical multiculturalism. In D. T. Goldberg (Ed.) *Multiculturalism: A critical reader*, pp. 45-74. Cambridge, MA: Blackwell.

McSwine, B. L. (1998). The educational philosophy of W. E. B. Du Bois. *Philosophy of Education Yearbook* 1998: 394-400. Retrieved from http://ojs.ed.uiuc.edu/index.php/pes/issue/view/20, June 19, 2012.

Mills, C. (1997). *The racial contract*. Ithaca, NY: Cornell University Press.

Mitchell, T. (1987). *Political education and the Southern Farmers Alliance 1887-1900*. Madison: University of Wisconsin Press.

Molnar, A. (2005). *School commercialism*. New York: Routledge.

Montgomery, D. (1979). *Workers' control in America*. New York: Cambridge University Press.

Moreton, B. (2009). *To serve God and Wal-Mart: The making of Christian free enterprise*. Cambridge, MA: Harvard University Press.

Morley, D. and Chen, K. H. (Eds.) 1996). *Stuart Hall: Critical dialogues in cultural studies*. New York: Routledge.

Moss, H. (2009). *Schooling citizens: The struggle for African American education in antebellum America*. Chicago, IL: University of Chicago Press.

Murch, D. (2010). *Living for the city: Migration, education, and the rise of the Black Panther party*. Chapel Hill: University of North Carolina Press.

Nabokov, P. (1991). *Native American testimony*. New York: Viking.

Naison, M. (1983). *Communists in Harlem during the depression*. Urbana: University of Illinois Press.

Nelson, M. (2006). Introduction. In K. Riley (Ed.) *Social reconstruction: People, politics, perspectives*, pp. xiii-xix. Greenwich, CN: Information Age Publishing.

Nichols, J. (2011). *The "s" word: A short history of an American tradition . . . socialism*. New York: Verso.

Nichols, J. (2012). *Uprising*. New York: Nation Books.

Noddings, N. (2003). *Caring: A feminine approach to ethics and moral education*, 2nd ed. Berkeley, CA: University of California Press.

Noffinger, J. (1926). *Correspondence schools, lyceums, chautauquas*. New York: Macmillan.

Norrell, R.J. (2011). *Up from history: The life of Booker T. Washington*. Cambridge, MA: Harvard University Press.

Offe, C. (1995). Some skeptical considerations on the malleability of representative institutions. In J. Cohen and J. Rogers (Eds.) *Associations and Democracy*, pp. 114-32. London: Verso.

Olssen, M. (1996). In defense of the welfare state and publicly provided education. *Journal of Education Policy* 11: 337-362.

Omi, M. and Winant, H. (1994). *Racial formation in the United States*. New York: Routledge.

Pagenhart, P. (1994). Queerly defined multiculturalism. In L. Garber (Ed.), *Tilting the tower*, pp. 177-85. New York: Routledge.

Pedroni, T. (2007). *Market matters: African American involvement in school voucher reform*. New York: Routledge.

Podair, G. (2005). *The strike that changed New York: Blacks, whites, and the Ocean Hill- Brownsville crisis*. New Haven, CT: Yale University Press.

Power, S,, Edwards, A., Whitty, G., and Wigfall, V. (2003). *Education and the middle class*. Philadelphia, PA: Open University Press.

Rabaka, R. (2003). W. E. B. Du Bois's evolving Africana philosophy of education. *Journal of Black Studies* 33: 399-449.

Rabaka, R. (2007). *W. E. B. Du Bois and the problems of the twenty-first century: An essay on Africana critical theory*. Lanham, MD: Lexington Books.

Rabinowitz, V. (1996). *Unrepentant leftist: A lawyer's memoir*. Urbana: University of Illinois Press.

Ravitch, D. (2010). *The death and life of the great American school system: How testing and choice are undermining education*. New York: Basic Books.

Redcay, E. E. (1935). *County training schools and public secondary education for negroes in the south*. Washington DC: The John F. Slater Fund.

Riley, K. (2006). The triumph of Americanism: The American Legion and Harold Rugg. In K. Riley (Ed.) *Social reconstruction: People, politics, perspectives*, pp. 111-26. Greenwich, CT: Information Age Publishing.

Roberts, N. (1984). *Dorothy Day and the Catholic worker*. Albany: State University of New York Press.

Roediger, D. P. F. (1989). *Our own time: A history of American labor and the working day*. New York: Verso.

Santos, B. S. (1998). Participatory budgeting in Porto Alegre: Toward a distributive democracy. *Politics and Society* 26: 461-510.

Saul, S. (2011). Profits and questions at online charter schools, *The New York Times*, December 13, pp. Al, A18-19.

Scott, J. (1990). *Domination and the arts of resistance*. New Haven, CT: Yale University Press.

Selden, S. (1999). *Inheriting shame*. New York: Teachers College Press.

Serrin, W. (1993). *Homestead: The glory and tragedy of an American steel town*. New York: Vintage Books.

Shea, G. W. (2001) *Spoiled silk: The red mayor and the great Paterson textile strike*. New York: Fordham University Press.

Simpson, L. R. (2004). Anticolonial strategies for the recovery and maintenance of indigenous knowledge. *American Indian Quarterly* 28: 373-384.

Sinclair, U. (1923). *The gooses tep: A study of American education*. Pasadena, CA: The Author.

Sinclair, U. (1925). *The goslings: A study of American schools*. Pasadena, CA: The Author.

Slee, R. (2009). The inclusion paradox. In M. W. Apple, W. Au, and L. A. Gandin (Eds.) *The Routledge international handbook of critical education*, pp. 177-189. New York: Routledge.

SMED (1993). *Projeto gestáo democrática*, Lei Complementar No. 292.

SMED (1999a). *Boletim informativo: Informações Educacionais*, 2 (5).

SMED (1999b). Ciclos de formação: Proposta político-pedagógica discourse analysis escola cidadã. *Cademos Pedagogicos* 9 (1): 1-111.

SMED (1999c). Official homepage of the SMED. Retrieved December 15, 1999 from http://www.portoalegre.rs.gov.br/smed/

Smith, D. (2008). *Raymond Williams: A warrior's tale*. Cardigan, UK: Parthian.

Smith, L. T. (1999). *Decolonizing methodologies: Research and indigenous peoples*. New York: Zed Books.

Smith, M. L., with Miller-Kahn, L., Heinecke, W., and Jarvis, P. (2004). *Political spectacle and the fate of American schools*. New York: Routledge.

Smock, R. (2009). *Booker T. Washington: Black leadership in the age of Jim Crow*. Chicago, IL: Ivan R. Dee.

Soler, M. (Ed.) (2011). *Education for social inclusion, special issue of International Studies in Sociology of Education* 21: 1-90.

Souza, D. H., Mogetti, E. A., Villani, M., Panichi, M. T. C., Rossetto, R. P., and Huerga, S. M. R. (1999). Turma de progressão e seu significado na escola. In S. Rocha and B. D. Nery (Eds.) *Turma de progressão: A inversão da lógica da exdusão*, pp. 22-29. Porto Alegre, Brazil: Secretaria Municipal de Educação.

Spivak, G. (1988). Can the subaltern speak? In C. Nelson and L. Grossberg (Eds.)

Marxism and the interpretation of culture, pp. 271-313. Urbana: University of Illinois Press.

Stanley, W. B. (2006). Education for social reconstruction in a critical context. In K. Riley (Ed.) *Social reconstruction: People, politics, perspectives*, pp. 89-110. Greenwich, CT: Information Age Publishing.

Stansell, C. (2010). *The feminist promise*. New York: Modern Library.

Steam, H. (1922). *Civilization in the United States*. New York: Harcourt, Brace and Co.

Swalwell, K. (in press). *Eyes pried open: Social justice pedagogy in communities of privilege*. New York: Routledge.

Tamura, E. H. (2003). Asian Americans and educational history. *History of Education Quarterly* 43: 1-9.

Taylor, P. (1993). *The texts of Paulo Freire*. Milton Keynes: Open University Press.

Teitelbaum, K. (1993). *Schooling for good rebels*. Philadelphia, PA: Temple University Press.

Teitelbaum, K. (2009). Restoring collective memory: The pasts of critical education. In M. W. Apple, W. Au, and L. A. Gandin (Eds.) *The Routledge international handbook of critical education*, pp. 312-26. New York: Routledge.

Thomas, N. (1936). The Socialist's way out for the negro. *The Journal of Negro Education* 5: 100-104.

Torres, C. A. (2009). *Globalizations and education*. New York: Teachers College Press.

Tripp, A. (1987). *The IWW and the Paterson silk strike of 1913*. Urbana: University of Illinois Press.

Valenzuela, A. (Ed.) (2005). *Leaving children behind*. Albany: State University of New York Press.

Valle, V. M. and Torres, R. D. (2000). *Latino metropolis*. Minneapolis: University of Minnesota Press.

Veblen, T. (1918). *The higher learning in America*. New York: B. W. Huebsch.

Virginia State Board of Education (1943). Course of study for Virginia Elementary Schools. *Bulletin State Board of Education* 25 (May 1943): 10, 506-15.

Washington, B. T. (1901/2009). *Up from slavery*. New York: Oxford University Press.

Watkins, W. (1993). Black curriculum orientations. *Harvard Educational Review* 63: 321-338.

Watkins, W. (2006). Social reconstruction in education: Searching out black voices. In K. Riley (Ed.). *Social reconstruction: People, politics, perspectives*, pp. 211-34. Greenwich, CT: Information Age Publishing.

Watson, V. (2012). *Learning to liberate: Community-based solutions to the crisis in urban education*. New York: Routledge.

Weaver-Hightower, M. (2008). *The politics of policy in boys' education: Getting boys "right"*. New York: Palgrave Macmillan.

Weiler, K. (1997). The liberatory teacher: Reading the word and the world of Paulo Freire, unpublished paper, Tufts University, Medford, Massachusetts.

Weiler, K. and Middleton, S. (1999). *Telling women's lives: Narrative inquiries in the history of women's education*. Philadelphia, PA: Open University Press.

West, C. (2002). *Prophesy deliverance!: An Afro-American revolutionary Christianity*. Louisville, KY: Westminster John Knox Press.

West, M. (2006). *The education of Booker T. Washington: American democracy and the idea of race relations*. New York: Columbia University Press.

Westbrook, R. (1991). *John Dewey and American democracy*. Ithaca, NY: Cornell University Press.

White, D. G. (1985). *Ain't I a woman: Female slaves in the plantation south*. New York: Norton.

Whitty, G. (1974). Sociology and the problem of radical educational change. In M. Flude and J. Ahier (Eds.) *Educability, schools, and ideology*, pp. 112-37. London: Halstead Press.

Williams, E. (1994). *Capitalism and slavery*. Chapel Hill: University of North Carolina Press.

Williams, R. (1961). *The long revolution*. London: Chatto and Windus.

Williams, R. (1977). *Marxism and literature*. New York: Oxford University Press.

Williams, R. (1989). *Resources of hope*. New York: Verso.

Williams, T. (2011). Public sector sheds jobs; Blacks are hardest hit. *The New York Times*, November 29, pp. A14-15.

Willis, S. (1987). *Specifying: Black women writing the American experience*. Madison: University of Wisconsin Press.

Wilson, W. A. (2004). Indigenous knowledge recovery is indigenous empowerment. *American Indian Quarterly* 28: 359-72.

Wittgenstein, L. (1963). *Philosophical investigations*. Oxford: Blackwell.

Wong, T. H. (2002). *Hegemonies compared*. New York: Routledge.

Woodson, C. G. (1915). *Education of the negro prior to 1861*. New York: G. P. Putnam's Sons.

Woodson, C. G. (1918/1969). *A century of negro migration*. New York: Russell and Russell.

Woodson, C. G. (1922). *The negro in our history*. Washington DC: The Associated Press.

Woodson, C. G. (1930). *The rural negro*. Washington DC: The Associated Press.

Woodson, C. G. (1933/2010). *The mis-education of the negro*. Las Vegas, NV: CreateSpace.

Woodson, C. G. (1944). *African heroes and heroines*. Washington DC: The Associated Press.

Woodson, C. G. (1945). *The history of the negro church*. Washington DC: The Associated Press.

Wright, E. O. (1985). *Classes*. New York: Verso.

Wright, E. O. (2010). *Envisioning real Utopias*. New York: Verso.

Youdell, D. (2006). *Impossible bodies, impossible selves: Exclusions and student subjectivities*. Dordrecht: Springer.

Youdell, D. (2011). *School trouble: Identity, power, and politics in education*. New York: Routledge.

Young, R. (2003). *Postcolonialism*. New York: Oxford University Press.

Zeichner, K. (2009). *Teacher education and the strugglefor social justice*. New York: Routledge.

Zinn, H. (1997). *The Zinn reader: Writings on disobedience and democracy*. New York: Seven Stories Press.

삶의 행복을 꿈꾸는 교육은 어디에서 오는가?

미래 100년을 향한 새로운 교육 **혁신교육을 실천하는 교사들의 필독서**

▶ 교육혁명을 앞당기는 배움책 이야기
혁신교육의 철학과 잉걸진 미래를 만나다!

한국교육연구네트워크 총서

01 핀란드 교육혁명
한국교육연구네트워크 엮음 | 320쪽 | 값 15,000원

02 일제고사를 넘어서
한국교육연구네트워크 엮음 | 284쪽 | 값 13,000원

03 새로운 사회를 여는 교육혁명
한국교육연구네트워크 엮음 | 380쪽 | 값 17,000원

04 교장제도 혁명
한국교육연구네트워크 엮음 | 268쪽 | 값 14,000원

05 새로운 사회를 여는 교육자치 혁명
한국교육연구네트워크 엮음 | 312쪽 | 값 15,000원

06 혁신학교에 대한 교육학적 성찰
한국교육연구네트워크 엮음 | 308쪽 | 값 15,000원

07 진보주의 교육의 세계적 동향
한국교육연구네트워크 엮음 | 324쪽 | 값 17,000원

08 더 나은 세상을 위한 학교혁명
한국교육연구네트워크 엮음 | 404쪽 | 값 21,000원

혁신학교
성열관·이순철 지음 | 224쪽 | 값 12,000원

행복한 혁신학교 만들기
초등교육과정연구모임 지음 | 264쪽 | 값 13,000원

서울형 혁신학교 이야기
이부영 지음 | 320쪽 | 값 15,000원

혁신교육, 철학을 만나다
브렌트 데이비스·데니스 수마라 지음
현인철·서용선 옮김 | 304쪽 | 값 15,000원

혁신교육 존 듀이에게 묻다
서용선 지음 | 292쪽 | 값 14,000원

다시 읽는 조선 교육사
이만규 지음 | 750쪽 | 값 33,000원

대한민국 교육혁명
교육혁명공동행동 연구위원회 지음 | 224쪽 | 값 12,000원

한국교육연구네트워크 번역 총서

01 프레이리와 교육
존 엘리아스 지음 | 한국교육연구네트워크 옮김
276쪽 | 값 14,000원

02 교육은 사회를 바꿀 수 있을까?
마이클 애플 지음 | 강희룡·김선우·박원순·이형빈 옮김
356쪽 | 값 16,000원

**03 비판적 페다고지는
세상을 변화시킬 수 있는가?**
Seewha Cho 지음 | 심성보·조시화 옮김 | 280쪽 | 값 14,000원

04 마이클 애플의 민주학교
마이클 애플·제임스 빈 엮음 | 강희룡 옮김 | 276쪽 | 값 14,000원

05 21세기 교육과 민주주의
넬 나딩스 지음 | 심성보 옮김 | 392쪽 | 값 18,000원

**06 세계교육개혁:
민영화 우선인가 공적 투자 강화인가?**
린다 달링-해먼드 외 지음 | 심성보 외 옮김 | 408쪽 | 값 21,000원

대한민국 교사, 어떻게 가르칠 것인가?
윤성관 지음 | 320쪽 | 값 15,000원

아이들을 어떻게 가르칠 것인가
사토 마나부 지음 | 박찬영 옮김 | 232쪽 | 값 13,000원

모두를 위한 국제이해교육
한국국제이해교육학회 지음 | 364쪽 | 값 16,000원

경쟁을 넘어 발달 교육으로
현광일 지음 | 288쪽 | 값 14,000원

독일 교육, 왜 강한가?
박성희 지음 | 324쪽 | 값 15,000원

핀란드 교육의 기적
한넬레 니에미 외 엮음 | 장수명 외 옮김 | 456쪽 | 값 23,000원

한국 교육의 현실과 전망
심성보 지음 | 724쪽 | 값 35,000원

▶ 비고츠키 선집 시리즈
발달과 협력의 교육학 어떻게 읽을 것인가?

생각과 말
레프 세묘노비치 비고츠키 지음
배희철·김용호·D. 켈로그 옮김 | 690쪽 | 값 33,000원

성장과 분화
L.S. 비고츠키 지음 | 비고츠키 연구회 옮김
308쪽 | 값 15,000원

도구와 기호
비고츠키·루리야 지음 | 비고츠키 연구회 옮김
336쪽 | 16,000원

의식과 숙달
L.S 비고츠키 | 비고츠키 연구회 옮김
348쪽 | 값 17,000원

어린이 자기행동숙달의 역사와 발달 I
L.S. 비고츠키 지음 | 비고츠키 연구회 옮김
564쪽 | 값 28,000원

분열과 사랑
L.S. 비고츠키 지음 | 비고츠키연구회 옮김
260쪽 | 값 16,000

어린이 자기행동숙달의 역사와 발달 II
L.S. 비고츠키 지음 | 비고츠키 연구회 옮김
552쪽 | 값 28,000원

관계의 교육학, 비고츠키
진보교육연구소 비고츠키교육학실천연구모임 지음
300쪽 | 값 15,000원

어린이의 상상과 창조
L.S. 비고츠키 지음 | 비고츠키 연구회 옮김
280쪽 | 값 15,000원

비고츠키 생각과 말 쉽게 읽기
진보교육연구소 비고츠키교육학실천연구모임 지음
316쪽 | 값 15,000원

연령과 위기
L.S. 비고츠키 지음 | 비고츠키 연구회 옮김
336쪽 | 값 17,000원

비고츠키와 인지 발달의 비밀
A.R. 루리야 지음 | 배희철 옮김 | 280쪽 | 값 15,000원

수업과 수업 사이
비고츠키 연구회 지음 | 196쪽 | 값 12,000원

교사와 부모를 위한 비고츠키 교육학
카르포프 지음 | 실천교사번역팀 옮김 | 308쪽 | 값 15,000원

▶ 창의적인 협력수업을 지향하는 삶이 있는 국어 교실
우리말 글을 배우며 세상을 배운다

중학교 국어 수업 어떻게 할 것인가?
김미경 지음 | 340쪽 | 값 15,000원

이야기 꽃 1
박용성 엮어 지음 | 276쪽 | 값 9,800원

토론의 숲에서 나를 만나다
명혜정 엮음 | 312쪽 | 값 15,000원

이야기 꽃 2
박용성 엮어 지음 | 294쪽 | 값 13,000원

토닥토닥 토론해요
명혜정·이명선·조선미 엮음 | 288쪽 | 값 15,000원

인문학의 숲을 거니는 토론 수업
순천국어교사모임 엮음 | 308쪽 | 값 15,000원

어린이와 시
오인태 지음 | 192쪽 | 값 12,000원

수업, 슬로리딩과 함께
박경숙·강슬기·김정욱·장소현·강민정·전혜림·이혜민 지음
268쪽 | 값 15,000원

▶ 남북이 하나 되는 두물머리 평화교육
분단 극복을 위한 치열한 배움과 실천을 만나다

10년 후 통일
정동영·지승호 지음 | 328쪽 | 값 15,000원

선생님, 통일이 뭐예요?
정경호 지음 | 252쪽 | 값 13,000원

분단시대의 통일교육
성래운 지음 | 428쪽 | 값 18,000원

김창환 교수의 DMZ 지리 이야기
김창환 지음 | 264쪽 | 값 15,000원

▶4·16, 질문이 있는 교실 마주이야기
통합수업으로 혁신교육과정을 재구성하다!

통하는 공부
김태호·김형우·이경석·심우근·허진만 지음
324쪽 | 값 15,000원

내일 수업 어떻게 하지?
아이함께 지음 | 300쪽 | 값 15,000원
2015 세종도서 교양부문

인간 회복의 교육
성래운 지음 | 260쪽 | 값 13,000원

교과서 너머 교육과정 마주하기
이윤미 외 지음 | 368쪽 | 값 17,000원

수업 고수들 수업·교육과정·평가를 말하다
박현숙 외 지음 | 368쪽 | 값 17,000원

도덕 수업, 책으로 묻고 윤리로 답하다
울산도덕교사모임 지음 | 320쪽 | 값 15,000원

체육 교사, 수업을 말하다
전용진 지음 | 304쪽 | 값 15,000원

교실을 위한 프레이리
아이러 쇼어 엮음 | 사람대사람 옮김 | 412쪽 | 값 18,000원

마을교육공동체란 무엇인가?
서용선 외 지음 | 360쪽 | 값 17,000원

학교생활기록부를 디자인하라
박용성 지음 | 268쪽 | 값 14,000원

교사, 학교를 바꾸다
정진화 지음 | 372쪽 | 값 17,000원

함께 배움
학생 주도 배움 중심 수업 이렇게 한다
니시카와 준 지음 | 백경석 옮김 | 280쪽 | 값 15,000원

공교육은 왜?
홍섭근 지음 | 352쪽 | 값 16,000원

자기혁신과 공동의 성장을 위한
교사들의 필리버스터
윤양수·원종희·장군·조경삼 지음 | 280쪽 | 값 14,000원

함께 배움 이렇게 시작한다
니시카와 준 지음 | 백경석 옮김 | 196쪽 | 값 12,000원

함께 배움 교사의 말하기
니시카와 준 지음 | 백경석 옮김 | 188쪽 | 값 12,000원

미래교육의 열쇠, 창의적 문화교육
심광현·노명우·강정석 지음 | 368쪽 | 값 16,000원

주제통합수업, 아이들을 수업의 주인공으로!
이윤미 외 지음 | 392쪽 | 값 17,000원

수업과 교육의 지평을 확장하는 수업 비평
윤양수 지음 | 316쪽 | 값 15,000원
2014 문화체육관광부 우수교양도서

교사, 선생이 되다
김태은 외 지음 | 260쪽 | 값 13,000원

교사의 전문성, 어떻게 만들어지나
국제교원노조연맹 보고서 | 김석규 옮김 392쪽 | 값 17,000원

수업의 정치
윤양수·원종희·장군 지음 | 280쪽 | 값 14,000원

학교협동조합,
현장체험학습과 마을교육공동체를 잇다
주수원 외 지음 | 296쪽 | 값 15,000원

거꾸로교실,
잠자는 아이들을 깨우는 수업의 비밀
이민경 지음 | 280쪽 | 값 14,000원

교사는 무엇으로 사는가
정은균 지음 | 292쪽 | 값 15,000원

마음의 힘을 기르는 감성수업
조선미 외 지음 | 300쪽 | 값 15,000원

작은 학교 아이들
지경준 엮음 | 376쪽 | 값 17,000원

아이들의 배움은 어떻게 깊어지는가
이시이 준지 지음 | 방지현·이창희 옮김 | 200쪽 | 값 11,000원

대한민국 입시혁명
참교육연구소 입시연구팀 지음 | 220쪽 | 값 12,000원

교사를 세우는 교육과정
박승열 지음 | 312쪽 | 값 15,000원

전국 17명 교육감들과 나눈
교육 대담
최창의 대담·기록 | 272쪽 | 값 15,000원

들뢰즈와 가타리를 통해
유아교육 읽기
리세롯 마리엣 올슨 지음 | 이연선 외 옮김 | 328쪽 | 값 17,000원

교육과정 통합, 어떻게 할 것인가?
성열관 외 지음 | 192쪽 | 값 13,000원

동양사상에게 인공지능 시대를 묻다
홍승표 외 지음 | 260쪽 | 값 15,000원

학교 혁신의 길, 아이들에게 묻다
남궁상운 외 지음 | 272쪽 | 값 15,000원

프레이리의 사상과 실천
사람대사람 지음 | 352쪽 | 값 18,000원

혁신학교, 한국 교육의 미래를 열다
송순재 외 지음 | 608쪽 | 값 30,000원

페다고지를 위하여
프레네의 『페다고지 불변요소』 읽기
박찬영 지음 | 296쪽 | 값 15,000원

노자와 탈현대 문명
홍승표 지음 | 284쪽 | 값 15,000원

선생님, 민주시민교육이 뭐예요?
염경미 지음 | 244쪽 | 값 15,000원

어쩌다 혁신학교
유우석 외 지음 | 380쪽 | 값 17,000원

미래, 교육을 묻다
정광필 지음 | 232쪽 | 값 15,000원

대학, 협동조합으로 교육하라
박주희 외 지음 | 252쪽 | 값 15,000원

입시, 어떻게 바꿀 것인가?
노기원 지음 | 306쪽 | 값 15,000원

학교 민주주의의 불한당들
정은균 지음 | 276쪽 | 값 14,000원

교육과정, 수업, 평가의 일체화
리사 카터 지음 | 박승열 외 옮김 | 196쪽 | 값 13,000원

학교를 개선하는 교장
지속가능한 학교 혁신을 위한 실천 전략
마이클 풀란 지음 | 서동연·정효준 옮김 | 216쪽 | 값 13,000원

공자뎐, 논어는 이것이다
유문상 지음 | 392쪽 | 값 18,000원

**교사와 부모를 위한
발달교육이란 무엇인가?**
현광일 지음 | 380쪽 | 값 18,000원

교사, 이오덕에게 길을 묻다
이무완 지음 | 328쪽 | 값 15,000원

낙오자 없는 스웨덴 교육
레이프 스트란드베리 지음 | 변광수 옮김 | 208쪽 | 값 13,000원

끝나지 않은 마지막 수업
장석웅 지음 | 328쪽 | 값 20,000원

대구, 박정희 패러다임을 넘다
세대열 엮음 | 292쪽 | 값 20,000원

경기꿈의학교
진흥섭 외 지음 | 360쪽 | 값 17,000원

학교를 말한다
이성우 지음 | 292쪽 | 값 15,000원

촛불시대, 혁신교육을 말하다
이용관 지음 | 240쪽 | 값 15,000원

▶ 교과서 밖에서 만나는 역사 교실
상식이 통하는 살아 있는 역사를 만나다

전봉준과 동학농민혁명
조광환 지음 | 336쪽 | 값 15,000원

남도의 기억을 걷다
노성태 지음 | 344쪽 | 값 14,000원

응답하라 한국사 1·2
김은석 지음 | 356쪽·368쪽 | 각권 값 15,000원

즐거운 국사수업 32강
김남선 지음 | 280쪽 | 값 11,000원

교과서 밖에서 배우는 역사 공부
정은교 지음 | 292쪽 | 값 14,000원

팔만대장경도 모르면 빨래판이다
전병철 지음 | 360쪽 | 값 16,000원

빨래판도 잘 보면 팔만대장경이다
전병철 지음 | 360쪽 | 값 16,000원

영화는 역사다
강성률 지음 | 288쪽 | 값 13,000원

즐거운 세계사 수업
김은석 지음 | 328쪽 | 값 13,000원

 강화도의 기억을 걷다
최보길 지음 | 276쪽 | 값 14,000원

 광주의 기억을 걷다
노성태 지음 | 348쪽 | 값 15,000원

 선생님도 궁금해하는
한국사의 비밀 20가지
김은석 지음 | 312쪽 | 값 15,000원

 걸림돌
키르스텐 세룹-빌펠트 지음 | 문봉애 옮김
248쪽 | 값 13,000원

 역사수업을 부탁해
열 사람의 한 걸음 지음 | 388쪽 | 값 18,000원

 진실과 거짓, 인물 한국사
하성환 지음 | 400쪽 | 값 18,000원

 친일 영화의 해부학
강성률 지음 | 264쪽 | 값 15,000원

 한국 고대사의 비밀
김은석 지음 | 304쪽 | 값 13,000원

 조선족 근현대 교육사
정미량 지음 | 320쪽 | 값 15,000원

 다시 읽는 조선근대교육의 사상과 운동
윤건차 지음 | 이명실·심성보 옮김 | 516쪽 | 값 25,000원

 음악과 함께 떠나는 세계의 혁명 이야기
조광환 지음 | 292쪽 | 값 15,000원

 논쟁으로 보는 일본 근대교육의 역사
이명실 지음 | 324쪽 | 값 17,000원

 다시, 독립의 기억을 걷다
노성태 지음 | 320쪽 | 값 16,000원

▶ 더불어 사는 정의로운 세상을 여는 인문사회과학
사람의 존엄과 평등의 가치를 배운다

 밥상혁명
강양구·강이현 지음 | 298쪽 | 값 13,800원

 도덕 교과서 무엇이 문제인가?
김대용 지음 | 272쪽 | 값 14,000원

 자율주의와 진보교육
조엘 스프링 지음 | 심성보 옮김 | 320쪽 | 값 15,000원

 민주화 이후의 공동체 교육
심성보 지음 | 392쪽 | 값 15,000원
2009 문화체육관광부 우수학술도서

 갈등을 넘어 협력 사회로
이창언·오수길·유문종·신윤관 지음 | 280쪽 | 값 15,000원

 동양사상과 마음교육
정재걸 외 지음 | 356쪽 | 값 16,000원
2015 세종도서 학술부문

 교과서 밖에서 배우는 철학 공부
정은교 지음 | 280쪽 | 값 14,000원

 교과서 밖에서 배우는 사회 공부
정은교 지음 | 304쪽 | 값 15,000원

 교과서 밖에서 배우는 윤리 공부
정은교 지음 | 292쪽 | 값 15,000원

 한글 혁명
김슬옹 지음 | 388쪽 | 값 18,000원

 좌우지간 인권이다
안경환 지음 | 288쪽 | 값 13,000원

 민주시민교육
심성보 지음 | 544쪽 | 값 25,000원

 민주시민을 위한 도덕교육
심성보 지음 | 500쪽 | 값 25,000원
2015 세종도서 학술부문

 교과서 밖에서 배우는 인문학 공부
정은교 지음 | 280쪽 | 값 13,000원

 오래된 미래교육
정재걸 지음 | 392쪽 | 값 18,000원

 대한민국 의료혁명
전국보건의료산업노동조합 엮음 | 548쪽 | 값 25,000원

 교과서 밖에서 배우는 고전 공부
정은교 지음 | 288쪽 | 값 14,000원

 전체 안의 전체 사고 속의 사고
김우창의 인문학을 읽다
현광일 지음 | 320쪽 | 값 15,000원

 카스트로, 종교를 말하다
피델 카스트로·프레이 베토 대담 | 조세종 옮김
420쪽 | 값 21,000원

▶ 평화샘 프로젝트 매뉴얼 시리즈

학교 폭력에 대한 근본적인 예방과 대책을 찾는다

학교 폭력 어떻게 만들어지는가
문재현 외 지음 | 300쪽 | 값 14,000원

아이들을 살리는 동네
문재현·신동명·김수동 지음 | 204쪽 | 값 10,000원

학교 폭력, 멈춰!
문재현 외 지음 | 348쪽 | 값 15,000원

평화! 행복한 학교의 시작
문재현 외 지음 | 252쪽 | 값 12,000원

왕따, 이렇게 해결할 수 있다
문재현 외 지음 | 236쪽 | 값 12,000원

마을에 배움의 길이 있다
문재현 지음 | 208쪽 | 값 10,000원

젊은 부모를 위한 백만 년의 육아 슬기
문재현 지음 | 248쪽 | 값 13,000원

별자리, 인류의 이야기 주머니
문재현·문한뫼 지음 | 444쪽 | 값 20,000원

우리는 마을에 산다
유양우·신동명·김수동·문재현 지음 | 312쪽 | 값 15,000원

▶ 살림터 참교육 문예 시리즈

영혼이 있는 삶을 가르치는 온 선생님을 만나다!

꽃보다 귀한 우리 아이는
조재도 지음 | 244쪽 | 값 12,000원

선생님이 먼저 때렸는데요
강병철 지음 | 248쪽 | 값 12,000원

성깔 있는 나무들
최은숙 지음 | 244쪽 | 값 12,000원

서울 여자, 시골 선생님 되다
조경선 지음 | 252쪽 | 값 12,000원

아이들에게 세상을 배웠네
명혜정 지음 | 240쪽 | 값 12,000원

행복한 창의 교육
최창의 지음 | 328쪽 | 값 15,000원

밥상에서 세상으로
김흥숙 지음 | 280쪽 | 값 13,000원

북유럽 교육 기행
정애경 외 14인 지음 | 288쪽 | 값 14,000원

우물쭈물하다 끝난 교사 이야기
유기창 지음 | 380쪽 | 값 17,000원

▶ 출간 예정

근간 비고츠키의 발달교육이란 무엇인가?
비고츠키연구회 지음

근간 한국 교육 제4의 길을 찾다
이길상 지음

근간 교육과정, 수업, 평가 일체화로 만들어가는
학교교육과정
박승열 지음

근간 마을교육공동체 운동의 역사와 미래
김용련 지음

근간 언어던
정은균 지음

근간 교육이성 비판
조상식 지음

근간 식물의 교육학
이차영 지음

근간 콩도르세, 공교육에 관한 다섯 논문
혁명 프랑스에 공교육의 기초를 묻다
니콜라 드 콩도르세 지음 | 이주환 옮김

근간 일제강점기 한국 철학
이태우 지음

근간 신채호, 역사란 무엇인가?
이주영 지음

근간 학교는 평화로운가?
따돌림사회연구모임 지음

근간 민·관·학 협치 시대를 여는
마을교육공동체 만들기
김태정 지음

근간 민주주의와 교육
Pilar Ocadiz, Pia Wong, Carlos Torres 지음 | 유성상 옮김

근간 미국의 진보주의 교육 운동사
윌리엄 헤이스 지음 | 심성보 외 옮김

근간 민주시민교육을 위한
역사수업 어떻게 할 것인가?
황현정 지음

근간 라운디 스터디
교사의 배움을 액티브하게 하는 수업연구
이시이 에이신 지음 | 백경석 옮김

근간 우리 안의 미래 교육
정재걸 지음

근간 평화교육, 무엇을 가르칠 것인가?
이기범 외 지음

근간 선생님, 페미니즘이 뭐예요?
염경미 지음

근간 경남 역사의 기억을 걷다
류형진 외 지음

근간 인성교육의 철학과 방법
박제순 지음

근간 교사 전쟁
Dana Goldstein 지음 | 유성상 외 옮김

근간 나는 거꾸로 교실 거꾸로 교사
류광모·임정훈 지음

근간 자유학기제란 무엇인가?
최상덕 지음

근간 교실 평화를 말하다
따돌림사회연구모임 지음

근간 한국 교육 어디서 와서 어디로 가는가?
이주영 지음

근간 삶을 위한
국어교육과정, 어떻게 만들 것인가?
명혜정 지음

근간 마을수업, 마을교육과정!
서용선·백윤애 지음

근간 즐거운 동아시아 수업
김은석 지음

근간 혁신학교,
다함께 만들어가는 강명초 5년 이야기
이부영 지음

참된 삶과 교육에 관한
생각 줍기